天津市地方志编修委员会办公室资助出版

天津地方史研究丛书

近代天津地区博物馆史研究

张宁　侯晓慧　徐燕卿　尹航　著

天津社会科学院出版社

图书在版编目（CIP）数据

近代天津地区博物馆史研究 / 张宁等著. -- 天津：
天津社会科学院出版社，2021.12
　　（天津地方史研究丛书）
　　ISBN 978-7-5563-0795-1

　　Ⅰ. ①近… Ⅱ. ①张… Ⅲ. ①博物馆－历史－研究－
天津－近代 Ⅳ. ①G269.272.1

中国版本图书馆 CIP 数据核字 (2021) 第 275907 号

近代天津地区博物馆史研究
JINDAI TIANJIN DIQU BOWUGUANSHI YANJIU

出版发行：天津社会科学院出版社
地　　址：天津市南开区迎水道 7 号
邮　　编：300191
电话/传真：（022）23360165（总编室）
　　　　　　（022）23075303（发行科）
网　　址：www.tass-tj.org.cn
印　　刷：天津午阳印刷股份有限公司

开　　本：787×1092　毫米　　1/16
印　　张：28.5
字　　数：413 千字
版　　次：2021 年 12 月第 1 版　2021 年 12 月第 1 次印刷
定　　价：78.00 元

总　序

　　盛世修史是中华民族的优良传统,史志文化是中华民族光辉灿烂文化的组成部分。习近平总书记指出:"历史是最好的教科书",强调"要高度重视修史修志";李克强总理提出:"修志问道,以启未来"。为新时代史志工作指明了方向,也提出了新的更高的要求。

　　津沽丰饶,人杰地灵。天津是我国历史文化名城,是高人巨匠聚集之地,有着独特的历史发展轨迹和地域人文气质。"天津地方史研究丛书"和"天津地情资料丛书"坚持以马克思列宁主义、毛泽东思想、邓小平理论、"三个代表"重要思想、科学发展观、习近平新时代中国特色社会主义思想为指导,坚持辩证唯物主义和历史唯物主义的立场、观点、方法,从社会生活不同的角度观察天津城市发展脉络和不同历史阶段特征,在不同领域的发展演进中感受天津沧桑变迁的历史逻辑。以史为鉴,开创未来,深入挖掘和传承天津优秀文化,讲好天津故事,总结天津发展的规律,推进天津改革开放和社会主义现代化建设,阔步新时代,续写新篇章。

　　天津市档案馆(天津市地方志编修委员会办公室)以挖掘天津历史文化资源,繁荣城市文化和学术研究为职志,资助出版这些书籍,意在贯彻落实市委市政府文化强市战略、贯彻落实中国地方志指导小组要求及

《天津市地方志工作办法》，大力整合社会资源，推动天津地方史研究深入发展。我们要以"天津地方史研究丛书"和"天津地情资料丛书"编辑出版为新的起点，继续做好此项工作，希望广大史志工作者持之以恒予以支持，贡献更多的精品力作，为繁荣天津史志研究，推进天津地方志事业高质量发展，把天津建设成为社会主义现代化大都市贡献智慧和力量。

天津市档案馆

（天津市地方志编修委员会办公室）

2021 年 10 月

序

序

　　《近代天津地区博物馆史研究》是博物馆界几位年轻朋友的集体研究成果，当然也可以说，这是目前我见到的唯一一部天津博物馆简史。

　　博物馆和公共绿地、公共图书馆一样，是属于社会公共文化领域近现代概念；有人说是"舶来品"，有它一定的道理。虽说博物馆最初是萌发于人们的收藏意识，可传统中国是以家族为中心的集权专制国家，文物博物不是收藏于皇宫大内，就是收藏于私家；那时的收藏，只能是皇家的事，是收藏家个人的事。由于缺乏"公共"或"公众"的观念，这种收藏从不会面向社会、面向公众，当然也就谈不上在公共领域产生公益性效应。

　　凭海临风的天津，是近代中国最早和最大的开放城市之一，百余年来创造出诸多奇迹，引领中国风气之先，其中就包括早期的博物馆事业。比方说，光绪三十一年(1905)由直隶工艺总局创办的天津教育品陈列馆，已被广泛认为是中国博物馆事业起步的标志。

　　《近代天津地区博物馆史研究》，不仅探索和考察了中国最早的专题博物馆——天津教育品陈列馆，而且回溯了更早建立的天津考工厂，因为这是中国建立博物馆的一次早期"尝试"。辛亥革命以后，天津建立起最早的综合性博物馆和最早的私立博物馆——天津博物院与天津广智馆。几乎与此同时，外国人也在天津创建了博物馆，比如华北博物院；到

1

了20世纪20年代，具有足够影响力的北疆博物院也开始创办；30年代初，中国较早建立的公立美术馆在天津落成……这些博物馆的出现，不但见证了近代天津城市的成长历程，更代表了近代天津城市公共文化领域的开放、包容和多元。

春风吐绿，草木初萌，新一年的芳菲美景，让人感到和煦与温馨，然而这种和煦与温馨又是带有自身力度的。

假如有人问，《近代天津地区博物馆史研究》在今天出版的学术价值是什么？依我看，就在于一批有志向的年轻博物馆人通力合作，历经一步步的学术拓荒，拂去历史的尘埃，让我们重温了天津博物馆事业的过去，追索到了城市文化的深度和广度，也使过去存在于这座城市、几经跌宕起伏的那些博物馆的光晕，得到了新的绽放。

机遇是无处不在，而又常常被错过的东西。

2019年恰值五四运动的百年纪念。习近平总书记指出："要结合五四运动以来100年的历史，深入研究五四运动倡导的爱国、进步、民主、科学思想对实现中华民族伟大复兴中国梦的重大意义。"运用现代手段展示五四运动，留下历史和文明记忆的有效途径之一，就是充分发挥已经成为当前科学文化事业重要组成部分的博物馆的作用。一座有影响力的博物馆往往就是一座城市的名片。因此，《近代天津地区博物馆史研究》的出版，对于如何利用博物馆传承历史，留住根脉，不忘初心，开创未来，展现时代光芒，焕发文明新生，也有一定的借鉴意义。

追求梦想是人生的底色，也是开启事业和生命的闸门。尽管平时我与这几位课题组成员接触得不算多，但据我所知，他们从莘莘学子走向社会，严谨治学，孜孜不倦，做事踏实，做人朴实，不慕荣华，不事雕琢，敬业本职，从不张扬自我。我想，年轻人能够做到这些，不仅是社会道义的担当，更是对人生最实质、最内在、最主体内涵的把握。只有树立起对事业的忠诚和爱，才能够激发强大的责任感，才可以站在事业的高度，邂逅学术之美。

　　《近代天津地区博物馆史研究》的出版，还是一些身负重担的年轻人，试图把人生奋斗汇入时代洪流，以青春之我创青春之业的成功之举。年轻，包含着期待，意味着未来；只有坚持下去，永不停歇，才能够真正赢在起跑线上。创造让人生美丽，奉献使心灵富有。我常想，当一个人打开事业之窗，迎接到满室阳光的时候，是不是更应该想方设法，让自己也可以成为别人的太阳呢！

罗澍伟

2019 年 4 月 30 日

目　录

绪　论

　　天津,地处京杭大运河的北端,濒临渤海,是承载深厚历史文化积淀的中国历史文化名城。这座城市因河而生,因商而兴,舟车聚集,人文荟萃。近代以来,天津作为最早开埠的城市之一,成为中西文化碰撞与融合的前沿。博物馆作为近代文明发展的重要标志,在中国最先出现于"得风气之先"的口岸城市。而作为北方的经济和对外贸易中心,天津以其得天独厚的交通条件和较为完备的近代商业组织,为博物馆的产生和发展提供了必要条件,成为中国最早建立博物馆的城市之一。

　　2015 年,天津市文化广播影视局开展首届"天津市文物博物馆科研课题"申报工作,2016 年 1 月"近代天津地区博物馆史研究"课题立项,该课题以近代天津地区博物馆为研究对象,以 1840 年至 1949 年为研究时段,通过对历史文献资料的整理和发掘,借鉴相关研究成果,形成了《近代天津地区博物馆史研究》一书。本书系统回顾、梳理了天津早期博物馆的发展脉络,分析近代天津地区博物馆产生的历史背景和社会环境,进而从公共文化角度审视近代中国博物馆的特性,还原博物馆在近代中国文化转型过程中的独特贡献,以借鉴历史,启示未来。

一、"博物馆"从舶来品到本土化

天津在政治、军事、经济上拥有独特的区位特点。自清乾隆五十八年（1793）英国使节来华，即提出开放天津的要求，遭到拒绝。直至咸丰十年（1860）清政府才被迫开放天津为商埠。随后，英、法、美租界相继建立，至庚子事变后，列强在天津建立租界达九国之多，成为西方列强经济掠夺、政治控制、文化影响的前沿。由于不平等条约的签订，天主教、基督教传教士纷至沓来，他们传教的同时，也将西方文明传入天津，博物馆文化就是其中的一项。

博物馆对中国来说是一个舶来品，晚清时期伴随中西文明冲突的逐渐加深，中西方的文化交流步入新的时代。近代博物馆的出现不同于古代博物馆，呈现近现代博物馆形态。①

关于博物馆的出现，目前西方公认的建于公元前3世纪的埃及亚历山大博学园（The Mouseion of Alexandria）是人类历史上第一所博物馆。这时的博物馆只有收藏和部分研究功能，从博物馆功能划分看，属于古代博物馆形态。14至16世纪文艺复兴浪潮中，收藏文物珍品的现象发展起来，欧洲各地出现了大量的藏珍室，这些藏珍室逐渐向社会开放，并供学术研究。其收藏功能日益发展，科研职能逐步确立，形成了近代形态的博物馆。英国牛津大学阿什莫林艺术与考古博物馆（Ashmolean Museum of Art and Archaeology University of Oxford）是世界上第一所具有近代意义的博物馆。18世纪，一批近代意义博物馆相继建立并向公众开放，标志着近代形态博物馆的基本形成。进入20世纪，博物馆社会教育职能有了较大发展，开始进入到现代形态。

---

① 苏东海：《博物馆演变史纲》，《中国博物馆》1988年第1期，第11页。

鸦片战争后，西方坚船利炮洞穿清政府的大门，其政治、科技、文化也强势冲击着中国，随之而来的殖民者带来了天主教、基督教，不少西方科学家以传教士的身份进行科学考察，采集自然标本，建立了一些博物馆，宣扬西方文化。与此同时，以林则徐、魏源等人为代表的一些觉醒的中国人最早开始接触了西方现代博物馆概念。

随着中西方往来的日渐频繁，清廷派出官员、士绅、留学生等一些知识分子走出国门，到欧美、日本亲身感受西方博物馆，并把博物馆思想带回国内。

洋务运动期间，越来越多的国人走出国门，在他们出使、游历、考察的过程中，详细记下了各种类型的博物馆，更有对博物馆观念的理解，如清末外交家李凤苞在《使德日记》说："西国博物馆之设，不但资考证，广见闻也……博物馆诚有益于民生者矣。"①博物馆的观念开始受到关注。

维新运动时期，康有为、梁启超等人本着强国富民的抱负，对博物馆的功能有了更深刻的认识。康有为曾提出"博物馆……以开民智而悦民心"，作为学校教育辅助手段的博物馆成为开启民智的重要举措，开办博物馆作为新式文化的内容也被提出来，博物馆终于要从概念演变到本土化的进程。随着维新变法的深入，维新派主张建立以"开民智"为宗旨的博物馆的设想越来越强烈，博物馆观念在国内迅速传播开来。但随着维新失败，博物馆的本土化被迫中断。

义和团运动后，清政府不得已开始推行"新政"，废除科举、兴办新式学堂、广派留学生，随之带来的就是西方"自由平等、天赋人权、民主共和"等思潮的迅速涌入，为博物馆的诞生营造了适宜的社会环境，博物馆又再度开始了本土化的进程。

天津是"新政"推行的中心和最具代表性的"试验田"，诸多"新政"

---

① （清）李凤苞：《使德日记》，载曾纪泽著《使西日记（外一种）》，张玄浩辑校，湖南人民出版社 1981 年版，第 55 页。

事项在此实施,这些在客观上促进了天津的国际化和近代化,天津地区早期博物馆在这样的历史背景下诞生并成长起来。光绪三十一年(1905)天津教育品陈列馆于玉皇阁内开馆,该馆已被广泛认为是中国博物馆事业起步的标志。因不同的创办目的和存在意义,天津地区的博物馆起源存在两条线索,即国人自办和外国人建立的两线起源体系。

二、近代天津国人自办博物馆实践

近代天津的博物馆建设实践,源于袁世凯在天津推行的"新政"。光绪二十六年(1900)庚子之变后,清廷下诏实行新政,从光绪二十七年(1901)至宣统三年(1911)十年间,一场声势浩大的晚清新政在各省掀起,各省督抚积极响应,袁世凯、张之洞等是其中代表。直隶总督兼北洋大臣袁世凯作为推行新政的核心成员,在天津创造了清末新政的样本——"北洋新政"。"北洋新政"是一场全面的变革,涉及政治、军事、实业、教育、市政建设方方面面。

作为北方经济中心和较早开放的沿海港口,天津成为近代中国追逐时代潮流的先锋和中西文明的荟萃之地,造就了天津中西合璧、古今兼容的独特城市风貌。袁世凯接手天津管辖权后,推行新政,以天津河北地区为"试验田"。光绪二十八年(1902)制定新的城市规划,先后颁布了《开发河北新市场章程十三条》和《开发河北新市场变通现行新章十三条》,以天津总站(今北站)为核心,规划建设了河北新区,范围西至北运河,南至金钟河,北到新开河。河北新区与旧城区、租界毗连一体,且逐渐取代老城区,成为天津新的政治、文化中心。

为整饬天津经济凋敝现状,袁世凯大力倡导实业。光绪二十九年六月(1903年7月),周学熙上书袁世凯,提议设立直隶工艺总局,并要求附设学堂和考工厂,对工商提供保护之道,成为天津振兴工商实业、发展经济的枢纽。周学熙任工艺总局总办后,主持直隶实业建设,并建设劝业会场(后改名天津公园、河北公园、中山公园)。对于劝业会场的定名,袁世凯有专门批示:"各公园专备游览憩息之用……兹所建设,皆有关学业、实业之事,与公园性质不同,应定名曰劝业会场,以副名实。"劝业会场竣工后,在其内设立了直隶咨议局大楼,成为天津市政中心。围绕劝业会场,又先后建立文化教育机构,如光绪三十年(1904)对外开放的天津考工厂于光绪三十二年(1906)迁入劝业会场(后改称天津劝工陈列所、直隶商品陈列所)以及直隶图书馆等,堪称北洋工商实业、文化教育示范中心区,成为当时天津的文化中心。

上述种种措施,为天津的博物馆诞生提供了适宜的土壤,天津的博物馆建设实践有参仿日本、借鉴欧美、本土创新等方式。

(一)参仿日本

日本文化基础包括诸多的中国文化成分。19 世纪中叶,英、美、法、俄迫使日本江户幕府(1603—1867)签订通商条约。明治维新开始,日本全国上下一致勠力学习西方,国力迅速增长,不仅发动侵华的甲午战争,还充当八国联军主力。这使清王朝官员和有识之士,在深感国家危亡的同时,看重日本学习西方的振兴之道。一水之隔的东瀛成为"新政"派人士游学参访的对象。光绪二十八年(1902),严修携长子严智崇、次子严智怡前往日本,除考察日本各类学校外,参观博览会、陈列所,博物馆也在他们的行程之内。如大阪美术馆、大阪商品陈列所、大阪博物场、东京博物馆、教育博物馆及一些学校、单位附设的各种陈列室等。[①] 在参观第四届大阪商品陈列所(又称大阪商品博览会或大阪劝业博览会)后留下深

---

① 严修撰:《严修东游日记》,武安隆、刘玉敏点注,天津人民出版社 1995 年版,第 20、22、34、52、114 页。

刻印象。严修在《东游日记》对此有详细记录：商品"以英国为极多，触目皆是，次则美德两国"，"崇、怡二人所见，有天津之磁油盒（甚粗），上海磁盘、磁碗等物"①。

第五届大阪商品博览会于光绪二十九年二月初三至五月初七（1903年3月1日至7月1日）在大阪天王寺展出。参展国家包括中国在内达18国之多②，可以看出日本的博览会对兴办实业有强烈的导向作用。日本对博览会的热衷是早年学习欧美的经验，自伦敦和巴黎博览会举办后，博览会、博物馆和实业之间已经形成牢不可破的纽带③。

光绪二十九年（1903），袁世凯派周学熙以银钱局总办身份赴日考察工商币制。他除了参观有关大型制造企业，如大阪造币局、三井物产会、三菱精炼所及培养实业人才的商业、工科、师范学校外，还参观神户商品陈列所、京都物产陈列所、大阪博览会场和奈良教育品展览会等。④ 经过考察，周学熙认为："今日本通国无一人不需洋货，而无一洋货非出日本仿造者。此所以区区小国能自立于列强商战之世也。"⑤

严修、严智怡和周学熙先后由日本返津后便积极筹办直隶工艺总局、天津考工厂、天津教育品陈列馆，他们认为大阪商品博览会值得学习，一是博览会的展示方式，二是与实业相联系。天津凭借兴盛的工商业和完善的组织，地方展览会得以蓬勃发展。以"振兴实业""开启民智"为目的的博览会，在天津蔚然成风。不仅是天津，较早提倡并创建南通博物苑的实业家张謇，也去日本考察博物馆的建设。

<hr />

① 严修撰：《严修东游日记》，武安隆、刘玉敏点注，天津人民出版社1995年版，第22、23页。

② 徐坚：《名山——作为思想史的早期中国博物馆史》，科学出版社2016年版，第51页。

③ 徐坚：《名山——作为思想史的早期中国博物馆史》，科学出版社2016年版，第51页。

④ 郝庆元：《周学熙传》，天津人民出版社1991年版，第40—45页。

⑤ 郝庆元：《周学熙传》，天津人民出版社1991年版，第41页。

随着科举制度的取消,以发展新式教育为主要内容的教育近代化进程逐步开启。光绪三十一年二月(1905 年 3 月)周学熙创办的天津教育品陈列馆作为专题博物馆,在中国教育近代化进程中应运而生。

1930 年 2 月至 3 月,严智开(严修第五子)赴日本考察日本的美术馆相关情况,回访日本东京美术学校,同年 10 月,天津市立美术馆建成开放。参照东京美术学校"黑田纪念馆美术研究所"的模式,对天津市立美术馆的机构和功能进行设定。

(二)借鉴欧美

1911 年辛亥革命爆发,此后,天赋人权以及自由、平等、博爱的价值观深入人心。孙中山为总统的南京临时政府颁布政治、军事、经济、文教一系列政策,在经济方面一度兴起争办实业热潮。文教方面,教育部成立社会教育司具体管理博物馆。但不到 3 个月,南京临时政府被袁世凯篡夺的北京政府所代替。袁世凯在清末"新政"时期曾实行有利工商、教育的措施。1912 年 7 月,鲁迅任教育部社会教育司二科科长,积极参与国立历史博物馆的筹建。1913 年张謇就任农商部部长,制订提倡保护实业发展的政策,商品陈列所被列为农商部专门机构。而人才方面由于废科举、兴学校,赴外留学成为清末民初的热潮。天津的博物馆事业在外国传教士的传播和北京政府社会文化政策的推动下,得到进一步发展。天津博物院、天津广智馆就是在这样的背景下出现的。天津博物院、天津广智馆陈列展览的共同特点是把自然类放在首位,这是借鉴欧美博物馆的理念。如天津博物院设自然部、历史部,自然部包括动物、植物、矿物岩石等类。① 天津广智馆则是参考创办于光绪三十年(1904)的济南广智院设立

---

① 涂小元、郭沏:《天津近代博物馆概览》,《天津文博论丛》第 1 集,天津人民出版社 2010 年版,第 50 页。

的。据记载,宣统二年(1910)济南广智院陈列展览内容十部分中,属自然类有三部分:森林部(黄河、旱蝗、雨雪);科学部(天文、地理、矿物、地质);动物部(自低等到高等动物,如昆虫、鱼虾、鸟兽)。[①] 其创办人英国浸礼会教士怀恩光称,济南广智院的首要目的是"表彰上帝创造万物之奥妙"[②],即表现自然。早期外国人在华建立的徐家汇博物馆、上海博物院,以及济南广智院、华北博物院等自然类均是其必有的征集、收藏、展陈内容,这是具有科学知识,体现西方文明的表征。探究其原因:一是欧美博物馆强调动植物与人类处同一自然空间,人们需要了解人类社会发展的物质证据;二是人们对自然界之物,尤其是生活中接触的声、光、电等现象,往往缺乏了解,此类展品能起到普及自然科学知识的作用。这些因素对天津的博物馆建设不无影响。

(三)本土创新

19 世纪末,出国官绅游历看到国外各类博物馆,国内外对比之下,感到中国需要建立自己的博物馆以保护古物,维护传统,开启民智。

创办天津博物院的严智怡,积极倡导建立辅助教育的博物院。1918年6月,天津博物院开放,后因政局动荡,领导机构变迁,先后改称河北第一博物院、河北博物院、天津特别市市立博物院、河北省立天津博物馆等名称。严智怡将天津博物院定位为普通博物院,其征集范围:自然类为动物、植物、矿物、岩石、化石;历史类为礼器、货币、陶瓷、武器、舟车、衣服、佩饰及传统的金石器物等。据1931年记载,陈列室自然部占8室,而历

---

① 徐玲:《博物馆与近代中国公共文化(1840—1949)》,科学出版社 2015 年版,第76、77 页。

② 徐玲:《博物馆与近代中国公共文化(1840—1949)》,科学出版社 2015 年版,第76 页。

史部占 12 室,转年历史部又增加 5 室,看出严智怡对古物收集的重视。①
1920 年直隶巨鹿出土北宋大观二年(1108)的残画;1921 年发现金承安二
年(1197)的石狮等文物,皆被征集入馆。正如他在《河北第一博物院半
月刊》发刊词所说"其天职,盖在阐明文化,发扬国光,以辅助学校教育、
社会教育之不逮"。

　　由严修倡办,林墨青筹办的天津广智馆于 1925 年 1 月开放,关于广
智馆,严修提出"欲谋社会改进,一在智能之增进,一在道德之培养",两
者"相辅相成,不可偏用偏废"。"对于陈列品,其关于农工商、动植、科学
物质与教育、道德、礼制、艺术、文化之精神二者并重"。② 同样强调对优
秀传统的保护和发扬。

三、外国人在津建立的博物馆

　　咸丰八年(1858),英法联军占领天津大沽口炮台,沿海河直抵天津
城下。清政府被迫与英、法、俄、美四国签订了《天津条约》。条约内容主
要包括赔款、公使进驻北京、扩大领事裁判权、内地传教自由,开沿海沿江
牛庄、登州、汉口、南京等 10 地为通商口岸等。咸丰十年(1860)英法联军
占领天津后,又强迫清政府签订了中英、中法《续增条约》(即《北京条
约》),天津被开辟为通商口岸。特别是光绪二十七年(1901)《辛丑条约》
签订后,外国人在天津的特权进一步扩大,随着内地传教更加自由和稳
定,欧洲传教士在天津的博物馆建设也进一步国际化和规范化。

　　光绪二十八年(1902),英国基督传教士赫立德(Samuel Lavington
Hart)在天津法租界创办新学书院。光绪三十年(1904),又附设华北博物

---

　　① 徐坚:《名山——作为思想史的早期中国博物馆史》,科学出版社 2016 年版,第
206—211 页。

　　② 天津广智馆编:《本馆之宗旨》《天津广智馆特刊及办法草底》,天津博物馆藏。

院。作为天津地区最早的教会博物馆,其在华北地区"猎取一些飞禽野兽,采集一些植物标本",还收集国外的鲸骨骼标本、南美洲的大蝴蝶、南洋的大甲虫、昆虫等标本等①,其藏品征集、保管收藏、展览陈列和科学研究、辅助教学都如序开展,对之后其他博物馆的建设无疑具有指导意义和示范作用。但因赫立德传教士的身份和英国海外布道会伦敦会的背景,华北博物院从一开始就带有浓重的宗教色彩。且由于华北博物院附设于教会学校新学书院之中,虽然声称对外开放,但社会上的普通中国人无法自由地出入该校,因而导致参观该博物馆的观众很少,故社会影响有限。

法国天主教会耶稣会神甫桑志华(Emile Licent)在天津创建的北疆博物院,是以研究黄河、白河两大流域之农矿、地质及动物、植物为特征的自然史博物馆。1928 年 5 月开放的北疆博物院是我国北方地区创建最早的综合性自然历史博物馆,是中国唯一延续至今、有百年历史的博物馆。桑志华等人在采集的过程中逐渐把收藏的重点放在古哺乳动物、古人类与旧石器以及现生动物和植物上,其藏品具有浓厚的中国北方区域的特点。创办人桑志华是将众多文化遗产保留在中国并建立博物馆的探险家和科学家。

北疆博物院建立的意义在于,桑志华等学者用西方科学实证的方法和理论,推动了中国早期古地质学、古生物学和考古学等学科的建立和发展。通过在中国土地上的考察实践,获得丰富的学术成果,并把这些成果以博物馆的形式留在中国。②

天津日本居留民团在日租界创办了天津日本教育博物馆,是日本博物馆的海外移植,同时兼容中国文化。该博物馆源于日本国内兴起的为庆祝日本皇纪两千六百年(1940)纪念建设博物馆的热潮,以收集、展示

① 涂小元、郭洧:《天津近代博物馆概览》,《天津文博论丛》第 1 集,天津人民出版社 2010 年版,第 46 页。

② 陈克、岳宏:《传播理性——天津博物馆事业的诞生及其社会功能》,载李家璘主编,天津文博院编:《天津文博论丛》第 1 集,天津人民出版社 2010 年版,第 5 页。

天津及周边地区自然、人文资源,服务日本侨民,更多地了解日本本国历史和中国华北为宗旨,1942 年 2 月正式开馆,从其开展的各项工作来看,大肆宣扬"大东亚共荣"思想,是对中国文化渗透的一部分。

四、地区性博物馆史研究概况

经查阅有关资料,国外博物馆学界对地区性博物馆史的研究专著有2000 年剑桥大学出版的希汉姆·吉姆斯(Sheeham James)的《德国艺术界的博物馆:从旧政权的终结到现代主义的兴起》(*Museums in the German Art World: from the End of the Old Regime to the Rise of Modernism*)。国内,2014 年,中国书店出版发行的《浙江博物馆史研究》——国内第一部专门的地区性的博物馆史专著诞生。2005 年时任浙江省委书记的习近平提议实施"浙江文化研究工程",通过梳理浙江历史文脉,挖掘浙江文化的底蕴,丰富与时俱进的浙江精神。《浙江博物馆史研究》成为首届"浙江文化研究工程"项目,也是当年浙江省文博系统唯一单独立项的课题。我市和国内其他省市博物馆学界对地区性博物馆史的研究散见于刊物、教科书中。

天津在中国近代史上具有重要的地位,素有"中华百年看天津"之说。近代是天津博物馆事业发展的初创和勃兴时期,其产生与发展的过程既反映了中国接受西方博物馆文化的轨迹,也体现了博物馆文化在中国的独特发展道路。清末"新政"时期开办的天津考工厂、天津教育品陈列馆处于博物馆早期探索阶段,天津考工厂属博览会形式,为国人早期建馆的尝试;天津教育品陈列馆具有博物馆属性,是我国最早的专题博物馆。民国时期建立的天津博物院、天津广智馆、天津市立美术馆的博物馆属性较为成熟。国人创办的博物馆是博物馆文化本土化与本民族文化自强的过程;外国人在租界建立的华北博物院、北疆博物院属博物馆性质,创办人赫立德、桑志华皆为专家型人物,将研究贯穿在征集、收藏、展陈过程中,其藏品文化内涵较为清晰。北疆博物院经历了由外国人创办到中国人管理的转变过程,可以说是西学东渐逐渐到文化自觉的过程。天津日本教育博物馆,因其特殊身份,其藏品既有教育属性,又有明显的政治倾向性,是具有特殊历史背景的专业性博物馆。

天津近代博物馆事业发展进程中,涌现出以严修、周学熙、陈宝泉、严智怡、严智开、林墨青、陆文郁等为代表的具有崇高人格和杰出成就的博物馆事业开创者,他们感国运之变化、立时代之潮头、发时代之先声,为中国的博物馆事业做出了开拓性的贡献,他们的劲节风骨成为中华民族奋志担当的精神写照。桑志华、德日进、赫立德等外国科学家的科学精神和人文精神值得弘扬和传承,其在博物馆领域的开创性贡献已载入中国博物馆事业发展史册。

伴随着中国博物馆事业的发生、发展,近代天津地区博物馆在藏品征集、学术研究、陈列展览、社会教育、宣传教育等方面探索、创新,开创了中国最早的专题博物馆、中国北方最早的综合性自然历史博物馆、天津最早的综合性博物馆、天津首家私立博物馆等多项第一,为中国博物馆事业的发展做出了卓越贡献,是近代中国博物馆事业发展的缩影之一。

20 世纪 90 年代以来,中国博物馆进入了新一轮的发展热潮,天津市的博物馆事业得以迅猛发展。博物馆要适应现代社会,有效地承担社会职责,仅凭硬件的改善是不够的。博物馆专业工作者不仅要迎接来自新技术、新方法的挑战,还必须有观念上的更新,而这一点在很大程度依赖博物馆学的理论思考,包括博物馆的机构设置、发展轨迹、现状分析、未来展望以及博物馆功能运行的研究。

博物馆历史的研究既是文化史研究的组成部分,也是博物馆学研究的重要基础。在近代以来欧美国家公共博物馆以及中国博物馆历史和现实发展变革的大背景下,通过概述博物馆事业发展简史,梳理博物馆办馆思路、机构沿革以及发展脉络,将博物馆发展中形成的合理和有效的经验上升为系统的带有普遍意义的理论,具有重要意义。博物馆学研究与博物馆发展实践有着非常紧密的联系,要对博物馆要素、业务活动进行解释,帮助博物馆工作者、管理者和利用者认识当代博物馆的社会地位、作用和任务,还要对博物馆发展中出现的创意、项目、工具和方法进行评估,确定其合理性和可行性,探讨其存在的不足及改进措施,对博物馆发展起到理论支撑作用。

《近代天津地区博物馆史研究》对于丰富和深化中国博物馆历史和理论研究具有学术价值,同时也是对弥足珍贵的博物馆精神和思想传统的传承与弘扬。让我们更加坚定文化自信,更清晰地认识博物馆现状、本质以及博物馆的责任和使命。

坚定文化自信,离不开对中华民族历史的认识和运用。历史是一面镜子,从历史中我们能够更好地看清世界、参透生活、认识自己;历史也是一位智者,同历史对话,我们能够更好地认识过去、把握当下、面向未来。①

---

① 习近平:《在中国文联十大、中国作协九大开幕式上的讲话》。

第一章

近代天津地区博物馆的早期探索

第一节　国人早期建馆的尝试
——天津考工厂

近代中国甲午战败之后,中华民族开始群体意义的觉醒。正如梁启超所说:"吾国四千余年大梦之唤醒,实自甲午战败。"①尤其庚子事变后,清王朝处于亡国边缘,几次大规模赔款造成了晚清政府空前的财政危机,于是发展经济、振兴商务成为首要考虑的问题。迫于各方压力,同时为挽救垂亡的统治,清政府开始实行"新政",拉开了最后十年"变法自强"序幕。而以"振兴商务"为目的的中国近代博览会事业,也因此契机发展起来。

光绪二十八年(1902),清政府接管"都统衙门"重新治理天津,任命袁世凯为直隶总督兼北洋通商大臣。袁世凯督直后,开始在天津大力推行"新政"。在袁世凯的主导下,施行了改良政治、经济、文化、军事等一系列措施。在这场长达十年之久的近代社会大变革中,诸多"新政"在天津成功实践且领先于全国,使天津成为"新政"推行的中心和最具代表性的试验田,也成为"新政"推行的展示窗,这也客观促进了天津的近代化进程。

---

① 梁启超:《戊戌政变记》,中华书局股份有限公司 1954 年版,第 1 页。

天津作为北方的经济和对外贸易中心，得天独厚的交通条件和较为完备的近代商业组织，为博览会（展览会）的产生和快速发展提供了必要条件，天津是当时国内少数博览会发达的城市之一，并成为近代北方的博览会中心。这离不开直隶工艺总局的大力倡导和直接扶植，其附设天津考工厂的变迁代表着天津近代博览会的发展轨迹，并孕育出天津早期公立综合性博物馆——天津博物院。

一、沿革和分期

在"新政"大背景下，振兴工商成为"图自强"的重要手段，光绪二十九年（1903），袁世凯派周学熙到日本考察工商业。回国后，周学熙"以考察所得于日本者，欲以施诸我国"。袁世凯先是札委周学熙总办教养局以收游民、维持治安，同时办理工艺学堂和考工厂。但周学熙认为："教养局系收养'无业游民'，办法宜仿营伍，以约束严整为主；工艺学堂系造就人才，办法宜仿义塾，以培养诱掖入主；考工厂系鼓舞市情，办法宜仿赛会，以交通联络为主。此三事情形各有不同。"①权衡之后，袁世凯最终将收养"游民"的教养局剥离后移交地方承办，周学熙专心办理工艺学堂和考工厂。

光绪二十九年六月（1903 年 7 月），周学熙上书袁世凯，提议设立工艺总局，并要求附设学堂及考工厂。"考工"一词出自《考工记》，是一部我国古代手工业技术专著，普遍认为是春秋时期齐稷下学宫的学者编写的齐国官书，记载车舆、宫室、兵器、礼乐等制作工艺的专门文献。《工艺总局周道等酌拟办法章程经费数目缮呈图折禀并批》中特别强调"酌采日本成法，参以本省现情"，"迅将工艺学堂、考工厂章程重加商定，先行

---

① 周尔润：《直隶工艺志初编》志表类卷上，北洋官报局 1905 年印，第 6 页。

开办"，同时"以学堂习其技能，以考工生其感观，大要在开导商情，使之奋发"。① 袁世凯批复，"据禀并图折均悉，所拟工艺局暨考工厂大致办法均尚妥当，应准照行"②。周学熙随后被委任总办直隶工艺总局事务。

光绪二十九年八月初一日（1903 年 9 月 10 日），天津考工厂正式对外开放，③厂址初设在北马路。光绪三十二年（1906），迁入河北公园（今中山公园）内新建的劝业会场。新址为洋式楼房，规模庞大，各种用房达130 余间，其数量之多，为场内各单位之冠。

天津考工厂大楼

光绪三十二年十二月初二日（1907 年 1 月 15 日），因"考工厂与农工

①　《工艺总局周道等酌拟办法章程经费数目缮呈图折禀并批》，虞和平、夏良才编：《周学熙集》，华中师范大学出版社 1999 年版，第 55—56 页。

②　《工艺总局周道等酌拟办法章程经费数目缮呈图折禀并批》，虞和平、夏良才编：《周学熙集》，华中师范大学出版社 1999 年版，第 56 页。

③　《工艺总局详报考工厂开办情形并批》，虞和平、夏良才编：《周学熙集》，华中师范大学出版社 1999 年版，第 62 页。

商部所指名目不符合"①,经袁世凯批准,改称为天津劝工陈列所。1912年壬子兵变,天津劝工陈列所损失惨重,几陷于瘫痪,直至清政府垮台。此为重要节点,本书称为天津考工厂的前期阶段。

中华民国成立后,1913年严智怡主持劝工陈列所并改为直隶商品陈列所,业务上注重开展商品调查研究,组织调查员分赴直隶省各地调查物产,并派人赴日本东京、名古屋等地考察,在原有展陈和销售基础上扩充陈列所的职能。此期间天津博物院成立,1928年后先后更名为河北省国货陈列所、国货陈列馆,各项职能日臻完善,为工商品研究、征集、博览、开发的组织中枢。本书称为天津考工厂的中期阶段。

1937年,天津沦陷后,馆舍被侵华日军盘踞恣肆,后被拆毁。本书称为天津考工厂的末期阶段。鉴于天津考工厂中期阶段的基本性质及主要活动与前期类似,且天津考工厂的前期活动对天津地区早期博物馆的影响更具有典型意义和代表性,因此本文以其前期阶段为主要论述对象。

二、性质特点

关于天津考工厂的性质,在20世纪80年代,陆惠元和梁吉生两位先生曾进行了深入的探讨。1987年,陆惠元先生发表《天津考工厂是中国第一个博物馆》一文,从天津考工厂成立的历史背景、概况、宗旨、组织机构、参观章程、办事条例、陈品内容等多方面出发,结合现代博物馆的定义,提出1903年在天津成立的"考工厂无论从性质规模上,都应该是一个很正规的官立博物馆",并且"是中国官办的最早的博物馆"②。此文一发,顿时引起学界的关注。梁吉生先生首先对这一观点提出疑问,发表

---

① 周尔润:《直隶工艺志初编》章牍类类卷上,北洋官报局1905年印,第30页。
② 陆惠元:《天津考工厂是中国第一个博物馆》,《中国博物馆》1987年第1期,第85页。

《〈天津考工厂是中国第一个博物馆〉质疑》一文,该文焦点的中心并不在谁是最早,而是对天津考工厂是不是博物馆表示怀疑,指出:考工厂虽然有收藏,但其物品并不是具有代表性的人类和自然环境见证物;虽公开陈列,却是集中外商品的展销活动;它的"为社会发展服务",是通过罗列工商货物及样品,提供商品信息,激发工业家观感,促进工商业生产,而不是以教育为目的,给人以知识性文化和思想性文化。认为天津考工厂是一个博览会性质的机构,而不是博物馆。① 随后,陆惠元先生又发表《天津考工厂之争与近代博物馆概念》一文,结合日本近代博物馆发展模式和日本劝业型博物馆的特点,以天津早期博物馆实践为学习日本经验出发,认为天津考工厂应该为工商产业型博物馆或称劝业型博物馆,并对传统观念中学界对博物馆概念定义的理解提出了疑问。②

两位先生的探讨归根结底是基于博物馆概念的探讨。因为中国早期博物馆理论和实践经验都从日本舶来。日本早期博物馆就从博览会脱胎,具有与博览会混同在一起的性质、与殖产兴业政策相适应的特点。日本博物馆学界将商品陈列所作为博物馆纳入到劝业型博物馆的行列,因此早期国人对博览会和博物馆的认知也往往存在混淆。1936 年中国博物馆协会出版《中国博物馆一览》一书将全国博物馆分为普通博物馆、专门博物馆和植物园、动物园及水族馆三个门类。河北省国货陈列馆等各省国货陈列馆被归为专门博物馆。③ 而天津考工厂、天津劝工陈列所、直隶商品陈列所、河北省商品陈列所是一个机构在不同时期的不同名称。④

---

① 梁吉生:《〈天津考工厂是中国第一个博物馆〉质疑》,《博物馆研究》1988 年第 1 期,第 94—96 页。

② 陆惠元:《天津考工厂之争与近代博物馆概念》,《中国博物馆》1988 年第 4 期,第 12—14 页。

③ 郭辉:《对天津考工厂是不是博物馆问题的再思考》,《中国博物馆》2018 年第 1 期,第 48 页。

④ 天津考工厂于 1907 年迁入劝业会场,改名为天津劝工陈列所。1913 年又改名直隶商品陈列所。1928 年,迨北伐成功,始改定为河北省国货陈列馆。见宋蕴璞:《天津志略》,民国二十年(1931)铅印,第 219 页。

这种争论在全国范围甚至世界范围内都具有普遍性,在姜涛、俄军编著的普通高等教育"十一五"国家级规划教材《博物馆学概论》中也指出这一情况:

> 20世纪以来,博物馆不仅在各国的社会生活中发挥着日益重要的作用,而且其发展也已逐渐成为国际性事务,尤其是博物馆学和国际博物馆协会产生之后,各国博物馆学者们更是对博物馆的定义提出了迫切的要求,希望就此达成国际范围内的共识。因为如果没有一个科学、合理、准确、全面的博物馆定义。现代博物馆间的交流、合作以及博物馆学的教学和研究都很难进行。学界在研究探索博物馆定义的实践中发现,由于博物馆形态的多样性、职能的多重性、区域性文化特征与意识形态的差异性以及博物馆内涵与外延的历史性变化等等原因,恰当定义博物馆实在不是简单的事。①

国际博物馆协会自1946年成立伊始,就在一直努力试图给博物馆一个恰当的定义。1989年9月,在荷兰海牙举行的国际博协第15届大会暨第16次全体会议通过了修订后的《国际博物馆协会章程》,其中的第2条总结了以往博物馆定义的经验,再次将博物馆的定义修正为:博物馆是为社会及其发展服务的非营利的永久机构,并向大众开放。它为研究、教育、欣赏之目的征集、保护、研究、传播并展示人类及人类环境的见证物。之后,又进行了若干次调整和修订,但是总体而言,它们都是在1989年定义基础上的微调。因此,可以说,经过30多年博物馆实践的验证,国际博协1989年形成的博物馆定义依然是迄今国际范围内通行且相对稳定的博物馆定义。不但许多博物馆学论著引用这个定义,而且不少国家制定本国博物馆定义时也多以此为依据。我国于2015年2月发布的《博物馆

---

① 姜涛、俄军编著:《博物馆学概论》,兰州大学出版社2014年版,第24、25页。

条例》（国务院令第 659 号）也参照此定义，其中第二条是：本条例所称博物馆，是指以教育、研究和欣赏为目的，收藏、保护并向公众展示人类活动和自然环境的见证物，经登记管理机关依法登记的非营利组织。

　　无论《国际博物馆协会章程》还是我国的《博物馆条例》，其基本概念中"非营利"是核心内容之一，天津考工厂的陈列品是否符合这一概念？在周学熙呈报的《工艺总局详报考工厂开办情形文并批》中提到："采取商品当择其要，必本国所产之易于改良，易于营销，且能与外洋物品竞争而扩张本国工业者，始为录取。"查《天津考工厂试办章程》，其中第二章中第一至十七条，为庋设司的职责，负责陈列展览事宜，其中第二条："庋设簿籍列左：一本省品物，一外省品物，一外洋品物，一寄赠品物，一寄售品物。"明确了陈列的物品分类，随后对寄赠品物、寄售品物又进行了详细规定。第三条："购置品物应记其各项事件如左：一物名，一产地或制所，一购得年月，一购得之地，一品质，一形状图绘，一品位，一用法，一尺寸或重量体积，一市价及原价，一批发价，一税额，经过厘税几处，一出产或制产额，一销数，一特别性质及杂事。"可见所陈列物品中购置品物均要登记其价格，包括市场价、原价、批发价，甚至于税额等均详列。又第四条："寄赠品物亦应详其各节如左：一本主之姓名职业住址，一本铺分铺或代买处之名，一每年出产或制产额，一行销之地，一品质，一形状图绘，一品位，一用法，一尺寸或重量体积，一价值，一税额及经过厘税几处，一销售之约计，一特别之性质及杂事。"寄售品物也明确要求标明价值、税额等等。对于其他陈列品，第十四条也有说明："本厂庋设各物，若工商家欲借用或价买以资考证者，须遵照第三号或第四号书式陈明本厂，以便酌量许否。"以上均可见其明确的售卖目的和商品属性。

　　在 1906 年出版的《东方杂志》记载："丙辰冬季，天津考工厂设立内国劝业展览会，自十月初七日开会至十五日止，计九日。到会观览者约十五万余人。计到会出品陈售之工商业各店号约一百数十家，分陈十二场。各工商家售入货价约共三万余金，嘻！盛矣！"其售卖商品的性质更是一

《直隶工艺志初编》书影

目了然。

本书认为,两位先生在博物馆的概念尚未达成广泛共识的时期,分别对考工厂的概况、宗旨、组织机构、参观章程、办事条例、陈品内容等实际情况进行条分缕析,又从不同角度提出自己对其的定位,所述均为客观事实,本无对错,可以说是一定历史时期的学术讨论的正常现象。

那么在博物馆概念明确以后,天津考工厂属于以博览会性质为主的机构也就明确了。以下本书从天津考工厂早期的基本情况,包括宗旨、章程、组织机构、经费来源,以及展览活动等方面进行查摆和论述。

希望通过探讨,明晰作为以博览会性质为主的天津考工厂,在天津早期博物馆尝试的理论和实践。

三、基本情况

(一)宗旨目的

关于天津考工厂的宗旨,在《天津考工厂试办章程》《工艺总局详报考工厂开办情形文》及其他公文中的描述各有不同。光绪三十年七月

（1904 年 9 月），周学熙在上袁世凯《工艺总局详报考工厂开办情形文》中提到，其初设的宗旨是"开通民智，提倡工商之进步"①，在《工艺总局周道等酌拟办法章程经费数目缮呈图折禀并批》中则称："以学堂习其技能，以考工生其感观，大要在开导商情，使之奋发。"②而在"详请宪台察核批示"的《天津考工厂试办章程》各项条规章程清折中，写明宗旨为"考察本国外国商品，以激发工业家之感观"③。在光绪三十一年（1905），袁世凯上奏的《筹办工艺各事渐着成效分别胪陈折》中则称："考工厂以启发工商智识为宗旨。"

本文认为，在几个不同的正式文件或呈文中，宗旨描述不尽相同，而作为相对正式文件的《天津考工厂试办章程》中的宗旨并未能全部概括天津考工厂所发挥的作用和影响，更像是对其部分功能的描述。可以看出考工厂设立之初不管是决策层还是具体执行者，均对于其推进工商进步的基本目的保持一致，但对其宗旨的清晰概括尚未统一。这里可能存在认知的不足，或者可能本身也未达成共识。

（二）章程规则

《天津考工厂试办章程》在开办之初就得到足够重视，周学熙在《工艺总局周道等酌拟办法章程经费数目缮呈图折禀并批》中建议："迅将工艺学堂、考工厂章程重加商定，先行开办。"④章程共分两章，其中第一章

---

① 《工艺总局详报考工厂开办情形并批》，（清）甘厚慈辑《北洋公牍类纂正续编》，罗澍伟点校，天津古籍出版社 2013 年版，第 685 页。
② 《工艺总局周道等酌拟办法章程经费数目缮呈图折禀并批》，虞和平、夏良才编：《周学熙集》，华中师范大学出版社 1999 年版，第 55—56 页。
③ 《天津考工厂试办章程》，（清）甘厚慈辑《北洋公牍类纂正续编》，罗澍伟点校，天津古籍出版社 2013 年版，第 686 页。
④ 《工艺总局周道等酌拟办法章程经费数目缮呈图折禀并批》，虞和平、夏良才编：《周学熙集》，华中师范大学出版社 1999 年版，第 55—56 页。

为总纲,分 8 条。对天津考工厂的宗旨、内设各司、各司职责和纪律条款做了规定。第二章为各司执事专条,共 54 条。对庋设、考察、化验、图书四司和辅助文牍、会计、庶务三司的具体工作职责做了规定。其中"化验司暂由工艺学堂代办"而未详列。其后又附《天津考工厂各项规则》,包括寄售章程、办事规则、值宿条规、看护条规、采取本国商品略则、游览章程等。这些章程"酌采日本成法,参以本省现情",袁世凯批复:"据禀并图折均悉,所拟工艺局暨考工厂大致办法均尚妥当,应准照行。"①对此,袁世凯应是进行了仔细审阅,章程和各项规则均仿效日本。

对于考工厂章程和各项规则的制定,可以说是急于开办而并未详加考订,这从袁世凯的批示中可见端倪:"至折开值宿看护两条规,似是日本人译汉之文,不甚明晰,已代为点窜抄送矣。"袁世凯对该事表现出全力支持的态度,甚至还有着不拘小节的宽容。

(三)组织机构

考工厂隶属于天津工艺总局,可以说是袁世凯亲自推动下设立。在管理机构中,周学熙为实际领导人。另外"该局综理学堂及考工厂两事,责成綦重,并委何道炳莹常川驻局,会同该道等办理"②。考虑到工艺总局事务繁多,在周学熙的要求下,袁世凯派何炳莹为该局的常务人员。管理机构设置为:"厂中应设提调一员,总理全厂一切事务,兼办文牍并综核用款。艺长一员,专司考验商品,指教工艺方法,演试工艺要理,其有关化学理蕴者,并由工艺学堂总分教习,随时襄助办理。英文司事一员,专司翻译事件。司账一员,专司进出账目及一切银钱簿据。司事二员,专司

---

① 《工艺总局周道等酌拟办法章程经费数目缮呈图折禀并批》,虞和平、夏良才编:《周学熙集》,华中师范大学出版社 1999 年版,第 56 页。

② 《直隶工艺总局详呈考工厂拟设拍卖处售货办法文并批》,(清)甘厚慈辑《北洋公牍类纂正续编》,罗澍伟点校,天津古籍出版社 2013 年版,第 667 页。

接待商客,并陈列出纳各项杂务。其余门丁兼收门票二名,看护人五名,杂役四名,各司本职事务以专责成。以上各员司俟批准后,即行检员请委试办。将来事务繁多,再行酌量禀请添设。"①

在业务机构上设庋设、考察、化验、图书四司,并辅以文牍、会计、庶务三司。庋设司负责搜集、管理、更换庋设物品及标签,管理寄赠、寄售品账目;考察司负责答复工商业家咨访事件,演示工商新法,演说工商要理,授工艺方法并拟示标本,辨别商品器物,访查本地进出口货情形和销滞情形;化验司负责分析化验,答复关于化验的咨询,管理化验器具和账目;图书司负责管理图书及商品标本等件,编纂目录,搜集图书及商品标本,摹绘图样,借贷图书及商品标本等事,翻译工商业书报等。

对于外国顾问的使用,也表现了足够的真诚和信任,据徐苏斌先生《20世纪初开埠城市天津的日本受容——以考工厂(商品陈列所)及劝业会场为例》一文研究:工艺总局创办后,周学熙和日本人藤井恒久签约,藤井自光绪二十八年六月二十六日(1902年7月30日)起三年担任高等工艺翻译官,以后又数次延长聘期。实际上藤井除了担任翻译外,据日本外交史料馆资料中,还有"北洋工艺总教习""直隶工艺总局顾问""工艺学堂教习""顾问官"等职务,月俸为400两。藤井恒久曾任大阪商品陈列所第一任专职所长。② 随后,藤井恒久向周学熙推荐了盐田真,盐田曾任东京国立博物馆工业科长,曾作为日本博览会事务官被派往美国和法国,是日本第五次"国内劝业博览会"的审查员,有着丰富的实践经验。光绪二十九年十月十六日(1903年12月4日),盐田和工艺总局签订合同,盐田就任工艺总局考工厂艺长,时年66岁。另外,艺长还负责考工厂

① 《直隶工艺总局详呈考工厂拟设拍卖处售货办法文并批》,(清)甘厚慈辑《北洋公牍类纂正续编》,罗澍伟点校,天津古籍出版社2013年版,第667页。

② 1890年,大阪府立商品陈列所创立,以比利时的布鲁塞尔商品陈列所作为典范,设置了输出部、输入部、国内生产制造部、包装品样本部、广告图书及分析室等五个部,每个月发行刊物。

的考察司的工作。盐田在考工厂工作两年,光绪三十一年(1905)合同期满,回日本之前周学熙为他送行。[①]

(四)经费来源

1. 政府拨付

由于考工厂的官立性质,经费自然是由政府拨付。在创办之初,周学熙就上袁世凯《工艺总局周道等酌拟办法章程经费数目缮呈图折禀》,对所需经费数目等情况详细上报,具体为:"分开办经费及常年经费两项。开办经费项下,计建筑装修、陈设商品器具、购置图书,约计需银二万八千二百两。常年项下,计华洋员司丁役薪工及笔墨纸砚各种杂费,并修理各费,长年约需银八千一百六十两,遇闰加增银六百四十五两以上,均系约估大概数目。开办后应撙节动用,极力从省,倘有另案事情,必须加增用费之处,应随时审察事体缓急,另行禀案办理。所有前项经费银两,另缮清折附呈,应否在于银元局余利项下拨发,抑或由别局所筹拨之处,伏候宪裁。"[②]"所需经费亦请迅赐指拨,以资开办。"袁世凯批复:"其考工厂开办经费即由银钱所收回通惠成本项下拨发银二万五千两,至该厂常年经费应在银元局铸钱盈余项下开支,仰该道等随时督饬员司,认真经理格外撙节动用,务期事有实效,款不虚糜。"

在光绪三十一年(1905),袁世凯上奏的《筹办工艺各事渐着成效分别胪陈折》中,对经费问题也作了大概的汇报:"计开办经费楼房货品各项用银二万八千两,常年经费需银二万四千两,派员调查及续购品物需银

① 徐苏斌:《20世纪初开埠城市天津的日本受容——以考工厂(商品陈列所)及劝业会场为例》,《城市史研究》第30辑,第191、193页。
② 《直隶工艺总局详呈考工厂拟设拍卖处售货办法文并批》,(清)甘厚慈辑《北洋公牍类纂正续编》,罗澍伟点校,天津古籍出版社2013年版,第667页。

一万两,尚须添建房舍增置图书需银三万两。"显然,袁世凯在周学熙拟报数量上又做了较大补充。

2. 自身盈利

开办劝工展览会入会货品免纳税捐,所以政府拨款应是考工厂的主要经费来源。另外劝业展览会门票收入、寄售品物所得税金也是其自身盈利的一项。值得一提的是,考工厂还"创有附售小彩票"[1]以及经袁世凯批准开办的"津益拍卖处","惟拍卖之货,均应照章向货主按分收用,以资津贴而免赔累"[2]。

四、征集和展览

这是"庋设司"的职责:搜集本省土产、外省货物、外国制品,分类陈列,标其价格质量及产地,以供工商业家之观览。周学熙对考工厂要求严格,筹办期间他发现"规模未备,缺憾甚多",于光绪三十年(1904)二月,专派"庋设司"司事陈秉毓等赴日本调查商品陈列相关事宜,而陈返国后呈交数千字的调查《报告》,叙述极为详尽,具体到展室布置"一箱一架皆有锁""行人所经之路必铺洋毯""向阳各窗皆障以白布或白窗纱"。[3]

考工厂于光绪二十九年八月初一日(1903年9月10日)"开厂"。为此,在一周前于《大公报》头版刊登广告,"招请各宝号务于开厂前将出品送到陈列,俾届期中外官商游览,藉广销路而增名誉,切勿观望"。当开

① 周尔润:《直隶工艺志初编》章牍类类卷上,北洋官报局1905年印,第30页。
② 《直隶工艺总局详呈考工厂拟设拍卖处售货办法文并批》,(清)甘厚慈辑《北洋公牍类纂正续编》,罗澍伟点校,天津古籍出版社2013年版,第702页。
③ 许海娜:《1901—1928年间天津展览会研究》,河北师范大学2013年硕士学位论文,第21页。

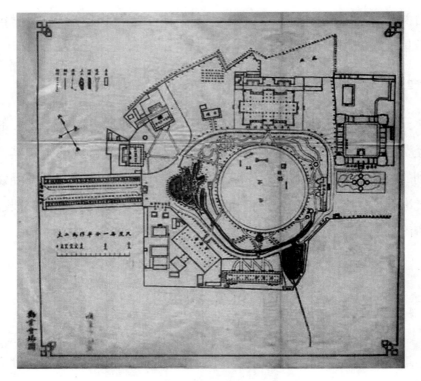

劝业会场平面图

厂之日,再于报纸刊登《纵览人注意》条例,包括开放时间;入览者"携带棍子伞或小包"应寄存;因中外"风俗不同",女客只限每周五参观,"以免彼此不便",而外国妇女则"不拘此例"等。当时,陈列商品达三千余种,入览以制钱十文购票。有史料称,开厂"半月以来,观者甚众,日千数百人、二千余人不等,购买货品亦时有之。似此,民智可期逐渐开通"。

　　相对于常设的陈列之外,还设立短期商品展卖场所——工商劝业展览会。首次展会于光绪三十二年(1906)十月在新建的河北公园举办,设12个不同业别的展卖场馆,"物品固宜求多,尤以精美为上"。其时展卖商品大多仍为手工制作,却也不乏时尚新潮之物,如新式人力织布机、动物标本、纸烟、汽水……直督袁世凯准予"免纳税捐"的优惠。展会原定七天,因观众踊跃,又延长二日,入览者达 15 万人之多,津门轰动,盛况空前。①

天津考工厂(劝业会场)门楼

天津考工厂(劝业会场)钟楼

① 陈凯:《近代中国第一座商品博物馆——天津考工厂》,《今晚报》2009 年 10 月 15 日,第 6 版。

当然,之后的若干年里,考工厂和严智怡主持之后的延续机构还举办了众多展会,情况大致如此,且有专门研究论文,不再列举。

五、社会服务

社会教育是"考察司"的职责:"凡本地或各属工业家,或令陈其制品,或巡视其制法,与外国比较其得失。本地及附近地方可兴之利,所出之产,皆勤加访察,俾众周知。凡工作之精粗,成本之贵贱,销场之衰旺,运费之多寡,装裹之良否,及其他有关于工商业之盛衰者,皆悉心考究,以便改良,并随时开演说实验等事,邀集工业家发明各项要理及其方法,以资开导。"

光绪三十一年(1905),考工厂拟定《天津考工厂拟定工商茶话所简章六条》,决定成立工商茶话所,专以白话演说工商要理,"如物理化学以及中外商务理财各事",请工业学堂总教习、考工厂艺长及各学堂教习监督为主讲,如工商中之有见闻者,亦可襄助演说。该所经费由考工厂筹备,来听者由该所供给茶水,不取分文。演说日期定于每月初三、十八两日,自七点半起至十点半止。又"邀约中外各专科教员,即通达新学理,绅商订期讲演,凡关于工商之理由及新出之制造,无不演为浅说,而加以试验,定实行考工"。工商演说会还根据市场情况,演说分析市场行情,讨论研究税捐、运费等问题,以求抵制补救之策。光绪三十年(1904),考工厂于 12 月 7 至 9 日连续三天在北马路万寿宫开演说会,宣传考工厂开办宗旨并邀请绅商讲谕工商要理,请天津总商会协助发出千余份请帖,遍请各行商铺和工艺人参加。10 日《大公报》"演说工商纪盛"描述其会说"每晚听演讲者千余人坐地难容内有五百余人均立听"。演讲内容也日益丰富。光绪三十年腊月初三(1905 年 1 月 10 日)的工商演说会请了工艺学堂总教习藤井先生讲工商要理。光绪三十三年三月十七(1907 年 4

月29日)在东马路天齐庙演说会上请刘巨川先生演说矿学、何子琴先生演说虚马力与实马力的区别、李子鹤先生演说经济学、赣镜湖先生讲生理学、宋则久先生讲生利与分利之别。

虽也有时人质疑国人弊病"听时自以为不错",深有动容,过后也就"放之一边";但毋庸置疑,频繁的演说活动,必能扩大考工厂的影响力,使社会上对工商业愈来愈认同。①

为服务工商人士,出版相关工商书籍和刊物由图书司负责:"凡关系工业上之书艺、标本、报告、新闻杂志,以及商品目录、特许商牌等件,皆时加搜罗,以便工商家之考证。此外尚有本地进出口货之销滞,行情之涨落,及外埠外国之贸易情形,及有关工商之要理,拟随时刊《北洋官报》,俾众周知。俟商务兴盛再行自刊月报。"实际上除在《北洋官报》有些许记载外,"自刊月报"之事并没有很好地进行。

光绪三十一年至光绪三十四年(1905年至1908年)连续四年举办的考工会重在招考工业是其一大特点,"考给奖牌,洵足以资观感而昭激劝"②,并为此制定了《天津考工厂招考工业简易章程》及《天津劝工陈列所第四次招考工业简章十五条》。总结其具体招考办法如下:招考范围:天津本埠、外州县内工商只要在限期内把工业制品送到均可参加考评,本埠限期四个月,外州县限期五个月。参评制品须标明名目、商标、价值(均按折合洋元为准)、出品地以及制造人之姓名、年岁、籍贯、住址,并习业年数,如出自公共之手,可以只写明字号与总理人姓名。参与评奖时分为21大类,包括木制品类、五金制品类、丝绵毛麻制品类、草竹制品类、纸张及纸制品类、皮角牙制品类、玻璃制品类、教育品类、服饰品类、油漆品类、印刷品类、染色品类、雕塑品类、绘画制品、化学制造品类、食物类、机

---

① 许海娜:《1901—1928年间天津展览会研究》,河北师范大学2013年硕士学位论文,第25页。

② 虞和平、夏良才编:《周学熙集》,华中师范大学出版社1999年版,第53页。

Tientsin Exhibition.　　　　　　天津考工厂

天津考工厂内景

械品类、照相类、陶器类、珐琅镀金类、杂品类。

考评原则:采用百分制,按五方面打分。制品制造程序难易、装潢是否美观、做法之巧拙占四十分;成色之高低、价格之贵贱占三十分,以物美价廉者居上;是否实用,占十分;考其社会影响,以"与世俗人心或卫生上最有利益者"为上,占十分;"考其工人及该厂号之名誉道德并其办法章程如何",占十分。可见考工会非常重视制品的工艺性、实用性及社会影响。积极鼓励创新和新发明。其《招考简章》里明确规定,凡非独出心裁创造新式新法或不能抵制洋货者即使得高分譬如 90 至 100 分也只能是银牌里的超等奖;而积分 70 以上属独出心裁创造新式新法或能抵制洋货行销外国者,均给予金色奖牌。

另外,除颁发奖牌外,此次考工会还制定了很多吸引众工商参加展会的措施。第一,获奖者可将制品送往工业售品总所代售,不收取分文以示奖励。第二,代为宣传做广告。《招考简章》第十四条规定:考取名次发榜宣示,并题名本所之优待室内,兼登报章以志光荣。第三登记造册,并录入该地方官府备案,以兹保护。

从严格意义上讲,无论从形式上还是举办宗旨上,考工厂及其举办的考工会最接近展览会的本质。①

六、历史作用及影响

天津考工厂对于"开通民智",发展工商成绩斐然,对此,学界专业研究已经很多。值得深入探讨的是,天津考工厂甚至工艺总局的建立,在中央层面无对应机构,天津实际是先行一步,并在之后实际促发了中央商部的建立。1906 年 10 月,农工商部设立京师劝工陈列所,各省会和通商大埠纷纷效仿,辟专馆陈列本地区精良农工商产品,国内掀起劝业风潮。随后,清廷敕文全国各地商会准备设立劝工场。梁启超在 1910 年的一篇《敬告国中之谈实业者》中曾写道:"上之则政府设立农工商部,设立劝业道,纷纷派员奔走各国考查实业,日不暇给,……下之则举办劝业会、共进会,各城镇乃至海外侨民悉立商会,各报馆亦极力鼓吹,……其呈部注册者,亦不下千家。"②天津考工厂的建立,实则为中央提供了一个自下而上的参考,并直接促进清末工商管理机构的改革。

1903 年日本大阪博览会后,受日本劝业政策影响,以提倡和奖励实业为中心的"劝业"风潮在国内弥漫开来。因为中国早期博物馆理论和实践经验都从日本舶来,而日本早期博物馆脱胎于博览会,因此早期国人对博览会和博物馆的认知往往存在混淆。或许正是这样的原因,后期严智怡虽然主持直隶商品陈列所的工作,却仍然不遗余力的创办专业的综合性博物馆——天津博物院。1918 年 6 月 1 日,天津博物院正式成立之

---

① 许海娜:《1901—1928 年间天津展览会研究》,河北师范大学 2013 年硕士学位论文,第 22 页。

② 《中国人的启蒙》,梁启超:《梁启超文集》,陈书良编,中国工人出版社 2013 年版,第 172 页。

后,直隶商品陈列所中类博物馆性质的活动便更多地被天津博物院承接了。总的来说,天津考工厂带有博物馆的一些特点,但终究是商业博览会性质。

（徐燕卿执笔）

附录一　工艺总局禀酌拟创设考工厂办法四条

择地

厂中庋设商品所,以激发工业家之观感,自宜择市廛繁盛,商务荟萃之区,前禀蒙面谕,以北马路官银号洋楼地基改造,地势宽阔,居中握要,最为合宜。嗣以银号一时尚难迁徙,又蒙指定龙亭后隙地一段,交通便利,亦尚合用,现拟就此处建筑楼房一所,暂行庋设商品,另绘房图附呈,一俟批准后即行开工。惟厂中罗列土产洋货需地甚宽,此处限于地势,无可开拓,不足以容纳众品,将来工商兴旺,尚拟再行推广。查新马路地方与宪署相近,又为新车站往来要道,地势宽绰。自开马路后,中西商人接续修造房屋,繁庶之象计日可竣,拟待该处商业兴盛后,另行在彼择地建筑,以为永远之计。届时再行禀办。

用人

厂中应设提调一员,总理全厂一切事务,兼办文牍并综核用款。艺长一员,专司考验商品,指教工艺方法,演试工艺要理,其有关化学理蕴者,并由工艺学堂总分教习,随时襄助办理。英文司事一员,专司翻译事件。司账一员,专司进出账目及一切银钱簿据。司事二员,专司接待商客,并陈列出纳各项杂务。其余门丁兼收门票二名,看护人五名,杂役四名,各司本职事务以专责成。以上各员司俟批准后,即行检员请委试办。将来事务繁多,再行酌量禀请添设。

筹款

分开办经费及常年经费两项。开办经费项下,计建筑装修、陈设商品器具、购置图书,约计需银二万八千二百两。常年项下,计华洋员司丁役薪工及笔墨纸砚各种杂费,并修理各费,长年约需银八千一百六十两,遇闰加增银六百四十五两以上,均系约估大概数目。开办后应撙节动用,极力从省,倘有另案事情,必须加增用费之处,应随时审察事体缓急,另行禀案办理。所有前项经费银两,另缮清折附呈,应否在于银元局余利项下拨发,抑或由别局所筹拨之处,伏候宪裁。

事务

计分四项:一度设。搜集本省土产、外省货物、外国制品,分类陈列,标其价格质量及产地,以供工商业家之观览。一考察。凡本地或各属工业家,或令陈其制品,或巡视其制法,与外国比较其得失。本地及附近地方可兴之利,所出之产,皆勤加访察,俾众周知。凡工作之精粗,成本之贵贱,销场之衰旺,运费之多寡,装裹之良否,及其他有关于工商业之盛衰者,皆悉心考究,以便改良,并随时开演说实验等事,邀集工业家发明各项要理及其方法,以资开导。一化验。设化学器具,凡有呈验化学品物及矿产者,均为分析试验,使知其原质,明其理化,以便设法制造。一图书。凡关系工业上之书艺、标本、报告、新闻杂志,以及商品目录、特许商牌等件,皆时加搜罗,以便工商家之考证。此外尚有本地进出口货之销滞,行情之涨落,及外埠外国之贸易情形,及有关工商之要理,拟随时刊入《北洋官报》,俾众周知。俟商务兴盛再行自刊月报。以上四条系创设大概情形,如有未尽事宜及将来应行增易之处,随时再行禀办,合并陈明。

工艺总局详报考工厂开办情形文并批

采取商品当择其要,必本国所产之易于改良,易于营销,且能与外洋物品竞争而扩张本国工业者,始为录取。

为详报事

窃照职局所管之考工厂,自职道等接办以来,督饬华洋员司夙夜兴办,幸渐就绪,已于八月初一日开厂。半月以来观者甚众,购票入览者日千数百人、二千余人不等,购买货品亦时有之,似此民智可期逐渐开通,而月余之间力筹开办情形,以及拟订各项条规章程,谨为我宪台缕晰陈之。

查考工厂初设之宗旨,原为开通民智,提倡工商业之进步,必须罗列多品,启人智慧,乃职道等接手原领开办经费只剩一千余两,势难再请开办经费,故前陈由银元局余利项下,按月筹拨经费银一千两,饬令格外撙节勤支,必令有余,藉充开办添置柜架、刊印票册及一切创始各事之需,其由毛道经购货物三千余金,俱是习见零件仅千余品,实不足以供陈设,因编订寄售章程,刊报布告。又虑官民隔阂上下之情不通,遂详请选派在籍候选知府宁绅世福,为考工厂总董,随同开导联络鼓舞,未及一月寄售货物至三千余品,值价至三万余金,诚非初意所及,而办事必有一定时限,方能久持守护,必有一定责任,始无推诿故,既订办事规则又订看护条规,无非戒其怠惰,勖以慎勤。复念厂屋无多,毛道前赁民房相距尚远,员司人役难资照料,因查该厂近依龙亭,呈蒙宪台批由该厂员司守护,用昭妥敬,既可随时照应,亦可就近办公。又因厂中陈设品物率多珍贵,禀蒙宪饬南段巡警拨派巡兵,昼夜轮流守护,而厂内无员司宿,设有意外之变,必致内外不能呼应,复拟订值宿条规,每晚轮派司事二人值宿,此固足以昭慎重。而犹恐商人妄生疑怯,因复向洋商保险行议定保火险,计现时货品、家具、房屋,值银四万五千两岁,需保费银五百六两有奇,将来中外货品咸集,保费再随时量加。惟当此款项支绌,采取商品当择其要,必本国所产之易于改良,易于营销,且能与外洋物品竞争而扩张本国工业者,始为录取,故又编订采取商品略则六条,遍行本省各州县官查照,并函致外省两务局代为采办。

至开厂之先,复拟订游览章程,刊载华洋各报,使中外游人知所适从,又因风气初开,男女同游不便,特定每星期内,以第五日专为中国妇女入厂游览之期,以示区别。并制优待纵览票、特别人览票,分送在津各局署及各领事,以及中外大商业家藉资考证。其通行入览票,则于入门时每票取制钱十文,恐因游览人众,良莠不齐,所以示限制而便稽核。复招选学生十三名,分派售票验票收票各一人,收管携带品二人,陈列室四号每号看护二人,又选派司事因庋设司须联络商情兼代售商货,酌用司事二名,其余会计司一名,庶务司二名,考察、图书两司事简只用一名,文牍司仍照章由提调兼办,凡此布置既不敢称涉铺张,亦不敢苟简废事。提调周牧家鼎、艺长盐田真均能勤奋出力,是以一月有余,克观厥成。职道等仍当随时督率该厂华洋员司,切实考求,以期仰副宪台振兴工业之至意。除将用过款项核实造报外,所有考工厂开办情形,理合缮呈。各项条规章程清折,详请宪台察核批示祗遵。

督宪袁批

详折均悉。该局兴办考工厂布置甚善,仰仍督率员司广搜商品,以为博览会之初阶,并候咨明商部查照,至折开值宿看护两条规,似是日本人译汉之文,不甚明晰,已代为点窜抄送矣。并即知照,缴。

附录二　天津考工厂试办章程

第一章　总纲

第一条　本厂宗旨考察本国外国商品,以激发工业家之观感,应分庋设、考察、化验、图书四司,并辅以文牍、会计、庶务三司。提调为全厂事务之长总理一切,艺长专司考验审察及指教演说等事,而皆受成于工艺总局,遵其调度。

第二条　各司应有专责,兹揭其要如左:甲、庋设司:设司事一员,一管理庋设物品,一搜集庋设物品,一更换庋设物品及其标签,一督理看护人,一经理贷与及分与,一经理寄赠品及寄售品,一管理庋设及寄赠寄售品之簿籍。乙、考察司:由艺长兼摄,另设洋文司事一员以辅之,一复答工商家咨访事件,一演试工商新法,一演说工商要理,一指授工艺方法并拟示标本,一作商品说帖,一鉴别商品器物,一访查本地进出口货情形,一访查本地商业销滞情形。丙、化验司:暂由工艺学堂代办(由本厂图书司承接收发记录等事),一分析试验,一复答关于化验之咨访,一管理化验器具及其簿籍。丁、图书司:设洋文司事一员,并募绘图师一名以辅之,一管理图书及商品标本等件编纂目录,一搜集图书及商品标本等件,并摹绘各项图样等事,一经理借贷图书及商品标本等事,立簿收发,一编纂暨翻译工商业书报等件,附一兼管承接收发记录各种化验之事物,立簿记其号数日期。戊、文牍司:暂由提调兼理,另设书手一名,一撰拟文牍函件,一收管并收发公文函件,一编存公牍,一编定登报事务。己、会计司:设司事一员,一编制预算,一收支银钱,一造报账目,一编纂统计表,一购备应用器具,一监理日用品物,一销售不用品物,一收发进门票并督理卖票人,一管理关于会计之各种簿籍。庚、庶务司:设司事二员,一接待商客,一预备演说事务,一管理厂内地段房屋,一管理本厂丁役人等并稽查出入,一管理各项锁钥,一经理纵览各事宜,一凡不属于他司之细务。

第三条　总局有所委任虽分任以外之事,亦当尽心办理,不得互相推诿。

第四条　凡意外事务为前条中所不载者,当随时商承提调办理,重则禀总局示行。

第五条　各司有请示总局之处,须先陈明提调。

第六条　各司在厂办公时刻须有一定,每日应由庶务司在执事簿按名注明到厂未到,或告假公出字样,凡有故不能到厂者,必须在提调处告假,或因公出厂亦应呈明提调,同时仍即告知提调处,应备粉牌一方,随时将告假及公出人名揭示,以便各司知照。

第七条　各司凡有调动,应将经手事件簿籍交付接手之人,并将本职事宜详告,不得稍有欺隐。

第八条　各司有废弛不职之事,提调当随时申诫,重则禀请总局处理。

各司执事专条

以下庋设司甲:

第一条　庋设各物,须分类编列号数、标签、品目与簿籍相应,以便查考。

第二条　庋设簿籍列左:一本省品物,一外省品物,一外洋品物,一寄赠品物,一寄售品物。

第三条　购置品物应记其各项事件如左:一物名,一产地或制所,一购得年月,一购得之地,一品质,一形状图绘,一品位,一用法,一尺寸或重量体积,一市价及原价,一批发价,一税额,经过厘税几处,一出产或制产额,一销数,一特别性质及杂事。

第四条　寄赠品物亦应详其各节如左:一本主之姓名职业住址,一本铺分铺或代买处之名,一每年出产或制产额,一行销之地,一品质,一形状图绘,一品位,一用法,一尺寸或重量体积,一价值,一税额及经过厘税几处,一销售之约计,一特别之性质及杂事。

第五条　如有变质或流动之性者,宜特加注意随时更换。

第六条　看护人宜加小心,如有损污破坏之处,应酌量情性赔偿。

甲　附寄售专条:

第七条　各工商业家有精细货物,欲交由本厂寄售者,须还照第一号书式陈明本厂,以便酌核办理。

第八条　得本厂之允许者,须遵照第二号书式呈其货品,并所占之容积,须附加该货说帖一纸。

第九条　盛货品之箱或架及其装饰等,均由寄售主自办,但须知照本厂,若有损坏,应令原主随时更换。

第十条　寄售物至五百元以上准自行派人守护,须将其姓名籍贯禀知本厂,如有不遵约束任意妄行者,照本厂看护人一体惩处。

第十一条　寄售之财,由本厂代为收管,准原主随时凭招支取。

第十二条　赁陈货物每立方尺月纳费银若干,随时由本厂酌定,须先交三个月,以后按月照付,若未满期出售者,所纳之费不能退还。

第十三条　寄售各物本厂当严为保护,若有非常变动为人力所不及者,本厂亦不任其咎。

乙　附贷与或分与专条:

第十四条　本厂庋设各物,若工商家欲借用或价买以资考证者,须遵照第三号或第四号书式陈明本厂,以便酌量许否,惟寄赠之品,不在分与之列。

第十五条　得本厂贷与之允许者,须遵照第五号书式呈交本厂以为信据。

第十六条　凡得本厂允许贷与者,须先按照原价存银本厂为质,俟交还货物时仍将存银发还,但须略纳借用费,以贷期之长短由本厂酌定数目。

第十七条　贷与货物交还时，须详细验明，如有损失污坏者，当酌量情形重者赔偿，轻者议罚。赔价者将原物给之，议罚者不得过原价十分之四。

以下考察司乙：

第十八条　艺长之职，所以备实业家之顾问，如各工商人等有所咨询事件，务当详为复答，若须当面问对者，由考察委员领赴艺长处，以便详询。

第十九条　艺长若须赴各工场考察情形，当由提调禀明总局，派员会同前往，如须函知地方官照料一切者，亦由总局办理。

第二十条　本厂随时邀集各行工商业家演说各项要理，试验各种新法，以增益其智识者，前数日登报俾众周知。

第二十一条　演说当按照座位多寡酌量出票，应分送卖两种。著名之商家及与演说相近之工业家，由本厂送票邀请入座，此外无论何人均须购票，票尽为度以免拥挤。

第二十二条　演说为时无几，如各工商家有未明晰或更须详考之处，准随后订明时刻，赴本厂访询，当详细复答以副垂询之意。惟不得在演会时发问致耽延时刻。

第二十三条　演说各节拟择要登入报章，以餍未经听讲者之望。

第二十四条　如有应行查各州县者，由提调禀商总局以函牍往来，本厂不得径行查访以杜弊端。

第二十五条　如有应行专员赴各州县查访者，由提调禀商总局派人前往，其事件如左：一出产最多之处，一制造繁盛之处，一新出之特产，一新创之工商事业。

第二十六条　如有应行专员赴外省或外国学习或考察者，由总局项目禀请督宪察酌给咨或护照前往。其事件如左：一本省出产应行考求制法者，一制法未善应行改良者，一可兴之利而不得振理之法者，一新兴之工商业可以仿办者,一土产之销场应行查访者。

第二十七条　考察委员同时应将用款核实,开具清折以凭造报。

第二十八条　考察委员车辆船只均须自行价雇,不得扰及地方,如有藉端招摇者,准地方官或商家指名揭禀控告,以凭究办。

第二十九条　考察情形随时登入报章,俾众周知;遇有华人设法创制及改造精良之物,应即加考陈明总局,分别嘉奖以示鼓励(以上一节系遵奉督宪批示增入)。

以下化验司丙:

第三十条　本厂应设化验处,以应工业家之分析试验,惟规模初创,事务尚简,暂由工业学堂代办以节经费,拟俟事务繁多,再行添设专员(其承接收发及记录等事,暂由本厂图书司兼摄)。

第三十一条　凡呈请化验各物者,遵照第六号书式说明其重要之处。

第三十二条　呈验之家,如须亲到本厂当面阅视化验之法者,须先禀明,本厂酌量许否。

第三十三条　化验各物所费无多者,暂行免纳用费以示体恤,倘所费甚巨者,临时再行核定,酌纳试验费。

第三十四条　化验毕应作说帖两分,一交原主,一存本厂,以备查核。

第三十五条　化验各物如须酌留原品备查者,当与以相当之价值以恤商情。

以下图书司丁:

第三十六条　图书当分类收藏如左:一商品图绘样本(以下尚应各分细类)、一工业书、一商业书、一理化学书、一财政学书、一法律学书、一簿记书、一地理地图历史书、一报告统计书、一百科全书及各种辞书、一语学书、一维书、一新闻杂志。

第三十七条　管理图书应备之簿籍如左:一目录、一出入日记簿、一贷与簿、一寄赠簿、附一化验各物收发簿。

第三十八条　本厂调阅者入日记簿,厂外借阅者入贷与簿,由人赠送者入寄赠簿。

第三十九条　贷与者须经提调之允许然后照发,一切遵照贷与品物办理。

以下文牍司戊:

第四十条　文案撰拟或裁复官商函牍,当遵照总局章程,并禀承提调之意旨,如有见及之处,宜随时禀商听候酌夺,不得妄抒意见。

第四十一条　登报事件须由提调呈总局阅后再行发刊。

第四十二条　应文收发文件簿,随时逐件编号登录,至所收文牍函件及所发文牍函稿,当随时分类编存以备查检,另备总簿编其目录。

以下会计司己:

第四十三条　会计之簿籍如左:一收支分款总簿,一收支流水,一收支暂记,一收支月报,一建筑修理清册,一购置货品簿,一购置器具簿,一购置图书标本簿,一发售进门票簿。

第四十四条　每月统计表如左:一购入标本,一购入书籍,一贷与品物,一分与品物,一借阅图书,一寄赠品物,一官署及工商人民往复函牍,一纵览人员,一分析物质件数。

第四十五条　月报及统计表,定于次月上旬清结,由提调呈总局查核,不得迟延。

第四十六条　如有意外用款,须先陈明提调始行开支。

第四十七条　如有项目请款兴办之事,须另行册报,不在寻常会计之内。

以下庶务司庚:

第四十八条　庶务应备之簿籍如左:一执事簿(逐日应按名注册到厂未到,或告假公出字样,凡告假公出者,以提调处揭示为凭,未列揭示者应注未到字样),一请假簿,一纵览人员簿,一咨访人员簿。

第四十九条　接待宾客务当殷勤,如有所咨访,尤当详细复答。

第五十条　凡工商业家之咨询,当记其职业、姓名、籍贯、住址,以备查考。

第五十一条　纵览时刻由庶务司商承提调,酌量季候长短随时改定。

第五十二条　凡纵览者当先购进门票,出门时收票,以便稽核人数。庶务司有稽查之责。

第五十三条　凡游览人及本厂内外人等,如有误损品物者,当向看护人询明情由,禀知提调核夺偿赔。

第五十四条　凡游览人如有咨问之处,由庶务司带领向该管访询(第一号书式):一某品一件,右系本店自制之品,拟遵依贵厂章程请代售,敬乞裁许为幸,专肃敬请考工厂台鉴,年、月、日,姓名、章,住址。(第二号书式):一某品一件,右系本店自制之品,蒙贵厂允许代售,不胜感荷,兹寄呈若干件,谨遵贵厂章程先缴三个月庋设费若干,并陈明一切事项,敬乞鉴察并给予收条为幸。计开:一货物之件数、一每件之价值、一庋设之容积。右件敬请考工厂台鉴,余同上。(第三号书式):一某品一件,右件拟自本日起至某日止,暂行贷与以供参考,敬乞裁许是荷,专肃敬请考工厂台鉴,余同上。(第四号书式):一某品一件,右件请以相当之价值许其分与,以供参考,敬乞裁许是荷,专肃敬请考工厂台鉴,余同上。(第五号书式):一某品一件,右件承蒙贵厂允准贷与特有银若干两为质,准于某日奉还,到期仍当照章呈缴贷与费,傥有损污,甘愿照章办理,决无异言,专肃敬请考工厂台鉴,余同上。(第六号书式):一某品一件,一分量产地,一试验要旨,右件请为分析以供考证,专肃敬请考工厂台鉴,余同上。

附录三　天津考工厂各项规则

寄售章程

敬启者,本厂宗旨为提倡工商业之进步起见,其意有二:一为各货物开拓销路,一为各铺家播扬名誉。现定于七月中择吉开厂,邀请中外官商前来游览,敬祈宝号务于开厂之前,预先多选上等货物,送交本厂寄,售所有寄售章程开列于后。计开:

一、本厂经费概系官筹,不取商家分毫,凡寄售货物照原价代售,随即奉缴,本厂不取分毫使费。

一、凡送到寄售货物,不拘大小贵贱,其每件零售者,务须开明实在不折不扣之价,其大宗货物并注明批发价目,以便本厂照价代售,冀增销路。

一、诸位客商到本厂由庶务司接待,凡货物送列由庶务司带晬庋设司,彼此点明货物登簿,随即付给收条以昭信实。

一、凡货物送到后,倘本铺自有售主,不拘何时可持原收条到本厂将该货收回。

一、凡货物如有重大之件,本铺可知照本厂派人帮同往运,不收运费。

一、凡货物送到倘时价有涨落,本铺可随时来条知照,本厂即代为注册,但知照时,倘该货已经售去,则本厂仍照前注之价奉缴。

一、凡货物送到及售出,每日开单登入《北洋官报》,以供众览。

一、凡寄售货物之铺家,本厂预给凭票,不拘何时可派伙友来本厂查验该货陈列情形,但进门时须携带本厂所给凭票以便照验。

一、凡寄售货物倘成色太次有碍销路,或陈设日久容易糟旧之件,本厂可随时知照本铺取回更换。

一、凡寄售货物本厂代为经管,倘万一有所遗失,本厂认照原价奉缴,决不使本铺受亏。

以上十条作为暂时章程试办,三个月后如有不便,届时再行通知更改。

办事规则

一、本厂每年三月至八月,每日自上午九钟至下午五钟为办公之时,九月至二月,每日至上午九钟至下午四钟为办公之时(其正午十二点钟至一点钟为午饭时限)。

一、自提调及各司事,每日均须遵照定章准时到厂办公,不得逾延。

一、办公时限之外,会计司、庶务司每日至少必有一人在厂常川照料住宿。

一、各司派定后,各有专责不得推诿,越俎代谋以清权限。

一、各司均归提调约束,凡卖票收票人及看护人应照商店学生规制,须听该管会计、庋设两司约束,夫役人等应归庶务司约束。

一、凡办公之时虽有戚友来访,若非公事概不得接见。

一、凡在办公时限内,不得任意外出,并不得谈笑自由。

一、除疾病或家有要事之外,概不得请假。

一、请假须于提调处禀明事由,惟虽有要事不得过五天,在远处者不在此例。

一、夫役人等除由提调另单派定常川在厂不准擅离者之外,其余各人均应一应遵照办公时限到厂应差,不准违误。

一、提调处应设名牌,庶务司应立执事簿,均遵照试办章程第一章第六条所载办理。

一、各司休息日期如左:艺长、文牍司、化验司、考察司、图书司、庶务司每逢礼拜日,提调、庋设司、会计司、看护人、卖票人及收验票人,每逢礼拜日下午。

一、凡此规则之外各事,均照试办章程办理。

值宿条规

一、本厂应立值宿名簿,每日值宿员当以二名为常规,其一名遵照总局所颁规则,以会计、庶务二司轮班,其一名由庋记、考察、图书、文牍等四司轮班。

一、当该值宿员若有疾病,或他事故难为值宿,则应呈明提调,先与次日之当值员商明交换替代互相补助,毋得旷误。其替代互换人名、日期均应在值宿簿内注明。

一、值宿员夜中须二次到庋设各室及事务室察看,戒慎盗火,在暴风大雨之时,特加意要屡次巡视,若有发见屋漏破牖等事宜,速为防备,移动陈列品于他室,以免损伤,若有盗火之变异,宜先用电话机器急报巡警局,并执行临机之处置。

一、值宿员于翌朝开厂以前,其一员指挥听差洒扫,监理每室各廊及阶段之洒扫,又使听差洒扫出入门边,他一员指挥看护人专监理庋设架橱面之拂拭。

一、值宿员保管各司所管之钥匙,到翌朝候各司员到厂须分付之。

一、值宿员于各司事退厂后到厂前,有来到文书物件,则总登录日志,当于翌朝交于该管各司。若有紧急文牍到来,即宜使听差齐送该管者之寓处。

一、逢休息日,值宿员开厂中须代他司事为来访者及来观人之应答,并代办寄售品之卖约即售价等事,于翌日告其事由于本管司事,收银款须交于会计司,无错误迟缓。

一、逢休息日,值宿员之外要洋文司事一员到厂,以当外洋人之应答,但在洋文司事该当值宿日,不须别员到厂。

一、逢休息日,值宿并到厂之员,应于其翌日与假以均劳逸。

看护条规

一、本厂看护人以看护所有庋设品物,净扫庋设品与庋设架橱为主务。

看护人须每日开厂一点钟以前到厂,从事于庋设架橱之拂拭,在开厂中亦时加拂拭,要令橱扉一之玻璃面、架床之板面等无污尘。

一、看护人值庋设品自他处运到,若于厂内甲乙相移动时,须随艺长及庋设司事所命搬运品物,并为拂拭如平日,净扫品物时亦加意护持,起卸拂拭最要郑重,勿令附笺甲乙,致有错乱。

一、看护人不可须臾离去,其分担室宜俟交替人来到而后暂休,各复分担之位置。其午食时间准与半点钟,其余休息时限不许越过十五分。

一、看护人闭厂后,须尚在分担室俟司事之指挥而后退,不许随意退散。

一、看护人对来观人最要殷勤,勿有粗妄失敬之言动。

一、来观人有请熟览庋设品物,若欲购买寄售品、本厂购置品等者,须报知庋设司。

一、来观人有漫触手于庋设品,须殷勤谢绝之,若察其情意,实在欲购买寄售品者,其取持熟览,固为不妨。

一、来观人中有对庋设品或抽笔摹写容姿绘纹,或由照相机器为摄影者,暂止之,宜报于庋设司,若其品物之附笺注明不许摹写摄影之字者,断然谢绝之可也。

一、来观人欲取橱架内之物品及将物品回入橱架内,均须由看护人亲手授受,不得任来观人自取及自纳,以防误触损毁之事。

一、来观人倘有误触于庋设品,以致毁损或破碎庋设橱架之玻璃板等事,先向其人请暂留使他,看护人急报庋设司事,亦勿须喧争言动。

一、有由看护人之故意若急慢疏忽,毁损品物及庋设架橱等之事,庋设司应查核其轻重,分别罚办,或查其所损情形如何,令赔偿品物之原价。

一、看护人在看护中觉有品物之遗失,须急报于庋设司请检查处分,若于盗迹不明确,遗失事由暧昧,看护人不能免其责,须即查核处罚。

一、来观人中若视有举动异常,形迹可疑之事,须使他看护人密告于庋设司,疯癫若烂醉者亦同。

采取本国商品略则(寄售货品另有专章不在此例)

一、凡采取商品以工艺品为主,余则择其产额富而有益于国计民生者取之。

一、凡工艺品须择其易于改良及改良后可畅行于各处者取之,若于民间不甚要者皆缓收。

一、凡足以与外洋物品竞争而扩张本国工业者皆取之。

一、凡采取商品或征求寄赠或出资购买,应视该品之轻重缓急,酌量办理,惟现今经费未充,凡过于昂贵之物,概不购置,如有寄赠者可收入陈列。

一、凡采取商品必须将其价值、产地、每年产额、营销地、批发价等,逐件记明。

一、应采商品种类如左:工艺类:教育品(凡书籍、文房具照相具、度量衡测量、用具、乐器具),美术品(凡书画雕刻等品),制造品(凡陶磁器、玻璃器、玉石器、金银器、钟表、竹木器漆器、纸、革、牙角等器、各项机器),机织品(凡织染刺绣等品);天产类:矿产(凡一切五金矿石及各项化学药品山盐矿泉等品),水产(凡水中所产各项动植物及牙角等品),林产(凡竹木及木炭等品),农产(凡五谷、蚕丝、棉花、蔬、果、酒、烟、茶及各项花草之种子等品)。

游览章程

本厂华历三月至八月每日于上午九点钟开厂,下午四点钟停止售票,五点钟关门。九月至二月则于上午九点钟开厂,下午三点钟停止售票,三点钟半钟开〔关〕门。惟每日十二点钟至一点钟为午膳之时,概不售票,但纵览时刻,亦有酌量事宜随时伸缩。

一、入览者须于本厂售票处购票,入门时此票呈验,出门时交于收票者,但带有优待票或特别入览票者,进出门时,惟呈验而已,概不取费。

一、携带棍子伞或小包者,应将该物件交于携带品收管所收存,出门时领回该物。

一、不得率同犬畜等类游览厂内。

一、非得看护人之允许,不得任意抚触庋设器。

一、如愿买货品请至售品记簿处面议,酌付定钱,先给凭条,随后持条备价取货不误。

一、疯癫或酒醉者,一概不得入览。

一、本厂休息日开列于下:万寿圣节日下午,每礼拜日下午,自腊月二十一日至正月初五日,上元节日下午,端午节日下午,中秋节日下午。但除此之外,当全数更换陈列时,随时斟酌停止游览日期,另行告白:敬再启者,本厂为提倡工艺,在外洋原不拘男女均可随时来厂游览,惟中国风俗不同,兹拟订每逢礼拜五该日专让中国女客游览,其余日期准男客游览,以免彼此不便,至外国妇女来厂游览不拘此例。

（徐燕卿整理）

第二节　中国最早的专题博物馆
——天津教育品陈列馆

　　光绪三十一年(1905)创办的天津教育品陈列馆,是中国最早的教育博物馆,其"符合专题博物馆的标准,也符合当代博物馆的理念。尽管教育品陈列馆只是个专题博物馆,尽管它只存在了三年,天津教育品陈列馆应当是中国人建的第一个博物馆"①。在 20 世纪初中国博物馆事业初步建立阶段,教育博物馆作为中国早期博物馆的一种重要类型,"是在科举制度变革、新式教育兴起、教育逐步迈向近代化的背景下产生的,其主要使命就是引进和推广普及新式教育品、科学仪器,直接辅助学校教育,特别是师范教育和科学教育,以推动新式教育的发展和进步"②,是中国教育迅速近代化过程的产物。

　　① 　陈克:《中国人建的第一座博物馆》,《东鳞西爪天津卫》,天津大学出版社 2015年版,第 373 页。
　　② 　李军:《晚清时期教育博物馆的引入与发展——以天津教育品陈列馆为例》,《科学教育与博物馆》,2015 年第 3 期,第 29 页。

一、创建背景

（一）"新政"推行教育改革

《奏定学堂章程》

光绪二十七年（1901）一月，清政府开始推行"新政"，进入十年"变法自强"时期。在"新政"时期各项改革措施中，教育改革是其中的一个重要方面，清政府重拾"戊戌变法"中的教育改革措施，逐步废除科举，制订新学制，初具现代教育的雏形。光绪二十八年（1902），清政府颁布了近代中国第一个新式学制——《钦定学堂章程》，又称"壬寅学制"。因该学制存在修业年限过长等缺陷，第二年底又颁布并实施《奏定学堂章程》，史称"癸卯学制"。

新式学制的确立施行，加速了旧教育体制的瓦解，奠定了中国现代教育发展的方向，极大地促进了新式学堂的发展。[1] 该学制附有《奏定优级师范学堂章程》，其中"应附设教育博物馆，广为搜罗中国及外国之学堂建筑模型图式、学校备品、教授用具、学生成绩品、学事统计规则、教育图书等类陈列馆中，供本学堂学生考校，并任外来人参观，以期教育之普及修改"[2]等内容，对教育博物馆的内容和功能做了明确说明，可以说具有

---

① 谢长法、彭泽平主编：《中国教育史》，西南师范大学出版社 2012 年版，第 227 页。
② 《奏定优级师范学堂章程》，舒新城：《中国近代教育史资料》中册，人民教育出版社 1961 年版，第 703 页。

指导性的意义。

(二)天津近代教育体系形成

"新政"在直隶总督袁世凯的极力倡议下推行,尤其是诸多新政事项在直隶地区大力实施,使这里成为"新政"的模范省,包括近代教育改革在内的一系列措施,在全国居于领先地位。伴随着"癸卯学制"的颁布实施、民族工商业的发展以及直隶总督袁世凯的积极推动等原因,20世纪初的天津出现了近代教育发展史上的第一个兴学高潮。[①] 根据有关资料统计,自 1895 年至 1905 年废除科举的十年间,天津共创办各类学堂 49 所,其中大学 1 所、专业学堂 7 所、中等学堂 7 所、初等学校 31 所、师范学堂 3 所。另外,在此时期外国人和教会在天津所办学校有 7 所。这些新学堂的创办,标志着天津的近代教育已兴起,完成了从幼儿园到高等学校的近代学校体系雏形的建设。[②]

随着天津近代教育学校体系的形成和快速发展,科举时代的笔、墨、纸、砚等文具用品无法满足新式学堂的教育需要,教学所需的各式教育用品发生了巨大的变化,其品种和范围都大大地扩展了。[③] 新式教育迫切需要相应的教具、教材、图书、资料等教育用品。如何获得急需的教育用品,并采用适当的形式将这些教育用品及其蕴含的教育理念向各新式学堂推广,成为教育界的重要任务。可以说天津教育品陈列馆的设立与天津近代教育的快速发展密切相关又相辅相成,天津教育博物馆正是在此背景下应运而生。

----

① 赵宝琪、张凤民主编:《天津教育史》上卷,天津人民出版社 2002 年版,第 137—142 页。

② 赵宝琪、张凤民主编:《天津教育史》上卷,天津人民出版社 2002 年版,第 111—113 页。

③ 杨国强:《近代中国社会研究》,上海社会科学院出版社 2008 年版,第 100 页。

二、创办经过

（一）各级政府鼓励支持

兴办天津近代教育已是大势所趋。光绪二十九年（1903），直隶总督袁世凯委派周学熙赴日本进行长达两个多月的考察，使周学熙对日本的工业和教育有了深入认识和思考。从日本回来之后，他向袁世凯辞去教养局总办，并建议在天津设立工艺总局，以振兴工艺。农历八月，袁世凯札委周学熙总办直隶工艺局。[①]

在兴办工艺总局过程中，周学熙"因思工非学不兴，则教育宜重学，非工不显，则仪器尤先"，他认为"中国欲教育普及，非制造教育品不可"[②]。周学熙等"与学务处严编修[③]等会商，体察情形，酌拟试办章程"，于1904年10月[④]向袁世凯呈文《直隶工艺总局酌拟教育品陈列馆试办章程并约估经费》，提出"学堂为人才根本，工艺为民生至计，二者固宜并重，而讲求之道亦属相资，工艺非学不兴，学非工艺不显。查外国学校，各科课程皆有教育物品、各种仪器具备，以供指授，故学堂、工厂日新月异，竞出心裁。伏思天津为总汇之区，已立蒙小学堂、中学堂、高等专门各学堂，似宜设立教育品陈列馆，购置仪器、图画，任人纵观，以资启发"，建议"拟就玉皇阁庙屋，修葺布置，设立教育品陈列馆，事易费省"。并提出7

---

① 程莉：《近代实业家周学熙研究》，合肥工业大学出版社 2006 年版，第 49 页。

② 郝庆元编：《直隶工艺总局资料选编》，《天津历史资料》第 16 期，1982 年，第 37 页。

③ 指严修。

④ 虞和平、夏良才编：《周学熙集》，华中师范大学出版社 2011 年版，第 74 页。

项前期准备事项和费用估算,包括采买陈列品、房费、家具以及工资等。另外,对于开办后的日常运行费用也列出 11 项之多,包括员工、学徒、差役的工资,甚至笔墨纸张、零星物品、煤炭灯烛等,事无巨细,均一一列举。并且"常年活支项下,销遇有特别用款,临时另案禀请"。显然,教育品陈列馆的筹备工作是经过了详细的计划和准备。

呈文得到袁世凯批示,可以说是大力支持,批文称:"设立教育品陈列馆为文明进化最要关键,日本各学校暨会社工场出品日新月异。一、每年添购陈列品;二、修补房舍;三、添制函架,以上均难预计,拟每年以三千金为度,实用实报,其中有本国可自仿造者,即由局摹制,以恢学界而杜漏卮,仰即照章试办,随时改良。至所需经费准在银元局余利一成五项下拨领,并移银元局及学务处查照。"对于开办教育品陈列馆的意义、可能遇到的困难,以袁世凯为首的政府当局都有着清晰的认识,对于资金问题,更是实报实销,落实具体来源,鼎力支持陈列馆的开办。

经直隶工艺总局筹办,天津教育品陈列馆于光绪三十一年二月十日(1905 年 3 月 15 日)在玉皇阁内开馆,次日起卖票,任人观览。① 天津教育品陈列馆开馆吸引了《申报》《教育杂志(天津)》等报纸杂志对此进行报道,其中以《教育杂志(天津)》报道最为详尽,而当时在国内影响极大的《申报》先是简要报道了天津教育品陈列馆落成的消息②,随即在报道天津筹办工艺情形的文章中又说,"(天津)教育品陈列馆以濬发学识,教育实验为宗旨,罗列中外各种教科书籍、仪器、标本、模型、图表,分科陈设,标签贴说,以备各学校管理者考览咨询。其应用教育品,节令渐仿制,并派员分驻外洋,查考最新品物,随时购运。馆中附设藏书室及讲堂,俾各学堂教习、学生休息其内,来馆讲习"③,对天津教育品陈列馆做了更进一步的介绍,并流露出赞誉之情。

① 《时闻·天津教育品陈列馆》,《教育杂志(天津)》1905 年第 4 期。
② 《教育品陈列馆落成(天津)》,《申报》1905 年 3 月 27 日,第 3 版。
③ 《详记天津筹办工艺各事情形》,《申报》1905 年 4 月 2 日,第 4 版。

在稍后的光绪三十二年(1906)六月,学部奏请设立教育会。教育会设立的宗旨是"补助教育行政,图教育之普及"。教育会与学务公所及劝学所相互联系。各省教育会之设立,应由省会中之议绅、省视学及各学堂监督、堂长及学界素有声誉者发起。各府、州、县设立教育分会,由学务总董、县视学、劝学员及各学堂监督、堂长及学界之素有声誉者发起。各地的教育会有很强的官方色彩,在教育会例应举办事项中,第六项便是"筹设图书馆、教育品陈列馆及教育品制造所等"①。可见教育博物馆自"癸卯学制"颁布后,逐渐被纳入国家教育体系,此后相当长一段时期内一直被置于教育行政部门的管辖之下,并设置有专门职能部门主管教育博物馆工作。清政府对于教育博物馆的可持续发展是大力支持和鼓励的。

(二)地方士绅积极推进

天津教育品陈列馆的创办得益于政府的鼓励支持,也与周学熙、严修、张伯苓、陈宝泉等一批富有远见卓识的社会精英知识分子发展新式教育、提倡科学教育的主张和努力密不可分,两者应该说是相辅相成。

1. 周学熙、陈宝泉的官方考察

光绪二十九年(1903),袁世凯委派周学熙赴日本考察。期间,周学熙参观了大阪博览会,并实地接触到教育品陈列馆。他记录道,"教育馆,凡学校用品陈之",几天后"又观学校教育品展览会各科,实绩仪器及学徒服物皆列之"。②"教育馆""学校教育品展览会"都具有教育博物馆性质,因而可以认为这是周学熙与教育博物馆最初的接触。光绪三十年(1904),陈宝泉(1874—1937)从日本学成回国,同年冬受到周学熙委派,

---

① 刘子扬:《清代地方官制考》,故宫出版社2014年版,第449页。

② 《东游日记》,虞和平、夏良才编:《周学熙集》,华中师范大学出版社2011年版,第28页。

再赴日本。此次赴日是专为创办天津教育品陈列馆作建馆考察和购置设备。经过一个多月的考察回国,陈宝泉随即完成了《天津教育品陈列馆议绅陈宝泉上周总办意见书》,向周学熙提出了创办教育品陈列馆的具体建议。这个建议分作五部分:一、建筑;二、分类;三、陈列;四、许女子参观;五、在外国宜任派一留学生为委员。关于陈列馆的建筑、分类、陈列,陈宝泉从展馆的规模、风格,展品分类的方法,设置的要求,及其制作等方面的问题,都根据自己在日本所学到的,做了简练而具体的阐述。[①]

2. 严修、张伯苓的私人考察

为学习日本发展教育的经验,严修(1860—1929)曾于1902年自费赴日本考察。期间,严修除系统考察日本学校教育体系外,还实地参观了教育博物馆(附设图书阅览室),并做了较为详细的记录:"第一陈列场,外有立牌,题曰:家庭、幼稚园、小学校用具及成绩品。第二陈列场,立牌署曰:物理、数学、星学地学、化学、动物、生理植物教授用具。第三陈列场,署曰:实业教育用具及成绩品、图画、音乐、体操教授用具。"[②]该教育博物馆与后来创办的天津教育品陈列馆有着诸多的相似之处。除了直接接触教育博物馆之外,严修在日本期间对实物教育及各类新式教育品也给予了高度的关注。他参观并记录了东京高等师范学校的"物理机械室""化学试验室""化学书器室",参观女子高等师范学校时又重点记录了"地理标本室、历史标本室、物理(试空气压力)、化学、图画(另师)、博物室

---

① 赵宝琪、张凤民主编:《天津教育史》上卷,天津人民出版社2002年版,第346页。

② 严修撰:《严修东游日记》,武安隆、刘玉敏点注,天津人民出版社1995年版,第114页。

等"①,参观华族女学校时又对新式桌椅等教育品给予了特别的关注②,这些教育品和科学仪器正是当时天津乃至全国发展新式教育所急需引进和配备的。1903 年,张伯苓(1876—1951)"赴日本参观大阪博览会,并考察教育,购买理化仪器多种而归"③。

　　1904 年,严修与张伯苓等赴日本考察学校教育,并购置仪器。期间,严修、张伯苓等曾赴"教育品制造社,伯苓试所订购之仪器"④,后再次"赴教育品制造会社商订物品,入其工场并楼上庋物处一观"⑤。

　　张伯苓从日本购回多种科学仪器和教学资料后,曾两次在天津城隍庙举办教育品陈列场,展示科学仪器,藉以开通风气,倡导科学精神。⑥据《东方杂志》1905 年初的一篇报道称,"严范孙(严修)京卿近假津郡城隍庙开办教育品陈列场,陈列理化仪器、博物标本多种,纵人观览"⑦,但据李军先生考证⑧,此实为 1905 年 1 月张伯苓等在天津城隍庙小学开设的教育品陈列场。可见严修与张伯苓交往密切,时人亦尝混淆。张伯苓曾受聘主持严修的严氏家馆,两人对于新式教育的积极提倡和大力推动是相互影响的。

　　另外,严修曾参与天津教育品陈列馆的筹建工作,并对该馆提供过直接的支持和帮助。在严修日记中,可以找到更多的直接证据。光绪三十

---

　　① 　严修撰:《严修东游日记》,武安隆、刘玉敏点注,天津人民出版社 1995 年版,第 76 页。

　　② 　严修撰:《严修东游日记》,武安隆、刘玉敏点注,天津人民出版社 1995 年版,第 96 页。

　　③ 　梁吉生:《张伯苓年谱长编》上卷,人民教育出版社 2009 年版,第 30 页。

　　④ 　严修撰:《严修东游日记》,武安隆、刘玉敏点注,天津人民出版社 1995 年版,第 177 页。

　　⑤ 　严修撰:《严修东游日记》,武安隆、刘玉敏点注,天津人民出版社 1995 年版,第 199 页。

　　⑥ 　梁吉生:《张伯苓教育思想研究》,辽宁教育出版社 1994 年版,第 53 页。

　　⑦ 　《各省教育汇志》,《东方杂志》1905 年第二卷第三号,第 49—50 页。

　　⑧ 　李军:《晚清时期教育博物馆的引入与发展——以天津教育品陈列馆为例》,《科学教育与博物馆》,2015 年第 3 期,第 29 页。

年(1904)八月十日,严修"改教育品陈列馆章程"。十一月八日,严修还亲"至玉皇阁,观陈列馆之建筑"。该馆开馆以后,严修又"石印各学堂真迹寄陈列馆",还将家藏图书1300余部捐赠给该馆附设的图书室。[①] 可见,严修确实参与天津教育品陈列馆的筹建,并给予了直接的支持。

三、运行情况

天津教育品陈列馆作为官方兴办的最早专题博物馆之一,得到直隶省官方的大力支持,在经费、管理、日常运行和规模等方面,都有很多优势,也留下了较为翔实的官方资料。下面从陈列馆基本情况和业务工作两部分对其运行情况加以分析。

(一)经费来源

光绪三十年九月(1904年10月),周学熙"酌拟试办章程,并约估计开办及常年经费数目",上报直隶总督袁世凯。拟定的经费计划包括开办项、常年额支项、常年活支项三大项,共约银一万五千七百两,其中数额较大的项目是"陈列品价约银七千两""修理添盖陈列室楼房等共约银六千两"。

具体数目如下:

开办项下:一、拟派两人赴日本选办陈列品,往返川资旅费共约银五百两。一、陈列品价约银七千两。一、玉皇阁现住日本人退房费银三百两。一、修理添盖陈列室楼房等共约银六千两。一、制买玻璃

---

① 任继愈主编:《中国藏书楼》二,辽宁人民出版社2001年版,第1672页。

木架等件共约银一千五百两。一、制买客厅及事务坚木器等件共约银二百两。一、制买零用各器,刻印图章、票册、板戳等件共约银一百两。一、调查钞录各学校表册章程等件工费共约银一百两。以上开办共约银一万五千七百两。

常年额支项下:一、员司每月薪火共约银九十两,每年一千八十两。一、学徒每月薪火共约银六十两,每年七百二十两。一、夫役每月工食共约银十七两,每年二百四两。一、办公笔墨纸张账册共约银每年一百二十两。一、各种签牌簿册共约银每年二百四十两。一、添制零星什物共约银每年一百五十两。一、夏日篷帘共约银八十两。一、冬日煤炭共约银九十两。一、津贴庙祝香资每年共约银一百两。一、三节酒席并赏犒每年共约银九十两。一、办公室灯烛杂费每月约银十两,每年共银一百二十两。以上共约银每年二千九百九十四两。

常年活支项下销遇有特别用款,临时另案禀请,以上常年额支活支两项,每年共约银五千九百九十四两,每月匀计五百两。

此外"遇有特别用款,临时另案禀请",直隶总督袁世凯在批复中说:"一、每年添购陈列品,一、修复房舍,一、添置函架,以上均难预计,拟每年以三千金为度,实用实报,所需经费准在银元局余利一成五项下拨领。"①可见这些经费得到了明确的落实。

陈列馆正式建成不久后,《申报》报道袁世凯奏议中称,该馆"计开办经费用银二万两,常年经费需银八千两,此后每年添购品物,增广房舍需银五千两"②。天津教育品陈列馆的经费来源较为稳定也比较充裕。

---

① 虞和平、夏良才编:《周学熙集》,华中师范大学出版社2011年版,第74、75页。
② 《详记天津筹办工艺各事情形》,《申报》1905年4月2日,第4版。

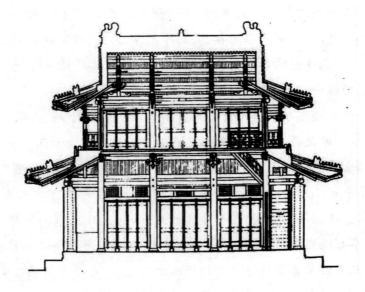

玉皇阁纵断面图

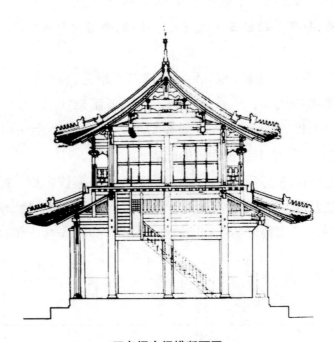

玉皇阁次间横断面图

（二）馆舍情况

在建馆之初，"拟就玉皇阁庙屋，修葺布置，设立教育品陈列馆"。玉皇阁在今天津南开区旧城东北角外，坐西朝东，面向海河，是古代天津规模较大的道教建筑群。从东向西，原有旗杆、牌楼、山门、前殿、清虚阁、三清殿等。现仅存清虚阁，是天津市区明代的木结构楼阁。山门为庙之大门，砖券结构，面阔 15 米，进深 6 米，明、次间作券门，前额书"玉皇阁"三字，咸丰七年（1857）重建，光绪十七年（1891）重修。1956 年拆除。前殿为穿堂殿，面阔五间 17.5 米，进深三间 8.15 米。前檐明、次间和后檐明间作隔扇门，殿前院落北侧筑"八卦亭"一座，平面八角形，青瓦攒尖顶，为本市及外地道教庙宇仅见。

清虚阁为庙内主体建筑，建在砖石台基上，宽 19.6 米，进深 15.16 米，高 13.5 米。分为上、下两层。底层平面面阔五间 15.9 米，进深四间 11.46 米。上层平面，面阔三间 11.5 米，进深二间 7.06 米，周围廊，廊进深 1.1 米。屋盖为九脊歇山顶，檐头和脊兽为绿琉璃瓦，檐心为黄琉璃瓦，称为"剪边"做法。[1]

清代玉皇阁与天后宫一带，是天津市最主要的民俗活动区，玉皇阁由于所处的地理位置是登高远眺的绝佳之处，清《玉皇阁》诗云："直在云霄上，蓬瀛望可通，万帆风汇舞，一镜水涵空"。"重阳节，以东门外玉皇阁登高处，士女咸集。"[2]在天津教育品陈列馆时期，楼上楼下均作为展览陈列使用。总的来看，馆址虽算不上宽敞，主体建筑面积不足 600 平方米。但相对独立性，并且有着"废庙兴学"的象征性意义。

光绪三十二年（1906），天津教育品陈列馆又新辟陈列场。至光绪三

① 《天津城市建设》丛书编委会《天津古代建筑》编写组编：《天津古代建筑》，天津科学技术出版社 1989 年版，第 129 页。

② （清）《津门杂记》，天津古籍出版社 1986 年版，第 84 页。

十三年（1907），天津教育品陈列馆迁居河北劝业会场，设置教育品参观室。

河北劝业会场内教育品参观室

（三）人事管理

天津教育品陈列馆附属于直隶工艺总局，"归直隶工艺总局总会办统辖"，并"拟派管理人三人，小事由管理人商决，大事禀承工艺总局示行。管理人拟暂以天津小学堂两学董，及工艺学堂监督兼充"，还"拟延品行端正、科学素优、曾游历外洋者四五人为议绅，馆中有重要事件随时会同商酌"，另设有"常川驻馆照料一切"的经理人、收支司事、书器司事以及售票、验票、携带品收管人、看护人等职①，建立起较为完备和规范的管理体系。在实际开办的过程中，工艺学堂监督赵元礼被任命为管理②，并延陈宝泉等为议绅。曾捐赠土地 15 亩作为南开中学校址的郑炳勋也

①　虞和平、夏良才编：《周学熙集》，华中师范大学出版社 2011 年版，第 76 页。
②　周学熙：《周止庵先生自叙年谱》，周小鹃编：《周学熙传记汇编》，甘肃文化出版社 1997 年版，第 25 页。

充任过天津教育品陈列馆管理。①

（四）附属设施

该馆在筹建时就计划"附设藏书楼,拟陈列各种科学应用之书籍,分类庋藏,以便阅览"②。建成后,"馆中附设图书室,举凡大中小学及各类学校之教科书和其他图书,咸分类陈列,供众阅览,此为天津最早的官办公众阅览室"③。

四、藏品、陈列

该馆"专搜集中外应用之教育物品标签系说,以冀教育普及改良",其主要陈列物品有"教授用品及各种图型""理科仪器标本及图型""各学堂建筑图型、及学堂桌凳、函架原式及图型""各学堂生徒成绩品与赏赉品及卒业证书"。④ 体现出显著的教育博物馆特色,拟定的陈列物品主要有以下几类:(1)教授用品及各种图型,如家庭及幼稚园玩具、实物教授用具、体操游戏及具体检查用具、教场用具、生徒用具、历史标本、地学用具、数学用具、图画标本及器具、音乐器具、手工用具及手工成绩品、幻灯及映画、裁缝用具及标本等。(2)理科仪器标本及图型,如物理学器械、化学器具及药品生理学器械、动植学标本及器具、农学标本等。(3)各学堂建筑图型、及学堂桌凳、函架原式及图型等。(4)关于学龄就学诸表,

---

① 天津市地方志编修委员会编著:《天津通志·基础教育志》,天津社会科学院出版社 2000 年版,第 730 页。

② 虞和平、夏良才编:《周学熙集》,华中师范大学出版社 2011 年版,第 75—77 页。

③ 任继愈主编:《中国藏书楼》二,辽宁人民出版社 2001 年版,第 1672 页。

④ 虞和平、夏良才编:《周学熙集》,华中师范大学出版社 2011 年版,第 76 页。

幼稚园儿童、小学校生徒、男女员数,并年龄表;小学校、师范学校、中学校、高等学校、专门学校、技艺学校、盲哑学校,各种学校生徒卒业后之状况调查表;幼稚园儿童学校生徒活力统计表等。(5)各学堂生徒成绩品与赏赉品,及卒业证书等。①

到开馆时,陈列馆"楼上楼下分二场,甫入门楼下为第一陈列场第一室,内陈列家庭玩具及幼稚园各学校用标本、模型、书图等类。由第一场出门左转登楼,为第一场第二室,内陈列人身解剖模型及动植物标本,并算学用具各等类。出此到第二场第一室,其中尚未陈列。下楼到第二场第二室,内陈列物理化学试验器具等类。出此到第二场第三室,内陈列本国各学堂各种教科书、图章、规则、表簿、证书、生徒用具及手工成绩品等类。出此到第二场第四室,内陈列各学堂各学科成绩品等类"②。另外"馆中附设图书室,举凡大中小学及各类学校之教科书和其他图书"。

光绪三十三年(1907),迁居河北劝业会场,设置教育品参观室,"内陈列日本农科大学成绩品""日本高等工业学校成绩品""学校模型及新式油画水彩画"等。③

五、开放情况

天津教育品陈列馆"每年三月至八月上午九点钟开门,下午四点钟停止售票,五点钟关门;九月至二月上午九点钟开门,下午三点半钟停止售票,四点钟关门",闭馆日期为"万寿圣节下午;自十二月二十一日至来年正月初五日;上元节下午;端午节下午;中秋节下午;每月逢五日下午",但为了方便各学堂教习、学生参观及演说,陈列馆规定"若其日(每

① 虞和平、夏良才编:《周学熙集》,华中师范大学出版社 2011 年版,第 76 页。
② 《时闻·天津教育品陈列馆》,《教育杂志(天津)》1905 年第 4 期。
③ 《时闻·新辟教育品陈列场之内容》,《教育杂志(天津)》1906 年第 9 期。

月逢五日)系星期则推后一日"。同时,陈列馆除持有优待票或特别入览票者之外,均需购票入场。该馆还特别注重对观众的指导,规定"凡参观之人,欲究询陈列品物之用法及其出产地者,经理人须尽心指授,倘一时不能具对应,记明其名目,代问诸通人,然后答复问者,不得任意责难,答者不得含糊搪塞"。在接待女性观众方面,该馆规定"凡来参观之人,不准携带妇女,其女学堂之女教习及女学生不在禁例"①,又"仿照考工厂之例,每星期第五日,但准妇女入观"②。

该馆 1905 年开馆"售票之第一日,往观者颇众"③,当年九月初一日至二十九日共接待观众 7121 位,其中"优待票,共到一百八十七位;入览票,共四千六百八十三位;四次星期五游览女客,共到二千二百五十一位"④。因开馆之初,大多数人抱有猎奇心理,故人数较多。之后几年内参观人数遂逐渐减少。

六、社会教育

为了向天津各学堂教员普及科学原理以及科学仪器的使用方法,天津教育品陈列馆着重加强科学教育,开办了至少 13 期仪器讲演会,参加教员每期约三四十人,这走在了中国科学教育的前列。时任私立第一中学堂教务长的张伯苓曾多次主讲仪器讲演会,通过现场试验相关科学仪器,讲解气学、声学等知识。在讲解气学时,张伯苓试验了虹吸管、水银抽气筒、风雨表、气压计等十余种科学仪器,到场教员 30 人;⑤在讲解声学

① 虞和平、夏良才编:《周学熙集》,华中师范大学出版社 2011 年版,第 77 页。
② 《时闻·天津教育品陈列馆》,《教育杂志(天津)》1905 年第 4 期。
③ 《时闻·天津教育品陈列馆》,《教育杂志(天津)》1905 年第 4 期。
④ 《汇报·天津教育品陈列馆调查录》,《教育杂志(天津)》1905 年第 17 期。
⑤ 《时闻·天津教育品陈列馆仪器讲演会》,《教育杂志(天津)》1906 年第 18 期。

时,他又"试验沙瓦特齿轮及测音表与风琴各音高低之比较",到场教员 32 人。初级师范学堂日本籍教员小幡勇治"专讲演生理学心脏之构造、血液之循环作用及血球之形状变化,血浆之组成,就馆中全体模型逐层分剖解释详明",到场教员 42 人。① 1907 年,天津教育品陈列馆拟并名为教育品制造所之际,直隶工艺总局建议保留仪器讲演会,"仍令该所按期举行,以饷学界"②。

另外,由于该馆隶属于工艺总局的性质,在科学研究方面更多的是"研究制品,专以供教育之实用"③,影响广泛和比较系统的讲演会也带有一定的科学研究性质,但目前尚未发现此时期专题研究论文或相关专著出版。

七、结束和展品去向

天津教育品陈列馆"初开办时,各物品多购自外洋",后附设教育品制造所,"竭力研究仿造,出品日多,而且进步之速异乎寻常",以致"所有馆中陈列物品均系该所自制者居多,而前自东洋购置者转居少数"。④ 教育品制造所"曾将所制物品选择多种,咨送京师劝工陈列所,交纳陈列,旋奉农工商部咨复,以所送各物均系料实工坚,适于人用,而制造所所出教育军用各品,精美尤甲于他省,成效卓著"⑤。

在此后的发展过程中,天津教育品陈列馆的宗旨逐渐由搜集教育品、科学仪器"备学界之参观"转变为"研究制品,专以供教育之实用"。至光

---

① 《仪器讲演会纪要(天津)》,《申报》1906 年 12 月 27 日,第 9 版。
② 虞和平、夏良才编:《周学熙集》,华中师范大学出版社 2011 年版,第 83 页。
③ 虞和平、夏良才编:《周学熙集》,华中师范大学出版社 2011 年版,第 83 页。
④ 虞和平、夏良才编:《周学熙集》,华中师范大学出版社 2011 年版,第 83 页。
⑤ 虞和平、夏良才编:《周学熙集》,华中师范大学出版社 2011 年版,第 147 页。

绪三十三年(1907),直隶工艺总局指出,天津教育品陈列馆"拟迁移河北,与考工厂改名之劝工陈列所同在劝业会场,名目似觉相混,该馆现既注重制造,拟请就迁移之际撤去原有陈列馆字样,并名为教育品制造所,以副名实而清界限"。

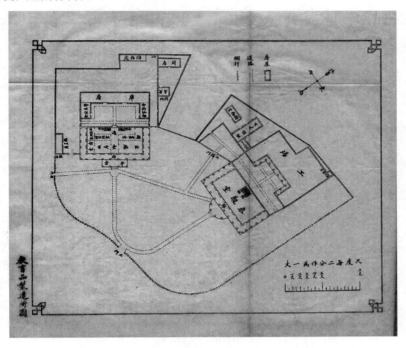

教育品制造所平面图

改并后陈列馆"原有之陈列物品,仍于制造所中另处以一部分,即颜其额为教育品参观室,以留制造标本",而教育品制造所将"专以仿造新品为主,务使出品日多,行销日广,以求教育之取用,杜学堂之漏卮",这一建议得到了袁世凯的批准。① 并名之后,尽管教育品制造所仍然保留了参观室,但它的宗旨和主要业务已不再属于教育博物馆范畴,可以说,天津教育品陈列馆至此终结。

---

① 虞和平、夏良才编:《周学熙集》,华中师范大学出版社 2011 年版,第83—84 页。

关于该馆结束后展品的去向,有两种可能,"一是仍然保存在图书馆,比如前文提到它的藏书就变成了图书馆的馆藏,另一种是成为了天津劝工陈列所的展品。天津劝工陈列所于1913年1月改名直隶商品陈列所。1916年成立的天津博物院筹备处就设在原教育品制造所内,而直隶商品陈列所的基本任务之一就是筹建天津博物院。从此可以看出教育品陈列所与天津博物院的渊源"①。

教育品制造所大楼

八、历史作用和影响

1900年以后,以改革科举制度、发展新式教育为主要内容的教育近代化进程逐步开启,在此背景下,教育博物馆被引入中国,并兴起了一股建设教育博物馆的潮流。光绪三十年(1904)湖南图书馆兼教育博物馆

---

① 陈克:《东鳞西爪天津卫》,天津大学出版社2015年版,第373页。

建成开馆。① 同年,广东学务处也开办了图书及教育品物陈列馆。② 光绪三十一年(1905),天津教育品陈列馆建成开放。

天津教育品陈列馆作为专题博物馆,在中国教育近代化进程中应运而生,"专为教育家而收集校舍、校庭及学校卫生之资料,桌、椅、黑板等校具,理化学实验器械、地球仪、博物标品、模型、挂图等教具之类,并备置有关教育的参考图书,为教育上参考之资的专门的博物馆"③,与近代教育的发展相辅相成,它的起源、建设、业务工作等情况是中国早期博物馆建设的一个缩影。进入了民国后,教育博物馆也逐渐进入中国博物馆学者的研究视野,陈端志的《博物馆学通论》,费畊雨、费鸿年的《博物馆学概论》④都有专章论述教育博物馆。

可以说,天津教育品陈列馆在中国近代博物馆的发展历史,特别是早期发展史中占有非常重要的地位。以天津教育品陈列馆为代表的一批教育博物馆的建成开放是中国博物馆事业初步建立的重要标志,并对之后北京等地的教育博物馆建设提供了可参照的范本,产生了深远的影响。

(徐燕卿执笔)

---

① 周德辉:《创建湖南图书馆若干历史问题考正》,载湖南图书馆编著:《湖南图书馆百年纪念文集》,北京图书馆出版社2004年版,第122—125页。

② 《本国学事》,《教育世界(广东)》,1904年,第18页。

③ 陈端志编著:《博物馆学通论》,上海市博物馆,1936年,第80、81页。

④ 费畊雨、费鸿年编:《博物馆学概论》,中华书局1948年版,第44—48页。

附录一　直隶工艺总局酌拟教育品陈列馆
试办章程并约估经费详文并批①

　　为详请示遵事:窃维学堂为人材根本,工艺为民生至计,二者固宜并重,而讲求之道亦属和资。工艺非学不兴,学非工艺不显。查外国学校各科课程,皆有教育物品、各种仪器具备,以供指授,故学堂工厂日新月异,竟出心裁。伏思天津为总汇之区,已立蒙小学堂、中学堂、高等专门各学堂,似宜设立教育品陈列馆,购置仪器、图画,任人纵观,以资启发。前经职道学熙缮具手折,拟就玉皇阁庙屋修葺布置,设立教育品陈列馆,事易费省,呈蒙宪台谕准,试办在案。现职道等与学务处严编修等会商体察情形,酌拟试办章程,并约估开办及常年经费数目,缮折恭呈宪鉴,至所需经费,拟即在银元局铜元余利一成五项下拨领,所有职道等酌拟教育品陈列馆试办章程,并约估经费缘由理合详请宪台核示祗遵。谨将估计教育品陈列馆开办经费,及常年额支活支款项,缮折恭呈宪鉴。计开:

　　开办项下:一、拟派两人赴日本选办陈列品,往返川资旅费共约银五百两。一、陈列品价约银七千两。一、玉皇阁现住日本人退房费银三百两。一、修理添盖陈列室楼房等共约银六千两。一、制买玻璃木架等件共约银一千五百两。一、制买客厅及事务坚木器等件共约银二百两。一、制买零用各器,刻印图章、票册、板戳等件共约银一百两。一、调查钞录各学校表册章程等件工费共约银一百两。以上开办共约银一万五千七百两。

　　常年额支项下:一、员司每月薪火共约银九十两,每年一千八十两。一、学徒每月薪火共约银六十两,每年七百二十两。一、夫役每月工食共

---

　　①　(清)甘厚慈辑:《北洋公牍类纂正续编》,罗澍伟点校,天津古籍出版社2013年版,第二册卷十六。

约银十七两,每年二百四两。一、办公笔墨纸张账册共约银每年一百二十两。一、各种签牌簿册共约银每年二百四十两。一、添制零星什物共约银每年一百五十两。一、夏日篷帘共约银八十两。一、冬日煤炭共约银九十两。一、津贴庙祝香资每年共约银一百两。一、三节酒席并赏犒每年共约银九十两。一、办公室灯烛杂费每月约银十两,每年共银一百二十两。以上共约银每年二千九百九十四两。常年活支项下销遇有特别用款,临时另案禀请,以上常年额支活支两项,每年共约银五千九百九十四两,每月匀计五百两。

督宪袁批:据详。设立教育品陈列馆为文明进化最要关键,日本各学校暨会社工场出品日新月异,一、每年添购陈列品,一、修补房舍,一、添制函架,以上均难预计,拟每年以三千金为度,实用实销,其中有本国可自仿造者,即由局摹制以恢学界而杜漏卮,仰即照章试办,随时改良,至所需经费准在银元局余利一成五项下拨领,并移银元局及学务处查照折存核,此缴。

直隶工艺总局教育品陈列馆试办章程

管理规则

一、此馆系附属于直隶工艺总局,应归直隶工艺总局(总会)办统辖。

一、拟派管理人三人,小事由管理人商决,大事禀承工艺总局示行。管理人拟暂以天津小学堂两学董,及工艺学堂监督兼充。

一、拟延品行端正,科学素优,曾游历外洋者四五人为议绅。馆中有重要事件,随时会同商酌。

一、拟举老成谨饬志趣开通者一人为经理人,常川驻馆照料一切,但遇事之宜兴宜革者,须商之管理人而后施行。

一、拟用收支司事一名,经理银钱及约束学徒与堂役。拟用书器司事一名,照料陈列各件兼钞写。此两司事须受经理人之管辖,若陈列品太多,则另招一人钞写,俟临时酌订。

一、售票、验票、收票、携带品收管人及看护人拟招用学徒,其名数俟临时酌订。

一、拟用夫役四名,一司阍,一事务室兼接待室听差,一扫地兼送文件,一司更。

一、开办后,拟请巡警局拨派巡警兵,在门首常川轮班站岗弹压。

一、银钱出入及陈列品之寄陈、寄赠、寄售与购入者,宜分类缮写账簿,管理人须随时稽查。

陈列规则

一、教育陈列品之设,专搜集中外应用之教育物品,标签系说以冀教育普及改良。

一、陈列教授用品及各种图型、如家庭及幼儿园玩具、实物教授用具、体操游戏及具体检查用具、教场用具、生徒用具、历史标本、地学用具、数学用具、图画标本及器具音乐器具、手工用具及手工成迹品、幻灯及映画、裁缝用具及标本之类。

一、陈列理科仪器标本及图型,如物理学、器械、化学器具及药品、生理学器械、动植学标本及器具、矿物学标本及器具农学标本之类。

一、陈列各学堂建筑图型,及学堂桌凳函架原式及图型之类。

一、陈列关于学龄就学诸表,幼儿园儿童、小学校生徒、男女员数并年龄表,小学校、师范学校、中学校、高等学校、专门学校、技艺学校、盲哑学校、各种学校生徒,卒业后之状况调查表,幼儿园、儿童学校生徒活力统计表,并关于幼儿园学校卫生诸表、关于教科用图书诸表、关于公集学资并幼儿园学校会计诸表、关于学校教员、幼儿园保姆并关于学校职员诸表、及各学堂规则之类。

一、陈列各学堂生徒成迹品与赏赉品及卒业证书之类。

一、本馆附设藏书楼,拟陈列各种科学应用之书籍,分类庋设以便阅览,其官绅士商寄陈寄售之书,及本馆购入之书均于签上标明。

一、非经特别之允许者,不得暂借本馆陈列之各书物,其开办之始品物较少，一概不得借出。

一、有欲寄陈、寄售、寄赠本馆品物者，均写付收照，本馆当注意保护，然自然之消耗缺损，及他项意外之灾变，致其品物失迷损害者，本馆不任其咎。

一、凡寄陈寄售之品物，有欲更换修补及欲撤回者，应将原付收照缴验而后许之。

一、凡送副品物及撤回品物者，其运费应出品人认之，又因陈列特别之物品，而制特别之函架者，其制价亦出品人认之。

参观规则

一、凡来馆参观之人，须守本馆之规则。

一、凡参观者须于本馆售票处购票，入门后将此票呈验，出门时交与收票者。惟带有优待票或特别入览票者，出入门时只照验而已，概不取费。

一、本馆每年三月至八月，上午九点钟开门，下午四点钟停止售票，五点钟关门。九月至二月，上午九点钟开门，下午三点半钟停止售票，四点钟关门。但每日十二点钟至一点钟为午膳之时，概不售票。

一、凡参观之人不得穿泥靴，不得携带伞杖包物类及犬畜类。其有携带伞杖各物者，入门时将该件交于携带品收管所，出门时认明领回。

一、凡参观之人欲购买陈列品物，或托本馆向他处及外洋代购者，应指明某物向事务室商订，先交全价并运费，而后许之。其阅览本馆书籍者，不得携带出门及损伤篇页。

一、凡参观之人欲究询陈列品物之用法及其出产地者，经理人须尽心指授，倘一时不能具对，应记明其名目代问诸通人，然后答覆问者，不得任意责难答者，不得含糊搪塞。

一、凡参观之人有损毁陈列品物及其函架，与各窗门玻璃等件者，使按价赔偿。

一、凡参观之人不得伤折本馆花木及一切器物，并不许在陈列室吸烟及随意痰唾。

一、凡疯癫或酒醉者,概不许入馆。

一、凡欲到本馆大讲堂演说者,须前二日订准,以免重复,但演说时切忌喧哗争执,招人指摘而紊馆规。

一、凡来参观之人不准携带妇女,其女学堂之女教习及女学生不在禁例。

一、本馆休息日开列于后:万寿圣节下午、自十二月二十一日至来年正月初五日、上元节下午、端午节下午、中秋节下午、每月逢五日下午。若其日系星期则推后一日,因星期系各堂教习学生休息之期,可以来馆参观及演说,故本馆不休息,除以上所开日期外,如遇全数更换陈列品物时,亦停止售票,其日期临时登报广告。

（徐燕卿整理）

附录二　直隶工艺总局详陈列馆
拟并名为教育品制造所文并批[①]

为详请事：窃照职局附属之教育品陈列馆，自将教育品制造所归并办理，所有馆中陈列物品均系该所自制者居多，而前自东洋购置者转居少数。盖开办之始，搜集图书仪器不过备学界之参观，今则研究制品，专以供教育之实用，其宗旨自已不同。该馆现拟迁移河北，与考工厂改名之劝工陈列所同在，劝业会场名目似觉相混。该馆现既注重制造，拟请就迁移之际，撤去原有陈列馆字样，并名为教育品制造所，以副名实而清界限。其原有之陈列物品仍于制造所中另处，以一部分即颜其额为教育品参观室，以留制造标本。所有改并之后，该所一切事宜仍饬管理员杨令辰认真经理，专以仿造新品为主，务使出品日多，营销日广，以求供教育之取用，杜学堂之漏卮。至陈列馆原办之事，其紧要者：一为仪器。讲演会所以发明仪器之法则功用，应仍令该所按期举行，以饷学界。一为执事。学生夜课补习所，原与考工厂合办，惟两处执事学生所承值事务性质本有不同，所学亦宜稍异，应令各就所宜，另订课程，改良分办，俾资造就。如蒙俯允，拟恳另发木质钤记一颗，文曰：教育品制造所管理员之钤记，以资钤用。其原有陈列馆之钤记，自新钤记颁到再行缴销，除饬该管理员分别遵办外，所有职局陈列馆迁移河北，拟并名为教育品制造所，并将所有事宜分别核定办理，请另发钤记缘由，理合具文，详请宪台察核批示祇遵，为此备由具详，伏乞照详施行，须至详者。

督宪袁批：据详已悉。该局拟将教育品陈列馆并入教育品制造所，专

---

① （清）甘厚慈辑：《北洋公牍类纂正续编》，罗澍伟点校，天津古籍出版社 2013 年版，第二册卷十六。

主仿造新品以饷学界,事属可行,余如所拟办理。兹刊就教育品制造所管理员之钤记一颗随批发下,仰即查收转发启用具报,此缴。

（徐燕卿整理）

第二章

国人在天津创办的综合性博物馆

第一节　天津最早的综合性博物馆
——天津博物院

　　天津博物院创办人严智怡(1882—1935),早年毕业于日本东京高等工业专科学校。在日本求学期间,开始对国外博物馆有所了解,意识到博物馆对传播科学知识、开启民智的重要作用。他认为:"苟能尽吾国之天产古器,借已往而鉴将来……此吾所以竭尽吾之心思手足于朽金、残石、败草、腐皮而不知倦,急急欲成立博物院也。"①他意识到博物院借古鉴今的作用,并把开办博物院作为其毕生的抱负和梦想。

　　宣统元年(1909)严智怡回国后,担任直隶劝工陈列所南洋劝业会出品审查员。南洋劝业会,是中国历史上首次以官方名义主办的国际性博览会,是晚清"新政"振兴工商的一大举措,也是晚清接受西方文明的一个重要渠道,宣统二年四月二十八(1910 年 6 月 5 日)在南京举办,全国22 个行省和14 个国家及地区参展,历时半年,吸引观众30 多万人,时人称之为"我中国五千年未有之盛举"。天津商界领袖宋则久任南洋劝业会天津府调查员及直隶协会评议员,他认为劝业会的要旨在于了解全国

①　严智怡:《天津博物院陈列品说明书第一辑(天然部)序言》,民国六年(1917)十月,第 2 页。

出品协会事务局局长严智怡

实业真相,"定改良之方针,使日后全国实业知所趋向",因此有必要对参展商品进行审查。① 由于严智怡具有化学知识背景,担任南洋劝业会化学、制图工业审查官②,对参展商品进行审查、研究。这是严智怡首次参加博览会。南洋劝业会"振兴实业,开通民智"的宗旨,强调教育的发展,对他影响重大,他也藉由博览会了解陈列展示,为以后博物馆展览设计积累经验。

1913 年,严智怡任直隶商品陈列所所长,他有感于商品陈列所内陈列品破败不堪,决定将其撤换,用全省最新、最全的商品替代,在时任直隶总督冯国璋拨专款支持下,主持直隶全省的商品大调查工作。从 1913 年4 月开始,历时 4 个月,调查搜集了大量展品,在调查过程中,他主张收集

---

① 宋寿恒:《南洋劝业会审查长书》,《大公报》1910 年 10 月 11 日,第六版。
② 《南洋劝业会审查职员表》,《中国早期博览会资料汇编》一,全国图书馆文献微缩复制中心,2003 年,第 91—97 页。

民族、民俗实物资料,用来筹设天津自己的博物院,以辅助教育。①

　　随着巴拿马运河的开通,太平洋与大西洋连接贯通,大大改变了世界格局,美国在全球活动中开始占据越来越重要的地位,因此,美国决定在旧金山举办庆祝运河开通的"巴拿马太平洋万国博览会"。中国政府也认识到运河开通会对全球政局,特别是中国政局产生重大影响。中国政府上下一致认为想在世界列强下谋求一块立足之地,巴拿马赛会就是起点。因此,中国把巴拿马赛会看作是一次极好的机会,于 1913 年就开始组建参加巴博会的团队,以期在赛会上作为一个民主国家首次在世界舞台上与列强面对面。② 1914 年严智怡作为直隶出品协会事务局局长参加此次盛会。他会同直隶代表团陆文郁、胡泰年、屠坤华、赵鸿年、陈启泰、张文翰、朱延平、娄裕寿等八名成员,由上海乘坐"满洲号"轮船经日本、檀香山前往旧金山。他们将展会过程及内容记录汇成《巴拿马赛会直隶观会丛编》。严智怡在序言中写道:"人若不自知闭户,以目空一世,及出与世界相接,始知其前此之狂陋……有志整理中国文明者,或可用为参考之助。"③他认为,将来中国的发展,必定离不开与世界的交流,所以集同行人的力量,将观会过程整理出书,对于人们了解世界,起到了重要作用。严智怡团队一行九人到达旧金山,就投入到紧张的布展工作,他们承担了美术馆的布展任务,陈列设计出色,以至于"参观美术馆者,至中国陈列部,多驻足弗去"④。但是,严智怡团队对自己布置的美术馆却并不满意,严智怡在《巴拿马赛会直隶观会丛编》中,引用纽豪斯(Nenhaus)的文章,提出对美术馆的批评:"所陈之物毫无生气,近今仿品极多,彼似谓古来

---

　　① 陆文郁:《天津的博物院事杂谈》,《天津博物馆史料1900—1955》,天津市历史博物馆编印,1963 年,第 2 页。
　　② 严智怡:《直隶观会丛编序》,《巴拿马赛会直隶观会丛编预会志略上》第 1 册,民国十年(1921)排印版,第 3 页。
　　③ 严智怡:《直隶观会丛编序》,《巴拿马赛会直隶观会丛编预会志略上》第 1 册,民国十年(1921)排印版,第 3 页。
　　④ 江苏省长公署实业科编:《江苏办理巴拿马赛会报告书》,1917 年,第 4 页。

所有之美术已臻绝顶,无改进之余地。"团队另一个成员屠坤华在他《一九一五万国博览会游记》里也提到:中国四千年绘画传统的源远流长,今天中国绘画的堕落不振,是有目共睹的。对比日本美术进步之速,不愧为近世之雄帮。而屠坤华编写此书的目的,也是因"昨日种种如昨日死,此后种种如今日生,亡羊补牢,抑或非晚"①。虽说巴博会成果斐然,但严智怡一行显然没有沾沾自喜,而是充分认识到中国近邻日本的飞速发展,对自身工作时刻反省,时时警告。日后严智怡创建博物馆,也吸取了巴博会布展失利的一些教训。

直隶赴巴拿马太平洋万国博览会人员合影

参加展会前,严智怡就对赛会充满期待,认为此行可为筹建博物院搜集资料。② 到美后,除参加会务外,严智怡的目的十分明确,与陆文郁、乐采澄等人分头考察美国博物院的组织、陈列方法及当地风物,为以后筹建博物院做准备。在美期间,严智怡等人考察了芝加哥、波士顿、费城、纽约

① 转引自陈彪:《屠坤华和他的〈一九一五万国博览会游记〉》,《书城》,2010 年第 6 期。

② 陆文郁:《天津的博物院事杂谈》,《天津博物馆史料 1900—1955》,天津市历史博物馆编印,1963 年,第 2 页。

等地的博物馆①,详细了解了这些博物馆的经费来源、组织结构、陈列展览情况等。如与朱延平一起考察纽约市博物馆,"观市博物馆,有陈列员,为解说其组织及内容甚详"②,尤其是与卡内基博物馆馆长进行了短暂会晤,了解了博物馆内部的运作经营理念。③陆文郁也在《辛农见闻随笔》中详细记录了参观美国博物院的情况。在檀香山,他们一行参观火奴鲁鲁博物院,"不售券,可随意参观,院中所陈,皆岛人故物,……复有岛人磨芋粉模型、制纸模型、居室模型。其他动物标本,皆陈楼上"④。在旧金山,他们一行参观了金门公园中的博物院、植物园、动物园。博物院中陈列室分为楼上、楼下共四部分,第一部分为美国民俗物品,如往日室中陈设,旧式纺机、教堂中耶稣像及印第安人雕牙器、编制器等;第二部分展示加利福尼亚矿产,颇为丰富。还有东亚各国诸如中日两国各种器物。其中展示的中日两国古画雕像,品相不佳,不能展示东方文明,颇令陆文郁不满。第三部分埃及、希腊展室,陈列有石棺、木乃伊、古塚模型、古碑、古雕刻诸物,皆颇精美。希腊陶器,则多绘裸体男女像。该展室还陈列有各国货币、陶瓷。楼上展室陈列物品多为昆虫鸟兽,数量众多乃至不能容于橱中,五光十色,目不暇给。展室上空悬挂有大章鱼标本,"其身若五斗囊,触手(即头部所出之须状物)之长,约及七八尺,真伟物也"⑤。金山美术院,"陈列之法甚为疏整,室之四壁,各张一图,悬之适中。室中央设圆椅,以便坐观。至于雕刻诸像,亦各室仅三五具,不稍杂有他物,观者自

---

① 严智怡:《东美调查四》,《巴拿马赛会直隶观会丛编预会志略上》第 1 册,民国十年(1921)排印本,天津博物馆藏。

② 严智怡:《东美调查一》,《巴拿马赛会直隶观会丛编预会志略上》第 1 册,民国十年(1921)排印本,天津博物馆藏。

③ 余慧君:《与世相接——严智怡与天津博物院的诞生》,新史学第 27 卷第 3 期,2016 年 9 月,第 90 页。

④ 陆文郁:《辛农见闻随笔》,《社会教育星期报》第 587 号第 3 版,民国十六年(1927)一月九日。

⑤ 陆文郁:《辛农见闻随笔》,《社会教育星期报》第 588 号第 4 版,民国十六年(1927)一月十六日。

专注焉"①。金山博物院和金山美术馆的陈列方式对他们触动很大。而金山码头的加利福尼亚省陈列馆则主要陈列该省的农产品和矿产。严智怡一行人向馆中工作人员索要加利福尼亚各县产物报告书,馆中人举手间便准备好大小 40 余册,并且用绳子捆扎,"于此可见其办事认真,手续之缜密。忆吾国,心兹愧焉"②。上述种种著述表明,严智怡、陆文郁等人既学习美国博物院陈列内容、陈列形式,同时,也对其管理模式相当感兴趣。

巴博会为期一年,布展结束后,严智怡、陆文郁等人还在加利福尼亚沙加缅度(今萨克拉门托)、斯托克顿、圣迭戈等城市重点调查美国当地印第安红人的生活状况,搜集他们的生活用品,拍摄诸多风俗照片,作为民俗学材料准备回天津谋设博物院。

一、北洋政府时期的天津博物院

(一)定名天津博物院

1915 年冬,严智怡自美国归来,适逢直隶巡按使公署教育科科长李金藻和直隶商品陈列所编辑课主任华学涑也在谋划成立博物院事宜,双方不谋而合,于是协力进行。1916 年 2 月,由直隶巡按使公署教育科,会同天津劝学所及省立各个学校联合发出创办天津博物院的倡议,经省直隶巡按使朱家宝批准,委托直隶商品陈列所代为筹备,开办费由省立各学

---

① 陆文郁:《辛农见闻随笔》,《社会教育星期报》第 590 号第 5 版,民国十六年(1927)一月三十日。

② 陆文郁:《辛农见闻随笔》,《社会教育星期报》第 606 号第 4 版,民国十六年(1927)五月二十九日。

校提供本年经费的 2%；日常费用由省立各学校提供本年经费的 1%。由于有地方政府拨款支持，天津博物院的性质也被定义为"地方公立性质"①。4 月，天津博物院筹备处在河北公园内的直隶商品陈列所成立，"从此天津算有了自己建立的博物院了"②。"当时这一文化机构的筹建，最为全省教育界中期望殷切之事"③。此后开始向社会广泛征集文物，至 8 月，"得天然物，千四百余品；古器物，二千三百余品，分别布局，略可成系，并附以说明书"④。因各界急欲观看，因此计划于 1917 年 10 月 10 日借用河北公园内旧学会处会场召开成立会。此时天津博物院筹备处只有严智怡、华学涑、陆文郁、李贯三、俞祖鑫等人，严智怡负责在外筹措，华学涑在内筹划，陆文郁、李贯三从事调查、搜集、陈列设计、编辑陈列说明书等工作。

　　因 1917 年 9 月，天津暴发特大洪水，河北公园内住满难民，博物院开馆之事只得延期，同时印制天津博物院陈列品说明书对外发售。1918 年 1 月，筹备处召开茶话会，商议博物院开幕事宜。1 月 8 日至 14 日，经过紧张布置，全部陈列得以竣工。15 日至 27 日，天津博物院举行预展，将搜集来的陈列品不加装潢的分类展出⑤，每日下午 1 点到 5 点开放⑥，邀请在津各学校学生观看展览，"因地方狭迫之故，未能对社会公开"⑦。之

---

　　① 天津市档案馆 J0110-3-000746-001 为市立博物院原院址收回后归属事给该院指令。

　　② 陆文郁：《天津的博物院事杂谈》，《天津博物馆史料 1900—1955》，天津市历史博物馆编印，1963 年，第 2 页。

　　③ 陆文郁：《天津的博物院事杂谈》，《天津博物馆史料 1900—1955》，天津市历史博物馆编印，1963 年，第 3 页。

　　④ 严智怡：《天津博物院之经过》，《天津博物院成立展览会临时日刊》第 3 号，民国七年（1918）六月三日，天津博物馆藏。

　　⑤ 陆文郁：《天津的博物院事杂谈》，《天津博物馆史料 1900—1955》，天津市历史博物馆编印，1963 年，第 3 页。

　　⑥ 《开展览会》，《大公报》1918 年 1 月 22 日，第 2 版。

　　⑦ 严智怡：《天津博物院之经过》，《天津博物院成立展览会临时日刊》第 3 号，民国七年（1918）六月三日，天津博物馆藏。

天津博物院筹备处工作人员合影

后,继续搜集物品,"天然物及古器物略得四千余品……为时两年有余,用款不满八千,从此筹备时期,已可作一结束"①。"查有总车站东前劝业公所旧址,房院宽阔,地基坚固,足敷陈列之用"②,经严智怡奔走呼吁,3月省公署将位于天津总站东的旧劝业道署房屋(今北宁公园)划归筹备处,交博物院使用,从而确定了博物院最初的办公地址。

(二)天津博物院的几次开放

1. 天津博物院成立展览会

严智怡一面派人修葺破败不堪的房屋,一面着手开馆前的准备,在天津地方媒体报纸,如《大公报》《益世报》进行广泛宣传,1918 年 5 月 26 日,《大公报》的"本埠纪闻"栏目刊登博物院开展览会新闻:"实业厅严厅

---

① 严智怡:《天津博物院之经过》,《天津博物院成立展览会临时日刊》第 3 号,民国七年(1918)六月三日,天津博物馆藏。

② 《博物院迁移》,《大公报》1918 年 3 月 11 日,第 3 版。

长以博物院筹备既已就绪，拟于阳历六月一日在河北公园学会处罩棚下开展览会，并附设有演说坛、武术馆、游艺部、余兴部、茶社。"5 月 30 日，《大公报》又刊登博物院筹备开会的新闻。经过密集宣传，6 月 1 日，"天津博物院成立展览会"开幕，实业厅委派华学涑为展览会会长，筹备两年的天津博物院终于开幕了。

天津博物院展览会成立纪念摄影

开幕式借省议会地址于 6 月 1 日上午 10 时正式开始，莅临来宾有"省长代表李应耆、政务厅长、实业厅长、财政厅长、海关监督、高检厅长、地方审查厅长、省会副议长、造币厂坐办、官产处处长、电报局局长、商会会长、井陉矿物督办、前省长公署教育科长李琴香以及省公署教育厅实业厅各科长、教育实业附属机关人员、各学校校长共百余人"①。首先由教育厅厅长王章祐致开幕词，院长严智怡讲述博物院办院经过，最后由省长

----

① 《博物院开会志盛》，《大公报》1918 年 6 月 2 日，第 3 版。

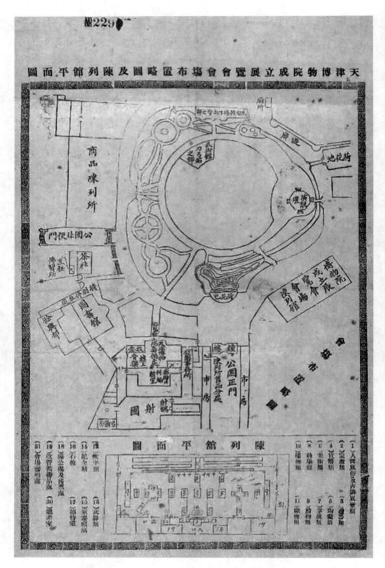

天津博物院成立展览会会场布置略图及陈列馆平面图

代表李应耆宣读省长致辞。① 展览会第一号入览券由实业厅厅长严智怡

<hr />

① 陆文郁:《天津的博物院事杂谈》,《天津博物馆史料 1900—1955》,天津市历史博物馆编印,1963 年,第 8 页。

以 500 银元购得。①

　　天津博物院展览会陈列馆分为天然、历史两部。天然部又分为植物、动物、矿物 3 类。"动物皆系按其生活实况特别装置,甚为人所注目,而矿产且多搜集于国内者,我国宝藏之富于此可知。"②历史部分为美术、货币、人种风俗及古迹风景、文字、掌故、科举、纪念、礼器、宗教、武器、陶瓷共 11 类。值得关注的是其展陈设计,负责陈列设计的陆文郁有许多展览会布展经验。1914 年赴日本参加大正博览会,参与直隶省商品陈列布置工作;同年,在美国巴拿马博览会上负责美术馆的布展,并注意到加拿大"帕诺拉玛陈列法"③(也称"景观法")。1916 年春,陆文郁回国后,特地与华学涑同去华北博物院,学习其陈列设计方法。④ 华北博物院是天津地区最早建立的教会博物馆,其藏品主要为动植物、地矿标本,主要是自然类展品,因其设在新学书院,观众知识水平相对较高,专业研究性极强。陆文郁等人在考察华北博物院后,结合"辅助社会教育"的目的,在天津博物院的陈列设计上则采用巴拿马博览会上的景观陈列法,这也是此陈列法首次在国内的展览馆陈列设计中运用。该陈列法共分为三层,最前层为立体草树、山石、地坡模型;中间层以纸板做画面;最后一层是画在墙壁上的远景环境。根据不同的陈列动物标本,匹配与之相适应的远景环境。如果标本为狮豹野猪,环境则为山林;如果标本是狼,环境则对应的是北方草地;如果标本为鱼类,则要绘制海底世界。"帕诺拉玛陈列法"对于知识水平不高的观众也能够直观的表达出展品的科学内涵。但是这

------

　　① 《本报特别启事》,《天津博物院成立展览会临时日刊》第 2 号,民国七年(1918)六月二日,天津博物馆藏。

　　② 李琴香:《六月二日游览商品陈列所及博物院纪事》,《大公报》1918 年 6 月 4 日,第 3 版。

　　③ 陆文郁:《天津的博物院事杂谈》,《天津博物馆史料 1900—1955》,天津市历史博物馆编印,1963 年,第 6 页。

　　④ 陆文郁:《天津的博物院事杂谈》,《天津博物馆史料 1900—1955》,天津市历史博物馆编印,1963 年,第 5 页。

种新的展示手法也遭到了一些负面评价,如天津市立师范学校的学生们参观天津博物院后,在其报告书中提到"背景带着市井气息,使观众有低级趣味的感觉"①。但是,天津博物院面对的可能文化层次相对较低乃至底层民众,这种陈列布置更多的考虑社会底层大众的文化需求,如装潢昆虫标本、陈列说明采用"白话"②等,都起到开启民智的作用。

天津博物院的开幕,是天津地方一件大事,引起广泛热议,各媒体对博物院给予极高评价,认为"天津博物院的开幕,与国家之前途极有关系……博物院对于国家数千年之历史文化,皆了如指掌,使人见之,爱国之心可发生于不觉"③。不少文人、学者都慕名参观,并在报纸撰写游记。从游记内容来看,陈列物品天然类的有蛇、蟹之类;历史类的有货币、瓷器、美术、兵器、宗教、文字、掌故等。另外还有洪秀全、袁世凯等人物品以及埃及文明的内容,"汉洗周盘次第陈,搜罗古物数家珍,魑魅魍魉都呈现,赫煞当时问鼎人"④。内容之丰,颇为壮观。

同时,也有政要前来参观,如7月6日和14日,大总统黎元洪两度参观博物院,对于陈列物品观察极为详细,并谓"以此短小之时间,些少之经费,而办到如此之地步,殊为难得"⑤。

但是,对于博物院的陈列,也有不同声音。《益世报》就曾刊登《天津博物院陈列品之缺点》一文,该文首先表扬博物院"其布置整齐,物品美备,洵中华千余年之国粹,津埠得未曾有之奇观",但是也认为其陈列尚

① 余慧君:《与世相接——严智怡与天津博物院的诞生》,新史学第27卷第3期,2016年9月,第101页。该报告引自孙欲光等编《视察河北博物院报告》,第138页。

② 陆文郁:《天津的博物院事杂谈》,《天津博物馆史料1900—1955》,天津市历史博物馆编印,1963年,第7页。

③ 李琴香:《六月二日游览商品陈列所及博物院纪事》,《大公报》1918年6月4日,第3版。

④ 张颖香:《和玉公游博物院十六咏用原韵》,《益世报》1918年6月19日,第7版;沈水生:《和玉公博物院十六咏》,《益世报》1918年6月25日,第11版。

⑤ 《会场纪事》,《天津博物院成立展览会临时周刊》第2号,民国七年(1918)七月八日,天津博物馆藏。

有缺点:动物类有美洲之龟、澳洲之蝠、海中之兽、陆上之鱼,尚缺关外之獐、皖北之猊……礼器部有商爵周敦、秦权汉钟,尚缺洪宪之龙墩;货币类有古币周镂、莽布宋钞,尚缺内阁老钱;陶瓷类有周缶秦量、魏瓢唐俑、秦砖汉瓦,尚缺民国泥菩萨……武器类有周削汉弩、铁甲陶擂,尚缺七狮头刀九狮头刀;掌故类有御用之笔、讲筵之稿、未定之律、最初之邮票,尚缺飞舞之墨盒;纪念类有太平天国之玺、洪宪皇后之封册,尚缺中日新约之签字。[①] 虽说该报主要表述天津博物院陈列的缺点,但是,从这些文字中也可看出其陈列品搜集还是很齐全的,缺少的基本是近代物品。

天津博物院展览会还设有演说坛、游艺馆、武术馆、余兴部、茶社,"种种设备皆与知德体育有密切关系"[②]。演说坛由专门人士每日演讲博物院与社会之关系;游艺馆包括乐部、投壶和射圃,每日演奏中外乐器。射圃、投壶备有弓箭、壶矢供观众娱乐;武术馆特请中华武士会武师演武;余兴部设崑弋、戏剧、杂剧、学术、电影、中外烟火等,轮流演放。各种节目花样百出,盛况空前,吸引众多观众前来参观。如《大公报》记载:"博物院展览会余兴部特约北京荣庆社崑弋旧剧全体艺员八十余人来津开演……在本部售预约票,闻二十六、二十七、二十八三日之预约票售出八千余张,此亦足证津人欢迎崑弋者之多也。"[③]

各部设置了详细的入览规则,开放时间为每日下午 1 点至 6 点。陈列馆入览券铜元 6 枚,游艺馆入览券铜元 3 枚,余兴部券费临时酌定。展览会还出售纪念品 9 类,包括陈列品说明书 8 种;古器拓本集存;天然物及古器物明信片 2 种;六朝及唐人写经等摄影说明 5 种。天然物明信片为动植物及化石类,包括篦鹭、蜥蜴、多罗波蟹、凤蝶、甘草、螺化石;古器物明信片包括卜骨、卜龟甲、古贝币、雕像等。这套展品集,每套 6 张,都

① 一痴:《天津博物院陈列品之缺点》,《益世报》1918 年 6 月 9 日,第 10 版。

② 李琴香:《六月二日游览商品陈列所及博物院纪事》,《大公报》1918 年 6 月 4 日,第 3 版。

③ 木木:《博物院余兴部观剧记》,《大公报》1918 年 6 月 30 日,第 3 版。

附有详细的文字说明。六朝及唐人写经摄影说明,包括 2 张六朝时代与 4 张唐人的写经残片。这些纪念品受到观众热烈欢迎。

展览会期间,每天发行临时日刊,5 月 31 日为预告,直至 6 月 30 日,共发行 31 期。7 月 1 日开始,改为周刊,分别于 8 日、15 日、22 日、29 日刊行 4 期。总共发行 36 期。该刊宗旨为指导一般社会了解博物馆性质及说明博物馆对社会的责任。临时日刊第 1 期预告中指出:博物馆的功用,能够补助教育。教育的进步,固然仰仗学校,可是学校里有许多做不到的事情,博物院就可以做得到,比如搜集各种物品,分门别类陈列起来,加以说明,任人观览,能使人上溯万年,横揽世界。日刊第 1 期发刊辞中,严智怡指出:"日刊意旨,在引起社会人博物之观念。"主要内容包括讲坛记录、陈列馆纪事、武术馆纪事、游艺馆纪事、会场纪事、余兴部纪事、陈列品说明等。尤其是"广识丛载"专栏刊登了《生物的畸形》《习射浅说》《苗族说略》《内地回族现行之风俗礼教》《美洲印人之风俗》等自然科学、人文科学知识,以消除部分民众对这些知识的误会。为期两个月的展览会结束后,其中陈列馆的参观人数达到 27505 人,游艺馆 14769 人。搜集物品 1260 件。根据《天津博物院成立展览会临时日刊》统计参观人数,如下表:

6 月参观人数统计表

日期	陈列馆		游艺馆		余兴部	
	大票	小孩票	大票	小孩票	池票	包厢
1 日	1237	305	997	69	103	1
2 日	2359	786	1444	340	197	
3 日	1202	176	433	79	87	
4 日	834	109	449	68	56	
5 日	911	121	451	29	64	
6 日	591	88	302	41	62	
7 日	674	82	346	38	106	1

日期	陈列馆		游艺馆		余兴部	
	大票	小孩票	大票	小孩票	池票	包厢
8 日	738	140	372	79	62	
9 日	1367	510	959	268	267	1
10 日	625	120	486	70	137	3
11 日	383	5	194	33	97	
12 日	302	67	213	36	56	1
13 日	1797	673	1334	417	349	9
14 日	589	170	366	86	97	2
15 日	602	100	351	59	87	4
16 日	243	384	606	193	110	4
17 日	360	57	234	38	33	
18 日	246	49	189	22	24	1
19 日	295	35	298	33	120	3
20 日	354	50	317	58	120	3
21 日	14	3	4			
22 日	145	12	76	5	22	
23 日	776	200	629	123	207	
24 日	402	87	121	23	131	
25 日	313	61	132	15	79	1
26 日	180	25	94	3	729	14
27 日	306	53	206	21	969	32
28 日	342	60	108	16	617	21
29 日	477	128	101	26	334	30
30 日	506	28	101	33		
合计	19170	4684	11913	2321	5322	131

7 月参观人数统计表

日期	陈列馆		游艺馆		余兴部	
	大票	小孩票	大票	小孩票	池票	包厢
1 至 7 日	898	153	108			
8 至 14 日	1029	197	222			
15 至 21 日	681	128	158			
22 至 28 日	478	87	47			
合计	3086	565	535			

《天津博物院成立展览会临时日刊》预告

2. 天津博物院迁址后正式开幕

　　1918 年 8 月底,天津博物院开始进行搬迁,至年底全部搬迁至天津总站东的旧劝业道署房屋,作为正式院址。此后的三四年中,继续征集文物,修葺馆舍,布置陈列,并没有正常开放。但是,在此期间学校、机关、团体能随时参观,甚至"中外人士之以介绍而来者往往不绝也"①。因博物院长期无固定经费,搜集物品、采制标本、印行图书、拍照器物以及修缮购置等费用,全部依赖机关、个人捐助,与省立机关性质不同,因此于 1922 年 9 月 24 日组织董事会。凡补助经费的学校、机关、团体或个人捐助资金物品价值二百元以上者,推为董事,负监督指导之责。并召开第一次董事大会,通过天津博物院章程及董事会简章,并呈省长公署备案。董事会推选严智怡为院长、华学涑为副院长,常务董事 9 人,全部为名誉职,任职三年。

　　1923 年 2 月 25 日,天津博物院迁址后又正式开幕。《益世报》对于天津博物院开幕有专门报道:"天津博物院……于前日(二十五日)十时举行开幕式。所

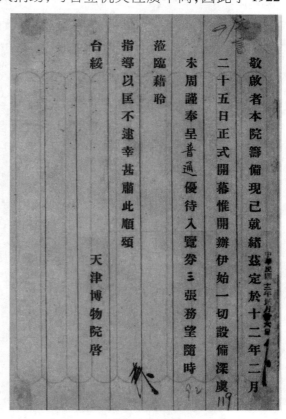

天津博物院开幕启

　　① 严智怡:《本院沿革要略续第一期》,《河北第一博物院半月刊》第 2 期第 4 版,民国二十年(1931)十月十日。

谓开幕者,即开始售票而已,并非有若何开幕礼式。"①这次博物院开幕并未像1918年天津博物院成立展览会时举行有隆重的开幕仪式。

这时,博物院陈列物品约计9900余件②,内容分为天然、历史两部。据《益世报》报道,博物院陈列品种类丰富。"天然部动物类种族繁多,状态各异,有狮、虎、豹、狐狸、熊、猴、鹿、羚羊等,以及蝙蝠族、食果族、杜鹃族、鸣禽族、猛禽族,还有昆虫类、鱼类;矿物类有非金属、轻金属、重金属等类;植物类分显花植物门、被子植物门、双子叶植物门、苔藓植物门、轮藻植物门、红藻植物门、褐藻植物门,种类繁多,不及备载。"③

历史部分为美术、掌故、科举、纪念、货币、人种风俗、古迹风景等几类。美术类陈列最为大宗,绘画作品涵盖汉、唐、宋、元、明、清历朝历代,其中不乏吴道玄、宋徽宗、米芾、范宽、苏轼、李唐、赵孟𫖯、钱选、管道升、陈洪绶、仇英、唐寅、徐渭、董其昌、蓝英、禹之鼎、王时敏、王原祁、项圣谟、郑燮等人作品,蔚为可观。书法作品上至晋下至清,王羲之、魏征、黄庭坚、米芾、赵孟𫖯、汪昉等人佳作。掌故类陈列品中最为重要的是一件明代掌故作品嘉靖三十三年(1554)敕书。④ 科举类则陈有各级考试试卷及作弊工具等。纪念类陈有太平天国、义和团、八国联军、袁世凯复辟有关物品。⑤ 货币类是天津博物院陈列的另一大特色,从春秋、战国、秦汉、新莽、唐、五代、宋、明、清自成体系,外国展品则有日本、朝鲜、俄罗斯、瑞典、英国、法国、德国、奥地利、土耳其、意大利、比利时、荷兰、西班牙、葡萄牙、希腊、瑞士、美利坚、瓜地马拉(危地马拉)、秘鲁等国货币。人种风俗类全球各洲、各族、各国无不详备。古迹风景类主要陈列国内各省之古迹、

① 《博物院开幕参观记》,《益世报》1923年2月26日,第11版。

② 严智怡:《本院沿革要略续第一期》,《河北第一博物院半月刊》第2期第4版,民国二十年(1931)十月十日。

③ 《博物院开幕参观记》,《益世报》1923年2月26日,第11版。

④ 《博物院开幕参观记》,《益世报》1923年2月27日,第10版。

⑤ 《博物院开幕参观记》,《益世报》1923年2月28日,第11版。

各国风景。搜罗万象,无物不备。①

　　馆内展陈路线设计较为简单,"均用线绳区分"②。陈列方法继续沿用"帕诺拉玛陈列法"。种类繁多、价值超高的文物藏品,领先的展陈设计,吸引了大批观众,不少研究博物的学者也前往参观研究。此后,博物院陆续进行扩充修缮。

天津博物院外景

3. 天津博物院第三次开放

　　1924 年 6 月,天津博物院院落经扩充修缮,焕然一新,于 8 日重新开放,开放时间为"除礼拜一及放假日外,每日下午一时至六时"③。此次陈列增加多件以前未曾展出物品,如"洪秀全及太平天国之印、欧洲大战及义和拳之遗迹、明朝公牍及琉球岛、舟山群岛所得之器制细工"④。另外,

①　《博物院开幕参观记》,《益世报》1923 年 3 月 1 日,第 11 版。
②　《博物馆开幕参观记》,《益世报》1923 年 2 月 26 日,第 11 版。
③　《博物院已开幕》,《大公报》1924 年 6 月 10 日,第 3 版。
④　《博物院已开幕》,《大公报》1924 年 6 月 10 日,第 3 版。

还陈有"原人时代之人头骨及原人所制之骨器、石器、陶器,多系新疆、甘肃、河南、奉天及直隶北部等处最新发见之物,均为地质学及史前人类学最有价值之品……又天然部各陈列品均按门类分陈,各室均有详确之统计,各族进化皆据最近之学说,可便未曾研究斯学者,亦能按图寻索,统系了然。研究学术者,于该院开幕时,不可不一往观也"①。

后由于战乱,天津博物院"乃为军队占用,历年来均为军队盘踞,至令文化机关等于虚设,暂停游览。内部陈设物品,亦略有损坏,其各室之门窗桌椅,多数为驻军毁坏"②。天津博物院业务也因此陷入停顿。

(三)藏品搜集

藏品是博物馆业务活动的基础,因此,天津博物院自成立之初,就十分注重藏品的搜集。天津博物院的第一批藏品就来自于严智怡在美国搜集的"印第安人用品及风俗影片"③,严智怡搜集的这批美洲印第安人用品,共有54件④,既包括弓箭、石刀、渔网等渔猎武器,石杵臼、纺机、麋角等生产用具,也包括编器、陶器等生活用品,干橡仁、橡仁粉等食用品,还包括角贝、贝珠等货币,竹屋模型、摇篮模型等日常用具,涵盖了印第安人生活的方方面面,极为珍贵。严智怡为何首先搜集印第安人用品用以谋设博物院,从《河北博物院画刊·故院长严持约先生纪念专号发刊词》这段话中,大概能找到答案:"印第安人,人类学者谓于黄种同源,以文化低落,日就式微,近殆绝迹于世。公取其风俗事物,昭示国人,观者亦知所警惕。易曰,其亡其亡,系于苍桑,偿或博览异闻,资为谈瀛之助,殆非公搜

① 《天津博物院定期开幕》,《益世报》1924年5月14日,第11版。
② 《天津博物院下月内恢复游览》,《大公报》1929年11月18日,第11版。
③ 《发刊词》,《河北博物院画刊·故院长严持约先生纪念专号》第97期第1版,民国二十四年(1935)九月二十五日。
④ 《天津博物院陈列品说明书第一辑(人种风俗及古迹风景类)》,民国六年(1917)十月,天津博物馆藏。

集陈列之初意也夫。"看来,"维护根本,'系于苍桑'便是严智怡忧世忧国忧民的赤诚呼吁,也是他之所以瞩目于搜集'美洲红人用品'的目的"。①之后,为谋设天津博物院,"筹定地址,搜集物品"②,皆由严智怡主持。"经营两载,搜集天然物品千有四百余事,古器二千三百余事"③。1918 年7 月 31 日,天津博物院展览会闭会后三四年间,博物院迁往新址,继续搜集物品,布置陈列。1919 年巨鹿县发现被淹没的宋代城邑——巨鹿古城,深埋地下八百多年的数万件陶瓷和珍稀文物被发掘出来,引起知识界与考古界的极度震惊。1920 年,天津博物院派李祥耆、张厚璜前往巨鹿实地考古调查,搜集宋器④,搜集到大量磁州窑瓷器。同时,还搜集到宋大观二年以前埋覆残画。此画刚出土时,略可辨为卷轴,外画腐蚀,内容为汴都卤簿图一部分。经张厚璜考证巨鹿城内的三明寺妙严店碑记,鉴定此画为宋徽宗大观年间埋覆。⑤ 此外,1921 年,李祥耆还从内丘运取金代石狮两具。⑥ 在建院初期,严智怡就将植物、昆虫、海洋无脊椎动物、鱼类以及鸟兽作为天然标本采集的重点,由于当时缺乏制作标本人才,天津博物院聘请北洋政府顾问、瑞典人安特生⑦和猎户陈德广代为制作。

---

① 宋伯胤:《究心民族文物第一人——严智怡》,《宋伯胤文集·博物馆卷》,文物出版社 2009 年版,第 323 页。

② 《发刊词》,《河北博物院画刊·故院长严持约先生纪念专号》第 97 期第 1 版,民国二十四年(1935)九月二十五日。

③ 严智怡:《本院沿革要略》,《河北第一博物院半月刊》第 1 期第 4 版,民国二十年(1931)九月二十五日。

④ 严智怡:《本院沿革要略续第一期》,《河北第一博物院半月刊》第 2 期第 4 版,民国二十年(1931)十月十日。

⑤ 《观巨鹿发掘宋大观二年以前埋覆残画》,《河北第一博物院半月刊》第 5 期第 1 版,民国二十年(1931)十一月十五日

⑥ 严智怡:《本院沿革要略续第一期》,《河北第一博物院半月刊》第 2 期第 4 版,民国二十年(1931)十月十日。

⑦ 安特生(Johan Gunnar Andersson,1874—1960),瑞典地质学家、考古学家。1914 年来华,任北洋政府农商部矿政顾问,在中国从事地质调查和古生物化石采集。先后发现楼兰古城、仰韶文化、北京人遗址。

1919 年 4 月,在宁河蛏头沽捕获雄性座头鲸,天津博物院派陆文郁、陈德广前往征集充实天然藏品。至 1923 年天津博物院正式开幕前,已搜集物品 9900 余件。天津博物院"因搜罗宏富,成为天津之有数游览处所,内中陈列各品不下万余件,在华北亦为有数之文化陈列机关"①。

（四）宣传出版

严智怡认为博物院"其天职,盖在阐明文化,发扬国光,以辅助社会教育、学校教育之不逮,所负之使命至重且大也"②。因此,天津博物院自成立之初,就负有社会教育的功用。同时,严智怡也指出,"欲使文化之普及,非宣传不为功,欲广宣传,必以印刷品为惟一利器"③。为了发挥博物院普及文化的教育功能,这一时期,天津博物院刊行多种出版物。

《天津博物院陈列品说明书》

1917 年 10 月,出版《天津博物院陈列品说明书》,说明书分天然部和历史部,每部分若干类,每类均就陈列各品逐件详加说明。其中天然部包

---

① 《天津博物院下月内恢复游览》,《大公报》1929 年 11 月 18 日,第 11 版。
② 严智怡:《发刊词》,《河北第一博物院半月刊》第 1 期第 1 版,民国二十年(1931)九月二十五日。
③ 严智怡:《发刊词》,《河北第一博物院半月刊》第 1 期第 1 版,民国二十年(1931)九月二十五日。

括动物类、植物类、矿物类,详述其产地、性质、功用及对人之关系。历史部又分为美术类、货币类、人种风俗及古迹风景类、文字类、掌故类、科举类、纪念类、礼器类、宗教类、武器类和陶瓷类,详考其沿革、时代,便于史学家之参考。《说明书》序言中写道:"国民对于本国之标本,必不能不有博物院以为研究之地也……吾国列市之古器,非不丰富,然真赝杂出,良窳并陈……古人之精神无由而见、民族之特性湮没不彰。苟能鉴别而比较之,各事进化之阶级了然可见;先民成败之轨辙厘然前陈……世界种族之生存,皆赖其历史以维系,苟其国未亡,而先亡其历史之文化……神州之沦陷者屡矣,其所以至今能有国家者,恃有此百折不挠坚忍独立之国民性。"严智怡认为,博物院收藏古器、标本,能体现古人气节,彰显民族特性,发扬国之精神。1918 年,出版《天津博物院古器拓本集存》,分为殷契、古金、古陶、古泉四册。其中第一册《殷契》集存拓片 34 片;第二册《古金》集存古器物照片 14 张,拓片 40 片;第三册《古陶》集存器物照片 2 张,拓片 43 片;第四册《古泉》集存拓片 45 片。1919 年 4 月,编写《天津博物院座头鲸说明书》,通过图文并茂的方式对座头鲸加以详细介绍,包括科属及名称、习性、产地、用途、学术和商业价值等方面,向民众进行生物科普教育。1920 年,巨鹿县出土大批宋瓷,天津博物院派人前往实地考察,收集大量考古资料,1923 年 9 月由李祥著、张厚璜合辑的《巨鹿宋器丛录·第一编·瓷器题字》出版,为石印线装本。这批宋瓷上多有题字者,包括姓、押、购时年月及价格等,经天津博物院考证整理,至今仍是研究磁州窑历史以及宋代社会习俗风尚的重要参考书。1925 年,天津博物院还出版了专门针对儿童的科普教育书籍《儿童动植物图谱》。

天津博物院在经费极其紧张的情况下,为王襄、华学涑等学者出版专著。1920 年、1925 年分别出版王襄的《簠室殷契类纂》和《簠室殷契征文》,是他多年甲骨文研究成果。前书是我国第一部甲骨文字汇编,开编纂甲骨文字典之先河。后书选取甲骨拓本分类排次,并附有考释,基本概括了甲骨卜辞的全部内容。还出版金石文字学家华学涑的《秦书三种》

《天津博物院古器拓本集存》

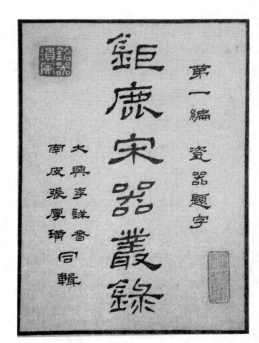

《巨鹿宋器丛录·第一编·瓷器题字》

《国文探索一斑》《羲教钩沉》等。《秦书三种》包括《秦书八体原委》二册、《秦书集存》一册。《秦书八体原委》，自史籀至汉莽各举一正确古器为例，将汉之草书，莽之奇字附于编末，叙述华文来源，后附文字衍近表说明各体文字之系属，详述我国书体之变化，何以至今仅存真草隶篆的原因。《秦书集存》详述我国文字籀篆隶三体之相互关系。1921年出版的《国文探索一斑》共分为六表，一为华夏文字变迁表，详述历代书体递嬗之异；二为中华民国现行文字表，详述全国民族文字之差异；三为华夏文字支衍表，详述外族善用我国文字之利便;四为华音声纽根原表,详述我国民采用外族文字之特长;五为华埃文字比较略表,详述华夏与埃及民族确有密切之关系;六为华文巴比伦文比较表,因有华文由巴比伦楔形文字孳衍而来,特制此表纠其缪。上述各表详述中华文字之价值及与世界之关系。

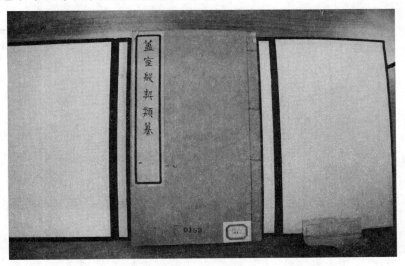

《簠室殷契类纂》

同时,在印刷技术上,还发明了传拓法,即印刷拓本无需照相,可用特制的绵性石印药纸,用石印药墨拓成拓片,可直接落石,省去照相作胶纸的手续,免一切辗转,影响字划的肥瘦[1],较之影印尤精,实为学术界之一贡献。[2]

天津博物院还注重与国外同行的交流合作。1923 年,与法国巴黎博物院、英国皇家博物院交换图书,使"本院之名,骎骎播于海外矣"[3]。可

---

　　①　俞祖鑫:《回忆"河北博物院"》,《天津博物馆史料 1900—1955》,天津市历史博物馆编印,1963 年,第 6 页。

　　②　张宗芳:《河北博物院沿革纪略》,《河北月刊》第 4 卷第 4 期,1936 年 4 月,第 2 页。

　　③　严智怡:《本院沿革要略续第二期》,《河北第一博物院半月刊》第 3 期第 4 版,民国二十年(1931)十月二十五日。

见，当时的天津博物院已经在国际上有了一定的知名度。

《簠室殷契征文》

《国文探索一斑》

二、南京国民政府时期的河北第一博物院与河北博物院

（一）先后更名河北第一博物院与河北博物院

1928 年春，南京国民政府北伐，征讨在奉系军阀张作霖控制下的北洋政府，经过 5 个多月的征战，国民政府占领直隶境内的大名、邢台、石

河北第一博物院更名为河北博物院启

门、正定、沧县及张家口等地,直逼保定、天津和北京。6 月,张作霖通电全国,奉军败退关外,国民政府随即控制直隶及京津地区,统治中国 16 年之久的北洋政府被推翻。6 月 28 日,国民政府颁令,改直隶为河北省。7月 4 日,中华民国河北省政府在天津正式成立。11 月,河北省政府委员会第十一次会议,由河北省教育厅提议,天津博物院更名为河北第一博物院。此后至七七事变前近十年中,时局较为稳定,国民政府注重教育,在中央政府及省政府的推动下,开办各类社会教育事业。得益于相对稳定的社会环境,更名后的天津博物院迎来了快速发展时期。根据国民政府教育部社会教育司编制的《民国十八年(1929)全国社会教育概况》统计全国公立博物馆 31 个,总经费为 92983.8 元/年;私立博物馆 3 个,总经费 16760 元/年。平均每馆每年经费为 3227.76 元。[①] 此时的河北第一博物院,每月由省府拨发经费 367 元[②],一年约 4404 元,还是高于这个平均数值的。1929 年冬,河北第一博物院开始重新布置陈列,至 1930 年 1 月,恢复展出。7 月,召开第二次全体董事大会,严智怡、姚彤章被继续推选为院长、副院长,并推举常任董事 7 人。1931 年 2 月,呈请河北省教育厅、天津市教育局及各学校,对博物院恢复补助。[③] 3 月,河北省政府拨发专门经费 1592 元,用以修葺房屋,扩充陈列。9 月 1 日,开放全部展览,其陈列品分为自然、历史两部,约 16900 余件。河北省政府第 439 次会议通过,经教育厅提议,自 1932 年起,博物院每月经费增至 409.5 元。1933 年7 月,召开第三次全体董事会,院长严智怡、副院长姚彤章连任,常任董事由 7 人改为 9 人。[④] 1934 年 12 月,经第二十次常任董事会决议,并呈请

---

① 齐珏:《丹青碎影——严智开与天津市立美术馆》,天津古籍出版社 2005 年版,第 90 页。
② 天津市档案馆 J0253-1-000011-61 关于恢复补助河北第一博物院经费的训令。
③ 天津市档案馆 J0252-1-000993 令补博物院经费。
④ 《本院重要纪事二十二年七月》,《河北第一博物院半月刊画报》第 48 期第 4 版,民国二十二年(1933)九月十日。

河北省政府照各学校改名删去次第之例,更名为"河北博物院"①。1935年1月1日,启用"河北博物院"印章。3月,院长严智怡病逝,按章程,由副院长姚彤章代理院长职务。1936年7月,第四次全体董事会,推选姚彤章为院长,严智开(严修第五子,严智怡之弟)为副院长,另有常任董事9人。② 方期大加扩充院务③,1937年七七事变爆发,天津沦陷,河北博物院为日军占领被迫关闭。

河北博物院外景

①　俞祖鑫:《回忆"河北博物院"》,《天津博物馆史料 1900—1955》,天津市历史博物馆编印,1963 年,第 8 页。

②　《本院重要纪事二十五年七月》,《河北博物院画刊》第 120 期第 4 版,民国二十五年(1936)九月十日。

③　陆文郁:《天津的博物院事杂谈》,《天津博物馆史料 1900—1955》,天津市历史博物馆编印,1963 年,第 5 页。

（二）组织机构

天津博物院自开设以来，就以"辅助教育发扬文化"为宗旨。历经多年发展，从初创时期的 5 名成员发展为具有相当规模、完备组织机构的博物院。

博物院设有董事会及常任董事会。董事会成员的条件：甲、本院发起人。乙、补助本院常年经费之各机关学校及团体之代表。丙、捐助本院款项或物品价值在二百元以上者。丁、热心赞助本院事务者。从全体董事中选举常任董事 7 人至 9 人，常任董事职务：筹议本院重要兴革事项；稽核本院收支账目并工作报告；本院各项章则之拟定或修正事项；本院董事之增聘或改聘事项。①

人员分工也很明确。院长，综理全院事务，对外为本院代表。副院长，襄理院务，如院长因故不能执行职务时，可予代理。院长副院长均为名誉职，由董事会就董事中推举，并分报省政府及教育厅备案，任期为三年，得连选连任。设主任一人，商承院长、副院长办理全院事务，由院长聘任；设总务股、技术股、保管股三个部门。总务股掌管编辑出版、经营院刊及制品、征集调查、文书卷宗、会计庶务、交际宣传等事项；技术股掌管采集标本、制造标本模型、摄影椎拓及装潢等事项；保管股掌管展品及参考图书保管、展品陈列整理说明、招待参观等事项。以上三股各股设股长一人，由院长委任，股员若干，由主任商承院长委派，但得以一人兼任两职，各股并应随时互助办理。视事务之繁简可以聘用书记、练习生、看守生。还可以聘请专门学者为研究员担任搜集、采集、编著、审定等事项。聘请

---

① 河北博物院编制，《河北博物院章程》《河北博物院董事会章程》《河北博物院民国二十三年度工作会计报告》，民国二十四年（1935）十二月，第16—20页，天津博物馆藏。

专门学者为导师。①

从《河北博物院章程》《河北博物院院务会议章程》《河北博物院办事细则》(详见本节附录四)等相关文件来看,博物院的主要工作都要由院务会议决定,院务会出席人员为院长、副院长、主任、总务股股长、技术股股长和保管股股长。会议由院长主持,每周四定期召开。院务会安排馆内各项工作,必要时由各股会同办理。涉及编辑出版、征集调查、宣传交际、经费使用等事项,皆由院长亲自审定。

(三)藏品与展览

陈列展览始终作为博物院的主要业务。陈列依托藏品,这一阶段,博物院依然把藏品搜集放在重中之重的地位。博物院藏品征集办法规定,藏品搜集分为移存、寄赠、寄陈和价购四类。移存是指国有或公有之物移交博物院陈列保存;寄赠指一人一家所有之物赠与博物院陈列保存;寄陈指一人一家或公共团体之所有物暂存博物院陈列;价购指由博物院出资购买个人或团体的物品。博物馆藏品征集分类也不断完善,河北第一博物院时期,严智怡根据多年从事藏品征集工作的经验,制定了包括动物、植物、矿物及岩石、化石、礼器、货币、简书、符牌、玺印、陶族、武器、舟车、建筑、日用器、衣服、配饰、农器、渔猎器、工用器、方伎用器(指医、卜、星、相等术)、宗教用器、丧葬婚娶用具、古迹风景像片、风俗像片、世界人种风俗、度量衡、掌故、纪念等类别的藏品征集方案,其中既有动植物、矿物化石、古器物等原始类别,而且"在中国传统观念中,并不认为是文物的许多新项目"②也列入其中,诸如农具、渔猎具、工用器、方伎用器、宗教用

---

① 俞祖鑫:《回忆"河北博物院"》,《天津博物馆史料1900—1955》,天津市历史博物馆编印,1963年,第41—46页。

② 宋伯胤:《究心民族文物第一人——严智怡》,《宋伯胤文集·博物馆卷》,文物出版社2009年版,第326页。

器、风俗古迹名胜像片、世界人种风俗、度量衡等民俗类物品,这是严智怡对藏品搜集的创新精神。而河北博物院时期,严智怡将"丧葬婚娶用具、古迹风景像片、风俗像片"三项相近内容整合为一项"风俗古迹名胜像片",收藏年限也从清初叶扩展到民国以前。可以说,收藏品分类更加精确,时间广度更为扩大。

历经多年积累,1930 年 1 月恢复展览时,"旧有物品现存 5000 余件,保管得当,仍可观摩研究……陈列之门类,共分两大部,一为天然部,有陈列品二千余种;二为历史部,有陈列品三千余种"①。此次重新开放,陈列精品甚多,据《益世报》报道,有"甘肃宁夏等处出土之汉简及古代陶器、石器、骨器并其他不经见之物多种,不能悉数。其自然物标本,亦颇极丰富……并有出土宋画一件,尤为特色"②,全部陈列品"都一万六千九百余事,分别部居,以类相从,寄陈品得其什六,寄赠购置之品,各居其十之二焉"③。其后数年,经多方搜集,使陈列品又有增加。《大公报》就曾刊登博物院征集消息,"本院为补助社会教育、促进学术文化机关,所有陈列范围甚为广泛,非随时搜集,难甄完备,倘荷海内外各界热心文化诸公时赐匡助……当即开具收据,陈列展览"④。从《河北第一博物院半月刊》中统计,1931 年 8 月至 12 月收集藏品 973 件;1932 年收集藏品 2698 件;1933 年收集藏品 1932 件;1934 年收集藏品 3783 件;1935 年收集藏品 2071 件;1936 年收集藏品 4202 件;1937 年 1 月至 6 月收集藏品 1270 件。至此,博物院收藏品约 33800 多件。其中寄赠品约 29%,寄陈品约 27%,其余 44% 为自行采集购置。⑤ 这些陈列品中有严智怡、姚彤章、李贯三等社会名流寄赠、寄陈,也有国立历史博物馆(中国国家博物馆前身)、中国

① 《天津博物院下月恢复游览》,《大公报》1929 年 11 月 18 日,第 11 版。
② 《益世报》,1931 年 9 月 1 日,第 6 版。
③ 严智怡:《本院沿革要略续第三期》,《河北第一博物院半月刊》第 4 期第 4 版,民国二十年(1931)十一月十日。
④ 《河北博物院征集陈列品》,《大公报》1932 年 6 月 27 日,第 7 版。
⑤ 张宗芳:《河北博物院沿革纪略》,《河北月刊》第 4 卷第 4 期,1936 年,第 3 页。

营造学社①、浙江省立西湖博物馆（浙江省博物馆前身）、中央古物保管委员会②等单位交流交换品。可以看出，此时博物院藏品搜集越来越丰富，也为举办各类展览打下了坚实的基础。

利用搜集的众多藏品，河北博物院举办长期陈列。到 1934 年，"综计陈列物品分自然、历史二部，前者有 8 室，后者计 12 室"③。进入博物院大门，首先映入眼帘的便是从内丘征集而来的金代石狮，雕琢奇古，形势雄伟，旁边放置北宋石棺一具。自然部，有陈列室八间，分动物、植物、矿物、化石、岩石及鸟类、哺乳类、鱼类等标本，采用景观陈列法，模拟自然环境进行陈列，也就是所谓动物生态标本。其中最为吸引人的是宁河蛏头沽捕获的座头鲸骨骼标本。历史部，展览较自然部更为丰富，且多为有价值之珍品，多系华北各地发掘所得。内分宗教、文字、瓷器、陶器、货币、骨器、玉器、石器、掌故、科举、武器、礼器、人类风俗、古迹风景、纪念及巨鹿出土宋代器物专室等十二室陈列，蔚为大观。据记载，"宗教方面为唐宋之佛像，制作精美，甘肃敦煌壁画，六朝造像，其他又有天主教耶教之各项纪念物，均为难得之品。文字方面为历代契据、告示档案及各处关防、碑帖拓片等，有乾隆铜版印刷平定金川图一大幅，为中国铜版印刷之高矣。瓷器、陶器方面如河北巨鹿出土之宋大观瓷器陶器……为历史上重要参考材料，古色古香，可谓巨观。货币方面数量甚多，上自三代刀布，至近代钱钞，应有尽有……最重要者，为河南安阳出土之商卜文字残片……全院陈列品，达二万叁仟余件"④。

博物院除了长期的基本陈列外，还举办不同类型的展览。如 1932 年

---

① 1930 年 2 月在北平正式创立，从事古代建筑实例的调查、研究和测绘，以及文献资料搜集、整理和研究，编辑出版《中国营造学社汇刊》，1946 年停止活动。

② 1928 年成立，是民国时期设立的文物管理机构，进行了多项有关古建筑、古墓葬、古遗址的调查，抗日战争开始后，该会工作即告结束。

③ 庄亚文编：《全国文化机关一览》，世界书局 1934 年版，第 300 页。

④ 施昕更：《华北二博物院参观印象记》，《浙江省立西湖博物馆馆刊》1935 年第 3 卷，第 4 期。

10 月,与中国营造学社、天津市立美术馆联合举办"岐阳世家文物展览会";1935 年 7 月,为纪念已故前院长严智怡,开设专门展室,以其别号命名为"持约堂",陈列严智怡遗物遗墨。同时还把本院藏品输出外省市展出,如参加 1934 年 7 月 8 日由实业部、教育部在西沽北洋工学院召开的"全国矿冶地质展览会",检选地质矿物标本 216 种,古铜器 19 种参会;1934 年 7 月,在天津市立美术馆举办的"河北省救济黄河水灾书画展览会",捐助出版书籍拓片 9 种;1934 年 10 月,由天津水西庄遗址保管委员会、天津广智馆联合举办"水西庄文物展览会",为协助该会宣扬文化,在会场销售《河北第一博物院画报天津芥园水西庄专号》,以引起参观人对该会的兴趣;1935 年 9 月,向天津市立美术馆主办的"河北省金石书画展览会"输送巨鹿宋瓷古迹照片、各种碑拓及出版品 106 种。连续参加 1935 年、1936 年杨村河北省立试验乡村民众教育馆举办第四、五届"农产展览会",寄陈鸟类标本、昆虫标本、河北习见树木标本、药材标本等;1936 年 12 月,选送出版品参加"日本名古屋太平洋和平博览会";1937 年 3 月,参加在上海举办的"狄岱鹿纪文达公纪念展览会";1937 年 4 月,参加"天津市儿童节扩大庆祝会"。文物是文化传播、文化交流的天然使者,展览是文化传播、交流过程中最有影响、最受欢迎、最具特色、最富实效的活动。博物院输送展品,参与展览,真正起到了严智怡畅想的"博物馆其天职盖在阐明文化,发扬国光,以辅助学校教育、社会教育之不逮"的作用。

博物院规定:"凡学术团体、学校教职员、学生及特别来院研究者均可免费招待。"到 1933 年,经第十五次常任董事会议定,又重新修订了参观规则,自 2 月 16 日起变更展览时间为每逢星期四及星期日开放;并于每年一月一日(民国成立纪念日)、清明植树节、双十节开放一日,不收门票。① "学术团体、学校教职员以及特别来院研究者除每逢星期一本院休

---

① 天津市档案馆 J0250-1-000528,河北第一博物院重新开放。

持约堂匾额

息日期、一月二日至四日及清明节双十节之次日等本院放假日期外,均可
预先来函通知免费招待"①。1935 年 10 月,遵照教育厅指导,票价由铜元
10 枚改为每张售铜元 6 枚(童子一律),同时,也于每年 4 月儿童节免费
向儿童开放。

降低票价、免费开放,吸引更多底层穷苦百姓走进博物院,接受文化
洗礼。据该院刊物统计,1931 年 8 月至 1937 年 6 月,是天津博物院发展
的繁盛时期,共接待观众 51475 人,免费观众 37059 人,占观众总数的
70%多。尤其突出的是 1934 年 10 月,更是接待观众达 5641 人,其中双
十节免费观众就有 4075 人。这一数字以今天免费开放后的当代博物馆

---

① 天津市档案馆 J0250-1-000528,河北第一博物院重新开放。

持约堂内景

接待量来看,也是相当可观的。看来,80多年前的天津博物院就已经"坚持公益性和服务性,坚持为所有社会大众服务,这一点不仅难能可贵,而且走到了世界前列"①。

但是,这些参观人数与同时期其他博物馆比起来,似乎并不算多,以浙江省立西湖博物馆 1934 年度的总参观人数 178543 人为例②,一年的总人数是河北博物院 7 年总人数的三倍还多。造成这一结果的原因很多,一是与博物院开放时间有关,从 1933 年 2 月 16 日起,每周只有四、日两天开放,到 1936 年 10 月 15 日开始另改为每周二至周日六天下午开放,从下表可以看出,每月展览日期基本维持在 10 天左右,展出时间还是比较短的。二是与地理位置有关,博物院位于火车总站以东,位置相对偏

---

① 陈克、岳宏:《传播理性——天津博物馆事业的诞生及其社会功能》,《城市空间与人国际学术研讨会论文》,天津市社会科学界联合会,天津市建设管理委员会 2006 年。

② 转引自余慧君:《与世相接——严智怡与天津博物院的诞生》,新史学第 27 卷第 3 期,2016 年 9 月,第 110 页。

僻,不利于前去参观。博物馆管理者也认识到了这个问题,想尽办法将观众引入馆内,比如在《河北博物院民国二十三年度工作(会计)报告》中有明确总结:"于新车站地道外宁园旁,设立院名指路牌一座。又与本院前门西南墙角,设立院名灯架一座,藉资广告。"一直担任河北博物院主任的俞祖鑫也曾指出:"院址近接北宁铁路的天津总车站(俗称新车站),车站附近,旅馆不少,为了宣传招致来津游览的到院参观,曾印刷美术广告,送请各旅馆在客房内张贴,并托旅馆代售博物院入览券。"[①]可见,博物院的管理者还是想出种种办法来改变这种状况的。

1931—1937 年参观人数统计表

1931 年参观人数统计

月次	展览日数	特别开放日数	购券入览人数	免费参观人数		合计	备考
				学校学生机关团体	特别		
八月	13		123	187		310	
九月	13		200	634		834	
十月	13		192	919		1111	
十一月	3		50	87		137	8 日起,因"天津事件"暂停开放
十二月	13.5						
总计			565	1827		2392	

---

① 俞祖鑫:《回忆"河北博物院"》,《天津博物馆史料 1900—1955》,天津市历史博物馆编印,1963 年,第 5 页。

1932 年参观人数统计

月次	展览日数	特别开放日数	购券入览人数	免费参观人数		合计	备考
				学校学生机关团体	特别		
一月							
二月							
三月				17		17	
四月	2.5		37	680		717	26 日起,开始正常售票开放
五月	13		231	1042		1273	
六月	13		148	309		457	
七月	13.5		105	175		280	
八月	13		173	148		321	
九月	13		247	144		441	(实际为 391)
十月	9.9		110	423		533	7—12 日,15—18 日,因岐阳世家文物展览会暂停开放
十一月	1		6	162		168	3 日起,因扩充陈列暂停开放
十二月							
总计			1057	3100		4157	

注:以上两年每周二至周日下午开放

1933 年参观人数统计

月次	展览日数	特别开放日数	购券入览人数	免费参观人数		合计	备考
				学校学生机关团体等	特别		
一月							
二月	4		78	88		166	16 日起,扩充陈列完毕,对外售票开放
三月	9		109	324		433	

月次	展览日数	特别开放日数	购券入览人数	免费参观人数		合计	备考
				学校学生机关团体	特别		
四月	9		257	933		1290	实际为1190人
五月	8		116	436		552	
六月	9		148	194		342	
七月	9		198	353		551	
八月	9		257	331		588	
九月	8		227	407		634	
十月	9	1	270	1174	1835	3279	双十节免费开放
十一月	9		95	501		596	
十二月	9		74	130		204	
总计			1829	4871	1835	8535	

1934 年参观人数统计

月次	展览日数	特别开放日数	购券入览人数	免费参观人数		合计	备考
				学校学生机关团体等	特别		
一月	8	1	50	69	67	186	1日民国成立纪念日免费开放
二月	8		108	90		198	
三月	9		113	474		587	
四月	8	1	318	1584	546	2448	清明节免费开放
五月	9		400	907		1307	
六月	8		378	255		633	
七月	4		148	77		225	1—15日，协助河北省水灾书画物品展览会暂停
八月	9		271	145		416	

续表

月次	展览日数	特别开放日数	购券入览人数	免费参观人数		合计	备考
				学校学生机关团体	特别		
九月	9		338	176		514	
十月	8	1	980	586	4075	5641	双十节免费开放
十一月	9		186	209		395	
十二月	9		107	153		260	
总计			3397	4725	4688	12810	

1935 年参观人数统计

月次	展览日数	特别开放日数	购券入览人数	免费参观人数		合计	备考
				学校学生机关团体等	特别		
一月	9	1	87	111	94	292	1 日民国成立纪念日免费开放
二月	8		208	102		310	
三月	9		270	329		599	
四月	8	4	459	819	1307	2585	3、4、5 等三日儿童节对儿童免费开放,清明节免费开放
五月	9		443	386		829	
六月	9		215	41		246	实际为 256
七月	8		225	36		261	
八月	9	1	207	164	25	396	1 日,纪念儿童年开幕典礼,对儿童免费开放
九月	9		362	441		803	
十月	8	1	270	364	1474	2108	双十节免费开放
十一月	8		140	209		349	
十二月	9		102	44		146	
总计			2988	3046	2900	8934	

1936 年参观人数统计

月次	展览日数	特别开放日数	购券入览人数	免费参观人数		合计	备考
				学校学生机关团体等	特别		
一月	9	1	93	63	64	220	1 日民国成立纪念日,免费开放
二月	8		73	62		135	
三月	9		283	99		382	
四月	8	2	324	1016	1064	2404	4 日儿童节免费对儿童开放;5 日清明节免费开放
五月	9		312	1163		1475	
六月	8		187	216		403	
七月	9		231	165		396	
八月	9		281	130		411	
九月	8		215	262		477	
十月	11.5	1	303	562	1040	1905	双十节免费开放
十一月	12.5		167	759		926	
十二月	13.5		139	41		180	
总计			2608	4538	2168	9314	

1937 年参观人数统计

月次	展览日数	特别开放日数	购券入览人数	免费参观人数		合计	备考
				学校学生机关团体等	特别		
一月	13	1	88	45	155	133	1 日民国成立纪念日免费开放(实际为 288 人)
二月	12		151	245		396	
三月	13		306	652		958	

续表

月次	展览日数	特别开放日数	购券入览人数	免费参观人数		合计	备考
				学校学生机关团体	特别		
四月	13	2	543	1366	604	4130	4日儿童节对儿童免费开放;5日清明节免费开放(实际为2513人)
五月	13		474	141		615	
六月	13		410	153		563	
总计			1972	2602	759	5333	

注:自1933年开始每周四、周日下午开放。民国成立纪念日、清明节、双十节免费开放;儿童节免费对儿童开放;1936年10月15日开始,参观时间又改为周二至周日下午。其中民国成立纪念日、清明节、双十节仍旧免费开放。

(四)科考调查

"博物院之使命,在搜罗古物与天产,使国人有所观摩,以补教育之所不及,而省立博物院则首以陈列地方之文物与自然界产品为职志①"。博物院搜集文物的一个重要途径就是赴外科学调查,这也是支撑馆内科学研究工作的重要手段。这一阶段,博物院主要的科学调查方式有三种,一种为严智怡主持的河北十四县古迹古物调查,一种为京津冀周边自然标本采集,还有一种为委托其他单位或个人进行的调查采集活动。

1.古迹古物调查

1933年,时任河北省政府委员的严智怡,赴河北各县巡查县政,顺便为河北博物院调查各处古迹,搜集古物。这次调查活动由严智怡亲自主持、主任俞祖鑫随从,自9月27日开始,至12月20日止,分三个阶段进

---

① 胡先骕:《生物专号序言》,《河北博物院画刊生物专号一》第121期第1版,民国二十五年(1936)九月二十五日。

行,考察河北十四县,"辙迹所经,凡有见闻,辄往观览"①。第一阶段为 9
月 27 日至 10 月 2 日,调查定兴、涿县、良乡三县,在定兴调查石柱颂、沙
丘寺遗迹石佛,搜集残瓦石柱颂拓片、铁瓦寺铁片,参观鹿公祠,于鹿壮节
公殉难处摄影。在涿县参观南北二塔及云居寺、智度寺遗迹,均摄影,并
搜集残瓦。参观楼桑村三义庙并摄影,又参观忠义店、张桓侯故里、张显
王庙及桓侯古井。在良乡县调查黄兴庄行宫旧址、乐毅墓(俗名大疙
瘩)、郊劳台等处古迹,并赴严修《使黔日记》中所载吴家店考察。第二阶
段为 10 月 13 日至 24 日,巡查三河、清苑(保定)、易县、涞水四县。10 月
13 日由北平乘汽车至三河县,探访水西庄查氏后裔。10 月 18 日乘火车
赴清苑(保定),参观莲池公园内保定教育博物院。10 月 20 日到易县,访
隆兴观、开元寺、兴国寺(卧佛寺)、召公祠、孙膑庙、崇陵等处。24 日到涞
水县,参观道城故址、大明寺等处。第三阶段为 12 月 4 日至 20 日,巡查
徐水、井陉、平山、灵寿、正定、定县、新乐七县。4 日,到徐水参观县文庙
等处。到井陉参观魏定州刺史孙使君颂德碑。在平山县参观福圣寺、崇
安寺、龙吟阁等处。到灵寿参观天齐庙、旧县署、圣众寺、文兴桥等古迹。
13 日自灵寿至正定,参观隆兴寺(俗称大佛寺)、临济寺青塔、天宁寺木
塔、开元寺须弥塔(俗名砖塔)等地。17 日,由正定途径新乐至定县,参观
中山靖王墓、开元塔(瞭敌塔)等处。这次调查,掌握河北省大部分古迹
古物状况,并采集拓片、拍摄照片,极大充实了博物院的收藏。

2. 自然标本采集

自然标本的采集分为两种:一种为博物院组织自己技术人员采集。
如 1932 年 7 至 8 月间,俞祖鑫、李祥耆、邓汝圻先后赴北戴河、北平等处
采集海产品、昆虫、植物标本。1933 年 10 月在天津地区采集植物标本

---

① 严智怡:《河北十四县古迹古物调查纪略》,《河北第一博物院画报》第 79 期第 1
版,民国二十三年(1934)十二月二十五日。

158 件,昆虫标本 120 件。[①] 另一种为与其他单位合作进行采集。例如与静生生物调查所合作。该所成立于 1928 年,由著名动物学家秉志和植物学家胡先骕主持创建,以中国生物学早期赞助人范源濂(1857—1927,字静生,湖南省湘阴县人,中国近代著名教育家)命名,是近代中国建立较早、最有成就的生物学研究机构之一。其办所宗旨为调查及研究全国动植物之分类,谋求增进国民生物学之知识,促进农、林、医、工各种实验生物学之应用。1935 年初,博物院与静生生物调查所商定四项技术合作办法:交换所采副号标本,或与该所派员出外采集时,在可能范围内,少助旅费,所得标本,分赠本院;借用参考图书标本;请代审定所采动植物标本科目名称;生物著作出版合作。并在 1934 至 1936 三年间,双方联合赴冀南冀西太行山、小五台山、东陵、百花山、西陵、杨家坪、内丘一带进行多次植物调查,采集标本。在《河北博物院画刊》中研究员周晦盦《磁县炉峰山采集记》一文所载,河北博物院与静生生物调查所议定冀南及冀西太行山脉之植物,调查范围定为磁州、邯郸、沙河、内丘、临城、赞皇、元氏、井陉、正定、灵寿、平山、定县、曲阳、阜平、望都、完县、西陵。第一次调查为 1935 年 7 月 9 日至 8 月 4 日,著有《太行山脉植物调查记磁邯纪游》。这次采集最重要的地区当属磁县炉峰,炉峰地处河北、河南、山西交界,皆为山岭盘道,崎岖异常。因山上草木,多与平地所见不同,因此详尽采集。发现自然生长白皮松、青榆、铁结子等,皆为河北首见。刘瑛所著的《小五台山植物采集心影》,则详细记录了与静生生物调查所合作的小五台山采集过程。小五台山位于察哈尔与河北交界处,为太行山北端最高峰。1935 年,与静生生物调查所联合考察该山,采集标本 2000 号之多。

3. 委托他人调查采集

1932 年 5 月,河北省财政厅派员赴各县视察,博物院委托该厅视察

---

① 《本院重要纪事二十二年十月》,《河北第一博物院画报》第 54 期第 4 版,民国二十二年(1933)十二月十日。

人员代为调查古迹古物;1933 年,委托河北省建设厅各视察员,代查沧县等三十一县古迹古物;①1934 年,委托实业部地质调查所征集地质标本;1934 年,委托广州岭南大学娄成后代为采集中国南部植物标本 885 种;1935 年,委托兴隆县农民于连泉采集兴隆县植物标本;1935 年委托驻苏联大使馆协助搜集民族风俗物品,并委托张彭春搜集苏联民族风俗物品及俄国博物院人种材料书籍;还于 1935 年委托梅畹华(梅兰芳)搜集各地民俗资料。②

（五）社会教育

民国时期文盲甚多,他们不但缺乏国家观念、民族意识,对科学技术等新知识也知之甚少。因此,南京国民政府于 1931 年通过《三民主义教育实施原则》,目标定为提高民众知识,注重国民教育,通过民众学校、图书馆、博物馆、阅报社、公园、电影院、剧场、公共体育馆、国术馆、游泳场等实施。

博物院展览内容,具有科学启蒙作用,不但能够开阔民众眼界,而且可以传播新的科学文化知识,客观上成就了向国民宣传民族文化、普及科学知识的最佳的社会教育场所之一。博物院并不是一个古物的保管机关,可以看作是整个社会文化的教育机关。河北博物院在 1935 年加入中国博物馆协会时,就明确认同博物馆是文化之保管人,社会教育之良导师,可以开通风气,扩张民智的特殊的社会教育使命。博物院陈列的动植物、矿物的内容,注重展示科学内容,承担传播科学的公共教育使命特点十分明显。1934 年,博物院的各个陈列展览改用语体文(白话文),使得

————————

①　中国博物馆协会编:《河北博物院沿革及概况》,《中国博物馆协会会报》第 1 卷第 5 期,民国二十五年(1936)五月。

②　中国博物馆协会编:《河北博物院民国二十四年度工作报告》,《中国博物馆协会会报》第 2 卷第 2 期,民国二十五年(1936)十一月。

这些科学知识更通俗易懂,利于在底层民众传播。

　　1936 年,教育厅要求博物院就院中陈列品作通俗讲演。河北博物院根据自己的藏品、展览特色,1936 年 4 月至 1937 年 5 月间,共组织了五次讲演。首次讲演举办于 1936 年 4 月 26 日,由研究员周晦盦先生主讲"益农动物"①,并印行讲演稿 1000 册,天津市立第一、第二十一、第二十二、市立师范附小等校学生及观众 340 人参加。5 月 24 日,举行第二次讲演,由主任俞祖鑫主讲"从简册说到线装书"②,印行讲演稿 700 册,省立天津师范附小第二部、市立第三十三小学、第三十八小学等校学生及观众 138 人参与听讲。10 月 25 日,举行第三次讲演,由保管股股长赵鸿年主讲"中国货币沿革概况"③。11 月 22 日,举行第四次讲演,由总务股股长李详耆主讲"传拓的方法"④。1937 年 5 月 2 日,举行第五次讲演,讲题为"造林和植树"⑤。这五次讲演内容涵盖历史知识、自然知识;听众既包括补助博物院费用的各小学学生,也包括参观游人;印刷讲稿免费发放。这些通俗讲演,语言浅显易懂,迎合了民国时期启蒙求新的时代潮流,以润物细无声的方式向广大学生、民众灌输新观念、新知识、新文化,极大唤起民众的觉醒意识,时值日本侵略东北华北时期,对于激发他们的爱国热情、培植先进的价值观念起到积极作用。

---

① 《本院重要纪事二十五年四月》,《河北博物院画刊》第 114 期第 4 版,民国二十五年(1936)六月十日。

② 《本院重要纪事二十五年五月》,《河北博物院画刊》第 116 期第 4 版,民国二十五年(1936)七月十日。

③ 《本院重要纪事二十五年十月》,《河北博物院画刊》第 124 期第 4 版,民国二十五年(1936)十一月十日。

④ 《本院重要纪事二十五年十一月》,《河北博物院画刊》第 126 期第 4 版,民国二十五年(1936)十二月十日。

⑤ 《本院重要纪事二十六年五月》,《河北博物院画刊》第 139 期第 4 版,民国二十六年(1937)六月二十五日。

（六）出版刊物

1931 年，严智怡兼任河北省教育厅厅长，博物院财政补助得以恢复，各项业务工作有了较大的发展。9 月 25 日，博物院主办的《河北第一博物院半月刊》正式出版，每期 4 版，出至第 28 期，刊名以隶书书写，位于刊物正上方。1932 年 11 月 25 日第 29 期更名为《河北第一博物院半月刊画报》。1933 年 9 月 25 日第 49 期更名为《河北第一博物院画报》，隶书刊名位于刊物右侧。1935 年 1 月 10 日第 80 期又更名为《河北博物院画刊》，隶书刊名位于刊物正上方。直至 1937 年 7 月 25 日第 141 期终刊。该刊图版与著述并重，图片为院中陈列品和外人赠刊的照片；文稿提供者为院中编辑人撰著、特约撰著人的撰著或译述、外人赠稿。稿件的审核由三人负责，李详耆负责搜集选择材料、编著说明、排版；张宗芳负责专题考证的撰述，最后由王汉章审核后发刊。[1]

刊物发刊辞中写道："本刊刊行之主旨，盖在普及文化教育，并以引起一般人士对于博物院之注意……本刊内容，分自然科学与历史学术两大类，于文化教育以及社会需要之知识，罔不力事灌输，并竭力征求中外古今学者之著作，广为发表，以为社会与文化沟通之枢纽……若夫观是刊而兴起，蕙然来观，是尤本院所最欢迎希冀者矣。"刊物内容丰富，分自然、历史两大类，涵盖动植物、化石、民俗、文物、字画、古文字、围棋、周易等内容，另外还涉及少量野外调查、古建筑介绍等，门类齐全，知识涵盖面广泛。属于自然科学的文章如《河北习见之树木》《自然界消息》《河北习见之鱼类》《河北之杜鹃花》《河北菊科之调查》《河北鲶类小志》等；属于考古学、文化人类学的有：《古物消息》《苗族说略》《爱斯基摩人》《黎人

---

① 俞祖鑫：《回忆"河北博物院"》，《天津博物馆史料 1900—1955》，天津市历史博物馆编印，1963 年，第 14 页。

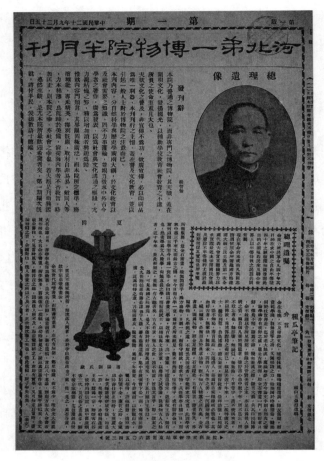

《河北第一博物院半月刊》第 1 期

风俗考》《美洲之红人》《大凉山之猓猡民族》《瑶人风俗考》《西藏民族之研究》等;属于中国传统文化的有:《台湾设治沿革考》《中国塔考》《亭考》《中国建筑屋盖考》《古华民族迁徙考》《轩考》《斗拱考》《古董录》《镜考》等。同时,还不定期出版专号,如第 25 期《岐阳世家文物专号》、第 49 期《天津芥园水西庄专号》、第 73 期《埃及古代文字专号》、第 97 期《严持约先生纪念专号》、第 121 期《生物专号一》、第 122 期《生物专号二》等,可谓内容丰富多彩,知识性含量高。这些文章作者有博物院职员,也有部分向社会名流约稿,尤其是一些社会名流的稿件,大多是他们

《河北博物院画刊》第 141 期

多年学术研究成果,这些内容,不仅可以开阔观者眼界,更能增进人们对新知识的认知,传播新的宇宙观和世界观。这一份内容涵盖面宽、知识丰富的刊物却因日本侵华战争于 1937 年 7 月 25 日出版最后一期后戛然而止,其中第二版《字说辑佚》、第三版《太行山脉植物调查记·磁邯纪游》、第四版《羲教钩沉》《河北习见之鱼类》等著作还未刊完。根据陆文郁记载,最后一期因天津沦陷,院址被摧毁,于 1938 年 1 月 10 才寄到其手中,并随附博物院信函:"本院自民国二十年创刊半月画刊按期出版至上年七月已届第一百四十一期,因事变影响,发送稽迟,本院前于事变之际被

《天津樊文卿先生畿辅碑目》

抢,嗣经封闭,刻下暂在河北公园内天津美术馆借地办公,将来尚得经费
有着,《画刊》仍当继续编印奉赠。河北博物院启,二十七年一月十日。"①
可见,当时河北博物院本还想将这一学术刊物继续刊印,但由于时局、经

------

① 陆文郁:《天津的博物院事杂谈》,《天津博物馆史料1900—1955》,天津市历史博
物馆编印,1963年,第5页。

费等问题最终停刊,实属可惜。以当今博物馆事业飞速发展的现状来看,能做到半月出版一期专业报刊,并刊登如此多分量重的专业学术文章的博物馆也不多见。

这一时期,河北博物院还出版了其他学术专著,如1935年出版由樊彬辑的《天津樊文卿先生畿辅碑目》。樊彬,字质夫,号文卿,其生平笃嗜金石文字,搜罗海内碑刻至二千余种,多为乾嘉诸名家所未及见。该书单册,分上下两卷,共收录自周迄元畿辅碑目一千五百数十种。1936年,又出版了《畿辅先哲祠崇祀先哲牌位》,收录先哲牌位,包括畿辅历代圣贤、忠义、孝友、名臣、循吏、儒林、文苑、独行、隐逸(正殿)全部名单;历代殉难文武官绅、士民、兵勇(东配殿)未列名单;节烈、贞烈、节孝妇女(西配殿)未列名单。书后附录《祭祀唱赞仪节》《祭畿辅先哲文》《匾额》《联语》。

（七）业务交流

博物馆是对人类及其环境的见证物进行搜集、保管、研究、展览的机构,是传统文化汇聚之地。一个国家的文化,可以从其博物馆中得到直观、快捷的反映。不同地区、不同国家博物馆之间的业务交流,能够增进各地区人民之间的了解,成为地区文化交流与合作的使者。这时期的河北博物院,积极与全国及世界其他地区的博物馆进行交流,主要有交换展品、业务合作、参观访问等方式。

1. 交换展品

1928至1937年间,先后与历史博物馆筹备处、中国营造学社、静生生物调查所、国立北平图书馆、天津市立美术馆、国立北平研究院生物部、国立北平研究院植物学研究所、实业部地质调查所、浙江省立西湖博物馆、中央图书馆、南京古物保存所、河北省国货陈列馆、天津广智馆、天津市国货陈列所等单位互换展品。① 例如,1935 年,浙江省立西湖博物馆将杭州凤凰山发掘南宋官窑烧瓷托器 16 件赠予河北博物院,河北博物院以巨鹿之宋瓷、河南之骨器石器,北平护国寺藏经塔清正红旗满洲都统署档案等品,还赠该馆,以作交换。展品的互换不仅局限于国内,1934 年,还将本院所有出版之书籍、印片、拓片等,赠与日内瓦中国国际图书馆。②1935 年与苏联列宁格勒人种学博物院交换物品,将农产物标本及中国农家手工制品赠予对方。③

2. 业务合作

杨柳青年画为天津地区名产,后由于石印年画盛行,此项年画大受排挤,不复旧观。河北博物院为保存杨柳青年画艺术品,特向杨柳青廉增益记画店订购,由该店选取旧存画版大小各百幅,用国色国纸印刷,完全与昔日出品相同,由河北博物院保存陈列,免致失传。沧县铁狮为河北著名古物,严智怡曾赴该地调查,狮子下部,早已残缺,若不及时修葺,全狮必致倾覆。河北博物院呈请省政府,并函致沧县县政府,与该县政府联合修葺,采用铁筋洋灰修法,费用由河北博物院、沧县政府共同承担。

1935 年 5 月 18 日,由故宫博物院院长马衡、北平图书馆馆长袁同礼、中央博物院筹备处主任傅斯年等组织发起,在北京成立了中国博物馆协会,河北博物院成为机关会员。④ 1936 年中国博物馆协会和中华图书馆协会在青岛联合召开第一届年会,由时任天津市立美术馆馆长的严智开代表河北博物院参会。

---

① 内容散见河北博物院历年刊物《本院重要纪事》专栏。

② 河北博物院编制:《河北博物院民国二十三年度工作会计报告》,民国二十四年(1935)十二月,第 6 页。

③ 河北博物院编制:《河北博物院民国二十四年度工作会计报告》,民国二十五年(1936)九月,第 2 页。

④ 《中国博物馆协会会员录》,《中国博物馆协会会报》第 1 卷第 5 期,民国二十五年(1936)五月,第 34 页。

3.参观访问

北平文化机关较多,与河北博物院性质相近的有北平研究院艺术陈列所、天然博物院、实业部地质调查所、静生生物调查所、故宫博物院、古物陈列所、颐和园、雍和宫等处。1934 年间,河北博物院派遣职员轮流赴北平各处参观。① 在派人外出参观学习的同时,该馆也先后接待多名社会名流。如1931 年 10 月,北平研究院生物部经遂初;②1934 年 7 月,中央大学森林学教授、西湖博物馆施昕更;③8 月,西湖博物馆盛莘夫、全国矿冶展览会胡仰山、云南史地考察员张希鲁;④12 月,国立北平艺术专科学校校长、天津美术馆馆长严智开、画家许琴伯、黄少强、赵少昂、王仲年,《北洋画报》经理谭林北。⑤ 同时,还接待国外同行,如 1936 年 5 月匈牙利法国合浦亚细亚美术馆长多佳智像瑠丹;⑥9 月,日本东京农业大学讲师中村不一、金泽多藏;⑦1937 年 4 月,美国哥伦比亚大学教授古德里奇(Luther Carrington Goodrich)和费希尔(C. S. Fischer)。⑧

---

① 《本院重要纪事二十三年六月》,《河北第一博物院画报》第 70 期第 4 版,民国二十三年(1934)八月十日。

② 《本院重要纪事二十年十月》,《河北第一博物馆半月刊》第 6 期第 4 版,民国二十年(1931)十二月十日。

③ 《本院重要纪事二十三年七月》,《河北第一博物院画报》第 72 期第 4 版,民国二十三年(1934)九月十日。

④ 《本院重要纪事二十三年八月》,《河北第一博物院画报》第 75 期第 4 版,民国二十三年(1934)十一月二十五日。

⑤ 《本院重要纪事二十四年十二月》,《河北博物院画刊》第 81 期第 4 版,民国二十四年(1935)一月二十五日。

⑥ 《本院重要纪事二十五年五月》,《河北博物院画刊》第 116 期第 4 版,民国二十五年(1936)七月十日。

⑦ 《本院重要纪事二十五年九月》,《河北博物院画刊》第 123 期第 4 版,民国二十五年(1936)十月二十五日。

⑧ 《本院重要纪事二十六年四月》,《河北博物院画刊》第 137 期第 4 版,民国二十六年(1937)五月二十五日。

三、日伪时期天津特别市市立博物院

（一）日伪时期天津特别市市立博物院

1937 年 7 月 30 日,天津被侵华日军占领。战火中的河北博物院员工,依然困守博物院。至 8 月 1 日下午,因炮火仍未停止,附近起火,烟气弥漫,不得以,留守员工与逃难居民一同出走,仅携出钤记及少数簿册。① 日军对博物院进行大规模破坏,把有价值藏品洗劫一空,大件标本如座头鲸骨架、狮子等及陈列橱柜全部抛弃院外,历经数载的博物院仅在天津沦陷几十个小时就被摧毁殆尽。不得以,院长姚彤章委托社会局五区五所将博物院门钉封。② 同时,姚彤章会同董事俞祖鑫、赵鸿年等人与日军交涉,在天津市立美术馆设立办事处,把博物院劫后余存藏品运到市立美术馆。此时,藏品仅剩下原有藏品的百分之一二。1937 年 8 月 18 日,天津市治安维持会令天津市立美术馆馆长严智开查明河北博物院被抢掠各物。严智开呈报说:"河北博物院于事变之际,多被抢掠……该院陈列品分动植矿物标本及历代古物两大部,综计不下三万数千件,参考图书及出版品等为数亦多,各学校学生均不时往该院观览,我国各省以及东西洋之文化机关与该院大半皆有联络,中外人士来津考誉文化者,对于该院尤为重视,为补助学校教育、增进社会知识、供给学者研究、沟通中外文化之学

---

① 俞祖鑫:《回忆"河北博物院"》,《天津博物馆史料 1900—1955》,天津市历史博物馆编印,1963 年,第 19 页。
② 天津市档案馆 J0218-4-003090,关于衡水县维持会主席付小先等拟经武巡舰请求保护博物院及赵济川等请求安插置位之报告公函。

术机关,偿归停顿,殊属可惜。"①

　　因无固定办公地址,博物院多次呈请天津特别市公署,申请划拨场地。1938 年 5 月,天津特别市公署拨河北区宙纬路南北运河河务局房屋 8 间,定为博物院新址并拨给临时修理费。9 月,公署核定博物院补助费为每月 400 元,暂先补助半数 200 元。11 月,从市立美术馆办事处搬迁至新址。从 1940 年开始,天津特别市公署强行接管博物院。5 月 30 日,天津特别市公署签发训令,博物院迁往宙纬路南北运河河务局,并派专员负责保管,月给维持费 100 元作为保管员役薪金及办公费之用。至 6 月 4 日,接收完毕。② 7 月,天津特别市公署又强行解散博物院及董事会,河北博物院成为天津特别市教育局直属单位。院址也被日伪建设厅署天津市建设工程局强行占用。③ 在此极度困难时期,还有部分职员在院苦守,保管股长赵鸿年在个人生活受到经济压迫之下,仍然为了维持河北博物院的残局,坚守不去。④ 1941 年 1 月,天津特别市市立博物院正式成立。⑤

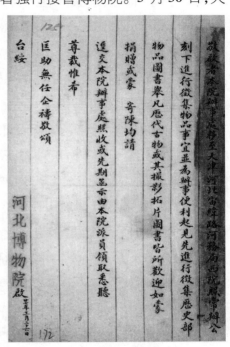

河北博物院迁移办公地址启

　　①　天津市档案馆 J0001-3-000188,训令美术馆馆长严智开为河北第一博物院多被抢掠其残余各物令查明代筹管理办法。
　　②　天津市档案馆 J0055-1-000853,河北博物院维持费。
　　③　天津市档案馆 J0002-3-004196,教育局公函为请令卫生工程处腾让天津博物馆馆址。
　　④　俞祖鑫:《回忆"河北博物院"》,《天津博物馆史料 1900—1955》,天津市历史博物馆编印,1963 年,第 20 页。
　　⑤　《天津特别市市立博物院概况》第 5 页,民国三十年(1941)一月,天津博物馆藏。

（二）组织机构

天津特别市市立博物院因处于整理保管时期，机构设置一切从简。全院职员共 6 人，设置院长一人，综理一切院务。下设主任一人，佐理院长，办理征集陈列及编纂事宜。股员三人，一掌庶务、保管及陈列品登记事项；一司文书、宣传、图书及讲演事宜；一为办理陈列室说明讲解、陈列布置及看守事宜。文书一人，担任缮写及管理案卷事项。根据 1941 年天津特别市市立博物院岁出概算书可知，该院每年经常费为 9600 元。共分为薪工、办公费和事业费三项①。院长为严智开，主任赵鸿年，股员 3 人，文书 1 人。② 1942 年 5 月，前天津市图书馆馆长姚金绅任天津特别市市立博物院院长③。1943 年 6 月 21 日起陈次升担任院长④。1944 年 4 月，陈次升离职，张栋廷任院长。⑤ 根据天津特别市市立博物院 1945 年 7 月经常费支付概算书来看，每月经常费共计 17258.5 元，包括俸给费及津贴、办公费和社保费三项，俸给费及津贴为 16480 元，占概算的绝大部分；办公费 433.5 元，凡展览陈列、印刷刊物皆从此项列支，计 225 元；设备费 345 元。⑥ 业务经费只占全部经费的 1%，所有业务活动全部停顿。

抗战胜利后，1945 年 8 月，根据天津特别市政府第 334 号训令，院长张栋廷因不能到院办公予以免职，调派第三社教区新民教育馆馆长姚金

---

① 天津市档案馆 J0001-3-005194，1941 年岁出概算书。
② 天津市档案馆 J0055-1-005614，天津特别市市立博物院职员及工役薪额工资表。
③ 天津市档案馆 J0055-1-005614，天津特别市市立博物院职员及工役薪额工资表。
④ 天津市档案馆 J0001-3-010918-006，为报就职日期至天津特别市公署呈。
⑤ 天津市档案馆 J0001-3-008035-002，为报缴本院职员三月份所得税给天津特别市政府的呈。
⑥ 天津市档案馆 J0001-3-012221-008，天津市立博物院 7、8 月份经费请款书。

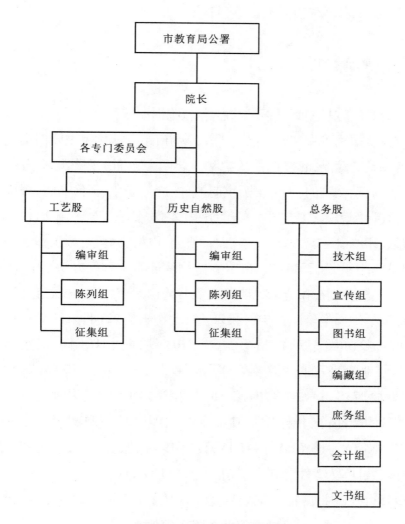

天津特别市市立博物院组织机构图

绅接充。① 主任赵鸿年和馆员 4 人, 共 6 人。② 1945 年 10 月 21 日,院长
姚金绅调任筹备国民大会选举事务所主任,申请辞去博物院院长一职,11

---

① 天津市档案馆 J0001-3-011030-020,为姚金绅调补市立博物院院长遗缺致教育
局函。
② 天津市档案馆 J0110-3-002997-064,职员工役薪津表。

月 15 日主任赵鸿年暂行担任代理院长。①

（三）藏品搜集

严智开任院长期间号召天津社会名流捐助博物院,仍在开放的天津
广智馆董事捐赠了大部分展品。天津特别市市立博物院主要搜集与本国
文化有关系的藏品,涵盖自然历史和工艺两个方面。自然历史方面包括
地质、植物、动物等的物品图表、文献制作、产业演化、历代书契、服饰器物
及各种统计图表等;工艺方面包括纺织、农作、饮食、建筑、矿冶、金工、陶
瓷、造纸、印刷、髹漆、制革、皮货、原动机器、电机工程、市政工程、交通等。
（详见本节附录五《天津特别市市立博物院征集陈列品办法》）。到 1941
年 1 月,天津特别市市立博物院陈列品分为自然部、历史部、工艺部三类,
自然部包括地质学类矿物与岩石 28 件;动物学类 221 件。历史部包括饮
食类 1 件;交通类 317 件;货币类实物 103 件;拓本 164 件;宗教类佛教
204 件;其他各教 7 件;礼俗类习俗用品 47 件;生活用品 70 件;学艺类 55
件;文献类 273 件;考古学类陶瓷 16 件;锢铁器实物及印片 43 件;金石实
物及拓片 582 件;竹木器 1 件;漆器 2 件;绘画 13 件;雕塑 58 件;建筑 42
件;典籍及名人手迹拓印品 441 件;真迹 19 件;服饰 19 件。工艺部陶瓷
类 6 件。共计 2732 件。其中捐赠品达 2511 件。②

1945 年 11 月,博物院陈列品 2721 件(套),图书 421 种,③总数与几
年前相比并无变化,看来博物院业务陷入停顿。

---

① 天津市档案馆 J0110-3-002623,天津市立博物院呈为选政纷繁势难兼任肯祈派
员接替。
② 《天津特别市市立博物院陈列品目录》,民国三十年(1941)一月,天津博物馆藏。
③ 天津市档案馆 J0110-3-002623,天津市立博物院呈为选政纷繁势难兼任肯祈派
员接替。

（四）三年计划

1941 年，在院长严智开的主持下天津特别市市立博物院还制定了未来三年工作计划，对藏品、展览、图书编纂、人员等进行了详细规划。每年计划举办多个展览，充分发挥博物院"为社会教育机关之一，其施教对象，乃为整个社会民众，非仅在供给学校之利用，即为对一般失学民众施以适当之教育"①的职能。1941 年，拟定举办"现代工艺品展览会""金石拓片展览会""津市文献展览会"；1942 年，计划举办"都市防空展览会""现代化战争用器展览会""国防展览会"；1943 年计划举办"天象展览会""交通展览会""电气展览会"。目的为向民众灌输普通常识，使其对于社会有相当认识，及历史地理以及其他一切科学之普通知识。并且他认为如果能依此计划推行，必大有前途。

但是，日军占领下的天津，推行奴化教育，包括"学校教育事项，社会教育事项，图书馆、博物馆、公共体育事项，其他教育行政事项"②。安抚、教化、麻痹人民的意志，将文化教育与军事、政治、经济掠夺密切结合，借此缓解中国人的仇日心理。沦陷区的教育，事无巨细，日伪教育行政机关都要强行插手。因博物院是我国历史悠久、文化灿烂的象征和体现，对于教化民众有着不可忽视的特殊地位和作用，因此，日伪通过继续设立博物院，收买民心，达到为其社会教育服务的目的。日伪统治下政治上的专制、思想上的禁锢、文化上的愚弄以及经济上的无序，使得沦陷区的博物院受到严重冲击，出现大幅度倒退。在此几年间，博物院一直无所作为，虽然制定有各项政策、措施，但始终未能向民众开放，彻底失去社会教育机关的作用。

---

① 《天津特别市市立博物院概况》第 15 页，民国三十年（1941）一月，天津博物馆藏。
② 《河北省公报》第四号。

四、解放战争时期的河北省立天津博物馆

(一)河北省立天津博物馆

1945年8月15日,日本宣布无条件投降,日军在华攫取的一切权利,统统收回。战后,国民政府对教育的接收和管理全面开始,规定各省市教育厅局派员接收敌伪各级教育文化机关。河北省教育厅对接收工作相当重视,制定了《河北省公私立学校及文化教育机关接收处置办法》和《河北省教育厅接收各级学校社教机关实施要领草案》,明确规定了公立文化教育机关,包括原有省立民众教育馆、图书馆、体育场及其他文化机关(公立剧院、电影院及古物文献保管机关)是接收接管的对象。

抗战胜利后,博物院多次呈请将日军强占的东站旧劝业道署原址收回。天津市政府教育局令博物院派员查明原址情形。① 随后,博物院派人前往查看,见原址正门已经用砖垒砌,东西毗邻一带虽有小门,但已用木头钉固,并无入口,院中无人行动。因院中后墙与宁园侧面连接,于是进入宁园查看,仍未找到门户。后来询问宁园园丁得知,院中似乎仍有极少数解除武装的日军居住②。

同时,博物院又呈报天津市政府教育局,博物院的全部陈列物品均为敌人抢去,损失巨不堪言,价值无法估量,拟加大修缮,待日后迁入办

---

① 天津市档案馆 J0110-3-000746-001,为市立博物院原址收回后归属事给该院指令。

② 天津市档案馆 J0110-3-000746-003,为调查原址情形致教育局呈。

公。① 虽然经种种努力,东站旧劝业道署旧址还是未能收回。

　　1945 年 11 月 19 日,河北省教育厅开始对天津市立博物院进行接收,接收过程中,还出现一些波折。19 日当天上午 9 时,博物院全体职员奉令前往市立第二体育场参加活动,院中只留一人值守,接收代表靳宝砚委托崔昆鹏办理接收事宜,因留守之人不能做主,只得于次日又来办理。12 月 1 日,河北省教育厅正式开始办理接收事,至 15 日完毕,暂代院长赵鸿年等人退职。② 天津特别市市立博物院改名为"河北省立天津博物馆",靳宝砚为馆长。③ 虽说博物院被教育厅接收,但馆址还未归还,根据天津市档案馆 J0002-3-004196 文件显示,天津特别市市立博物院址在河北宙纬路 36 号,共有楼房平房 40 余间,1940 年 7 月,被日伪建设厅署天津市建设工程局强行占用。抗战胜利后,博物院由河北省教育厅接收,本应回旧址继续开办,但是,日伪天津市建设工程局虽经撤销,其所有物资仍继续存于该处,房舍更被平塘公路改善工程处及天津市政府卫生工程处分别占用。因此,馆长靳宝砚多次呈报省教育厅协调解决。直到 1946 年 3 月宙纬路 36 号馆址才正式交由河北省立天津博物馆使用。④

（二）组织机构

　　接收后,在馆长靳宝砚的主持下,组织机构初步建立。最初的工作人员共有 5 人。⑤ 随着接收工作进一步完成,组织架构也逐步完善。全馆

---

　　① 天津市档案馆 J0110-3-000746-002,为市立博物院将原址拨归赔偿该院文物损失事给该院指令。
　　② 天津市档案馆 J010-1-001421-010,为应由河北教育厅接收致市立博物院训令。天津市档案馆 J010-1-001421-019,为市立博物院将十一月结余款发给退职员役事。
　　③ 天津市档案馆 J0092-1-004888,各机关就职及迁移办公处所。
　　④ 天津市档案馆 J0002-3-002865,由靳宝砚点收河北省立博物馆房舍情况致河北省教育厅函。
　　⑤ 天津市档案馆 J0110-1-001537,河北省立天津博物馆职员名册。

业务由馆长负责,下设事务股、采集股、陈列股,人员共 13 人。① 全部人员里只有馆长靳宝砚 1 人为大学水平,其余都为中学程度,甚至有员工为兼职,因此,对博物馆工作各项业务的开展,有一定困难。②

(三)藏品征集

日伪时期博物院一切业务全部停顿,院务亟待马上开展。由于日军的浩劫,藏品所剩无几,为筹备开馆,馆长靳宝砚向河北平津区敌伪产业处理局天津办事处函请拨给陈列品,将该局接收的有历史价值、艺术价值的敌伪物品拨归博物馆保存陈列,一则可供市民鉴赏,二可作为抗战胜利的永久纪念。③ 同时,为充实陈列内容,纪念光荣战史,开扬民族精神,河北省立天津博物馆还举办了一次大规模的征集中国抗战及世界反侵略战争照片、史料的活动,共征集文物 1027 件④,包括抗日照片、日军战败遗留物品、军用物品等。这次征集工作采用的方法是印制征集简章(详见本节附录六)向各单位发放⑤,由于没有征集工作经验,对于简章的发放范围没有统一安排,也未派人外出联系而是等待物品上门,因此,未得到各单位的支持。

除了市内征集外,也曾委托专人去北平进行征集,用时几个月,只征集到 2 件藏品。⑥

馆内平时也有征集活动,主要由征集主任负责,到 1948 年,新征集文

---

① 天津市档案馆 J0110-3-003071,为领取廉价面粉员役清册事致天津市教育局呈。
② 郝汝芬:《天津市历史博物馆——天津市第一博物馆》,《天津博物馆史料 1900—1955》,天津市历史博物馆编印,1963 年,第 5 页。
③ 天津市档案馆 J0019-3-052640,河北省立天津博物馆请拨给陈列品案。
④ 郝汝芬:《天津市历史博物馆——天津市第一博物馆》,《天津博物馆史料 1900—1955》,天津市历史博物馆编印,1963 年,第 3 页。
⑤ 天津市档案馆 J0113-3-000025,天津市教育局训令征集抗战史料。
⑥ 郝汝芬:《天津市历史博物馆——天津市第一博物馆》,《天津博物馆史料 1900—1955》,天津市历史博物馆编印,1963 年,第 5 页。

物 2255 件,其中钱币拓片为大宗,有 1018 件。此时的藏品包括 1946 年接收原天津特别市市立博物院的文物,共计 8162 件。① 藏品仍然分自然部分与历史部分,自然部分包括动植矿物标本;历史部分包括陶器、铜器、瓷器、玉器、钱币、历史文献等,由于馆内员工大多不是专业出身,不了解何处存有文物,而手中握有文物的人也不肯将珍贵文物交由该馆保存,因此征集品类不全,珍贵文物更是少之又少,其价值与浩劫前的河北博物院更是无法媲美了。

(四)陈列展览

经过紧张筹备,河北省立天津博物馆定于 1946 年 8 月 15 日开馆展览,开放时间为每日上午 10 点至 12 点,下午 2 点至 5 点,星期日照常开馆,星期三休息。②

闭馆多年的博物馆终于又重新开放了。馆址很僻静,③院落狭小。经多年战乱,所有文物珍藏大部失散,损失在一万件以上,估价约值数千万元,这是日军摧毁我国文化的一个铁证。④ 由于馆长靳宝砚为沽上著名国画家,平素对于金石、古玩、碑帖、拓片都有研究,因此"该馆内部的布置极为活泼而得体"⑤。这次开放陈列的物品一部分是新由各处采集和向社会征集的,其余为劫后余存。这些残缺不全的物品,分四室陈列,总面积也不过一百几十平方米。⑥ 第一室为自然部,陈列有动、植、矿标

① 郝汝芬:《天津市历史博物馆——天津市第一博物馆》,《天津博物馆史料 1900—1955》,天津市历史博物馆编印,1963 年,第 5 页。
② 天津市档案馆 J0056-1-000065,为开馆展览事致天津市财政局的函。
③ 路远:《津市两个社教机关》,《天津青年日报》1946 年 9 月 5 日,第 2 版。
④ 霍桑:《远离人们记忆的地方 天津博物馆访问记》,《民生导报》1946 年 8 月 19 日,第 2 版。
⑤ 路远:《津市两个社教机关》,《天津青年日报》1946 年 9 月 5 日,第 2 版。
⑥ 郝汝芬:《天津市历史博物馆——天津市第一博物馆》,《天津博物馆史料 1900—1955》,天津市历史博物馆编印,1963 年,第 2 页。

本,包括鲸骨、巨蜥、狮、熊、猴、野猪等大型标本,鱼类标本种类最多。[①]
但是,这些标本几乎没有一件是完整的,所能看到的是没有眼睛的狮子、
猴子,断了腿的老虎和熊,鸟兽都可以找出被损坏的痕迹。被日军毁坏的
鲸鱼骨架也被博物馆人重新陈列出来。博物馆用这些残缺不全的标本说
明被敌人毁坏的所有事实,也许这比完整的展品更有价值,更有意义。[②]
第二室为历史部,陈列的是汉唐艺术,包括秦砖汉瓦、佛经古籍、陶瓷古铜
以及各种佛像器皿。铜佛只有一对欢喜佛,没有被日军破坏前,博物院有
唐佛有 14 尊,现在只剩 1 尊,其损失可想而知。第三室为美术部,陈列有
书画碑帖、金石雕刻、先贤笔迹、近代字画,其中最为有名的为严修墨迹。
第四室为抗战史料部,包括新征集来的抗战文物、史料、照片,"这对于沦
陷八九年的天津,千万在敌人铁蹄下受过压迫的同胞了解祖国是怎样在
艰苦中抗战,今天的胜利,今天的自由,是那些英勇的战士们用血肉与头
颅换来的,看了这些过去惨痛的事实,珍惜这不易获得的胜利"[③]。

　　尽管藏品不精,展览量少,但对于多年没有文化生活的天津市民来
说,也有特别价值,"轰动了附近的沉寂空气,扶老携幼,熙熙攘攘"[④],"一
般民众甚为感兴趣……自八一五开始展览以来,拥挤异常。儿童们最爱
好的是自然部的狮熊标本;妇女们最注意历史部的礼俗装饰品"[⑤]。据统
计,八月参观人数 7446 人,9 月 5671 人,10 月各学校接踵而至,参观人数
已达 2 万余人。[⑥] 11 月,北平行辕主任李宗仁捐献 204 件抗战实迹照片,

---

　　① 路远:《津市两个社教机关》,《天津青年日报》1946 年 9 月 5 日,第 2 版。
　　② 霍桑:《远离人们记忆的地方　天津博物馆访问记》,《民生导报》1946 年 8 月 19
日,第 2 版。
　　③ 霍桑:《远离人们记忆的地方　天津博物馆访问记》,《民生导报》1946 年 8 月 19
日,第 2 版。
　　④ 霍桑:《远离人们记忆的地方　天津博物馆访问记》,《民生导报》1946 年 8 月 19
日,第 2 版。
　　⑤ 《大公报》1946 年 9 月 5 日,第 5 版。
　　⑥ 《天津博物馆　主席寿辰更新陈列品》,《大公报》1946 年 10 月 29 日,第 5 版。

全部陈列于抗战纪念室。① 后抗战室也经多次扩充,并招待儿童参观,以便培养民族意识。②

除了上述基本陈列外,河北省立天津博物馆也举办了多个临时展览,如1946年11月22日,举办"历代碑帖拓片展",历代碑帖拓片600余种,均经专家鉴定,为罕见珍品,特选精品50余件"如周比干铜牌铭拓片、秦琅琊台刻石拓片……柳公权书冯公神道碑等"③;1947年8月15日至30日,举办"时贤书画扇展",展出名收藏家刘松庵所藏时贤书画扇面百余件;④1948年3月15日至31日举办"历代文物展览","各类物品依朝代顺序编组排列,并附说明文字。历代铜器有周敦、汉洗、明宣德铜炉;历代陶瓷有唐三彩陶俑、宋哥窑瓷瓶、清康熙、雍正、乾隆、道光等朝瓷器皆备";⑤1948年7月18日至31日举办"现代名书画家展",征集"作品百余件,计有齐白石、徐燕荪、马晋、溥佐、溥佺、靳宝砚、徐石雪、王青芳等精品"。⑥ 这种临时展览对吸引观众和爱好者的学习模仿,都起到了比较大的作用。⑦

(五)社会教育

作为"具有历史性的社教机关"⑧,河北省立天津博物馆也非常重视社会教育。首先,博物馆工作人员充当展览宣讲师,由于抱着观摩历史而来的观众极少,大多数是文盲,因此,博物馆的工作人员"与其说是管理

---

① 《天津博物馆　展览抗战实迹照片》,《大公报》1946年11月4日,第5版。
② 《天津博物馆》,《大公报》1947年4月4日,第5版。
③ 《碑帖拓片展》,《大公报》1946年11月21日,第5版。
④ 《大公报》1947年8月15日,第5版。
⑤ 《文物展览会》,《大公报》1948年3月14日,第5版。
⑥ 《大公报》1948年7月18日,第5版。
⑦ 郝汝芬:《天津市历史博物馆——天津市第一博物馆》,《天津博物馆史料1900—1955》,天津市历史博物馆编印,1963年,第7页。
⑧ 路远:《津市两个社教机关》,《天津青年日报》1946年9月5日,第2版。

员,不如说是宣讲师较为恰当,展览室变成讲堂,顽童愚妇成了施教的对象,本来是一个冷静的场面,却让他们闹的有声有色……我想他们回到家里一定还将自己的见解重述一遍的"[①]。看来,通过工作人员的讲解,起到了宣扬知识、普及文化的目的。其次,为便于民众了解时事新闻,在门口增设壁报栏,对于国际、国内、本市新闻进行摘要,每日刊登,以方便市民阅读。[②] 第三,设立儿童义务班。鉴于天津失学儿童众多,为救济此类儿童,在经费万分困难的情况下,开设儿童义务班,对他们进行教育。[③]第四,在报纸上宣传科普知识。博物馆陈列有很多自然展品,对于天津市市民来说很是稀奇,博物馆对于这些珍稀标本,在报纸上进行专门科普。如《大公报》就曾刊登《偕老同穴》的科普文章,详细说明产自菲律宾、日本等地的珍稀海绵类水产,对于国内不甚多见的观众来说,是一个极好的了解自然科学知识的机会。[④]

五、机构变迁

1949 年 1 月 15 日天津解放后,河北省立天津博物馆由天津市人民政府教育局接管,改名为天津市市立博物馆。1950 年 11 月由天津市人民政府文化事业管理局管理,更名为天津市市立第一博物馆。1952 年 6 月,遵照文化部 1951 年 10 月 27 日颁发的《对地方博物馆的方针、任务、性质及发展方向的意见》,开始筹划对市立第一博物馆和第二博物馆(其前身为天津广智馆)进行合并,10 月,合并工作完成,馆名确定为"天津市历史博物馆",馆址设于南开区二纬路。年底,天津市市立艺术馆(其前

① 路远:《津市两个社教机关》,《天津青年日报》1946 年 9 月 5 日,第 2 版。
② 《津沽零讯》,《大公报》1946 年 11 月 21 日,第 5 版。
③ 《河北博物院附设儿童义务班》,《大公报》1947 年 10 月 4 日,第 5 版。
④ 《偕老同穴博物馆之珍奇样本》,《大公报》1946 年 12 月 26 日,第 5 版。

身为天津市立美术馆)也并入该馆。1955 年 3 月,华北人民博览馆并入天津市历史博物馆。1956 年 6 月,天津历史博物馆馆址迁至原华北人民博览馆(马场道)。1957 年 12 月,天津市文化局抽调历史博物馆艺术部组建天津市艺术博物馆。1968 年 11 月,天津市历史博物馆、天津自然博物馆、天津市艺术博物馆和天津泥人张彩塑工作室合并,成立天津市博物馆。1969 年 5 月,天津市博物馆中原历史博物馆部分划归天津市工业展览馆。1971 年 2 月,原天津市历史博物馆工作人员又重新返回天津市博物馆,其馆址、设备、物资等仍归天津市工业展览馆。1971 年 8 月,天津市毛泽东思想胜利展览馆并入天津市博物馆,馆址(今河东区光华路 4 号)划归天津市博物馆。1974 年 1 月,天津市博物馆恢复合并前建制。2004 年 12 月 20 日,原天津市历史博物馆与天津市艺术博物馆合并成立天津博物馆,其馆址坐落于天津市友谊路 31 号。2012 年 5 月 19 日,天津博物馆又迁至河西区平江道 62 号,重新向公众开放。

天津博物院发展一览表(1916.4—1949.1.15)

名称	年代	院长	地址
天津博物院筹备处	1916.4—1918.5		直隶商品陈列所
天津博物院	1918.6—1918.7.31	严智怡	河北公园旧学会处会场
	1918.8—1928.10	严智怡	总站东旧劝业道署
河北第一博物院	1928.11—1934.12.31	严智怡	总站东旧劝业道署
河北博物院	1935.1.1—1935.3.20	严智怡	总站东旧劝业道署
	1935.3.21—1937.7	姚彤章	总站东旧劝业道署
	1937.7—1938.11	姚彤章	在天津市立美术馆设办事处
	1938.11—1940.7	姚彤章	河北区宙纬路 36 号 南北运河河务局

续表

名称	年代	院长	地址
河北博物院 （天津特别市教育局 直属单位）	1940.7—1940.12	严智开	河北区宙纬路 36 号 南北运河河务局
天津特别市 市立博物院	1941.1—1942.5	严智开	河北区宙纬路 36 号
	1942.5—1943.6	姚金绅	
	1943.6.21—1944.3	陈次升	
	1944.4—1945.8	张栋廷	
天津特别市 市立博物院 （国民政府接收时期）	1945.8.15—1945.11.15	姚金绅	河北区宙纬路 36 号
	1945.11.15—1945.11.30	赵鸿年 （暂行 代理）	
河北省立天津博物馆	1945.12.1—1949.1.15	靳宝砚	河北区宙纬路 36 号

六、历史作用及影响

（一）天津博物院的创立来源于西方思潮

中国近代博物馆并不是依靠中国传统的古董收藏发展起来的，而是由西方殖民势力引入中国。这些外国人创建的博物馆以"文明"的展示为其宣扬重心，大多不遗余力地收集、陈列具有现代与科学属性的自然标本,展现现代西方价值体系,"使中国人目睹了这一新的文化设施"①。受到外国人建设博物馆的启发,更多国人认识到建设中国人自己博物馆的重要性。他们开始走出国门,睁眼看世界,探索建立自己博物馆的道路。郑观应、康有为、梁启超等人都对于倡办中国自己的博物院提出过自己的见解,他们越来越意识到西方文明能够赶超中国,与教育的普及有相当大的关系,而作为学校教育辅助手段的博物馆,成为关注的重点。"到戊戌前后,主张设立博物馆舆论更为强烈,涉及的社会层面更广,其中康有为、梁启超为代表的资产阶级维新派主张最力,把博物馆作为新政的一项内容加以鼓吹"②。这些思潮都影响着严智怡谋设博物院的想法。随着19世纪末20世纪初中西文化更为剧烈地碰撞和融合,打破传统观念,吸收西方文化精髓成为一股不可逆转的潮流,中国学界又开始一股留日热潮。严智怡于光绪二十九年(1903)到日本东京高等工业专科学校学习,在留学日本过程中,他接触到了日本的博物馆,开始有意识学习博物馆学知识,并把开办博物院作为其毕生的抱负和梦想,这也是严智怡谋设博物馆的亲身实践。他意识到博物院借古鉴今的作用:"苟能尽吾国之天产古器,借已往而鉴将来……此吾所以竭尽吾之心思手足于朽金、残石、败草、腐皮而不知倦,急急欲成立博物院也。"③严智怡创办博物院的主张非常坚定,1913年,严智怡任直隶商品陈列所所长,主持全省商品大调查工作,在调查工作中,他主张收集民族、民俗实物资料,为建立天津自己的博物院打下基础。1915年严智怡参加巴拿马博览会期间,考察美国博物馆的建设情况,携带搜集到的印第安人用品及风俗影片归国,与李金藻、华学涑等人共同筹设天津博物院并于1918年6月1日开展览会。严智怡

---

①　梁吉生:《论旧中国博物馆事业的历史意义》,《中国博物馆》1988年第2期,第12页。

②　梁吉生:《论旧中国博物馆事业的历史意义》,《中国博物馆》1988年第2期,第12页。

③　严智怡:《天津博物院陈列品说明书第一辑天然部序言》,民国六年(1917)十月,第2页,天津博物馆藏。

创办天津博物院是天津地区博物馆事业的一次全面实践,他借鉴日本、美国等地博物馆建设的先进经验,总结了一套适合天津博物院建设的经验,在一定程度上影响了天津其他博物馆的建设。1925 年,林墨青成立的天津广智馆,就是为普及科学知识,易为普通民众接受的博物馆。

(二)天津博物院的发展根植于民间力量

博物院作为新生事物首次出现在天津是光绪三十年(1904)由英国天主教会在法租界私立新华中学内创办的华北博物院。这一时期,天津知识界与社会名流愈发认识到中国想要崛起,与教育的普及有着至关重要的关系,而作为辅助学校教育的博物馆成为他们注目的重点。天津博物院的发展深深根植于这股以严智怡为代表的民间力量。1915 年冬,严智怡自美国巴博会回津创办博物院,"筹定地址,搜集物品,皆公主之"[1],可以说天津博物院的创办是严智怡只手赋予的,"赖公艰苦百折,是启是辟,搜集考察诸役,每躬亲为之,捐金集品,独力扶持,以有今日之基础"[2],因此有学者将天津博物院定义为"强人遗产"[3]。

天津博物院的发展经费,由三部分组成,一是各学校常年捐款,二是各实业机关常年捐款,三为其他捐款,"月仅数百元"[4],但也常常不能保证。天津博物院筹备之初,由各学校常年经费 2%,为博物院开办费,月

---

[1] 《发刊词》,《河北博物院画刊故院长严持约先生纪念专号》第 97 期第 1 版,民国二十四年(1935)九月二十五日。

[2] 《发刊词》,《河北博物院画刊故院长严持约先生纪念专号》第 97 期第 1 版,民国二十四年(1935)九月二十五日。

[3] 徐坚:《名山——作为思想史的早期中国博物馆史》,科学出版社 2016 年版,第 205 页。

[4] 《发刊词》,《河北博物院画刊故院长严持约先生纪念专号》第 97 期第 1 页,民国二十四年(1935)九月二十五日。

取其经费1%为经常费①,但由于政局动荡,费用时常不能按时拨付。严智怡任直隶实业厅厅长后,主张"实业与教育联络进行"②,通令实业厅下辖各个机关,以经费1%,按月补助天津博物院。经费既然不充裕,为发展事业,博物院极力想办法节省开支,比如到发行商店购买纸张文具;用费用较低的烧酒代替酒精泡制标本;减少人员经费,院长、副院长皆为名誉职,不收薪金。③ 但这些费用还远远不够天津博物院用来搜集物品、采制标本、印行图书、拍照器物以及修缮购置薪工所需,因此组织董事会,凡补助经费之学校、机关、团体或个人捐助资金物品价值至200元以上者,皆推为董事。这些董事的一项重要工作就是赞助金钱以保证天津博物院院务开展。院中需费较多的重大事务如印刷、购品、装潢、采集、修筑工程、添置陈列橱架、制作标本等项目也多仰仗社会热心人士提供临时捐款。④

　　除了必要的经济支持外,天津博物院文物的搜集大部分也要依靠社会人士的捐赠。天津博物院最早的文物来源即为严智怡在美国搜集的印第安人物品及风俗影片。后来,严智怡制定了藏品征集办法,以"移存""寄赠""寄陈""价购"几种方式充实藏品搜集。其中寄赠、寄陈两种方式更为博物院所倚重。根据该院刊物统计1931—1937年新增藏品来看,严智怡、姚彤章、李贯三、王汉章、陆文郁、张厚璜、陈筱庄、刘孟扬、赵揖武、陶孟和、乐采澄、周支山、邹适庐等众多天津博物院董事多次寄赠或寄陈物品;同时也有国立历史博物馆、中国营造学社、浙江省立西湖博物馆、

---

　　① 张宗芳:《河北博物院沿革纪略》,《河北月刊》第4卷第4期,民国二十五年(1936)四月,第1页。
　　② 张宗芳:《河北博物院沿革纪略》,《河北月刊》第4卷第4期,民国二十五年(1936)四月,第2页。
　　③ 俞祖鑫:《回忆"河北博物院"》,《天津博物馆史料1900—1955》,天津市历史博物馆编印,1963年3月,第9页。
　　④ 俞祖鑫:《回忆"河北博物院"》,《天津博物馆史料1900—1955》,天津市历史博物馆编印,1963年3月,第9页。

静生生物调查所、国立北平研究院生物部、南京古物保存所、中央古物保管委员会、北平图书馆、中央图书馆等机构赠。比如严智怡寄陈寄赠 837件;姚彤章寄陈寄赠 701 件;国立历史博物馆赠清顺治八年通缉郑成功诏等文物 8 件;浙江省立西湖博物馆赠化石等文物 35 件;静生生物调查所赠植物标本 192 件;北平研究院植物研究所赠植物标本等 304 件;实业部地质调查所赠岩石标本等 65 件。此时博物馆的藏品中,寄赠品约 29%,寄陈品约 27%,其余 44% 为自行采集购置。[①] 尤其是珍贵文物大部分为寄赠,如严智怡赠各种钱币;姚彤章赠多种鼻烟壶、宣德炉;张厚璜赠卜骨;李贯三赠科举掌故类藏品等。到 1937 年收藏物品约 33800 多件,达到博物院收藏的鼎盛。

(三)严智怡的博物馆理论对当今博物馆人的启发

中国百余年的博物馆史,难得有和平稳定的发展时期,但正是这种动荡的社会环境造就了一代又一代知识分子改变国家命运的慷慨勇气。在直隶地区博物馆的建设上,严智怡首推其功。他的办院理念对于当今的博物馆建设仍有借鉴与指导意义。

第一,严智怡创办博物院中心思想十分明确,他以"保存固有文化,沟通世界学艺,纯以实物考证,促进社会生计必要之道德知识"[②]为创院宗旨,并将博物院的性质定义为"普通之博物院,而非专门之博物院,其天职,盖在阐明文化,发扬国光,以辅助学校教育、社会教育之不逮"[③],博物院开放后的各项业务活动也紧紧围绕着"辅助教育、发扬文化"这一中

---

① 张宗芳:《河北博物院沿革纪略》,《河北月刊》第 4 卷第 4 期,民国二十五年(1936)四月,第 3 页。

② 俞祖鑫:《回忆"河北博物院"》,《天津博物馆史料 1900—1955》,天津市历史博物馆编印,1963 年,第 23 页。

③ 严智怡:《发刊词》,《河北第一博物院半月刊》第 1 期第 1 版,民国二十年(1931)九月二十五日。

心思想,将公共教育放到博物馆各项活动之首。天津博物院在成立展览会时就专门设立"演说坛",专门邀请社会名流向民众灌输博物馆与人民生活的各种知识。天津博物院正式成立后,举办演讲、出版专业性期刊和其他出版物,皆是为配合学校教育,传播科学文化知识。其所昭示出的价值观正是中国社会从传统走向现代的必要组成,为当今博物馆的发展开创先河,积累了经验。

　　1974年国际博物馆协会明确规定:博物馆是一个不追求营利的、为社会和社会发展服务的、向公众开放的永久性机构,为研究、教育和欣赏的目的,对人类和人类环境的见证物进行搜集、保存、研究、传播和展览。从这一规定中,可以看到,博物馆的三大功能为收藏、研究和教育。随着时代发展,当今人们对博物馆功能认识越来越深刻。2015年3月20日实施的《博物馆条例》将博物馆定义为"以教育、研究和欣赏为目的,收藏、保护并向公众展示人类活动和自然环境的见证物,经登记管理机关依法登记的非营利组织",首次将教育放在三大功能首位。这一细微同时也是重大的调整,标志着博物馆运营方式的转变。有专家认为百年前文博人"对博物馆功能的理解和定位是十分准确的"[1],当今博物馆人也再次将博物馆回归到服务教育功能的定位。

　　第二,文物收藏、展览陈列理念先进。19世纪中叶以后,哥本哈根博物馆的《汤姆逊分类法》一书,成为博物馆藏品分类的依据[2],这一理论也引领了当时博物馆搜集藏品的潮流。中国自古虽有收藏古董的传统,但没有收藏自然标本的习惯,随着现代西方自然科学观念深入人心,严智怡等天津博物院创始人逐渐意识到欲使中国踏入文明国度之列,就要开启民众信仰科学的理念,因此,天津博物院将"自然"类列为其收藏的重要一类,"别置一部,资以合而厚,类以聚而多,事半功倍……此国民对于本

---

①　吕天璐、乔欣:《博物馆的首要功能是教育》,《中国文化报》2009年7月21日。
②　周进:《近代中国博物馆陈列研究》,《创意与设计》2014年3月。

国之标本,必不能不有博物院以为研究之地也"①。同时,严智怡还把"在中国传统观念中,并不认为是文物的许多新项目"②列入收藏目标,诸如农具、渔猎具、工用器、方伎用器、宗教用器、风俗古迹名胜像片、世界人种风俗、度量衡等民俗类物品,这是严智怡对藏品搜集的创新精神的体现。

在陈列布置上,严智怡、陆文郁等人在巴拿马博览会期间,考察了美国各地博物馆陈列方法,尤其认识到西方的博物馆藏品分类法能够将种类庞杂的藏品进行科学划分,因此,在陈列品布置上,分为自然、历史两类,陈列手段则采用巴拿马博览会上加拿大的"帕诺拉玛陈列法",使得陈列效果能够直达陈列主题思想,增添观众的审美意识和审美情趣。

第三,开创性的免费参观方式。严智怡通过对师生及学者"免费开放"践行其"辅助学校教育、社会教育之不逮"的社会责任。1918年6月天津博物院成立展览会开始,就对师生免费开放。后来,天津博物院搬迁至天津总站东的旧劝业道署房屋,作为正式院址。此后的三四年中,天津博物院继续征集文物、修葺馆舍、布置陈列,虽没有正常开放,但是,在此期间,允许学校、机关、团体能随时免费参观。甚至"中外人士之以介绍而来者往往不绝也"③。1923年天津博物院正式开放之后,规定"凡学术团体、学校教职员、学生及特别来院研究者均可免费招待"④。后又经多次修改参观规则,民国成立纪念日、清明植树节、双十节等特殊节假日不收门票。⑤

根据该院刊物统计,1931至1937年,博物院发展的繁盛时期,共接

① 严智怡:《天津博物院陈列品说明书第一辑天然部序》,民国六年(1917)十月,第4页。
② 宋伯胤:《究心民族文物第一人——严智怡》,《宋伯胤文集·博物馆卷》,文物出版社2009版,第326页。
③ 严智怡:《本院沿革要略续第一期》,《河北第一博物院半月刊》第2期第1版,民国二十年(1931)十月十日。
④ 河北博物院编制,《河北博物院展览规则》,《河北博物院民国二十三年工作会计报告》,民国二十四年(1935)十二月,第79页。
⑤ 天津市档案馆J0250-1-000528,河北第一博物院重新开放。

待观众 51475 人,免费观众 37059 人,占观众总数的 70% 多。严智怡以一个实干家的眼光和作风,运用"免费参观"的手段,吸引更多民众主动走进博物馆接触新知识,从而造就了对民众进行社会教育的大好局面。

第四,开门办馆的博物馆人才观。近代中国并没有专门的文物博物馆专业人才的培养机制,天津博物院是由一批对传统文化热爱、对现代科学敬仰的知识分子、士绅凭着一腔热血建立起来的,他们大多不具备专业的博物馆学知识,在引进和建立博物馆事业的过程中,认识到博物馆的发展最重要的依靠是"物"和"人","物"指文物藏品,而要想把"物"辅助教育的功能极大地发挥出来,最终还是要靠人去挖掘"物"的内涵。

天津博物院自筹备开始,就注重发挥专业人才的作用,聘请对传统文化、博物学颇有研究的直隶商品陈列所技士华学涑负责内部事务筹划,核定陈列大纲等专业内容;聘请画家、生物学家陆文郁负责调查、搜集、陈列设计和编写陈列品说明。筹备期间,大部分内部事务都是由直隶商品陈列所里的技术人员办理,比如文物寄陈寄赠手续由商品陈列所文牍员王子香经手;调查课课员邓子甫则承担藏品搜集工作;聘请猎户陈德广协助搜集、制作动物、水产标本;聘请擅长油漆绘画及塑作纸制模型的王兰舫协助陆文郁布置"帕诺拉玛"布景箱的景物;商品陈列所职员吴国桢绘制人种风俗陈列大图;编写掌故、文字科举纪念、矿物等类说明书的俞祖鑫也是商品陈列所职员。① 天津博物院成立后制定的《天津博物院简章》对聘请院外专门学者有详细规定:"第十三条:本院得聘请专门学者为评议员,以备考订研究之咨询,评议员无定额,均为名誉职;第十四条:本院对于物品之考订研究上遇必要时,得临时请专业学者研究指导。"在随后开展的调查、征集工作中遵循这一规定,也多聘请院外的专业人才协助进行,如 1925 年严智怡委托直隶实业厅调查直隶古迹古物;1932 年委托河

---

① 陆文郁:《天津的博物院事杂谈》,《天津博物馆史料 1900—1955》,天津市历史博物馆编印,1963 年,第 2—3 页。

北省财政厅调查 90 县古物;委托岭南大学娄成后代为采集中国南部植物标本;委托兴隆县农民于连泉采集兴隆植物标本;委托张彭春搜集苏联民族风俗物品;借助静生生物调查所专业能力开展技术合作;聘请植物分类学家周晦盦为研究员,办理采集编辑诸事。1937 年 4 月,委托北疆博物院桑志华订正矿岩石及动物类学名多种。①

  以严智怡为代表的近代博物馆人有关博物馆建设方面的种种探索,尤其是他们无私奉献、精卫填海、勇于开创的奋斗精神正是我们当代博物馆人应该继承和发扬的。

（侯晓慧执笔）

---

  ① 《本院重要纪事二十六年四月》,《河北博物院画刊》第 137 期第 4 版,民国二十六年(1937)五月二十五日。

附录一 天津博物院成立展览会各项规则①

天津博物院成立展览会会场规则

一、本会场全部布置均在公园以内,地方狭隘,游人众多,为防止危险起见,于开会时间(下午一钟至六钟)禁止车马入园行走。

二、因注重公共卫生维持会场秩序起见,本会场设有洁净茶社,备具一切,以便游人,凡其他各种小食、茶水、瓜子、烟卷等物于开会时概不得携入园内售卖。

三、游人欲入各处观览均须按照会章购入场券并须遵守本会所定各馆简章。

四、本会场为发达社会知识而设,一切闲杂人等不得滋扰。

五、凡市井杂戏等均不得入园摆设。

六、助人游兴改良风俗起见,设有余兴部,内有优良电影、杂剧等戏,欲入观者须照章购券。

陈列馆入览规则

一、入览人携有物件于入门时均须交收管携带品处暂存给与号牌,出门时再向发携带品处凭牌领取。

二、入览人务请按照路线依次观览。

三、入览人在场内不得吸烟。

四、入览人在场内不得于痰盂以外任意痰唾。

---

① 《天津博物院成立展览会临时日刊预告》,民国七年(1918)五月三十一日,天津博物馆藏。

五、入览人如有损坏陈列品及柜架玻璃者照价赔补。

六、入览人不得在陈列场中拍照。

武术部(技击之部)简章

一、为提倡吾国故有之武术,特请中华武士会教员、学员并转聘专家逐日练习,以供社会观览。

二、演员除中华武士会教员、学员及由武士会转聘诸君外,有欲来馆演习者须有正当营业、确实介绍,预向本馆接洽填列名册,定期演练。

三、演练拳术、器械均个人演练,概不比较,以免意外,但各门自行演练对手者不在此限,如有触伤破损,演员自负责任。

四、演员所练拳术、器械、门类、源流、方法、形势、名称及悠长之点由各演员预于前五日向本馆逐项说明,以便演练时代为向众宣说。

五、当演练时由评议员就其所练分类记载分数,以备闭会后评定等次,呈请奖励。

六、评议分数以个人所练造诣深浅为标准,不以异门比较胜负为标准。

七、临时介绍之演员只招待茶水。

游艺馆(乐部)规则

一、凡入本馆观览者应循路线而进,不须拥挤。

二、不须喧哗、不须吸烟、不须任意,痰唾。

三、凡入本部观览者应在界限之外,不须越线。

游艺馆(投壶部)规则

一、本部专设投壶器,以备好此者乘兴演试。

二、凡入本部有欲投壶者须向售箭处赁取,每箭四枝,收铜元一枚,每四枝可投三次。

三、凡入本部投壶者应挨次试投,不可扰越,因地势狭窄只可容宾主各二。

四、凡投壶者倘有伤损器物须照定价赔偿,如欲购买壶箭,须预为声明定期交付。

五、凡入本部观览者须在界限之外,不准越入线内。

六、凡入本部观览者须循序而进,不准拥挤。

七、不须喧嚣、不须吸烟、不须任意痰唾。

游艺馆(射圃)规则

一、本圃专设弓箭,以备好此者乘兴演试。

二、凡入本圃射箭者应向本部售箭处赁取,每箭一壶计五枚,收铜元一枚,用一次。

三、凡入本圃射箭者应挨次赁射,不可扰越射地,以俟前者射毕后者再赁箭射之(缘地势狭窄,箭行甚速,一经扰越,必遭危险,不可不慎)。

四、凡射箭者倘伤损弓箭须照定价赔偿,如欲购买亦须预为声明,定期交付。

五、凡入本圃观览者亦应在界限之外,不可拥入,以免危险。

六、凡入本圃观览者亦禁止喧嚣。

七、凡不守本规则倘遇意外危险,本会不负责任。

附录二　天津博物院各种章程^①

天津博物院简章

第一条　本院以保存固有文化、沟通世界学艺、纯以实物考证、促进社会生计必要之道德知识为宗旨。

第二条　本院呈准省署由直隶实业厅公署划出西偏一部永为本院地址。

第三条　本院设于天津,故名天津博物院。

第四条　本院常年经费如下:

一、各学校常年捐款。

二、各实业机关常年捐款。

三、其他捐款。

第五条　本院另设董事会,其章程另订之。

第六条　本院组织及职员设置如下:

一、院长一人,副院长一人,均由本院董事会推举,三年一任,但得推举连任,为名誉职。

二、主任一人,由院长聘用。

三、股长每股一人,由院长委任,但视事务繁简得以一人兼任两股股长。

四、事务员二人至四人,技术员二人至四人,调查员四人至六人,文牍员一人,庶务员一人,会计员一人,均由主任商承院长委派,但视事务之繁

---

① 俞祖鑫:《回忆"河北博物院"》,《天津博物馆史料 1900—1955》,天津市历史博物馆编印,1963 年,第 23—26 页。

简得以一人兼任两种职务。

第七条　本院设股如下：

一、陈列股。

二、技术股。

三、编辑股。

第八条　职员职务如下：

一、院长筹画全院事务、指挥全院职员处理事务。

二、副院长襄助院长执行全院内部事务。

三、主任承院长之命指挥职员执行全院事务。

四、陈列股掌管物品之保管、陈列，招待入览人并说明事项。

五、技术股掌管制造标本、模型、图画并陈列上之装潢事项。

六、编辑股掌管物品之考订、说明之编辑并印刷、出版事项。

七、调查员掌管物品之调查、征集事项。

八、文牍员掌管保管文件并撰辑收发事项。

九、庶务员掌管全院房屋、器具、锁钥及购置、修理并关于全院庶务不属于他股事项。

十、会计员掌管银钱出纳及簿册折据图记并报销册籍事项。

第九条　本院所陈物品售票纵览，每人票价铜元__枚。

第十条　本院得制造各种标本、模型、摄影、图画等物，随时售卖并可以之与国内外同等机关交换物品。

第十一条　本院物品其一种中有多件者除陈列外，得以余者向国内外同等机关交换物品。

第十二条　本院得出版各种学术之印刷物作为卖品。

第十三条　本院得聘请专门学者为评议员以备考订、研究之咨询，评议员无定额，均为名誉职。

第十四条　本院对于物品之考订研究上遇必要时得临时请专门学者研究指导。

第十五条　售票所入款项及售卖标本、模型、图画、印刷物等项之余利均另款存储,专备补助制造标本、模型、图画并印刷等项之用。

第十六条　如有机关或个人特别捐助本院款项者,其款特别存储,备为本院扩充事务或特别购品之需。

第十七条　本院征集物品规则另订之。

第十八条　本章程自董事会议决之日施行。

天津博物院董事会简章

第一条　天津博物院董事会以合于董事资格之人员组织之。

第二条　董事资格如下:

甲、天津博物院之发起人。

乙、筹备天津博物院之机关代表。

丙、现在担任常年经费之各学校及各实业机关每机关一人。

丁、拨给天津博物院房屋之主管官署一人。

戊、以价格二百元以上之物品赠与天津博物院者。

已、特捐天津博物院款项在二百元以上者。

第三条　本会设常任董事九人,由上项董事中推举,其人数按照第二条所列各项资格分配如下:

甲项者一人。

乙项者一人。

丙项者四人(由各学校推举二人,由各实业机关推举二人)。

丁项者一人。

戊项者一人。

已项者一人。

第四条　常任董事每三年改推三分之一,仍按各项资格分配补推,得推举连任。其轮流改推法:第一次改推甲项一人,乙项一人,丙项一人;第二次改推丙项一人,丁项一人,戊项一人;第三次改推丙项二人,已项一人,永久以此轮转为序。

第五条　董事会每年开常会四次,于三、六、九、十二等月举行,常任董事皆须列席,于开会前三日由天津博物院院长通知各常任董事。

第六条　董事会每三年开大会一次,于__月举行,全体董事均须列席,改推常任董事,开会前__日由____通知全体董事。

第七条　常任董事之职权如下:

一、于每三年开董事大会时常任董事推举院长、副院长一次,得推举连任。

二、核议天津博物院章程。

三、稽核天津博物院款项支出及审查、报销、册籍。

四、赞助天津博物院事务之进行。

第八条　大会对外接洽事项须经常会通过,用本会全体名义行之,董事不得以个人对外接洽事务。

第九条　院中有应兴应革事项得由院长提出意见书,交本会审查决议后实行,遇有不及交会审议之事,得由院长负责先行办理,再提交本会追任,本会董事亦得提出意见,惟须先交院长审核可否然后施行。

第十条　本章程自本会第一次大会议决之日起实行并函送教育实业两厅备案,其有应行增改之处得于开会时提出增改之。

附录三　河北第一博物院各种章程

河北第一博物院章程①

[民国十八年(1929)七月十六日省政府委员会第105次会议通过，民国十八年(1929)七月二十二日省政府公布]

第一条　本院定名为河北第一博物院。

第二条　本院以前天津博物院原有之地址为院址。

第三条　本院经常费由省库拨给特别费、由各学校机关团体或个人捐助及其他所收款项，前项特别费应专款存储，备作本院扩充之用。

第四条　本院应设董事会，其章程另定之。

第五条　本院设院长一人，综理全院事务；副院长一人，综理院务，均为名誉职，由本院董事会就董事中推举并呈报省政府备案，任期三年，但得连任。

第六条　本院设主任一人，办理全院事务，由院长聘任。

第七条　本院设下列三股，每股置股长一人，由院长委任，但得以一人兼任两股。

一、陈列股　掌管物品之保管、陈列及招待说明事项。

二、技术股　掌管制造标本、模型、图画及陈列品之装潢事项。

三、编辑股　掌管物品之考订、宣传及印刷出版事项。

第八条　本院设事务员二人至四人、技术员二人至四人、调查员四人至六人、文牍员一人、会计员一人、庶务员一人，均由主任商承院长委派，

---

① 俞祖鑫:《回忆"河北博物院"》,《天津博物馆史料1900—1955》,天津市历史博物馆编印,1963年,第28页。

但得以一人兼任两职。

第九条　本院得聘请具有专门学识为评议员,其人数无定额,均为名誉职。

第十条　本院办事细则及展览规则另定之。

第十一条　本章程由省府公布之日施行。

河北第一博物院董事会章程①

[民国十八年(1929)七月十六日省政府委员会第 105 次会议通过,

民国十八年(1929)七月二十二日省政府公布]

第一条　本会依河北第一博物院章程第四条之规定设立之。

第二条　本会董事以下列各款人员充之:

甲、本院发起人。

乙、省政府代表。

丙、捐助本院经费之各学校机关及团体代表。

丁、赠与本院物品价在二百元以上者。

戊、捐助本院款项在二百元以上者。

第三条　本会设常任董事会五人至七人,由董事会就董事中推举之。

第四条　本会常任董事任期三年,但得连任。

第五条　常任董事之职务如下:

一、筹议本院事务进行。

二、讨论董事建议事项。

三、稽核本院收支账目。

常任董事会议事细则另定之。

第六条　常任董事会每年开会四次,于三、六、九、十二等月举行,其

---

① 俞祖鑫:《回忆"河北博物院"》,《天津博物馆史料 1900—1955》,天津市历史博物馆编印,1963 年,第 29 页。

日期由院长酌定,并须于十日前通知,但遇必要时得由常任董事会召集临时会。

第七条　本院应兴应革事项得由院长拟具意见提交常任董事会审查议决施行,如不及交会审议时,院长得先期办理再行交会追认。

第八条　本章程自省政府公布之日施行。

河北第一博物院征集物品分类及手续①

一、动物　凡各种标本或模型照片等皆属之。

二、植物　凡各种标本或模型照片等皆属之。

三、矿物及岩石　凡各种矿石、岩石之标本皆属之。

四、化石　凡动植物化石皆属之。

五、礼器　凡鼎、彝、簠、簋、尊、卣、敦、爵、钟、戚诸古铜器等以及琮、璜、圭、璋等古玉器皆属之,乐器附焉。

六、货币　凡历代泉币、钞票、古贝代贝等以及古西域诸国、蒙古各部、今回族各部、西藏苗僮各部之钱币皆属之。

七、简书　凡有古代文字之竹简、木牍、残帛、故纸等物以及金石拓本、古代印刷之物皆属之。

八、符牌　凡历代符节、令牌实物或照片皆属之。

九、玺印　凡历代玺印实物或拓本皆属之。

十、陶族　凡古代之土器、陶器、瓷器皆属之。

十一、武器　凡古代之刀剑、弓矢、弩机、戈矛之类以及古代旗帜、甲胄等均属之。

十二、舟车　凡古代之舟车或上附属之用具以及古代邮传诸用器皆属之。

---

① 《河北第一博物院征集物品分类及手续》,《河北第一博物院半月刊》第3期第4版,民国二十年(1931)十月十五日。

十三、建筑　凡古代建筑、城桥、祠庙以及摩岩、雕石、泥塑、画壁等皆属之(此类以照片模型为主)。

十四、日用器　凡古代家用各器如席帏、坐榻、杵臼、灶釜之类皆属之(此类限以近时不常用者)。

十五、衣服　凡有清以前男女衣裳、冠履等物皆属之。

十六、配饰　凡有清以前佩戴诸物饰以及古玉之玩物并奁镜等皆属之。

十七、农器　凡有清以前及清初叶之农具皆属之。

十八、渔猎器　凡有清以前及清初叶之渔猎器皆属之。

十九、工用器　凡土工、木工、金工、石工、皮工、染工及其他各工所用之器具在有清以前及清初叶者皆属之。

二十、方伎用器　凡医、卜、星、相以及制药诸戏术之特用器具,无论古今皆属之。

二十一、宗教用器　凡道教、佛教等之特用器具,无论古今皆属之。

二十二、丧葬婚娶用具　凡各地嫁娶丧葬之特别用具,无论今古、雅俗凡为该地社会所习用者皆属之。

二十三、古迹风景像片　凡该地县志所载或父老相传之古迹名胜皆属之。

二十四、风俗像片　凡该地男女之装饰及祭赛仪式皆属之。

二十五、世界人种风俗　凡某一族人之用品制品及其装饰风俗之照片、图画皆属之。

二十六、度量衡　凡历代之度量衡及他种计数之器皆属之。

二十七、掌故　凡历代遗留之官私文书可以证明历史或考见当时一种制度者皆属之,科举遗物附焉。

二十八、纪念　历史上重要之纪念可以启发观感之遗物或照片,如中华民国革命纪念、国耻纪念等皆属之。

二十九、此外未列入以上各项有研究价值者均可搜集。

征集物之手续

一、移存

凡国家所有(如历代历年因抄没存于各县各处之器物及有清以前之卷宗)或地方所公有之物(如一县一村一镇一庙者皆是)希望移存本院陈列、比较研究以益社会,如愿移陈可请先将物品之种类、名称、数量,前期函告本院,再商运送办法。

二、寄赠

凡为一人一家所有之物希望赠送本院陈列,如愿寄赠,请将该物之名称、时代、产地、价值直接函告本院,再函商运送之法。至该物运到时由本院出具收据以为凭证,如所赠之物品价格经习知该物品之商家估值确在二百元以上者本院认为董事。

三、寄陈

凡为一人一家或公共团体(如学校、庙宇等皆是)之所有物如以财产关系不欲移存或寄赠者,可暂存本院陈列作为寄陈,由本院给予收据,随时可凭本院收据取回,以期公私两益,如有愿依此项办法者,亦请先将详情如上条直接函告本院,再为函商。

四、价购

凡为一人一家一团体所私有之物与学理、历史确有重要关系,而有此物之人以各人经济之故不愿照上二三项两种办法者,亦可请其将该物之详细说明直接通函本院,酌商价购。

五、附则

凡合于以上分类之二十九条性质之物品寄送以前,务请前期函知,俟本院函复后再行运送。

河北第一博物院入览规则①

一、参观人请先向售券处购券,再行入内观览。

二、参观券每张售铜元十枚,童子一律。

三、凡教育机关人员、各学校职员、学生以及特别来院参观者皆可免费,但请在签名簿签名。

四、参观人如有携带物品先交收管携带品处人员给与封号牌,出门时凭牌取回。

五、提笼架鸟、牵犬并有疯疾酗酒并有儿童在六岁以下无人带领者均不得入内观览。

六、参观人不得践踏攀折院内花木,并损坏器物。

七、本院设备长椅为参观人休息之用,惟不可躺卧。

八、院内物品非经本院许可不得摄影及描写。

九、参观人务须按照路线依次观览。

十、参观人在陈列室内不得吸烟,并不可大声喧嚣。

十一、参观人不可在陈列室内随意食物、吐痰,以重卫生。

十二、参观人对于陈列各品不可手摸,以防损坏。

十三、参观人对于陈列各品有疑难不明处可以咨询看守人,如欲有深刻之研究可由看守人介绍执事接洽。

十四、本院每逢星期一及佳节纪念之次日休息一日,国历年假一月一日至三日休息三日。

十五、参观时间暂定如下:由十月至三月下午一时至四时;由四月至九月下午二时至五时。

---

① 《河北第一博物院入览规则》,《河北第一博物院半月刊》第 1 期第 2、3 版中缝,民国二十年(1931)九月二十五日。

附录四　河北博物院章程及各种规章制度①

河北博物院章程

［民国二十四年(1935)二月二十八日本院第21次常任董事会议决通过］

第一条　本院定名为河北博物院。

第二条　本院以辅助教育、发扬文化为宗旨。

第三条　本院地址设在天津河北新车站以东。

第四条　本院以省教育厅及各学校机关团体之常年补助费暨其他所收款项为经费。

第五条　本院搜集陈列品分自然、历史两部陈列展览。

第六条　本院应设董事会,其章程另定之。

第七条　本院设院长一人,综理全院事务,对外为本院代表;副院长一人,襄理院务,遇院长因故不能执行职务时,代理其职务。院长及副院长均为名誉职,由本院董事会就董事中推举并分报省政府及教育厅备案,任期三年,得连举连任。

第八条　本院设主任一人,商承院长、副院长办理全院事务,由院长聘任之。

第九条　本院设下列三股:

一、总务股　掌管编辑、出版、征集、调查、文书、卷宗、会计、交际宣传等事项。

二、技术股　掌管采集标本、制造标本模型、图画、摄照影片、椎拓金

---

① 俞祖鑫:《回忆"河北博物院"》,《天津博物馆史料1900—1955》,天津市历史博物馆编印,1963年,第30—50页。

石等事项。

三、保管股　掌管物品图书之收藏、陈列整理说明等事项。

以上三股每股置股长一人，由院长委任，股员若干人，由主任商承院长委派，但得以一人兼任两职，各股并应随时互助办理。

第十条　本院视事务之繁简得用书记、练习生、看守生。

第十一条　本院得聘请专门学者为研究员担任搜集、采集、编著、审定等事项。

第十二条　本院得聘专门学者为导师，遇必要时召集导师会议，其规则另定之，导师均为名誉职。

第十三条　本院得联合学术机关为技术合作。

第十四条　本院得为院内或院外之学术讲演。

第十五条　本院存有复件之标本、图画等得作为赠与或借供学校及学术团体研究或交换物品之用，其办法另定之。

第十六条　本院各项规则细则另定之。

第十七条　本章程如有未尽事宜得由院长或常任董事三人以上之提议，于常任董事会开会时修正之。

第十八条　本章程自常任董事会议决之日起施行，并分报河北省政府及教育厅备案。

河北博物院董事会章程

[民国二十四年(1935)二月二十八日本院第21次常任董事会议决通过]

第一条　本会依河北博物院章程第六条之规定设立之。

第二条　本会董事以有下列各项资格之一者充之：

甲、本院发起人。

乙、补助本院常年经费之各机关学校及团体之代表。

丙、捐助本院款项或物品值价在二百元以上者。

丁、热心赞助本院事物者。

合于本条乙、丙、丁各项资格者,经常任董事会之决议随时增聘或改聘。

第三条　本会设常任董事七人至九人,由全体董事会就董事中推举之。

第四条　本会常任董事任期三年。得连举连任。

第五条　常任董事之职务如下:

一、筹议本院重要兴革事项。

二、稽核本院收支账目并工作报告。

三、本院各项章则之拟定或修正事项。

四、本院董事之增聘或改聘事项。

常任董事会议事细则另定之。

第六条　本院董事皆负有为本院宣传之责任,并协助本院调查、征集、编辑诸事。

第七条　本院应兴应革事项得由院长拟具意见提交常任董事会审查议决施行,如不及交会审议时,院长得先期办理,再行提会追认。

第八条　常任董事会每年开会四次,于一、四、七、十月等举行,其日期由院长酌定,并须于十日前通知。

第九条　全体董事会每三年开会一次,于七月间举行,报告上届全体董事会以后重要院务并推举院长、副院长及常任董事,其日期由院长酌定,并须于十五日前通知,但遇必要时得由常任董事会召开临时会。

第十条　本章程如有未尽事宜得于常任董事会开会时议决修正。

第十一条　本章程自常任董事会议决之日施行并分报河北省政府及教育厅备案。

河北博物院常任董事会议事细则

［民国二十四年(1935)七月二十八日第23次常任董事会修正通过］

第一条　本细则依据河北博物院董事会章程第五条规定之。

第二条　常任董事会开会,院长、副院长皆得出席。

第三条　常任董事会开会,临时于到会出席人员中推定一人为主席。

第四条　常任董事会以出席人员到会过半数为开会,以过半数之同意为表决,遇有可否参半时由主席加一议决权。

第五条　常任董事会除由院长报告院务外,凡出席人员皆得提议并临时动议。

第六条　常任董事会开会由本院主任列席记录。

第七条　常任董事会记录油印分送常任董事存查。

第八条　凡经常任董事会议决院务兴革事项,由院长、副院长执行之。

第九条　本细则如有未尽事宜得提出常任董事会修改之。

第十条　本细则由常任董事会议决施行。

河北博物院院务会议章程

[民国二十四年(1935)七月二十八日第23次常任董事会修正通过]

第一条　本院为谋职务上增加效率起见组织院务会议。

第二条　会议出席人员如下:

院长、副院长、主任、总务股股长、技术股股长、保管股股长

第三条　院务会议由院长主席。

第四条　院务会议每逢星期四举行一次,遇有待议要务得随时开会。

第五条　各股长于会议时有因公外出者得由院长指定各股股员代表出席。

第六条　其他各职员所办事物如于会议时有报告必要者得列席报告。

第七条　出席会议人员提议事项,先开写提议事项单,呈请主席依次提出讨论。

第八条　院务会议由主任记录呈院长阅后由文牍员缮送各股查照

办理。

第九条　本章程由常任董事会通过之日施行,未尽事宜得由院长随时提出常任董事会改订。

河北博物院办事细则

[民国二十四年(1935)七月二十八日第23次常任董事会修正通过]

第一条　本院处理事务依本细则之规定办理。

第二条　院长总理全院事务、副院长襄理之。

第三条　主任商承院长处理全院一切事务。

第四条　股长、研究员商同主任处理职掌事务。

第五条　股员、书记、看守生分股办事,秉承各该股股长处理一切事务。

第六条　驻平办事员秉承主任、总务股长处理一切事务。

第七条　练习生秉承研究员或股长处理一切事务。

第八条　总务股处务细则如下:

甲、编辑出版事项

一、本院出版刊物稿件经主任核后呈由院长签阅始得印行,其由著作人赠与稿本随时商承院长审定印行。

二、本院定期、不定期刊物及宣传品除由总务股编辑外,得由各股协助资料。

三、购置或征集交换图书由总务股办理,必要时得会同各股办理。

乙、经售本院刊物及制品事项

一、本院出售之刊物及制品派员保管,应立各项出纳账簿,每届月终结算一次。

二、出售之刊物及制品由保管人发交经售人转发代售各处,至结算账目时将收入之价款开列清单,报告保管人转交掌管会计人员经收。

丙、征集调查事项

一、征集调查事项随时商承院长派员办理,并得由他股协助一切。

二、办理征集调查人员应将办理情形编制报告书呈主任转呈院长查阅。

丁、文书卷宗事项

一、本院对外一切公文函牍均由派定掌管文牍人员办理。

二、掌管文牍人员拟出文稿经主任核阅呈院长签阅毕,缮写校对无讹再行分别钤印、盖章、登簿、发送。

三、本院收到文件由掌管文牍人员列入收文簿呈院长阅后送由主任分别拟办,其关于各股职掌事务由主任商同各股办理。

四、收到附有银钱之文件须于收文簿注明,其银钱随时交由掌管会计人员收存,由会计员于文件上签章注明收讫。

五、本院收发文件由掌管文牍人员分类归卷,并于收文簿及稿簿上注明归入第某号卷以便察考。

六、本院钤记印章由掌管文牍人员保管并监用。

七、本院办公逐日记载日记,由掌管文牍人员办理之。

戊、会计事项

一、本院款项存放支取均由掌管会计人员经办,每日应将收入数目列入款项日记以凭稽核。

二、职员薪水、夫役工食均于每月二十日发给,先期由掌管会计人员开单经主任核阅后呈请院长批发。

己、庶务事项

一、全院不属于他股、他员杂项事务由派定掌管庶务人员秉承主任、股长办理之。

二、各股各员领用物品须开具领用物品单,盖章交掌管庶务人。

三、掌管会计人员应立收支流水账及各种补助账并编具每月收支对照表。

四、请款凭单、领款联单、收据等由掌管会计人员、经管员置办。

五、掌管庶务人员应用款项向掌管会计人员支领,开支后将商店收据送由主任阅后交掌管会计人员核存。

六、购品或修缮需费较多者须由主任呈请院长核准,再行办理。

七、本院地址房屋由掌管庶务人员随时查看,有应修理时随时报告主任核办。

八、本院家具、器具由掌管庶务人员分别登册列号并于原物上粘号备查,除总账外并记分册,记明存放某室、某处,如有移动须将原册所记同时更改。

九、本院夫役由掌管庶务人员商承主任、股长派定后,令其觅定铺保、立具保单分派各处服务,如有过失由庶务员随时报告主任,分别情形罚扣工食或开除之。

十、各处房屋、院落、地板由庶务员随时督饬,夫役勤加洒扫。

十一、除图书室、案卷室、陈列室及陈列品存储室锁钥由主管人员掌管外,其余锁钥均由掌管庶务人员经管。

十二、展览日期经售入览券,于停止售券后将入览人数记入入览人数簿并将收入券价交掌管会计人员经收。

庚、交际宣传事项

一、本院宣传交际等事项秉承院长办理或由主任、股长商承院长办理,未经院长许可本院职员不得用本院名义对外宣传或交际。

二、对外宣传文字非经主任呈由院长签阅不得发表。

第九条　技术股处务细则如下:

甲、采集标本、制造标本模型、图画事项

一、采集、征集所得各种标本随时加以相当之制造复件标本,一律加以制造,备与国内外陈列机关及个人交换物品。

二、仅得图影之重要陈列品的摹制模型。

三、本院重要陈列品得选制模型与国内外陈列机关及个人交换物品。

乙、摄影、椎拓及装潢事项

一、本院陈列品及向收藏家借照物品由技术股拍摄影片,其原版归技术股保管并应立摄影原版存储簿。

二、应行椎拓之物得商同他股办理。

三、陈列需用之装潢、衬托、配景及他种关于技术事项随时由他股会同技术股办理。

第十条　保管股处务细则如下：

甲、陈列品及参考图书保管事项

一、保管陈列品应立总账及分类账，陈列品收到后应随时登账列号。

二、寄赠品、寄陈品之收入，应于收到时制给收据，并于收据注明某人经收。

三、凡未经陈列之物品应存入存储室内，分类储存，以便提取。

四、保管参考图书应设立参考图书室，并编制简明书目，以便取阅，收入图书应随时编入目录。

五、参考图书只限本院职员在图书室阅览，如欲借出图书室外须由借书人出具签名盖章收据，交付掌管图书人员存查，始得携出，俟将图书缴回再将收据退还。

六、陈列品陈列存储室参考图书室之锁钥，由保管股掌管。

乙、陈列品陈列整理说明事项

一、陈列品随时检查拂拭整理。

二、陈列品说明标签关于考订及编辑者会同总务股办理。

三、陈列品之装潢、整理及遇有变更陈列时会同技术股办理。

丙、招待参观事项

一、平时参观人、入览人均由保管股招待，特别招待及纪念佳节入览人数众多时，得由他股人员帮助。

二、参观人咨询事件得会同他股人员答复。

第十一条　研究员处务细则如下：

甲、采集调查事项

一、研究员商承院长主任得随时在外采集或调查。

二、采集调查事竣，由研究员编制报告书送由主任呈请院长核阅。

三、研究员所采集之标本应先交保管股登账，再由保管股每种选出一种送交研究员研究，出具签名盖章收据交保管股收执，俟原件用毕缴还后再将收据撤回。

乙、著作及研究事项

一、研究员著作得商承主任呈请院长核定后，由本院印行，其版权须归本院。

二、研究员得向保管股将陈列品或标本借出室外研究，但标本每种以一件为限，并须由研究员出具收据，其收交手续同上甲项第三款。

第十二条　各股各员文件收受均以签章为凭。

第十三条　本院办公时间每年由十月至三月上午九时至下午四时；由四月至九月上午八时半至下午五时半，但遇有特别情事得临时酌定。

第十四条　本院每逢星期一放假，一月二日至四日放假三日，清明节及双十节之次日均放假一日，

第十五条　每日办公时间之外及放假日均须有职员一人值日，每夜除住院职员外均须有职员一人值宿，其次序由主任商承院长酌定，但值日人、值宿人临时有事得由该值日人商请他人代理。

第十六条　值日、值宿人员应在电话室内当值，除退值时间或有他项事故外不得擅离当值室。

第十七条　职员每日办公须将所办事项、种类及大概情形开交掌管文牍人员录入本院日记。

第十八条　本院得随时举行院务会议，其章程另定之。

第十九条　来宾接洽事务均须延入接待室会晤，不得于办公室宿舍会客。

第二十条　来宾有调查咨询事件，按其所询之事，由该管人员担任答复。

第二十一条　本细则由常任董事会通过施行，未尽事宜得由院长随

时提交常任董事会改订。

河北博物院征集物品分类及办法

[中华民国二十四年(1935)重刊)]

征集物品分类

一、动物　凡动物标本及骨角甲壳或模型照片皆属之。

二、植物　凡植物标本或模型照片等皆属之。

三、矿物及岩石　凡各种矿石、岩石之标本皆属之。

四、化石　凡动植物之化石皆属之。

五、礼器　凡鼎、彝、簠、簋、尊、卣、敦、爵、钟、戚以及琮、璜、圭、璋等皆属之,乐器附焉。

六、货币　凡历代泉币、钞票、古贝代贝等以及古西域诸国、蒙古各部、今回族各部、西藏、苗僮各部之钱币皆属之。

七、简书　凡有古代文字之竹简、木牍、残帛、故纸等物以及金石拓本、古代印刷文具等类皆属之。

八、符牌　凡历代符节、令牌实物或照片皆属之。

九、玺印　凡历代玺印实物或拓本皆属之。

十、陶族　凡古代之土器、陶器、瓷器皆属之。

十一、武器　凡古代之刀剑、弓矢、弩机、戈矛之类以及古代旗帜、甲胄等皆属之。

十二、舟车　凡古代之舟车或舟车上附属之用具以及古代邮传诸用器皆属之。

十三、建筑　凡古代建筑、城桥、祠庙以及摩岩、雕石、泥塑、画壁等皆属之(此类以照片模型为主)。

十四、日用器　凡古代家用各器如席帏、坐榻、杵臼、灶釜之类皆属之(此类限以近时不常用者)。

十五、衣服　凡民国以前男女衣裳、冠履等物以及麻葛、丝绣、布帛之类皆属之。

十六、佩饰　凡民国以前佩戴诸物饰、古玉之玩物以及奁镜等皆属之。

十七、农器　凡民国以前之农具皆属之。

十八、渔猎器　凡民国以前之渔猎器皆属之。

十九、工用器　凡土工、木工、金工、石工、皮工、染工及其他各工所用之器具在民国以前者皆属之。

二十、方伎用器　凡医、卜、星、相、制药及诸戏术之特用器具，无论古今皆属之。

二十一、宗教用器　道教、佛教以及其他宗教之特用器具，无论古今皆属之。

二十二、风俗古迹名胜像片　各地男女之装饰、嫁娶丧葬之特别用具以及县志所载或父老相传之古迹名胜皆属之。

二十三、世界人种风俗　凡某一族人之用品、制品及其装饰风俗之照片、图书、模型以及各地服用食用实物如衣裳、茶糖、酒烟之类皆属之。

二十四、度量衡　凡历代之度量衡及他种计数之器皆属之。

二十五、掌故　凡历代遗留之官私文书可以证明历史或考见当时一种制度者皆属之，科举遗物附焉。

二十六、纪念　历史上重要之纪念、可以启发观感之遗物或照片，如中华民国革命纪念、国耻纪念等皆属之。

二十七、此外未列入以上各项有研究价值者。

征集物品办法

一、移存　凡国有或公有之物如愿移存本院陈列，可请先将物品之种类、名称、数量先期函告本院，再商运送方法。

二、寄赠　凡为一人一家所有之物如愿赠与本院，请将该物之名称、时代、产地、价值直接函告本院，再函商运送之法，至该物运到时由本院出具收据以为凭证，如所赠之物品价格经习知该物品之商家估值确在二百元以上者,本院任为董事。

三、寄陈 凡为一人一家或公共团体之所有物如不欲移存或寄赠者,可暂存本院陈列作为寄陈,由本院给与收据,随时可凭本院收据取回,如有愿依此项办法者,亦请先将详情如上条直接函告本院,再为函商。

四、价购 凡为一人一家一团体所私有之物与学术历史确有重要关系而不愿照上二三项二种办法办理但能出售者,亦可将该物之详细说明直接通函本院,酌商价购。

河北博物院展览规则

[民国二十四年(1935)十月二十日第24次常任董事会修正通过]

一、本院暂定每逢星期四及星期日为公开售券展览日期,参观券每张售铜元六枚(童子一律)。

二、凡学术团体、学校教职员、学生以及特别来院研究者除放假日期外均可免费招待,上项参观人均请预先来函通知,以便招待。

三、观览时间暂定为每年由十月至三月上午九时至下午四时;由四月至九月上午八时半至下午五时半。

四、本院每逢一月一日(民国成立纪念日)、清明节、双十节均开放一日,任人观览,不收券费,时间由上午九时至下午四时。

五、凡参观人来院如有携带物品应先交携带品保管处给与对号牌,出门时凭牌取回。

六、提笼架鸟、牵犬并疯疾酗酒及儿童在六岁以下无人带领者均不得入内观览。

七、参观人于陈列各品不得触弄,亦不得践踏攀折院内树木花草,损坏器物违者议罚。

八、本院设备长椅为参观人暂息之用,惟不得躺卧。

九、院内物品非经本院许可不得摄影及描写。

十、参观人务须按照路线依次观览。

十一、参观人不得在陈列室随意食物、吐痰,以重卫生。

十二、参观人于陈列各品有疑难不明处可以咨询看守人,如欲有深刻之研究可由看守人介绍执事人接洽。

附录五 天津特别市市立博物院章程及各种规章制度①

天津特别市市立博物院章程

第一章 总则

第一条 本院隶属于天津特别市公署。

第二章 宗旨

第二条 本院以提倡科学研究、辅助教育、搜集各种文物及其他有关文化产业之物品,以适当之陈列展览,图民众智识之增进为宗旨。

第三章 职掌

第三条 本院搜集陈列之物品以与本国文化产业有相当关系者从事搜集之,其范围暂就下列两项:

甲 自然历史方面 凡关于地质、植物、动物之物品、图表、文献、制作、产业演化、历代书契、服饰、器物及各种统计图表等属之。

乙 工艺方面 凡关于纺织、农作、饮食、建筑、矿冶、金工、陶瓷、造纸、印刷、髹漆、制革、皮货、原动机器、电机工程、市政工程、交通等属之。

第四章 组织

第四条 本院设院长一人,主任三人,股员若干人,并得设书记及服务生若干人。

第五条 院长秉承天津特别市公署总理院务,主任商承院长分掌各部事务。

第六条 本院设下列各股:

---

① 《天津特别市市立博物院概况》,第6—28页,天津博物馆藏。

甲、总务股　专司文书、会计、庶务及不属于他股之事项。

乙、自然历史股　专司该股所属之搜集、制作、陈列、编审等事项。

丙、工艺股　专司该股所属之搜集、制作、陈列、编审等事项。

第七条　本院院长由天津特别市公署委任之,各股主任及股员均由院长派充,请市公署加委雇员由院长派充。

第五章　专门委员会

第八条　本院得设各种专门委员会协助本院征集、鉴定、选购物品及关于博物院之学术研究,其委员会人选由本院聘任之,均为名誉职,但必要时得酌支车马费。

第九条　专门委员会细则另定之。

第十条　本院办事细则另定之。

第十一条　本章程如有未尽事宜得由院务会议议决,提请市公署修正之。

第十二条　本章程自市公署批准公布日施行。

天津特别市市立博物院办事细则

第一条　本细则依据本院章程第十条规定订定之。

第二条　本院处理一切事务除法令另有规定外,依本细则行之。

第三条　本院除规定星期二为例假外,其办公时间为每日上午十时至一时;下午三时至六时,凡遇其他放假日期应于放假之次日补行休息,但在陈列未开放以前,其星期例假及休假日均照常休息。

第四条　本院暂设总务、自然历史、工艺三股,掌理各项事务。

第五条　总务股设文书、会计、庶务、编藏、图书、宣传、技术七组,其职掌如下:

甲　文书组　掌理撰拟考勤、收发档卷、监印等事项。

乙　会计组　掌理款项之出纳、现金之保管、预算决算之编制等事项。

丙　庶务组　掌理采购、修缮、设置勘估及文具之收发、公用物之保管、公役之训练、考勤派遣、消防之设备、清洁卫生之注意等事项。

丁　编藏组　掌理陈列品在陈列前后之储藏、出纳、陈列品总目录之登记、保管等事项。

戊　图书组　掌理本院图书管理上一切事项。

己　宣传组　掌理本院宣传上一切演讲、播音事项。

庚　技术组　掌理本院技术上一切制作、设计、修理事项。

第六条　自然历史及工艺两股各设征集、陈列、编审三组,其职掌如下:

甲　征集组　掌理陈列品之搜集、登记、编号等事项。

乙　陈列组　掌理陈列品展览、管理、设计等事项。

丙　编审组　掌理关于本股业务之一切编审事项。

第七条　凡同级职员得互相兼任,必要时亦得以高级职员兼任低级职务。

第八条　凡属各股掌理之事而未经第5、第6两条规定者,应由各股主任指定职员兼管或请院长指派他股职员会同办理。

第九条　凡二股以上有关系之业务应由各股主任协商进行手续,互派职员通力合作。

第十条　凡对外接洽非得院长核准不得用本院名义,并不得代表本院参加其他社团或出席会议。

第十一条　在例假期间各股仍须派员值日,遇有紧要文件,须随时送达或报告主管人员核办。

第十二条　职员每日到院须亲自签到签退。

第十三条　如有因公出勤,先填具出勤单,呈送主管人员核准后方得离院。

第十四条　在年度开始前一个月,应以一年内工作计划提出院务会议,每月终了时应以一月内工作报告表填送院长核阅并呈报。

第十五条　本院为处理各项事务另定单行办法。

第十六条　本细则如有未尽事宜得呈准市公署修正之。

第十七条　本细则自市公署公布日施行。

天津特别市市立博物院会议细则

一、本细则根据本院章程第十条规定订定之。

二、院务会议由院长主任组织之,遇必要时并得由院长指定有关系人员列席。

三、会议时如院长无暇出席或因事退席时,得指定出席人员一人代理主席。

四、院务会议定每二周举行一次,会议时间以两小时为限,遇必要时得召集临时会议。

五、院务会议记录议事、编制议程、整理议案由总务股主任担任之。

六、报告及决议件均载议事录,于会议后整理之并送请各出席人员署名,再行印送。

七、本细则自院务会议通过之日起施行。

天津特别市市立博物院股务会议细则

一、本细则依据院章第十条之规定订定之。

二、各股股务会议由各股主任召集之。

三、各股股务会议出席人员为该股全股职员或一部分职员,由该股主任酌定之。

四、各股股务会议由各股主任为主席。

五、各股股务会议每周召集一次。

六、凡议案取决多数可否同数时由主席决定之,但主席有最后取决之权。

七、如所议案件与他股有关系时,得由主席邀请有关系人员列席。

八、遇必要时得集合两股或两股以上职员举行联席会议,其主席临时推举之。

九、凡决议案件如与他股有关系者,应以议决案抄送有关系股。

十、本细则自本院院务会议通过后施行。

天津特别市市立博物院征集陈列品办法

第一条　凡对于本国文化产业及习俗上有历史意义之物品不论实物、模型、标本、摄拓、图籍均在征集之列或虽非本国文物而与我国文物有相当关系者,亦酌量征集之。

第二条　征集物品之范围暂定三部,计划如下:

A　自然部

甲　地质学类

　　1. 物理地质学(包括天文、气象、地学物理及地学化学等之模型、标本、图片等)

　　2. 动力地质学(包括地球上之各种自然现象及各种原动力之模型、标本、图片等)

　　3. 矿物与岩石(各种矿物及岩石之模型、标本及其化学成分、产地分布及矿业统计之各种图表)

乙　植物学

　　1. 分类植物学(各种标本、图片)

　　2. 农作物(各种标本、农业统计图表)

　　3. 药用植物(各种标本、图片)

　　4. 有用树木与森林植物(各种标本、图片及产地分析之图表)

丙　动物学类

　　1. 分类动物学(各种标本、模型、图片)

　　2. 经济昆虫学(各种标本、图表)

　　3. 鱼类学及海产生物(各种鱼类海产之模型、标本及图表)

4. 鸟类学（各种模型、标本、图片）

5. 哺乳类学（各种模型、标本、图片表）

B　历史部

甲　饮食类

1. 渔猎（包括渔猎所用工具、模型及各种标本等）

2. 牧畜（包括牧畜所用工具及顺序模型、标本）

3. 耕种（包括耕种所用工具及种植顺序模型、标本等）

4. 炊爨（包括炊爨各种物品之制作模型、标本等）

乙　交通类

1. 固有交通器具模型及标本（各种船、车、轿等均属之）

2. 近代交通器具模型及标本（轮船、铁道、公路、飞机、邮电等均属之）

丙　建筑类

1. 各种公私建筑之模型、图样、照片及应用之材料

2. 墓葬之形制、模型、图片

丁　货币类

各种金属币、各种纸币（营业票据附）

戊　宗教类

1. 佛教（包括像器经典等）

2. 基督教（同上）

3. 回教（同上）

4. 道教（同上）

5. 其他各教

己　礼俗类

1. 习俗（包括岁时用品及出生、婚嫁、祝寿、丧祭之用品等）

2. 生活（包括衣服、用器、装饰、嗜好及娱乐等）

3. 迷信（包括卜筮、星象、巫觋等）

庚　教育类

　　1. 科举时代之书院及义塾等

　　2. 近代之学校教育

　　3. 近代之社会教育

辛　学艺类

　　1. 图书（包括历代天津志书关于天津之书籍、地图暨天津各种刊物、天津语言作品、天津人之著述）

　　2. 实物（包括文房用品及版片等）

壬　文献类

　　1. 各种史籍或实物

　　2. 图像及金石拓片

　　3. 官厅档案及各业行规等

癸　考古学类

一　先史时代

　　1. 化石（包括猿人时代以后人类及动物化石及模型）

　　2. 石器（包括旧石器时代以后之石器实物）

二　历史时代

　　1. 甲骨（包括甲骨文字、兵器装身器等）贝牙品附

　　2. 陶瓷器（历代用器、明器、砖瓦及拓片、标本等）玻璃及珐琅附

　　3. 铜器（包括各种礼乐器、服御器、古兵器等实物及拓片）

　　4. 铁器（包括历代兵器用具等）铅锡等制品附

　　5. 金石（历代碑刻及拓片摄影等）

　　6. 竹木器（包括用器及椁木、简册及建筑装饰品等）

　　7. 漆器（包括历代用品）

　　8. 玉器（包括历代所传圭、璋、璧、璜等）

　　9. 绘画（历代绘画及壁画、墓画等）

　　10. 雕塑（历代雕刻、抟塑之图像等）

11. 建筑及墓志模型、摄影及报告书

12. 整个发掘系统出土品及摄影报告书

13. 典籍(历代经典图籍、名人手迹等)

14. 服御(历代衣冠布帛、丝织品暨各项装饰用具等)

C 工艺部

甲 中国工艺部

1. 纺织(凡棉丝毛之纺织及染色、刺绣、花边等之模型、图片均属之)

2. 饮食(米面碾作、酿酒、制糖、盐茶酱及榨油等之模型、图片)

3. 建筑(各种建筑工程模型图样)

4. 矿冶金工(各种用具及图表)

5. 陶瓷(各种实物、模型及照片)

6. 造纸(各种原料及顺序图片)

7. 印刷(各种机器模型及图片)

8. 髹漆(各种原料及顺序图片)

9. 制革皮货(同上)

乙 外国工艺类

1. 采矿(关于采矿用之工具及模型、图片)

2. 冶金(关于铜、铁、钢、铅之原料模型及制作顺序图片)

3. 原动机(关于蒸汽引擎、涡轮锅炉、气动机、煤油机、水轮之模型、图片)

4. 强流电机工程(各种模型图片)

5. 陆海空运输(同上)

6. 电讯交通(关于电报、电话、无线电之模型、图片)

7. 建筑(各种模型、图片)

8. 农作(关于农作用具之模型、图片)

9. 市政工程(关于城市规划、卫生工程、中街工程、街灯工程等

之模型图表等属之)

    10. 化学工程(各种原料、模型、图片)

    11. 玻璃制造(各种制造模型、图片)

    12. 家政(关于家庭、制度、管理、消防、卫生之图表、模型等属之)

第三条　征集分捐赠、寄存、购置、采集、交换五种。

第四条　凡捐赠物品除记明捐赠者姓名外,另有纪念办法另定之。

第五条　凡寄存物品除记明寄存者姓名外,其寄存办法另定之。

第六条　凡交换物品除记明交换者姓名外,其交换办法另定之。

第七条　凡本院所征集之物品如有让与者,随时可与本院接洽。

第八条　本办法如有未尽事宜得由院务会议议决,呈请市公署修正之。

第九条　本办法经院务会议议决,呈请市公署核准施行。

捐赠陈列品办法

第一条　本办法依据本院征集陈列品办法第4条订定之。

第二条　凡捐赠本院之物品经本院同意后接受之。

第三条　凡捐赠物品除登记并标明捐赠人姓名外,更定下列五项纪念之:

甲　凡捐赠物品价值在一百元以上者,题名于铜牌。

乙　凡捐赠物品价值在五百元以上者,除照甲项办理外并刊印照片于纪念册。

丙　凡捐赠物品价值在一千元以上者,除照乙项办理外并由本院赠送金属纪念章或纪念状。

丁　凡捐赠物品价值在五千元以上者,除照丙项办理外并选定陈列柜一架,以捐赠人之名名之。

戊　凡捐赠物品价值在一万元以上者,除照丁项办理外选定陈列室一间,以捐赠人之名名之。

第四条　凡捐赠之物品极为珍贵无从估计其价值者或物品之原料并不贵重而须费去极大之努力采集者,除将事实登记及标明外,并呈请市公署褒扬之。

第五条　捐赠物品如因道远或过于粗重运送维艰者,得函由本院自行派员运取或补还寄费运费。

第六条　本办法如有未尽事宜得由院务会议议决,呈请市公署核准修正之。

第七条　本办法经院务会议议决,呈请市公署核准施行。

寄存陈列品办法

第一条　本办法依据本院征集陈列品办法第5条修订之。

第二条　凡寄存本院之物品经本院同意后接受之。

第三条　凡寄存物品其往返运送包装等费由双方商定之。

第四条　凡寄存物品均由本院出具寄存收据,寄存人应妥为保存,将来即凭该收据领回物品。

第五条　寄存时除有特殊原因经本院认可外,至少以一年为限,期内不得取回。

第六条　寄存物品本院认为无须存列或存列过久恐有损坏时,得随时通知寄存人领回。

第七条　寄存物品经本院通知领回,逾三个月仍不领回或寄存期限已满后再逾三年仍不来院取回者,即作为捐赠本院。

第八条　寄存物品经本院正式接受后除于不可抗之天灾人祸外,本院当负责认真保管。

第九条　本办法如有未尽事宜得由院务会议议决,呈请市公署核准修正之。

第十条　本办法经院务会议议决,呈请市公署核准施行。

交换陈列品办法

第一条 本办法依据本院征集陈列品办法第6条订定之。

第二条 本办法所定交换之陈列品暂以下列为限：

甲 购置或捐赠之复制品。

乙 复制之模型照片。

第三条 本院认为与国内外博物馆有交换之必要时，须提经院务会议通过后行之。

第四条 凡国内外博物馆如欲与本院交换陈列品时，须有正式钤信之请求，提经院务会议裁定后行之。

第五条 凡交换陈列品之包裹、运送等费应由承受方负担之。

第六条 本办法如有未尽事宜得由院务会议议决，呈请市公署核准修订之。

第七条 本办法经院务会议议决，呈请市公署核准施行。

附录六　河北省立天津博物馆征集抗战史料及
其他陈列品简章①

第一条　本馆为纪念光荣战史以开扬民族精神起见,特开抗战纪念室,征集抗战史料及其他陈列品。

第二条　征集品类

一、抗战史料部

A　有关抗战各种照片

　1. 主席肖像及生活像片

　2. 战地实况照片

　3. 海陆空军实况照片

　4. 各地受降照片

　5. 战时国民生活照片

　6. 抗战团体照片

　7. 抗战名人肖像及生活照片

　8. 有关汉奸审判行刑等照片

B　有关抗战文献

　1. 主席言论

　2. 有关抗战各种书籍

　3. 宣传品

　4. 抗战团体组织规章

　5. 战时经济制度

① 天津市档案馆 J0113-2-000025,天津市教育局训令。

C　抗战先烈史迹

　1.抗战先烈遗像及生活照片

　2.抗战先烈言行史料

　3.抗战经过史料

　4.抗战先烈遗族现况

　5.抗战先烈遗墨手札

D　战时军备

　1.军器——各种残破的枪支、砲弹、坦克车、大砲等

　2.军事教育机关及有关征兵制度、书籍等

E　战利品

　1.空军武器——残破飞机、空军装备、高射炮、探照灯等

　2.陆军武器——残破坦克车、砲、各种砲弹、各种枪支、战刀、刺刀、服装佩带等

　3.电讯交通器具——电讯器具、各种车辆等

F　敌伪罪行

　1.残害同胞的刑具——敌宪兵队刑具、敌特务机关刑具、敌陆军监狱刑具等

　2.残害同胞照片及文字描述、各种宣传照片等

　3.敌伪所订各项条文、奴化教育用书及各种宣传品

　4.伪组织下经济统制及交通状况等

　5.汉奸罪行及宣判结果

G　联合国作战史迹

　1.有关作战各种照片

　2.有关作战各种条约、宣言及会议记载

　3.纪念品

　4.宣传品

二、自然科学部

A　地质学类:各种矿物、化石成分、产地及矿业统计之各种图表

B　植物学类:农作物、药用植物、木材标本、图片及产地分析图表

C　动物学类:各种标本、模型、图片等

三、历史部

古代化石、石器、甲骨、陶瓷器、铜器、铁器、玉器、典籍及关于饮食、货币、宗教、礼俗、教育各方面之工具、图书、照片等

四、工艺部

纺织、饮食、建筑、采矿、冶金、造纸、印刷、髹漆、玻璃、制造、书画、雕刻等及图片

五、交通部

各种交通器具、模型及图片

六、建筑部

各种伟大建筑物照片、建筑材料、计划图表、工作照片及工程师肖像等

七、工业部

A　成品类:日用品、装饰品、教育用品及其他

B　原料类:依照各种工业品制造程序所需原料、编组排装、工厂模型照片、图表等

八、卫生部

各种卫生挂图、卫生设施、人体模型、标本及医疗用具等

第三条　本馆尽量邀请党政军各界首长、社会贤达、地方绅耆及热心教育人士协助征集。

第四条　征集物品以抗战史料及战利品为中心，但其他陈列品亦在征集之列。

第五条　本馆征集物品均予注册标明捐赠者姓名或捐赠机关，编组陈列公开展览。

第六条　凡多量捐赠或热心协助之人士或机关，得依情轻重分别函谢或赠送纪念章、纪念品、纪念状等。

第七条　凡热心协助之人士或机关，于展览时得赠与优待券。

第八条　若邮寄大量物品得由本馆补还邮运费。

第九条　凡捐赠笨重物品希先赐函，由本馆派人取运。

第十条　凡所赠物品均系无代价捐赠，倘有特殊情形或贵重物品愿寄存或出售者，另行商洽。

第十一条　本简章有未妥善处经馆务会议改订之。

（侯晓慧整理）

第二节　天津第一家私立博物馆
——天津广智馆

　　伴随着清末政局的种种变革,清政府逐渐认识到固有制度的弊端,推行"新政",在教育领域也开始近代化的过程。早在洋务运动时期,北洋大臣李鸿章就在天津创办了"北洋水师学堂"等一系列军事学堂,开启天津近代教育的序幕。[①] "新政"开始之后,袁世凯担任直隶总督期间,广设小学堂、中学堂、大学堂、师范学堂和讲习所,开始注重教育的次第发展。同时,在这场教育变革中,由于有袁世凯的推动,天津的改革实践十分活跃,这也与天津绅商阶层的有识之士积极参与有着密不可分的关系。他们通过捐资助学、创办新式学堂、改革传统教育机构等诸多方式推动着天津教育界的近代化过程,严修、林墨青等人就是其中的杰出代表。

　　与此同时,他们深感学校教育的局限,逐渐关注广大下层民众的需求,有意识地开展以"开启民智"为目的的社会教育,促使"近代教育从狭窄的学校教育观和人才观,向社会教育观和国民教育观方向转变"[②]。在这种背景下,林墨青等积极倡议的社会教育在天津应运而生。林墨青认

---

　　①　来新夏:《天津近代史》,南开大学出版社 1987 年版,第 280 页。
　　②　王雷:《开民智教育发展中一个不容忽视的课题——从近代教育家关注社会教育谈起》,《教育理论与实践》2001 年第 7 期。

为要开通社会风气,改良社会风尚,就必须从社会教育入手,社会教育与学校教育、家庭教育相结合才能达到开民智的效果。他创办半日学堂、宣讲所、发起组织天足会和剪发会,宣传新道德,以潜移默化的教育弥补学校教育的不足。

林墨青

1912 年 4 月,中华民国教育部设立社会教育司,社会教育获得了独立的行政地位。1914 年 7 月,社会教育司执掌确定为通俗教育、演讲、美术馆、博物馆、图书馆等内容。1915 年,教育部相继颁布《通俗教育研究会章程》《通俗教育演讲所章程》《通俗图书馆章程》《露天学校简章及规则》等法令、章程,标志着社会教育事业在全国逐渐发展起来。

直隶巡按使朱家宝题"社会教育办事处"横幅

1915 年 7 月 1 日,经直隶巡按使朱家宝倡议,在天津西北城隅文昌宫内,成立天津社会教育办事处,林墨青出任总董,社会教育办事处成为林墨青组织社会教育的重要基地。社会教育办事处下设风俗改良社、艺剧研究社、演说练习所、音乐练习所、天然戏演习所、半日学校总处、半夜补习学校总处、露天学校总处、武士会、国货维持会等十个机构。"自国家遭庚子之难,人咸谓欲救危亡,莫急于学……林君墨青承其旨而力行之……于是城之四街皆有学……复于期间置一简易师范、四宣讲所,各半日学堂,而女学亦权舆于此。"①当时天津流行"学校林立"一说,这句话"一语双关",不仅形容天津学堂众多,而且多由林墨青创办,更反映出他对天津社会教育的巨大贡献。

"天津社会教育办事处"徽章

一、创办经过

天津广智馆的创办,起因于受外国人在山东济南、山西汾州创办的两处广智院启发。② 济南广智院③为清末英国浸礼会怀恩光牧师所创立,始

---

① 许杏林:《兴办新式教育与社会教育的林墨青》,《近代天津十二大教育家》,天津人民出版社 1999 年版,第 106 页。

② 《天津广智馆特刊及办法草底》,天津博物馆藏。

③ 1887 年,英国传教士怀恩光在青州建立了一所"博古堂",采取外国博物院的形式,作为传教时吸引乡民的工具。1905 年迁到济南,并改名"广智院",是济南乃至我国最早的博物院之一。

创于青州,后扩大于济南,以"阐明天道,补助教育,联络中西"为宗旨,其主要职能为宗教、教育。该院陈列分为圣经方言部、卫生部、历史部、人种模型部、建筑部、森林部、商品陈列部、科学部、农事部、动物部、华工模型部等几部分,免费任人观览,对增进民智发挥了一定作用。

民国初年,天津已经有国人自办的天津博物院,但林墨青觉得"天津博物院陈列出的东西太深太高,一般通俗的知识少够不上,而且设在车站附近,距城亦太远"①,为广泛宣传科学知识,增进民智,力求通俗,使一般人多得常识,林墨青欲模仿济南广智院在天津创办广智馆。由于他在天津创办社会教育交际极广,"尤以官府、盐商以及商业上所谓'内行家'(银钱业)'外行家'(银钱业以外各商),甚至医卜星象——凡是较有名的人亦无不以能认识'林总董(这是林办学的称呼)'或'林大爷'为荣"②。因此,当林倡办广智馆时,天津文化界各方面以至宗教方面没有不赞成的,尤其倡办之初,得到严修的赞同,是以力量更为强大。③

1921 年 6 月,林墨青受严修等天津绅耆委托,率韩补青、刘问洵赴济南广智院参观藉资取法。回津后,与严修、张鸿来、韩补青等人商议,认为模仿济南广智院,在西北角文昌宫社会教育办事处内设立广智馆,确为当务之急。④ 因该地方狭隘,不敢漫成为院,因此名之曰社会教育广智馆。10 月,适值文昌宫前拓修马路,将西面平房一律改造成楼房共计 12 间,为筹备社会教育广智馆所需,因经费无着,唯有进行募捐,馆址始得建成。

1923 年 2 月,林墨青又与张鸿来、穆锡九第二次赴济南广智院调查,

---

① 陆文郁:《天津的博物院事杂谈》,《天津博物馆史料 1900—1955》,天津市历史博物馆编印,1963 年,第 11 页。

② 陆文郁:《天津的博物院事杂谈》,《天津博物馆史料 1900—1955》,天津市历史博物馆编印,1963 年,第 11 页。

③ 陆文郁:《天津的博物院事杂谈》,《天津博物馆史料 1900—1955》,天津市历史博物馆编印,1963 年,第 11 页。

④ 戴玉璞:《天津市历史博物馆》,《天津博物馆史料 1900—1955》,天津市历史博物馆编印,1963 年,第 112 页。

认为该院资力雄厚,社会教育科即为齐鲁大学之一科(其他三科为:文科、神科、医科),与齐鲁大学互为依托,人才易得。天津可模仿其资力雄厚、人才易得之优点,设立广智馆。① 同时,得到该院怀恩光院长允许,社会教育广智馆派人到该院学习泥工、画工。

3月,林墨青返津,与天津博物院(1918年成立)副院长华学涑商议,派该院职员华复之,偕同社会教育办事处学生戴玉璞赴济南广智院实习三个月,学习雕塑、摄影、制作标本等技术。筹备期间,除得到天津士绅捐款外,还得到直隶商品陈列所、水产学校、启新洋灰公司、大业银行等机构款物捐助,还有河南、热河、黑龙江、扬州、河间、任丘、怀来、丰润、三河、通县、唐山、青县、北京等地热心人士支持。② 7月8日,林墨青召开筹备大会,敦请严修、华学涑、张伯苓、时子周、华世奎、宋则久、李金藻、马千里、陆文郁、陶孟和、张鸿来等乡贤为名誉董事,由严修任董事长,张鸿来任副董事长并综理一切事务。这些名誉董事学识渊博,热心教育,许多人自捐或代募款项,对社会教育广智馆的筹办热心帮助,起到了众志成城的促进作用。③

7月16日,济南广智院副院长赵俊卿偕时德亭、苗紫玖、赵云峰从北戴河返济,途经天津,曾对社会教育广智馆筹办进行指导。④ 12月,受林墨青派遣,王斗瞻、刘洁斋、戴玉璞第三次赴济南广智院调查参观。因第一二次调查只注意该院规模、内容设置等项目,比较抽象,因此,第三次调查则注重物质设备、器械构造、图表调制等具体事务。另外,还调查了当地农工商业,东乡、南乡农业实况,西乡家庭工艺、北乡陶业,并择要制作模型。同时,还调查当地名胜古迹、战地纪念物,搜集乡贤图像遗迹。三

① 张鸿来:《记山东广智院(三续)》,《社会教育星期报》第419号第6版,民国十二年(1923)九月三十日。
② 《天津广智馆特刊及办法草底》,天津博物馆藏。
③ 戴玉璞:《天津市历史博物馆》,《天津博物馆史料1900—1955》,天津市历史博物馆编印,1963年,第14页。
④ 《天津广智馆特刊及办法草底》,天津博物馆藏。

人还考察了造胰、火柴公司及各种工厂,详细了解其工作程序仿塑模型,还把这些公司供北平卫生陈列所、古物陈列所等机构制作模型进行拍摄留存,为天津社会教育广智馆陈列品提供参考。① 1924 年,聘请济南广智院泥工雕塑师时松亭来津教授制作各种模型。经各项工作齐备,准备开馆。

1925 年 1 月,天津社会教育广智馆董事会成立,计董事 72 人,内有常务董事 15 人。严修被推选为董事长,董事会任命林墨青为馆长,李金藻为副馆长。经广大热心乡贤资助经费、物品,粗具规模。5 日,"依照社会教育实施方法,以广开民智为宗旨"②的天津社会教育广智馆正式开馆。1928 年,天津社会教育广智馆从社会教育办事处独立为天津广智馆。

二、基本情况

(一)馆舍选定

天津广智馆位于天津西北城隅文昌宫东(今大丰路西北角回民小学东侧),是天津城近西北面最繁盛的地方③,附设于社会教育办事处内,其房舍地址系在 1915 年 1 月由直隶巡按使朱家宝批准将第一师范学校附属小学校旧址拨给办理社会教育之用,1921 年文昌宫前拆修马路,警察厅厅长杨以德拨给专款,翻盖西楼上下 12 间并东楼临街上下 6 间及大墙

---

① 《天津广智馆特刊及办法草底》,天津博物馆藏。
② 《天津广智馆简章》,《天津广智馆十周年纪念报告》,民国二十四年(1935)五月,第 6 页,天津博物馆藏。
③ 陆文郁:《天津的博物院事杂谈》,《天津博物馆史料 1900—1955》,天津市历史博物馆编印,1963 年,第 11 页。

大门门房。^①

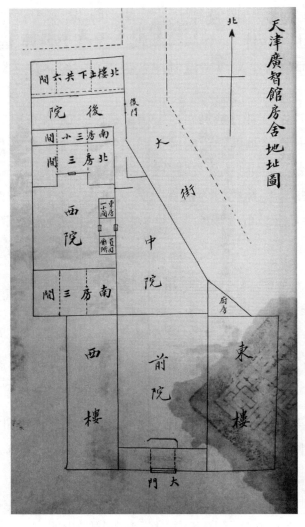

天津广智馆房舍地址图

　　天津广智馆入口处为拱形大门,坐北朝南,上悬"天津广智馆"匾额,匾额白底黑字,字体为楷书。拱门两侧围墙上书有黑底白字反映传统价

---

　　①　天津市档案馆 J056f-1-074574,天津广智馆地契。

值观的"礼、义、廉、耻"四字,据传为书法家华世奎所书,也有一种说法为李星冶所书。① 近大门的木插屏上横写"买票入览"四个大字,下面挂着一溜竖木牌,牌上写的全是林墨青的职衔。②

天津广智馆外景

进馆左侧小窗口为售票处,馆舍为西侧二层小楼共计 12 间,展室位于东西二楼上。③ 院中楼上下外面墙壁,皆由戴玉璞画成狮、虎、豹、狼、狐以及珍禽异兽,里院的大墙上则画着抹香鲸、脊美鲸。院里花墙上有小

---

　　①　"礼义廉耻"四字大部分史料都显示为华世奎所书,但在陆文郁著《天津的博物院事杂谈》一文中显示"门外两边墙上挂着的'礼义廉耻'四个大字亦移挂花墙里旧画鲸鱼的大墙上,标明书家李星冶所书,算是书法陈列",《天津博物馆史料 1900—1955》,天津市历史博物馆编印,1963 年 3 月,第 14 页。

　　②　陆文郁:《天津的博物院事杂谈》,《天津博物馆史料 1900—1955》,天津市历史博物馆编印,1963 年,第 12 页。

　　③　《广智馆开幕启事》,《社会教育星期报》第 484 号第 6 版,民国十四年(1925)一月四日。

横匾刻着"小园"二字,墙门两边写着"随便入览"。楼下西面为接待室、办公室,办公室的里间是馆长室。楼下东面为图书阅览室。[①] 后随着展品增加,场馆面积愈发局促,因此,1929 年决定在院中南段添盖玻璃罩棚一间,北段建设楼房一所,广智馆方得扩大规模。

(二)组织机构

广智馆设有董事会。董事人选由创办人林墨青推举有通俗教育学识经验或热心广智馆事务之人共 72 人担任,由董事会推常务董事 15 人,任期 3 年。董事长由常务董事中推举,任期 3 年。董事长职责包括:推举馆长、副馆长、常务董事;决议或追认常务董事会议定计划或规章;审议预算、决算;筹募经费;搜集陈列物品。董事长、常务董事、董事皆为名誉职。由董事长每年七月召集一次全体董事会;董事长每年一、四、七、十月召集四次常务董事会,处理通常事务,遇到重要事项由常务董事会召集的临时会议议决;馆长、副馆长列席会议,但无表决权。

广智馆还设有严密的组织机构,职掌分明。馆内一切事务由馆长综理,设副馆长一人,襄理馆长。馆长、副馆长下设总务部、征集调查部、陈列部、技术部、编辑部、图书部等 6 个部门。总务部设主任 1 人,由馆长兼任,事务员 4 人,掌财政、庶务、交际、宣传、收发文件、筹备临时会议职责;征集调查部设主任 1 人,由副馆长兼任,事务员 2 人,掌征集、寄陈物品、审定各类陈列品、调查物品类别、分隶物品门类职责;陈列部设主任 1 人,陈列员、管理员 3 人,掌物品保管登记、设计陈列、引导观众、解释说明陈列品职责;技术部设主任 1 人,技术员 4 人,学生若干,掌工程设计、泥工、木工、摄影、绘画、制作模型及标本职责;编辑部设主任 1 人,编辑校对 2

---

① 陆文郁:《天津的博物院事杂谈》,《天津博物馆史料 1900—1955》,天津市历史博物馆编印,1963 年,第 12 页。

人,编辑刊物及特刊、陈列品标题说明等事项;图书部负责准备新旧图书以供馆内人员参考及馆外人员阅览。

(三)经费

在广智馆筹建过程中,为创造良好的物质基础,林墨青煞费苦心,其余董事也担任着筹措经费的重要使命。在林墨青热心奔走、严修大力支援和张鸿来的具体擘划下,董事们或自捐或代募,终于募集到开馆经费。如广智馆的建筑经费,除由天津警察厅予以拆房费及补助 1500 元外[①],其余全部为天津士绅捐助。其中张紫波、张春华兄弟捐助 500 元,赵聘卿捐助 500 元并提供 500 元无息贷款,邓豁然捐助 1500 元。此后又有邓豁然、孙玉桂等 52 人捐助开办费 5074 元。[②] 后随着展品增加,场馆面积愈发局促,因此,1929 年决定增建楼房,添盖罩棚。因工程需款巨大,遂向社会募捐,天津县县长捐款 100 元。[③] 林墨青还邀请谢绝舞台许久的天津京剧名家"老乡亲"孙菊仙募捐。孙菊仙宁愿不做米字寿(八十八岁),为广智馆演剧筹款。[④] 天津官立、民立、私立男女各小学毕业生也发起募捐以支持广智馆第二次扩建。

广智馆成立之始,附设于社会教育办事处,一切用具纸张等消耗品皆由办事处开支,并无政府经费支持。1928 年,广智馆从社会教育办事处独立,1929 年河北省教育厅、天津本市教育局均补助该馆经费每月 617

---

① 《公文·为本处筹备广智馆所借赵绅聘卿无息款项还清事》,《社会教育星期报》第 381 号第 4 版,民国十一年(1922)十二月三十一日。

② 《天津广智馆特刊及办法草底》,天津博物馆藏。

③ 《天津广智馆星期报》第 698 号(广字第 10 号)第 1 版,民国十八年(1929)三月十七日。

④ 《七项声明》,《天津广智馆星期报》第 690 号(广字第 2 号)第 3 版,民国十八年(1929)一月十三日。

元(省 217 元,市 400 元)①,从这时开始,广智馆才开始有政府补助的运行经费。根据《天津广智馆十周年纪念报告》,至 1935 年 5 月,政府补助经费主要包括三部分,即河北省教育厅每月 217 元,天津市教育局每月 400 元,天津县政府每年 200 元。

三、藏品搜集

广智馆设馆之初,并没有详细的藏品搜集规则。在张鸿来所著的《他山之石》文中,认为日本大阪市民博物馆,可以用作参考。文中说该馆的陈列"概就所在地之大阪着想,引起市民乡里之观念,至于陈列物品以外,各种集会或演讲,效用尤大,亦吾所应效仿者也"②。因此,广智馆的材料搜集,也应以本地为中心,下设市政、礼制、乡贤文艺三部分。市政包括官治民治、财政、户口、工商业、平民生计、慈善事业、县制沿革等方面;礼制包括婚姻、丧祭、寿诞、馈飨各节等;乡贤文艺包括乡人著作、字画、雕刻等,并对乡人建功树业者、热心公益者及外籍有功于本乡者之遗像及生平事略,分门别类加以陈列。③

秉承以本地为中心的搜集宗旨,广智馆广泛搜集展品,来源分为购置、自制、捐赠、寄陈四种(购置仅限于花费金钱为数不多的;自制主要是各类模型、图表等;捐赠和寄陈则是社会热心人士将其物品捐、寄于馆中)。

广智馆筹备阶段,就多次在《社会教育星期报》刊登征集启事,如第

---

① 天津市档案馆 J0110-3-001511,为增加补助费事致教育局呈。
② 张鸿来:《纪事·他山之石其一》,《社会教育星期报》第 485 号第 3 版,民国十四年(1925)一月十一日。
③ 张鸿来:《言论·天津广智馆之过去及未来》,《社会教育星期报》第 486 号第 3 版,民国十四年(1925)一月十八日。

366 号,征集各种木质标本,庄亦颜、林墨青、刘问洵、姚彤章等人寄赠 24 种。① 第 468 号,广智馆陈列动物标本,由于此类标本向来价值较贵,只得向天津市民征集已死之鸟兽,再由该馆制成标本。② 第 478 号,因陈列乡贤祠,登报征求乡贤遗像,以求塑成泥像更为逼真。③

　　开馆后,《社会教育星期报》也成为广智馆征集物品的重要媒介。第 496 号上,向社会征集各式储蓄盒,以激发社会储蓄现金的观念,养成勤俭美德。先后有上海商业储蓄银行、山东工商银行、大业银行、浙江兴业银行等 12 家银行赠以多种储蓄盒④,足见银行各界热心公益,也能反映《社会教育星期报》不仅在天津,也在外埠有着较为广泛的影响力。为提倡美的观念,保存国粹,广智馆还曾向广大市民征集名人画幅⑤,因馆址狭隘,征集以天津地方名人画作为限。征集内容包括天津时贤画幅和天津乡前辈画幅。消息一经发布,得到天津时贤广泛响应,两星期内就有徐世昌、梅韵生、展香府、曹恕伯、陆文郁、穆寿山、穆良忱、王翼盦、黎雅亭、陈叔潜、王子寿、王占侯、苏吉亨、敖佩芬、缪润生、罗云章诸位乡贤捐赠画作 22 幅。⑥

　　后来,由于陈列调整,使其内容更为通俗广智、合乎科学,时任副馆长李金藻在《社会教育星期报》刊登启事,向各界热心君子征集天津物产、风俗、河流、人物、古迹、学校、宗教、人口、户口、税则、田赋、出进口货等

──────────

　　①　《纪事》,《社会教育星期报》第 366 号第 5 版,民国十一年(1922)九月十七日。
　　②　《启事》,《社会教育星期报》第 468 号第 5 版,民国十三年(1924)九月十四日。
　　③　《本处启事》,《社会教育星期报》第 478 号第 2 版,民国十三年(1924)十一月二十三日。
　　④　《广智馆报告(陈列各银行储蓄盒)》,《社会教育星期报》第 496 号第 4 版,民国十四年(1925)四月五日。
　　⑤　《广智馆征集天津名人画幅》,《社会教育星期报》第 517 号第 3 版,民国十四年(1925)八月三十日。
　　⑥　《广智馆征集征画鸣谢》,《社会教育星期报》519 号第 3 版,民国十四年(1925)九月十三日。

徐世昌捐《晚林寒鸦图》

物品。①

经过广泛搜集,到 1934 年,广智馆陈列物品共有 20 门,7147 件,其中革命纪念门 11 件,国耻纪念门 16 件,教育门 1043 件,农业门 384 件,工业门 1808 件,商业门 212 件,艺术门 229 件,道德门 240 件,武备门 281 件,历史地理门 679 件,物理化学门 389 件,动植矿物门 912 件,生理卫生门 223 件,衣食住行门 213 件,日用品物门 103 件,市政村政门 10 件,礼

---

① 《广智馆启事》,《社会教育星期报》第 492 号第 1 版,民国十四年(1925)三月八日。

制风俗门 287 件,乡贤文艺门 63 件,书籍报章门 17 件,特种陈列门 27 件。①

广智馆在搜集藏品时,首先考虑其教育功用。在《社会教育星期报》第 486 号张鸿来所著《他山之石》中,明确表示,林墨青拟借鉴日本东京博物馆将展品外借举办教育品展览会达到巡回博物馆之效能,待广智馆征集藏品充盈,计划剔除旧品或重复之品,另择地点,由城到镇再到乡,逐渐扩充,设立分馆,也能起到巡回展览之意,辅助乡区民众生活上的发展,智识上的灌输。② 但是,林馆长这一宏伟构想由于时局、经费等诸多原因并未实现,实为憾事。

四、陈列展览

广智馆开馆时因筹备时间仓促,陈列采取"以多为胜"③的方式,略分为教育、史地、理化、卫生、动植物、农业、工业几个门类,共设五个展室,分别展出"天津的土特产品""工农业生产程序""科学常识图解""名人绘画及其他工艺作品""民情风俗介绍"。④ 陈列形式则模仿济南广智院的做法,以泥人表现事物发展的过程,如做鞋、制纸的情景等。⑤ "因只求排列整齐,致使类别不甚清晰;又由于科学知识所限,解说词也不甚周全。⑥

① 《天津广智馆特刊及办法草案》,天津博物馆藏。
② 张少来先生鸿元:《纪事·他山之石其二》《社会教育星期报》第 486 号第 2 版,民国十四年(1925)二月八日。
③ 戴玉璞:《天津市历史博物馆》,《天津博物馆史料 1900—1955》,天津市历史博物馆编印,1963 年,第 15 页。
④ 赵宝琪、张凤民:《天津教育史》上卷,天津人民出版社 2002 年版,第 157 页。
⑤ 戴玉璞:《天津市历史博物馆》,《天津博物馆史料 1900—1955》,天津市历史博物馆编印,1963 年,第 15、16 页。
⑥ 张鸿来:《言论·天津广智馆之过去及未来》,《社会教育星期报》第 486 号第 3 版,民国十四年(1925)一月十八日。

因陈列内容既包括自然、历史，又包括衣食住行等诸方面，因此，其陈列品说明书的撰写人既包括林墨青、张鸿来、陆文郁、陈宝泉、刘蓉生等天津文化名人，也包括丹华火柴公司经理赵廓如这样的专业人士。因广智馆担负向普通民众进行文化科普责任，因此，其说明词的撰写也通俗易懂，以张鸿来撰写的"高丽平壤牡丹台之瓦块木片说明"为例：①

> 这块破瓦，是什么地方的？是牡丹台阁上的。这块木头片，是什么地方的？是牡丹台亭子上的。
>
> 拿这个东西来，干什么？哎，您要问这个原故，请先听我说这个牡丹台，这个台在高丽平壤地方，前清光绪甲午年，我们跟日本打仗，我们的兵，全聚在这个地方，因为这个地方关系重要，不肯放松，后来抵挡不过他们，吾们就打了败仗，记名提督左宝贵不肯退去，就死在这阵上了，我们的兵也死的很多，从这次打败了以后，我们的兵就失了勇气，接连着大东沟、九连城、安东、凤凰城、金州、大连湾、旅顺口、复州各处无论是海军，是陆军，全打了败仗，中国算是完全叫日本打败了，你看这牡丹台的关系，有多们要紧呢，所以我到了这个地方，恨不得把这个牡丹台搬运了来，给众位看看，作个纪念。但是办不到，只有拾点瓦片木头片来，给众位看看罢。

说明词以白话文撰写，语言生动简练、浅显通俗，比文言文更容易领会，短短300字就把甲午战争的一段历史向观众讲述清楚，对于传播新思想、推广民众教育起到了重要作用。

随着藏品的增多，广智馆逐渐把陈列品分门别类，分室陈列。主要包括以下几个门类：第一类是动植物和矿物，采用标本陈列，栩栩如生，并附

---

① 张少元先生鸿来：《广智馆说明书一则（国耻纪念）高丽平壤牡丹台之瓦块木片说明》，《社会教育星期报》第505号第4版，民国十四年（1925）六月七日。

有文字说明①,对破除迷信,起到很大作用。第二类是声、光、电的各种仪器,由广智馆职员向观众讲解示范科学常识,很受欢迎。第三类是生理卫生,展示人的器官构造,向学生灌输生理卫生知识。第四类是药用植物标本。第五类是货币类,成系统地陈列自秦汉至当时的各种实物。第六类是交通工具。第七类为以泥塑表现的采矿场景。第八类为少数民族风俗照片。第九类名胜古迹照片。这些陈列品包罗万象,不管是实物、标本、照片、泥塑,都广受欢迎。

1933 年林墨青去世后,广智馆由陆文郁主持对原陈列展览进行系统整理规划。广智馆大门外墙上"礼义廉耻"四个大字撤下,改为悬挂有关于"广智"内容的木牌。院里墙上画着鸟、兽、虫、鱼、太阳系及天津市地图。陈列内容也依照河北第一博物院的方式分为自然和历史两部分,让观众"如同观看了一部教科书"②。陈列物品分实物、仪器、标本、模型、图表、书籍和文字。展室调整后,第一室陈列美术、陶瓷、化石、矿物;第二室在第一室楼上,陈列人种风俗、食衣住行、制造、农具、药用植物、礼制;第三室在第二室对面楼上,陈列动物、仪器、自然现象、制造;第四室在第三室下层,陈列货币、武术;第五室(即延接室)陈列中山先生遗像及中山陵内外观照片、世界六十名人印像之一部;图书阅览室收藏新旧图书,旧书籍为经史子集丛书等类、新书籍为各种杂志暨新出版之刊物。③ 由此可见,广智馆的陈列可以说是"五脊六兽各有名称,祭孔礼器陈列齐整,油布钞票极为特别,兵器多种备具塑型"④。广智馆终于以一种科学的面貌展示给观众。

---

① 戴玉璞:《天津市历史博物馆》,《天津博物馆史料 1900—1955》,天津市历史博物馆编印,1963 年,第 16 页。
② 《天津广智馆十周年纪念报告书》,民国二十四年(1935)五月,第 10 页,天津博物馆藏。
③ 《天津广智馆十周年纪念报告书》,民国二十四年(1935)五月,第 11、12 页,天津博物馆藏。
④ 王尚文:《重游广智馆记》,《大公报》1934 年 11 月 2 日,第 15 版。

五、入览规则

广智馆开馆时,限于当时社会习俗,分男宾、女宾。男宾星期日上午9时半至11时半,星期一、三、五下午1时半至4时半入览;女宾星期二、四、六、日下午1时半至4时半入览。入览券售价铜元4枚,学生半价,以着制服带徽章者为限。儿童入览须有家长看护,损坏物品照价赔偿。入馆不许吸烟,不许手摸陈列品。凡有癫疾之人及携带动物者不许入览。①院内随便入览,不取分文,如欲上楼参观,则要照章买票。②

由于政局动荡,铜元滥发导致贬值,铜元兑换银币价格逐年上升,广智馆门票收入以铜元计算,而人工等支出用银元,二者虚折巨大。又由于社会经济困难,很难募得绅商捐款,因此广智馆经费愈难维持,不得已,1926年8月1日起,将门票价格上调为铜元8枚。③

为让更多社会底层民众接受教育,广智馆还在民国成立纪念日(1月1日)、总理逝世纪念日(3月12日)、七十二烈士殉国纪念日(3月29日)、国民革命军誓师纪念日(7月9日)、孔子诞辰纪念日(8月27日)、国庆纪念日(10月10日)、总理诞辰纪念日(11月12日)等特殊节假日降低票价,入览者只收取参观券费铜元1枚④,吸引更多观众接受文化洗礼。

---

① 《广智馆开幕启事》,《社会教育星期报》第484号第1版,民国十四年(1925)一月四日。

② 《广智馆入览规则》,《社会教育星期报》第526号第1版,民国十四年(1925)十一月一日。

③ 《广智馆启事》,《社会教育星期报》第562号第1版,民国十五年(1926)七月十八日。

④ 《本馆开放公告》,《广智星期报》广字第201号第1版,民国二十一年(1932)十二月二十五日。《广智星期报》广字第210号第1版,民国二十二年(1933)三月十二日。《广智星期报》广字第213号第1版,民国二十二年(1933)三月二十六日。

　　随着广智馆逐渐被民众认知,入览规则一再改变,服务更为细致。到1935年,又规定:入览时间改为每日上午8时半至11时半,下午2时至5时,每逢星期日下午休息;入览券每张铜元8枚,学生票价减半;入馆不得吸烟、吐痰;不得嬉笑喧哗、手摸物品;不许携带动物入览;损坏物品照价赔偿;入览人携有物品者须交售券处换取对牌,临出时凭对牌交回原物。① 可以看出,入览时间得到延长,也不再分男宾、女宾,扩大受众。

　　为增进民智,修养民德,林墨青谋设图书阅览所。他参考外国设置图书馆情况,从省立图书馆领出图书3626册以及若干种新闻杂志,于1919年1月6日在社会教育办事处东楼上开办图书阅览所,该所经费由社会教育办事处每月拨发30元,用以添购书籍。②

　　图书阅览所藏图书杂志供社会一般阅览。因该所刚刚成立,图书收藏不甚丰富,特向社会广为募捐,其图书来源除了募捐以外,另设寄陈,凡是愿意寄陈者,图书阅览所都付收据妥为保管,何时取回,由寄陈者自便。图书阅览所设司事一名,处理所内一切事务,受社会教育办事处总董监督。图书阅览所除每周一休息日,每月第三日扫除日,每年国庆、元旦、春节假期共七日,春夏秋冬四节各一日为闭馆日外,其余时间全部开放。

　　后由于社会教育办事处裁减经费,阅览所参观人数不甚踊跃,因此停办。1921年5月15日又重新开放。入览时间为上午9时半至11时半,下午1时半至4时止。因地势狭隘,仍然不对女性开放。③

　　1928年,社会教育办事处移交天津县教育局接办,该图书阅览所改为附设于天津广智馆。此时的图书阅览所分为成人、儿童两部。成人部藏书分为新旧两类,新书类专为考证研究新科学而设,共分为总部、哲学

---

　　①　《天津广智馆十周年纪念报告书》,民国二十四年(1935)五月,第12、13页,天津博物馆藏。

　　②　《本处呈报设立图书阅览所并送规则文》,《社会教育星期报》第178号第4版,民国八年(1919)一月十日。

　　③　《图书阅览所开幕预告》,《社会教育星期报》第332号第5版,民国十一年(1922)一月十五日。

部、宗教部、自然科学部、应用科学部、社会科学部、史地部、世界部、语文部、美术部十部。旧书类专为考证研究旧文学而设,共分为经史子集丛书五部。儿童部藏书分为初中高三级。其阅览规则如下:①

  一、本所书籍只可在本所阅览,概不外借。

  二、阅览时间上午自八时半起至十一时半止,下午自二时起至四时半止。

  三、阅览本所图书者,须先领阅书券,再从书目上看明某种,注明券上,向管理员取书入座阅览。

  四、换阅书籍须将原领书籍缴还,照前写法书于券上。

  五、领阅书券不收费,每券阅书不得过五种,阅毕缴还,该券即留于领书处。

  六、所阅书籍应加珍惜,设有涂抹损坏等情事,须赔偿同一之书籍或相当之金额。

  七、阅览人有欲钞记者,须自备铅笔纸册,不得用毛笔,以防沾污并不得在书上圈点批评。

  八、阅览人饮水须就专席,不得携至坐次,吐痰应就痰盂,并不得任意唾吐,致碍公众卫生。

  九、如酗酒、疯痴等或携带凶器、动物者均不得入览。

  图书阅览所向民众普及科学常识,灌输正确的人生观、价值观,为提升天津地区普通民众的文化素养做出了重要贡献,起到了"开启民智,修养民德"的社会教育目的。

---

  ① 《天津广智馆十周年纪念报告》,民国二十四年(1935)五月,第15页,天津博物馆藏。

六、《社会教育星期报》

　　《社会教育星期报》创刊于 1915 年 8 月 1 日,是社会教育办事处的机关报纸,每周一期,共出版 688 号。社会教育办事处裁撤,1929 年由天津广智馆继续出版,因此从第 689 号开始,更名为《广智馆星期报》,并设广字第 1 号,后又更名为《广智星期报》。由林墨青任社长,韩补菴为主编,另有编辑、记者王斗瞻、戴蕴辉等。该刊主旨为"培养旧有道德,增进普通知识,筹划平民生计,矫正不良风气",题例为白话或浅显文言文兼用,发行所为天津西北城隅文昌宫东社会教育办事处内,代印处为天津东马路六吉里华新印刷局。报价为本埠每份铜元 1 枚,半年铜元 22 枚,全年铜元 40 枚,外埠为半年大洋 3 角、全年大洋 5 角 4 分。第一、二号免费赠阅。① 该报纸对天津兴办社会教育和改良社会风气起到了积极作用。

《社会教育星期报》第一号

---

　　① 《社会教育星期报》第 1 号第 1 版,民国四年(1915)八月一日。

（一）创刊背景

随着天津的开埠，外国资本主义势力的侵入，城市社会机构发生深刻变革。19 世纪 80 年代，新型印刷技术输入天津以后，改变了传统的图书生产手段。由于天津毗邻京畿，加之多国租界存在，为报刊业发展提供了得天独厚的条件。清末民初，天津创办的华文报纸不断增多，成为有重要影响的北方报业中心。报纸的传入使信息可以更便捷地传到大街小巷，这种快捷有效的传播媒介被社会教育办事处有效地利用起来。"独是一机关进行之始，每藉报纸为鼓吹先锋"①；因此 1915 年天津社会教育办事处成立后不久，8 月 1 日《社会教育星期报》即创刊发行，成为传播社会教育知识的重要媒介，通过讨论有争议的风俗习惯，达到对民众进行教化目的。

《社会教育星期报》虽说是私人兴办，但也与政府之间存在着千丝万缕的联系。受当局管制，其发行前，要向天津警察局长报备；②发行内容，也须向警察局立案。《社会教育星期报》也曾刊登《为检送星期报请行知各署区分别留阅粘贴事》："办事处组织之星期报拟于八月一日发行，业将组织内容详请贵厅查阅立案，现该报第一期业已出版，除遵照前批将每期报纸送交该管警区查核外，兹特检送八十份，恳请行知各署区分别留阅粘贴。"③

① 《论说·本刊发刊辞》，《社会教育星期报》第 1 号第 2 版，民国四年（1915）八月一日。

② 天津市档案馆编辑：《天津警察局局长杨以德为社会教育办事处出版〈星期报〉请挂号递寄事咨津邮政总局》，《北洋军阀天津档案史料选编》，天津古籍出版社 1990 年版，第 589 页。

③ 《报告》，《社会教育星期报》第 3 号第 6 版，民国四年（1915）八月五日。

（二）设立宗旨

《社会教育星期报》发刊辞中明确表示："本报何为而作也,曰:积社会而成国家,观其俗者知其政,是社会为立国之根本,风俗为政治之泉源,天下岂有无社会而成国家,亦岂有风俗不良而国政休美者哉,知此,可与言本报发刊之由来矣……欲改良国政,必先之以改良风俗,欲改良风俗,必基之于社会教育。社会教育之道,固至不一,而显切著明者,观风问俗,因病下药,鼓舞奋兴,相机利导,道不取乎急进,效必期其普及而已。"由此不难看出,该报立足于国计民生,把培养民众道德,改正不良社会风气放在首要位置,对于追求的效果,也是希望通过循序渐进逐步普及。对国民进行社会教育的方式,该报认为:"国以民为本,民以食为天,治民之道,教养而已……教养二者将以何为先……社会教育,以养为先,由是可见……是可知养而后教,俭而后富……故本报既以先养后教为宗旨,而更以崇俭为前提。"

（三）内容设置

《社会教育星期报》关注一切有关社会教育的新闻素材,内容设置十分广泛,开设专栏甚多,有正俗、崇俭、卫生、表扬、讲演、实业谈、育儿谈、戏剧等十几个栏目,发表的文章大多是针砭时弊,倡导民众提高自身素质的内容。其中卫生、育儿、实业、崇俭、正俗等是其主要关注问题,"通过对《社会教育星期报》相关专栏的整理,可以从中发现具有暗含的逻辑关系,第一,编者关注国民卫生教育和育儿,认为健康的国民,特别是健康成长的儿童是社会进步的基础,其次,他们关注实业教育,认为实业教育是开展养民的必经之路。最后,他们对习俗的关注,体现他们对国民道德素质的重视"①。这些栏目的设置也有其自身的背景。

首先,庚子后惨败的中国,进入了一个"新与旧、保守与进步、传统与现代混杂并消长反复的时期"②。这一时期,虽然有落后保守的一面,但同时也吸收了世界各种新思潮,包括卫生、幼儿教育思想学说的到来。《社会教育星期报》的报人群体,也开始反思现有国民的生活方式与下一代国民的培养。他们认为国家的强弱与国民身体健康相关,同时近代天津饱受疫病困扰,造成大量无辜百姓死亡,因此,个人卫生问题直接关乎国民强健,国家强弱。《社会教育星期报》对卫生问题做了广泛探讨,呼吁市民改变自身不良习惯,提倡防疫各种疾病,传播正确的卫生观念,以期改变中国积贫积弱的状态。他们认为儿童的健康发展直接影响着国家的未来,社会教育之根本,教育之最普通者有三:一曰学校,一曰家庭,一曰社会,学校教育不如家庭教育浸润力大,社会教育,亦由家庭之补助居多,家庭不良,则学校与社会皆受其害,因此,开设育儿谈专栏,希望通过这一方式,让儿童在还未入学校之前就能得到正确的引导。

其次,《社会教育星期报》关注实业的发展也有自身原因。近代天津作为中国北方最重要的工业中心和华北地区最大的贸易港口,民族工业得到迅猛发展。民国初年,政府颁布各种法令、章程,奖励实业,提倡工商,造就了天津振兴实业的热潮,同时也刺激了天津地区实业教育的发展。当时普遍认为,实业的发展,关系到国家命运。《社会教育星期报》通过广泛讨论,找出民族工业存在的问题,寻找发展实业的新路。

再次,天津倡导节俭由来已久,最早严修在光绪初年就曾设立节俭章程,劝导市民不要奢侈无度。庚子之乱后,张松泉、宋则久、刘孟扬等人先后倡导节俭,风气颇为朴厚。但不久,天津又渐渐浮华。因此,林墨青为挽回奢靡之风,联合津邑各界士绅及旅津官商发起成立崇俭会,以"量人

---

① 齐薇:《民初天津〈社会教育星期报〉研究》,南开大学,2010 年硕士学位论文。
② 张宪文等:《中华民国史》第一卷导论,南京大学出版社 2006 年版,第 9 页。

能力,各就所处地位,挽回一切社会之浮华为宗旨",提倡"无论贫富贵贱,各就其所处地位,举凡衣食起居,婚丧酬酢,皆可以矫正不良之习俗"。①《社会教育星期报》对此大为关注,进行跟踪报道。

报纸还对传统习俗进行激烈讨论。民初,天津是多重文化汇合的城市,发达的工商业、教育以及优越的社会环境,产生了强大的吸引力,吸引着大量人口不断涌入,这种聚集不仅包括商人、士绅、达官显贵,也包括大量的手工业者和城市周围农村剩余劳动力,"城市人口的异质化以及社会阶层结构的演变,城市文化也呈现多层次化"②。因此,在对待某些传统习俗上,不同阶层之间展开激烈讨论,尤其表现在天津曾出现大规模褒扬贞节烈女的活动。辛亥革命结束了两千多年的封建帝制,建立了新式的民主共和国,对于传统社会的封建统治秩序、伦理纲常、道德思想有了新的认识。由于新政府在集权控制上的弱化,不再强迫妇女遵守传统道德对女性贞节的规定,但是,当社会上出现典型的节妇之后,政府仍会给予褒奖。由于人们的思想、生活都较为动荡,出现了巨大改变,对于一些传统道德,不再盲目遵守,因此对贞节烈妇问题进行了广泛讨论。

七、机构变迁

1933 年 4 月 17 日,林墨青去世,董事长严智怡召开董事会,推举李金藻为馆长。③ 1935 年,李金藻出任河北省教育厅厅长,广智馆馆长由时任

---

① 《崇俭·天津崇俭会分呈直隶省长津海道尹天津警察厅长天津县长立案文》,《社会教育星期报》第 159 号第 4 版,民国七年(1918)九月一日。
② 罗澍伟:《近代天津城市史》,中国社会科学出版社 1993 年版,第 608 页。
③ 天津市档案馆 J0113-3-000037,为馆长林墨青逝世由李金藻继任事致市立第六图书馆的函。

河北博物院代理院长的姚彤章兼任。① 1936 年,广智馆召开第四次全体董事会,正式推举姚彤章任馆长,张鸿来任副馆长。② 1937 年天津沦陷,广智馆馆务陷入停顿,大多数职员散去,只留二人值守馆址。1939 年 10 月,日军强占天津广智馆前院作为"宪兵队西头分队部","再三交涉,始得保留后院,遂将前院陈列品、图书、器具等移入后院……在后院罩棚密集陈列,常招待参观,免于停顿"。③

1940 年,天津特别市公署财审字第 258 号公函,广智馆补助经费被裁撤。④ 1942 年 8 月,馆长姚彤章病故,董事长刘孟扬召开临时董事会,想将广智馆交与天津特别市政府,董事姚金绅亦赞同此议。⑤ 会上,常务董事俞祖鑫、陆文郁等人据理力争,最后该提议没有通过。后天津特别市政府教育局示意,如李金藻能出任广智馆馆长,广智馆仍能得到每月 400 多元的津贴。李为了广智馆维持下去,于 8 月 16 日复任馆长。⑥ 恰此时,日军驻地迁移,将广智馆前院交还。李金藻会同陆文郁恢复陈列,得到各位董事支持展品,原来五个陈列室的展览恢复,1943 年 1 月 10 日起对公众开放。⑦

1945 年日本战败投降,但连年战争造成天津严重的通货膨胀,教育局虽正常拨发经费,数额却早已远远不够。根据广智馆 1945 年 11 月支付概算书,支出总额合计 132700 元(法币)⑧,每月 400 余元经费已不够

① 天津市档案馆 J0113-3-000009-028,为本馆姚彤章代理李金藻馆长职务事给第六图书馆公函。
② 天津市档案馆 J0113-2-000039-034,为姚品侯张少元任本馆正副馆长事给第五讲演所第六图书馆函。
③ 天津市档案馆 J0110-3-001511,为增加补助费事致教育局呈。
④ 天津市档案馆 J0001-3-004076,河北省公署公函为请对广智馆等机关酌予补助。
⑤ 陆文郁:《天津的博物院事杂谈》,《天津博物馆史料 1900—1955》,天津市历史博物馆编印,1963 年,第 16 页。
⑥ 天津市档案馆 J0113-2-000102-010,为公推李琴湘代理事致第七新民教育馆函。
⑦ 天津市档案馆 J0250-1-000667-013,关于本馆开展的通知。
⑧ 天津市档案馆 J0110-3-003087-017,本馆编造民国三十四年度十一月份支付概算书。

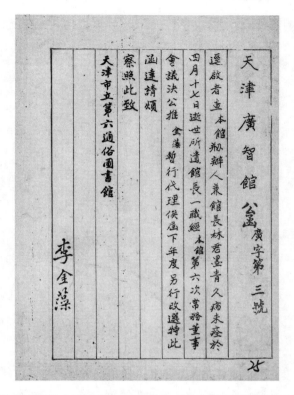

林墨青逝世由李金藻继任事致市立第六图通俗书馆的函

领款时往来车费①。为了能继续开办下去，广智馆不得已将临街房屋出租②，"月租两万元，再售入场券、参观券每张二十元，每月约两千元"③，收入全部用以支撑广智馆馆务。同时，李金藻还以馆长名义进行募捐，由陆文郁召集弟子、好友创作书画 200 余幅，举办义卖活动。④ 这次义卖所筹措的资金也全部用于广智馆运转。此时的广智馆陈列室只剩东西楼上六

---

① 陆惠元：《陆辛农先生年谱》，《天津文史丛刊》第 10 期，天津市文史研究馆编印，1989 年，第 166 页。

② 天津市档案馆 J0090-1-002208-060，为修临街房屋大门请发执照事致市政府呈。

③ 天津市档案馆 J0110-3-001511，为增加补助费事致教育局呈。

④ 《广智馆明起主办艺展》，《大公报》1946 年 11 月 15 日，第 5 版。

天津广智馆 1943 年 1 月 10 日开放公告

间及罩棚①,分为一、二、三、四陈列室"陈列品 6460 余件,包括古物、仪器、模型、标本、艺术、掌故、瓷陶、美术、乡土、衣食住行、武术等,书籍 2000 余本"②。

1948 年 9 月,李金藻去世。因解放天津战役在即,城内秩序混乱,广智馆董事会不能正常召开,不能推举新任馆长,因此馆务由陈列部主任陆文郁及庶务部主任丁国洪负责维持。年底平津战役开始,国民党军队为存放军需物资,强占广智馆,经此浩劫,广智馆再也无法开放了。

1949 年 1 月,天津解放后,军管会教育局长林子明巡视广智馆,鼓励

---

① 天津市档案馆 J0110-1-000382,为不能借用广智馆房舍事致本市市立第二十小学校指令。

② 天津市档案馆 J0110-3-001511,为增加补助费事致教育局呈。

其自力更生,早日开放。陆文郁遂率儿君采、孙惠元①开始整理院落,布置陈列,5月1日恢复陈列并开放。

1950年,陆文郁向广智馆在津30多位董事发起提议,将广智馆移交教育局接办。② 5月,广智馆顺利移交天津市教育局,并更名为天津市市立第二博物馆。1952年10月,与市立第一博物馆(前身为天津博物院)合并为天津市历史博物馆。

天津广智馆发展一览表

名称	年代	馆长	地址
天津社会教育广智馆筹备	1921.6—1925.1	林墨青	天津西北城隅文昌宫
天津社会教育广智馆	1925.1.5—1928		
天津广智馆	1928—1933.4.17		
天津广智馆	1933.4.18—1935	李金藻	天津西北城隅文昌宫
天津广智馆	1935—1936	姚彤章(代理)	天津西北城隅文昌宫
天津广智馆	1936.7.19—1939.9	姚彤章	天津西北城隅文昌宫
天津广智馆	1939.10—1942.8.12	姚彤章	天津西北城隅文昌宫(日军强占)
天津广智馆	1942.8.16—1948	李金藻	天津西北城隅文昌宫
天津广智馆	1948—1949.1	陆文郁、丁国洪维持馆务	天津西北城隅文昌宫(馆址被国民党征用)
天津广智馆	1949.1—1950.5	陆文郁主持馆务	天津西北城隅文昌宫
天津市市立第二博物馆	1950.5—1952.10	陆文郁主持馆务	天津西北城隅文昌宫

---

① 陆文郁:《天津的博物院事杂谈》,《天津博物馆史料1900—1955》,天津市历史博物馆编印,1963年,第17页。

② 陆文郁:《天津的博物院事杂谈》,《天津博物馆史料1900—1955》,天津市历史博物馆编印,1963年,第17页。

八、历史作用及影响

开埠以后，随着天津经济条件的变化、工商业的兴盛、城市功能的转变，天津传统文化领域发生了剧变，近代市民文化在此基础上应运而生。在民间与官方的共同努力下，一批为市民提供服务的公共文化、教育设施随之产生。到 20 世纪初，茶馆、剧院、公园、图书馆、博物馆等场所成为天津普通民众公共活动的基本场所，而广智馆作为天津首座国人自己创办的私立博物馆①，起到了开启民智、传播知识的特殊作用。

（一）重要的传播科学途径

广智馆不同于当时天津其他的博物馆，它更多地表现为文化馆的性质②，较为通俗。陈列的展品也以普及科学常识居多，包括历史地理、物理化学、动植矿物、生理卫生、农业、工业等多个门类，这些展品设置，正体现了广智馆的开办目的，"聚文物之精华，百工之事业于一处所，供社会民众实际之观察，作比较之研究，以求一般文化之进步，物质之发展"③。同时，展览中也对天津地方特色及传统文化精华进行介绍，如礼制风俗、乡贤文艺、地方特产等。为使展览更通俗易懂，广智馆还充分利用模型、标本、图表作为陈列手段。这些展品使得观众参观完后，能够"得着一个正确合理的人生的概念——星星、太阳的真相如何？地球如何？地球上

---

① 中国博物馆协会编：《中国博物馆一览》，1936 年版，第 55 页。
② 陈克、岳宏：《传播理性——天津博物馆事业的诞生及其社会功能》，《城市空间与人国际学术研讨会论文》，天津市社会科学界联合会，天津市建设管理委员会，2006 年 6 月。
③ 《天津广智馆特刊及办法草底》，天津博物馆藏。

的矿物、植物、动物是怎么个情形？人类的进化是怎么个情形？此社会需要此类之馆也"①。院中满墙上画的各种动物可以随便入览，所以每天无论何时，小孩子总是满院子，甚至闭馆时很费事地把小孩们哄走。② 由于在墙上绘画在天津尚属初见，因而，当年的《北洋画报》《新天津报》等副刊上有"广智馆的墙（打聊斋志异一句）——画壁"的谜语③，足见广智馆在当时受欢迎的程度。

陆文郁主持馆务时，为培养工作人员的科普能力，还曾组织科学讲习小组，教授他们天文地理知识。不管是陈列展览，还是专题的演讲会，这些人都能生动灵活地进行讲解，使观众确实得到"广智"的效益。④ 广智馆这座面向普通群众普及科学常识的场所，给当时天津民众留下了不可磨灭的良好印象。

（二）鲜明的社会教育功用

社会教育办事处的主要职能就是发展民众教育，尤其是针对中下层民众的初等小学教育、识字班、扫盲班，成为天津城市文化发展不可或缺的部分。广智馆一开始就是社会教育办事处的附属机构，其创立缘于林墨青"感于社会教育之急"，依照"社会教育实施方案以广开民智"为宗旨，认为广智馆的建立，能够开启民智、培养人才，改变中国积贫积弱的状况。其展示的内容具有一定的科学启蒙作用，能够开阔市民眼界，将长期

---

① 《天津广智馆十周年纪念报告书》，民国二十四年（1935）五月，第 11 页，天津博物馆藏。

② 陆文郁：《天津博物院事杂谈》，《天津博物馆史料 1900—1955》，天津市历史博物馆编印，1963 年，第 13 页。

③ 戴玉璞：《天津市历史博物馆》，《天津博物馆史料 1900—1955》，天津市历史博物馆编印，1963 年，第 17 页。

④ 戴玉璞：《天津市历史博物馆》，《天津博物馆史料 1900—1955》，天津市历史博物馆编印，1963 年，第 18 页。

处于封闭状态的国人带入新的公共文化空间,客观上造就了广智馆特殊社会教育场所。遇有重大节日,广智馆还降低票价,广大市民,不论男女老幼、不问教育程度,多往博物馆参观,"常常文昌宫街的广智馆门前不能通过车马"①。馆中陈列,因多为泥塑人形,妇孺尤其爱看,常有一日间多次来参观的,几乎变成妇孺的好去处。同时,林墨青还在广智馆内设立图书阅览所,发行《社会教育星期报》,扩展教育实践基地,保持社会教育办事处的传统,经常举办各种专题讲演会和大字报宣传,发挥了重要的社会教育功能,对天津地区教育事业发展产生了非凡影响。

（三）特定的局限性

社会教育办事处诞生于 20 世纪初,由地方士绅创建,是"地方士绅参与城市管理,控制上层建筑的非官方机构"②。从广智馆董事会成员来看,既有林墨青这样的传统士绅的突出代表,也有严智怡等实业家、知识分子。早期,社会教育办事处兴办小学、成人夜校、建立宣讲所、戏曲改良所、音乐传习所,甚至改革妇女缠足等陋习,对社会改良起到了积极作用。为了"传统礼仪道德赖以不坠"③,为此林墨青等还建立了崇化学会、恢复祭孔等,其办馆理念也与其他董事会成员有所不同,体现在广智馆的陈列上,不免出现像迷信色彩浓厚的出殡纸人、宣扬封建礼教的"义犬救主"以及林墨青掉落的牙齿、剪下的指甲等"纪念物"和支应八国联军的豪绅

---

① 陆文郁:《天津博物院事杂谈》,《天津博物馆史料 1900—1955》,天津市历史博物馆编印,1963 年,第 13 页。
② 常延平:《陆辛农和天津的博物馆事业》,《天津文史丛刊》第 10 期,天津市文史研究室编印,1989 年,第 157 页。
③ 常延平:《陆辛农和天津的博物馆事业》,《天津文史丛刊》第 10 期,天津市文史研究室编印,1989 年,第 157 页。

像等①,也有不少董事认为这些陈列品不符"广智"二字②。1933 年,林墨青去世,广智馆董事会推举李金藻为馆长,董事长严智怡提出,"馆中陈列,应进行整理,凡事皆应以'广智'为归"③,开始对广智馆的陈列进行了大刀阔斧的改造。自此以后,广智馆的陈列才更多地体现科普的作用。

（侯晓慧执笔）

---

①　陆惠元:《陆辛农先生年谱》,《天津文史丛刊》第 10 期,天津市文史研究室编印,1989 年,第 178 页。

②　陆文郁:《天津博物馆事杂谈》,《天津博物馆史料 1900—1955》,天津市历史博物馆编印,1963 年,第 13 页。

③　常延平:《陆辛农和天津的博物馆事业》,《天津文史丛刊》第 10 期,天津市文史研究室编印,1989 年,第 158 页。

附录一　天津广智馆简章①

（民国廿二年（1933）九月廿三日董事会修正）

第一章　总则

第一条　本馆经董事会议决定名为天津广智馆。

第二条　本馆依照社会教育实施方法以广开民智为宗旨。

第三条　本馆经省县批准以前天津社会教育办事处旧址为馆址。

第二章　组织

第四条　本馆以董事若干人组织董事会，其简章另定之。

第五条　本馆设馆长一人，综理馆内一切事务；副馆长一人，襄助馆长之为馆内一切事务处理。

第六条　本馆分设总务、征集调查、陈列、技术、编辑五部，各设主任一人，秉承馆长、副馆长掌管本部事务。

第七条　各部各设事务员若干人，承馆长、副馆长暨主任之命办理本部事务，其员额依事务之繁简定之。

第八条　馆长、副馆长由董事会推举，任期均为三年，但得推举连任。各部主任由馆长、副馆长延聘，事务员由馆长、副馆长任用之，但各部主任得由馆长、副馆长分别兼任一部或二部。

第三章　职掌

第九条　本馆各部组织暨其职掌如下：

1.总务部　主任一人，由馆长兼任。事务员四人，掌往来文件、庶务、会计及一切不属他部之事项。

---

① 《天津广智馆十周年纪念报告书》，民国二十四年（1935）五月，第6—8页，天津博物馆藏。

2. 征集调查部　主任一人,由副馆长兼任。事务员二人,掌采集一切陈列物品暨调查事项。

3. 陈列部　设主任一人,陈列员三人,掌本馆分室陈列及保管事项。

4. 技术部　设主任一人,技术员四人,学生若干人,分掌泥工、木工、摄影、绘画及制造、整理各种模型等事项。

5. 编辑部　设主任一人,编辑校对二人,掌编纂本馆各种刊物、各项出品之说明等事项。

第十条　本馆设名誉采集调查员若干人,就服务国内外各机关之人员随时特聘担任。

第十一条　本馆依所定宗旨征集陈列物品,其办法大纲另定之。

第十二条　本馆得刊行定期、不定期刊物,其简章另定之。

第四章　经费

第十三条　本馆经费分各机关补助及董事会筹募二项。

第十四条　本馆预算、决算应经董事会审核之。

第五章　附则

第十五条　本简章如有增删修改之处由董事会议决修正之。

附录二　天津广智馆董事会简章[①]

（民国廿二年（1933）九月廿三日第二次全体董事会通过

民国廿四年（1935）四月四日常务董事会修正）

第一条　董事会以董事若干人组成之。

第二条　董事会董事于组织之始由创办人就有通俗教育之学识经验或热心本馆事务者函聘之，以后即由董事会公推延聘。

第三条　董事会设常务董事十五人，由董事互选，任期三年，得连任之。

第四条　董事会设董事长一人，由常务董事互选，任期三年，得连任之。

第五条　董事长对外为董事会之代表，对内为董事会及常务董事会之主席。

第六条　董事会之权责如下：

1. 推举馆长、副馆长、常务董事。

2. 议决或追认常务董事会议定之计划及规章。

3. 审议预算、决算。

4. 筹募经费。

5. 搜集陈列物品。

第七条　董事会每年开会一次，于七月间举行，由董事长召集之，遇有重要事项得由常务董事会决议召集临时会。

---

① 《天津广智馆十周年纪念报告书》，民国二十四年（1935）五月，第8—10页，天津博物馆藏。

开会时由董事长主席,董事长缺席时得由董事互推一人为主席。

馆长、副馆长得列席会议,但不得参与表决。

第八条　前条会议以到会董事之多数表决之。

第九条　常务董事处理本会通常事务。

董事及常务董事、董事长均为名誉职。

第十条　常务董事会每年于一、四、七、十等月各开会一次,由董事长召集之,遇有重要事项得召集临时会。

第十一条　董事会及常务董事会之事务由广智馆职员兼任之。

第十二条　本简章如有增删修改之处由董事会议决之。

第十三条　本简章经董事会议决实行并函请河北省教育厅、天津市教育局及天津县政府备案。

附录三　图书阅览所入览规则^①

（天津社会教育办事处时期）

一、因地势狭隘，不设女席。

二、现在天时极短，阅览时间拟暂定为上午自九钟半起至十一钟半止，下午自一钟半起至四钟止，将来时令变更，再行延长钟点。

三、阅览本所图书者须先取领书证。

四、持领书证向司事人取书，须先从目录上看明某种注明于证上，并注明证上之所应注明之事项，取书后归座阅看。

五、换阅他种图书时，须先将原领之图书缴还，仍照前项写法书于领书证上。

六、领书证不收费，每证阅书不得过五种，但持有优待券者不在此限。

七、阅书完毕，将书缴还，其领书证即留于领书处。

八、入览人欲钞记者，自备铅笔纸册，但不得使用毛笔，以防玷污，并不得在图书上圈点批评。

九、图书未缴还以前不得随便出入，如有必须暂行离所时，须将图书交由司事人暂为收存。

十、所领图书当加意珍惜，不得任意折叠凌乱，如有遗失损坏情事，须赔偿其同一之图书或相当之金额。

十一、本所图书概不外借。

十二、饮水须就专席，不得携至座次。

十三、阅览人吐痰应就痰盂不得任意唾吐，致碍卫生。

---

① 《本处呈报设立图书阅览所并送规则文》，《社会教育星期报》第 178 号第 3 版，民国八年（1919）一月二十日。

十四、阅览人须听从本所司事之指告及揭示。

十五、年未满十四岁以上者不得入览。

十六、酗酒或疯痴等病及携带凶器动物者不得入览。

（侯晓慧整理）

第三章

外国机构在天津开办的博物馆

第一节　外国机构在天津
创办的第一座博物馆
——华北博物院

　　咸丰八年(1858),英法联军占领天津大沽口炮台,沿海河直抵天津城下。清政府被迫与英、法、俄、美四国在天津城南海光寺签订了《天津条约》。条约内容主要包括赔款、公使进驻北京、扩大领事裁判权、内地传教自由,开沿海沿江牛庄、登州、汉口、南京等 10 地为通商口岸等。咸丰十年(1860)英法联军占领天津后,又强迫清政府签订了中英、中法《续增条约》(即《北京条约》),天津被开辟为通商口岸,成为西方列强经济掠夺、政治控制、文化影响的前沿。

　　早在道光二十年(1840)第一次鸦片战争后《南京条约》签订时,英国海外布道会伦敦会①总部的董事们,就特别为此通过决议,邀请全世界的基督教会,"为对华战争的结束,为和约所获致的传教的方便,为中国皈依基督的光明前景而同心感恩称颂上帝"②。咸丰十年(1860),占有特殊地理位置的天津刚刚开埠,并设有英、法等租界。以传教为己任的英国海

---

　　①　伦敦传道会(London Missionary Society),属基督教新教教派公理宗,简称伦敦会。

　　②　朱庆葆主编:《南京大学百年学术精品·历史学卷》,南京大学出版社 2002 年版,第 1139 页。

外布道会伦敦会便派基督传教士赫立德(Samuel Lavington Hart)①来津设立伦敦会并设立了养正圣经学院,为伦敦会培养华北各地传教士的主要机构,曾培养数以百计的中国传教士分布于各城市乡镇中。这个学院就是1920年成立的新学书院的前身。②

光绪十八年(1892),赫立德成为伦敦会传教士后,"伦敦会对他大加表扬,称历来传教事业中,鲜有像他这样学历超卓的人选"③。同年10月,赫立德携妻来华后,相继在伦敦会汉口分会辖区的汉口、武昌传教。因其妻是一名护士,担任苏格兰籍传教医师马尚德(Alexander M. Mackay)助手。因赫立德夫妇与马尚德产生分歧,光绪二十一年(1895),伦敦会总会决定将赫立德夫妇调至伦敦会华北分会(位于天津法租界马大夫医院)工作。另一说称其刚到汉口不久,他的哥哥在津病故。④ 事实是,随后不久,伦敦会便令赫立德接办养正圣经学院,本意希望赫立德能够培养更多的传教士。可是赫立德认为通过办教育机构,培植拥护基督教,通晓中英语言,并且在政治、经济、文化多方面均能对中国社会产生影响的人才,可以起更大的作用,因而建议把养正圣经学院扩建为新学书院。这一建议取得伦敦会的同意和英国政府的赞许,也得到英国工商界的资金支持,新学书院得以开办。

光绪二十八年(1902),赫立德在天津法租界海大道(今和平区大沽北路与赤峰道交口,原天津市第十七中学校址)创办新学书院(Tientsin Anglo – Chinese College),亦称中西书院、英华书院。伦敦会拨给新学书

---

① 赫立德(Samuel Lavington Hart,1858—?),英国人,英国剑桥大学文科硕士、伦敦大学理科博士。其汉名也被译为哈特、哈德、贺德、赫德等。伦敦会牧师,天津新学书院(Tientsin Anglo – Chinese College)创办者、院长,1928年回国。

② 涂培元:《天津新学书院的形形色色》,全国政协文史资料委员会编:《文史资料存稿选编.教育》,中国文史出版社2002年版,第477页。

③ 邝兆江:《马尚德——谭嗣同熟识的英国传教医师》,《历史研究》1992年第2期。

④ 涂培元:《天津新学书院的形形色色》,全国政协文史资料委员会编:《文史资料存稿选编.教育》,中国文史出版社2002年版,第481页。

院的地皮共计 14.7 亩,赫立德利用原养正圣经学院的建筑为基础进行布局规划,计划在其南、北两面各建三层大楼一座,形成凹字形布局,因绌于经费,先建北楼。①

一、博物院的设立

(一)博物院建成

光绪三十年(1904),赫立德创办附设于新学书院的华北博物院(亦称天津英华博物馆、中西博物院),该博物院的建立是为了纪念他的兄长沃尔福德·赫立德(Walford Hart)②,建筑模式仿照剑桥的圣约翰学院。

华北博物院与新学书院北楼同时建筑,和大礼堂与图书馆相连。

天津新学书院俯瞰

---

① 涂培元:《天津新学书院的形形色色》,全国政协文史资料委员会编:《文史资料存稿选编.教育》,中国文史出版社 2002 年版,第 478 页。

② 赫立德兄弟二人早年来中国传教,兄长于 1894 年死于感冒。

"我们这个博物馆也和一个图书馆相连,图书馆里面有各种英文和中文图书,博物馆的服务生会向观众提供使用图书馆的规则和方法。"①

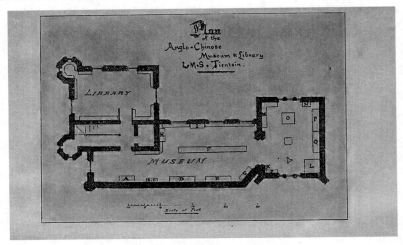

华北博物院和图书馆平面图

该博物院面积很小,只有楼上楼下四间展室,另有一间实习室。赫立德在设计建筑北楼时,就把大礼堂的楼下划在博物院内,作为动物标本陈列室。② 初为开展物理、化学等实验的教学配套设施。后赫立德组织英国教员采集我国部分地区的人文地理风貌等资料,动植物标本、矿物等标本大多采集于中国北方,英国人苏柯仁(Arthur de Carle)等新学书院教师为主要采集者。

(二)博物院宗旨

建立之初,院方提出的口号是"化鄙陋为文明,起衰颓为强盛""是博

① *Guide To The Tientsin Anglo - Chinese Museum*(《天津英华博物馆参观指南》),出版年月不详,无页码。据判断应为博物院正式开放之初编写的英文版游客参观手册。
② 涂培元:《天津新学书院的形形色色》,全国政协文史资料委员会编:《文史资料存稿选编. 教育》,中国文史出版社 2002 年版,第 481 页。

物院之设所以格物理,开民智,实大有益于国之振兴也,入斯院者,旷观各物之奇妙,更可知创造之者当若何神奇焉。"①"能开阔我们的心胸,拓展我们的视野。在这个博物馆里面,我们试图利用我们的优势和手段在小范围内向生活在天津和周边地区的人们展示这些精彩。"②需要说明的是,由于新学书院在养正圣经学院的基础上创办,加上赫立德兄弟二人传教士的身份和英国海外布道会伦敦会的背景,所以新学书院及其附属的华北博物院从一开始就带有浓重的宗教色彩。这一判断,在《华北博物院便览图》中多处可见,如"可知创造之者当若何神奇焉""可见圣道之能感格人心"等。在英文版《天津英华博物馆参观指南》中,也有很多类似的描述,如"通过研究这些大自然的瑰宝,我们对主就能多些了解,谁能创造出比主的这些作品更精彩的作品呢""上述这些模型和展品是按照学习《圣经》的顺序摆放的,看了这些展品的人们就会很容易并且能够真正理解《圣经》的真谛,这是一本最重要的教科书",等等。

　　客观地说,华北博物院是外国机构在天津创办的第一座博物馆,其展品"开民智而悦民心",成为天津早期传播西方文明和博物馆文化的窗口。③

---

①　《华北博物院便览图》,出版年月不详,无页码。据判断应为博物院正式开放之初编写的英文版游客参观手册。

②　*Guide To The Tientsin Anglo - Chinese Museum*(《天津英华博物馆参观指南》),出版年月不详,无页码。据判断应为博物院正式开放之初编写的英文版游客参观手册。

③　李暖:《来华外国人所建博物馆研究》,河南大学,2014年硕士论文,第16页。

二、运行情况

（一）经费来源

因华北博物院附属于新学书院,其经费来源并未独立,新学书院的上级机构英国海外布道会采纳赫立德的建校计划,但未拨给建校经费,只根据学院的需要增派牧师兼充教员。对于该学校经费具体来源,归纳起来大概是三个不同的途径:其一是学杂费收入;其二是来自英国海外布道会的资金;其三是来自中国上流社会的捐款。

1. 学杂费收入

据《天津新学书院的形形色色》一文称:新学书院虽直属英国海外布道会,但学校的经常费要完全依靠学杂费收入。在该校的宣传品"小册子"内附的"通启"中也称"本院永远是自给自足,1907 年全年费用 1100 英镑,60 名住校生除外(按:住校生一年须交 40 元住宿费,故除外)。"据《郑汉钧传记》①描述的情况来看,"郑汉钧以优异的成绩考入了新学中学。……去接受当时学费最昂贵的教育……"②应该说,学杂费的收入还是比较高的。

2. 来自英国海外布道会的资金

"英国海外布道会通过募捐给学校一些在经济上的帮助,此外就是

---

① 郑汉钧(1927—),祖籍广东,生于天津。香港著名工程师,曾任香港行政及立法两局议员以及香港房屋委员会主席等公职。

② 王海文:《感恩人生——郑汉钧传记》,中国铁道出版社 2010 年版,第 50 页。

担负该校外国教职员的薪金。（1）募捐：1907 年英国海外布道会汇来募捐款 2500 英镑。后来又得英侨库克捐助 1500 英镑。英国驻华公使赫德和他的朋友，给了很多的钱。1914 年又汇来一笔捐款。此外，英国教员公休回国，偶作讲演，宣传在中国传教和办教育的效果，亦借机募捐。几十年间，捐款的实际数字，究竟多少，因为是英国人主管会计，向不公开，无从稽考。（2）外国教职员的薪金：每人每月 25 英镑；其妻子也是 25 英镑，子女每月 10 英镑，按口递增。每人每三年有一次例假，薪水照发。年老退休后有养老金。外国教员中有一个例外，即李爱锐①的薪金由上海洋商商会发给，是因为这个学校为该会培养了学生的缘故。"②

3. 来自中国上流社会的捐款

赫立德注重结交权贵。他以马根济办伦敦会医院时曾上书李鸿章得到捐助为鉴，上书袁世凯进行私人捐助，他说："创办新学书院的目的，是为宣扬基督救世精神，以西方文明和科学知识来教育中国官员和缙绅和商人子弟，帮助中国发展教育。"③袁世凯于直隶总督任上对于兴办新式学堂热情很高。民国初年，袁世凯家眷迁居天津，随之面临子女教育问题。袁世凯本打算送子女入南开学校读书，并捐资助学，据说因其打算派马弁随扈，南开校长张伯苓未应。故而袁世凯改捐银 6000 两于新学书院，其四子克端、五子克权、六子克桓、七子克齐、八子克轸俱入新学书院读书。1907 年 9 月 7 日，赫立德将落成的新堂正式命名为"宫保堂"，新

---

① 埃里克·亨利·利迪尔（Eric Henry Liddell，又译作伊利克·里达尔，中文名李爱锐、李达），1902 年 1 月 16 日出生于中国天津。苏格兰田径运动员，基督教新教传教士。曾在 1924 年巴黎奥运会上获 400 米跑金牌并打破世界纪录。大学毕业后返回天津任教，同时还参与了天津民园体育场的设计和改建。抗日战争期间被日军抓入集中营中后，死于抗战胜利前夕。

② 涂培元：《天津新学书院的形形色色》，全国政协文史资料委员会编：《文史资料存稿选编. 教育》，中国文史出版社 2002 年版，第 479 页。

③ 涂培元：《我所知道的新学书院》，中国人民政治协商会议天津市委员会文史资料委员会编：《天津文史资料选辑天津租界谈往》，天津人民出版社 1997 年版，第 267 页。

学书院在大礼堂上高悬"袁宫保堂"横额,堂内挂袁世凯戎装巨幅画像。英国驻华公使朱尔典、英国驻天津总领事金璋、津海关道梁敦彦、直隶提学使卢木斋等都来参加开贺典礼。[①]

袁宫保堂内景

(二)组织机构

华北博物院附属于新学书院,新学书院的上级机构为英国海外布道会。博物院并无专门的管理机构,至于藏品征集、展览、收藏等业务工作,由学校的领导机构兼顾。据张绍祖先生研究[②],新学书院为大学学制,设有格致科、博学科、化学专门科、工程专门科、文学专门科等学系,学制四年,并附设中学班,学制也是四年。初期设书记、庶务、会计、校医等管理

---

① 《致贺新堂》,《大公报》1907 年 9 月 1 日,第 3 版。

② 中国人民政治协商会议天津市和平区委员会文史资料委员会编:《天津和平文史资料选辑》第 2 辑,1989 年,第 50 页。

机构。该院师资力量雄厚,初期有外国教员十余人,很多都是毕业于英国伦敦大学、牛津大学的高材生,十余名中国教员亦多毕业于名校。该院有固定的日常管理人员在博物院内接待答疑,《华北博物院便览图》①记载:"凡来院观玩者,于诸物若有所未解,可查阅此编,庶可知其梗概。如仍有未明,可面询院中经理之人,亦能助其解悟。"

（三）藏品征集

博物院的藏品征集多依赖赫立德组织或亲自为之,小部分是捐赠而来。据在天津新学书院任教 12 年的涂培元先生记述:

新学书院建校伊始,赫立德曾不止一次组织英国教员以游历为名,深入晋、陕、冀、鲁、豫各省,直至内蒙边缘,猎获了一些飞禽野兽,也采集了一些植物。据他们透露,因为不希望得大标本,所以只搜寻了一些小动物。在彰德府发掘的许多甲骨中找到一块珍品,有人说是商朝的;经请方若(字药雨)鉴定是周朝的。后来方若送给赫立德一片甲骨,还写了篇有关甲骨的文字。

赫立德的考察队还沿京奉线到沈阳、铁岭、新民、宽城子等处,……他们还深入吉林,对东北各地农业生产以及风俗习惯作了调查;在骨各庄还调查了车站附近种植生产染料蓝靛的情况。他们的猎获物都由英国教员苏尔比(A. C. Sowerby)剥制成标本,作为华北博物院的展览品。……植物标本中,有一部分是考察队在那几次游历中从各地采集来的;一部分则采自非洲的英属殖民地。展品还有非洲茅屋模型和弓箭等武器。动物标本如前文所述几乎完全是狩猎

---

① 《华北博物院便览图》,出版年月不详,无页码。据判断应为博物院正式开放之初编写的游客参观手册。

得来的,配以山岩草木,装置在展览室四周的大玻璃橱内。可以说是最早的场景陈列之一了。甲骨是山东廪生王体荣①捐赠的,其中25片经考古家鉴定是珍品。

博物院中还有三百多个装着泥土的玻璃瓶。这些泥土是赫立德和英国教员从华北各地采来,经过化验分析土壤性质,适宜于种植某种农作物,均各贴有标签说明。②

三、陈列展览

华北博物院开放之初,曾印刷中文和英文两种宣传资料,中文版为《华北博物院便览图》,英文版为 *Guide To The Tientsin Anglo – Chinese Museum*(《天津英华博物馆参观指南》),该资料就放在"会中书桌上"③。内容详尽介绍了该院的藏品情况,两种文字内容基本相同,均是以参观者的视角介绍,在展览顺序和部分藏品的介绍略有差别,现将两种资料相互参照,对该院藏品和展览情况进行概括。

《华北博物院便览图》将该博物院藏品分为博古处、工艺处、生物处、植物处、地产处五大处进行描述:"院中所藏诸物各分品类,均有处所,如博古处内藏古之名都大城各处图画,并古人所用器物,如夏鼎、商盘之类,皆自四方购置,陈列其中使观之者于上下数年纵横千万里之风俗、景象皆能游观于一室之中;其工艺处则汇聚各国工艺所需之器物,并所制造各

---

① 应为王懿荣(1845—1900),字正儒,一字廉生,原籍云南,山东省人。中国近代金石学家,鉴赏家和书法家,为最早收藏和发现甲骨文的人之一。光绪六年进士,授翰林编修。"庚子事变"投井殉节,谥号文敏。

② 涂小元、郭洧:《天津近代博物馆概览》,全国政协文史资料委员会编:《文史资料存稿选编.教育》中国文史出版社2002年版,第480—481页。

③ 中国博物馆协会编辑:《中国博物馆一览》,中国博物馆协会,1936年,第53页。

物,且有书籍以便考稽各国制造之优劣;其生物处则罗致各处珍禽异兽、鳞介昆虫或生或死或为人工制造,肖其形象者,各分品类,畜养陈列,使观玩者藉以广开眼界,且知畜养驱使之方;其植物处汇集各方草木蔬菜百谷群芳,使观之者察其性质、色味并其种植栽培之法,又有地产处,汇集五金煤铁各种石类,以便考稽地学者知所开采剖炼之术。是博物院之设所以格物理,开民智,实大有益于国之振兴也,入斯院者,旷观各物之奇妙,更可知创造之者当若何神奇焉。"

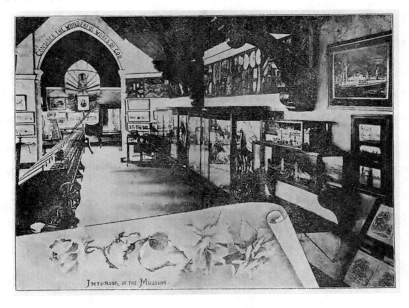

展厅内部之一　主展厅

《天津英华博物馆参观指南》中则介绍比较笼统:"在博物馆里面可以看到很多来自遥远国度的古老的、有趣的物件。因此,那些不用离开自己家乡的学生们就好像进行了几千英里的长途旅行看到了异国他乡。同样,如果有人想了解其他国家的风土人情、风俗习惯、艺术品和各种制品等,他都可以参观一个这样的博物馆而得到他想得到的信息。在博物馆里面,人们不仅能看到艺术品和各种制品,他们还可以看到动物和植物矿物晶体无穷无尽的生命形式,以及地球呈现给我们的各种各样的地貌,这些都能开阔我们的心胸,拓展我们的视野。"

概括来说,该院属于综合性质的博物馆,展品庞杂,展示内容大概分为几类:第一类世界各国风土人情、风俗习惯、艺术品和各种制品。第二类世界各地动植物标本、矿物标本等。第三类自然科学和工业技术。第四类是中国珍宝古物。

（一）展示世界各国风土人情图片、艺术品等

该类藏品以图片为主线进行布展,共有图片 81 幅以及模型、民俗藏品等。让参观者"了解其他国家的风土人情、风俗习惯、艺术品和各种制品"。图片有剑桥大学、罗马斗兽场、巴黎的卢浮宫、凯旋门、埃及金字塔等世界各地著名建筑,并在展柜中陈列部分建筑模型,如伦敦摩天轮模型、圣保罗大教堂模型、白金汉宫模型等。为了更好地表达各地的风俗习惯,则在部分图片中穿插陈列展品,比如 44 号图,是詹姆斯·查默斯（James Chalmers）肖像,他曾于 1867 年来到南太平洋群岛新几内亚,向当地人讲解《圣经》故事,此时当地居民都是野蛮的原始部落,常年战争不断,并且有吃战俘的习俗。此处的布展则在他的肖像四周陈列原始部落打仗使用的棍棒和武器以及当地居民的服饰。

（二）展示世界各地动植物、矿物等标本

此类展品以实物为主,以展柜形式陈列,展柜以英文字母编号,有 10 个左右。内容涉及工艺植物、染色植物、纺织用植物等各种植物标本,大象、长颈鹿、犀牛、驯鹿、袋鼠等中国没有的动物标本,鲸和海豚等海洋动物模型,来自伦敦大英博物馆赠送的哺乳动物藏品。来自世界各地的各种蝴蝶、蛾子、甲壳虫,各种化石、珊瑚、贝壳等 150 件标本,另外还有采集自直隶省各地的各种各样的昆虫标本。

《天津英华博物馆参观指南》①记载择要摘录如下:

　　围绕着墙壁是植物展柜,展示150件各种植物标本,包括,蔬菜,谷物,豆类,野豌豆,工艺植物,染色植物,纺织用植物,药用植物和有毒植物,草本植物,苜蓿属和巢菜属植物。

　　在博物馆的北边有一个展柜D,里面有50件动物模型,大多数都是中国没有的动物,比如大象,长颈鹿,犀牛,驯鹿等。狼和狗被放在一起展示,供观众进行对比,还有豹子,老虎,美洲狮,家猪和野猪。还有,鲸鱼和海豚,不过鲸鱼是缩小了的模型和海豚不是一个比例尺,另外还有袋鼠,鳄鱼,海豹和许多其他动物。

　　旁边展柜E主要是来自伦敦大英博物馆赠送的哺乳动物藏品。其中有一只蝙蝠;一只在英国被射杀的豹子;一只来自非洲好望角的蹄兔,就是《圣经》中提到的"蹄兔";来自非洲西部的一种羚羊,叫作"古维尔(guevel)"',还有鼩鼱,鼹鼠,一只在英国伯克郡捕捉的水獭,一只豪猪,一只松鼠,一只来自中美洲尼加拉瓜的灰毛松鼠,印度松鼠(Raffle's squirrel),等等。

　　在展厅的中间是另一个长展柜——展柜F。展示昆虫、化石和矿物标本,这些标本也是大英博物馆赠送的。展柜F中第一部分是甲壳虫类,动物的名称写在标本旁边。比如,第10号就是"射炮步甲",当遇到危险时,它们会用身体后部攻击敌人,然后趁机逃跑。第48号标本是"犀牛甲虫";53号是非洲西部的"巨型甲虫"。萤火虫,叶甲虫,长角虫等等,以及许多其他种类的甲虫。后面还有蟑螂,蝗虫,蚂蚁,黄蜂,蜜蜂和蜻蜓。下一部分是来自世界各地的各种蝴蝶。值得一提的有鸟羽蝴蝶,燕尾蝴蝶,阿波罗蝴蝶,眼蝶,以及第

---

　　①　*Guide To The Tientsin Anglo - Chinses Museum*(《天津英华博物馆参观指南》),出版年月不详,无页码。据判断应为博物院正式开放之初编写的英文版游客参观手册。

411号标本艳丽的蓝色帝王蝶。周围是白色、黄色、硫黄色、蓝色和铜色蝴蝶。然后是蛾子,死亡头蛾,天蛾,象鹰蛾,舞毒蛾,蚕蛾,皇蛾,肯特郡荣耀蛾等。

展厅内部之二　蝴蝶、昆虫等标本

下一个展柜中可以看到蚕的各个生活阶段的变态标本,以及蜜蜂及其产品。展柜旁边的是采集自直隶省各地的各种各样的昆虫。下一个部分是各种化石,每件化石都有自己的名字。其中有很多植物化石,一件螃蟹化石,产自白垩土的化石,蛋化石,红色岩石标本等。最后是150件矿物标本,比如铁矿石,铜矿石,冰岛的方解石,石膏,石英,云母,石榴石,日本的辉锑矿,玛瑙,来自马来半岛的石英矿脉中的金子,等等。

在窗户的另一侧有一个大展柜,里面是鸟类的剥制标本(体内填草),鸟类的名字展示在旁边。这些鸟也是大英博物馆赠送的。

展柜 J 展示的各种珊瑚礁,在珊瑚礁展示周围是来自世界各地的贝壳。贝壳的名字和产地都标在贝壳旁边的标签上。旁边就是一个小展柜——展柜 K,在这个展柜里面有一些采集自熔岩层的岩石标本。

(三)展示自然科学和工业技术

其中自然科学通过小型实验装置,较为直观地展示自然科学基本原理。如发电机原理和电解水实验、视觉暂留现象、留声机原理、X 射线装置、地球月亮和太阳相对运动的模型等;工业技术展示包括有轨电车模型、电报装置、莫尔斯密码打印设备、纸张生产工序、印染工序、制造铅笔和肥皂的工序等;另外还涉及部分光学仪器设备,如显微镜,照片显影设备,偏光镜,分光镜,对称镜、望远镜等。笔者判断,因该博物院附属在学校内,故有很多展品类似教学模型。值得一提的是,这部分很多装置和设备都会定期演示和讲解。

《天津英华博物馆参观指南》①记载摘录如下:

在博物馆的这个角落上放的是一个发电机模型。这个发电机基本上和广泛使用的发电机是一样的。这个发电机可以把人体的能量转换成电能点亮电灯,并能把水分解成氢和氧。在博物馆里,这个发电机不断表演这两项实验,使观众了解到电的应用。

另一个仪器是用来证明人的眼睛有"视觉暂留"功能的,即,当人们看到一个物体,而这个物体移走后,它的影像仍然留在视网膜上一段时间。在博物馆里的演示是这样的:观众先看到一个蓝色物体,这个物体马上就变成黄色,然后黄蓝迅速变换,人们看到这个物体就

---

① *Guide To The Tientsin Anglo – Chinses Museum*(《天津英华博物馆参观指南》),出版年月不详,无页码。据判断应为博物院正式开放之初编写的英文版游客参观手册。

展厅内部之三　电车模型

是叠加的绿色。我们的眼睛还可以组合其他颜色。这个实验解释了"电影"的原理。这是博物馆的展示手段之一,使用这个原理,博物馆定期向观众演示一些有趣的表演。

另一个实验展示的是,物体产生的声音是一种振动,振动频率越快声音的音调越高。下一个实验展示的是留声机的原理:留声机我们经常用到,留声机可以把很多声音保留并重新播放出来,比如乐器的声音、乐队的演奏、唱歌、说话、动物的叫声,铃声等。

在这个长展柜上面是一段小型铁轨,上面是有轨电车在行驶,电车里面有一个小型发动机驱动车电车模型在运动,其工作原理就和在实际交通中跑着的电车一样。

展柜 G,展柜中按照时间顺序展示了一个有动力的电动工业机器和一个莱登瓶电池(一种瓶装液体电池),还有很多有趣的实验,比如 X 光的透视实验等。

展柜 H，这个展柜中展览的是 X 射线装置，一个感应线圈，以及一个高压放电装置。这些装置和设备都会定期演示和讲解。还有一个地球、月亮和太阳相对运动的模型。这个装置把白天和黑夜的转换、四季的交替、日食和月食的成因等都解释得十分清楚。在这个展厅的入口和出口安装了一套电报装置，观众可以看到电报是怎样传递信息的。这里展示了针形打印机和摩尔斯密码打印设备。

展柜 I，这个展柜中是各种各样的关于光学的有趣的仪器设备，比如，显微镜，照片显影设备，偏光镜，分光镜，对称镜等。观众穿过拱门，就会看到一个望远镜。白天的时候，观众可以通过望远镜看到远处的景物，偶尔晚上也用这个望远镜看星星。望远镜可以放大物体，它放大的物体表面是裸眼看到的表面的 40000 倍！

还有用于印染各个工序的材料；化学染料，植物染料，还有染成各种颜色的展品。来自英国，林西煤矿，中国唐山的煤，可以看到植物的痕迹；一件很好的标本是芦木（Clamites）。除此之外，还有石墨，泥炭，琥珀，蜡，石蜡，以及制造铅笔和肥皂的工序照片。纸张生产工序，从纸浆到各种用途的纸张；每种纸张都有编号，便于观众区分各种纸张。还有玻璃生产程序的展示，有用于玻璃中的各种化学品，以及各种玻璃的展示。

（四）展示中国珍宝古物

此类物品在《天津英华博物馆参观指南》并未涉及，在《华北博物院便览图》中也只是简单地提到"如夏鼎、商盘之类，皆自四方购置"，至于陈列位置和说明情况等均未提及。1936 年，中国博物馆协会编辑的《中国博物馆一览》记载该院藏品第六类为"王懿荣旧藏甲骨一部分"，其中

25 片为珍品。① 1908 年 5 月出版的新学书院校刊《校园回声》载有英国驻津总领事金璋（Lionel Charles Hopkins）的专题研究文章。② 另据前文陈之翼先生函中称，"前华北博物院遗留的古物范增剑"，且"经本局③前径了解，该校确存有上项古物"，该藏品现今下落尚不清楚。此外，据王勇则先生《赫立德（Samuel Lavington Hart）》一文称，有一批中国官绅捐献的青铜器、玉器、陶器和工艺品等珍宝古物，尚未发现佐证材料。

值得一提的，该馆还提供讲解服务，"这本小册子④将有助于观众参观华北博物院；如果这本小册子还不能满足观众需求的话，博物馆的工作人员非常乐意提供更全面的咨询和讲解"。

四、结束和藏品去向

据"天津近代博物馆概览"⑤所述：1928 年赫立德退休回英国，因继任者栾嘉立（C·H·B·Longman）保管不善，大部分动植物标本霉烂，只能作为垃圾处理掉了，展室也改作大教室，该博物院即停办，其藏品中的鲸骨骼标本后被送往河北省种植园的博物馆，其余的下落不明。1930 年，因为新学书院只有五个学系，不符合当时国民政府教育部规定的高等院校学系规模，所以改为天津私立新学中学。1936 年，中国博物馆协会编辑的《中国博物馆一览》称该院"现因经费无着，暂行停顿"⑥。抗战期间

---

① 涂培元：《天津新学书院的形形色色》，全国政协文史资料委员会编：《文史资料存稿选编. 教育》，中国文史出版社 2002 年版，第 481 页.
② 王勇则：《痴心敏求汉学情——英国驻华领事金璋的甲骨缘》，《北京档案史料》2007 年第 3 辑。
③ 指天津市人民政府教育局。
④ 指《天津英华博物馆参观指南》或《华北博物院便览图》。
⑤ 涂小元、郭洧：《天津近代博物馆概览》，全国政协文史资料委员会编：《文史资料存稿选编. 教育》，中国文史出版社 2002 年版，第 205 页。
⑥ 中国博物馆协会编辑：《华北博物院》，《中国博物馆一览》，1936 年版，第 53 页。

私立新学中学被日伪改为市立第三中学和日语专科学校,该日语学校即占用华北博物院址。[①] 笔者判断,此时的博物院因对日语教学并无太大用处,而逐渐荒弃。

抗战胜利后,1947 年复称天津私立新学中学。解放后改名为天津市立第十七中学。此时的华北博物院,历经变迁,已经很难有完整的展陈了。据天津档案馆藏档案[②](中华人民共和国文化部文物管理局函第 175 号):曾就读于新学中学的陈之翼先生向文化部文物管理局去函,反映天津市新学中学残留的前华北博物院遗存的新石器时代遗物及范增剑的情况。他于 1951 年就读新学中学,由于对生物感兴趣,故得以参加当时该校生物实验室的建室工作,首先清理了原华北博物院的残余物品。信中称:"所以称为残余物品,是因为该博物院早已结束,经过日本帝国主义和国民党统治时期的无人注意和私人掠夺,所剩仅是一点残渣了。而且听说在解放初期,由于该校一切尚未步入正轨,曾因打扫原华北博物院旧址,而把一些早已无人注意的标本之物随意处理了。较大的、较笨重的当做废物堆起来,较小的被当作垃圾和尘埃一起扫掉。故所受损失的价值是无法估计的。"因陈之翼先生为该校学生并亲自参与清理博物院遗存,而且距离此时间很近,此信又是正式上书国家部委,其说法定当慎重,故笔者认为该说法有较高可信度。唐山大地震中,新学书院老校舍全部被震毁。1980 年,天津市第十七中学在原址重建新校舍。2004 年,新校舍在大沽路扩建工程中被完全拆除。现已踪影全无。

---

① 张绍祖:《天津新学书院简史》,《天津和平文史资料选辑》第 2 辑,1989 年,第 52 页。

② 天津市档案馆藏档案 X0199-C-229-23,中华人民共和国文化部文物管理局函第 175 号,1955 年 10 月 19 日。

五、历史作用及影响

由于华北博物院附设于教会学校"新学书院"之中,虽然声称对外开放,但社会上的普通中国人无法自由地出入该校,因而导致参观该博物馆的观众很少,故影响有限。① 但作为天津最早的教会博物馆,其藏品征集、收藏、展览陈列和研究都按部就班地开展,形成一个比较完整的博物馆体系,对后期其他博物馆的建设无疑具有指导意义和示范作用。正如《华北博物院便览图》中所说:"后日中华博物学兴,未必不由此滥觞耳。"

(徐燕卿执笔)

---

① 陈克:《心向往集:献给天津博物馆成立九十周年》,天津古籍出版社 2009 年版,第 266 页。

附录 《华北博物院便览图》(节选)

　　传曰,人心之灵莫不有知,天下之物莫不有理,以人心之灵穷万物之理,是谓格物学者。苟能即物穷理,则人之灵明日启,识见日增,化鄙陋为文明,起衰颓为强盛,此博物院之所由殷也,泰西诸国,凡通大邑,无不设有博物院,而英国之伦敦尤多,凡天下各种物类,有益于人之学识者,无不广搜博取,汇集院中,使人随意观玩,以扩其识见,院中所藏诸物各分品类,均有处所,如博古处内藏古之名都大城各处图画,并古人所用器物,如夏鼎、商盘之类,皆自四方购置,陈列其中使观之者于上下数年纵横千万里之风俗、景象皆能游观于一室之中。其工艺处则汇聚各国工艺所需之器物,并所制造各物,且有书籍以便考稽各国制造之优劣。其生物处则罗致各处珍禽异兽、鳞介昆虫或生或死或为人工制造,肖其形象者,各分品类,畜养陈列,使观玩者藉以广开眼界,且知畜养驱使之方。其植物处汇集各方草木蔬菜百谷群芳,使观之者察其性质、色味并其种植栽培之法,又有地产处汇集五金煤铁各种石类,以便考稽地学者知所开采剖炼之术。是博物院之设所以格物理,开民智,实大有益于国之振兴也,入斯院者,旷观各物之奇妙,更可知创造之者当若何神奇焉。

　　本院创设不过草具规模,较诸泰西之博物院固不敢望其肩背。然中华人士亦可藉之略增学识,稍得西人所获之益。凡来院观玩者,于诸物若有所未解,可查阅此编,庶可知其梗概。如仍有未明,可面询院中经理之人,亦能助其解悟。凡来院观玩未达其理者,可于书社考稽,欲知书社之章程,面询经理之人可也。

　　博物室入门右转即可见。

第一号图,此图系本书院之图,按本书乃为记忆赫辅德①先生者。先生盖本院主人之弟也。

第二号图即赫辅德先生之小照,先生来华特为辅助华人,使知最要之理寓于湖北武昌,甫及一年,蒙主召归天建造斯院,盖所以纪念之也。

第三号图乃英国堪伯利基城之约翰书院,本书院乃仿其式而造,堪伯利基系著名之城,此城大书院甚多,有数百年前所建者,约翰书院乃四百年前为英之太后所建,此图计有三纸,为一书院之大门,一为学生之住室,一为著名大桥。

第四号图亦有三纸,首为堪伯利基之皇家书院,乃英之前王第六亨利所建造,其图内最高之屋为本书院礼拜堂,此堂之辉煌壮丽,罕有其畴。每日书院之学生聚集其中以拜主焉。其右稍低之屋为书社,内藏书百万卷,任人纵观,再右半隐半露之屋乃考试学生之处也。其第二画为堪伯利基之皇后书院,乃亨利之后所造者,此二书院均造于前明正统年间,至今已五百余年矣。第三画乃堪伯利基之博物院,系本城一学生所建造者。

第五号图为堪特伯利会堂,乃英之第一大会堂也,昔英国未振兴时,圣教初传至英,首至此处,故英人于此建一最大之礼拜堂以纪念之,此图共有二画,一为堂外之形状,一为堂内之形状。

第六号图为英皇加冕之图,英皇行加冕礼系在一极古之会堂,沿旧历也。图上有大臣执依仗为前导,次又有大臣捧王冕金杖地图排班而行,此冕甚古,已将近千年,以赤金为胎,上嵌珍宝,镶有巨金刚石一枚,为天下第二价值。金杖表君权之意,地球表管辖土地之意。再次为大监督,手捧圣经,为加冕时呈于英皇者,后则为英皇冠礼冠服带披礼服,旁有二监督夹侍,后之执戟相从者则卫士也。

第七号图乃英皇之宫,名文字尔,此宫建于八百三十年之前,其附近

---

① 此处"赫辅德"指兄长沃尔福德·赫立德(Walford Hart)。如前所述,华北博物院的建立是弟弟赫立德(Samuel Lavington Hart)为了纪念他的兄长而建,也是此书编辑目的之一。

处有著名大书院,其第一画乃远望其全形,第二画乃近观其真象。

第八号图计有三画。第一画乃英君主维多利亚之夫君亚罗伯特之遗念像,此像在一大花园中建造一亭,及其壮丽,像立于亭中,按亚罗伯特君之为人,德才兼优,英民之兴盛大抵多其谋划,故英民莫不爱之,及其薨也,英民为之造此像以纪念之。第二画乃伦敦第一著名之大博物院内藏最古之物及珍奇罕有之物甚多,名英国博物院,此院天下罕有其匹。第三画乃英国极繁华之街,名齐布赛得,其中为马车路,两旁为人行之路,马车路有来往载客之车,行人均称便焉。

第八号图之右玻璃柜内上格左有纸质楼房,一座乃英国伦敦第一大礼拜堂之式,此堂名保罗堂,其顶之最高处高三十六丈,观第九号图之第一画即此堂之图也,其临街之门皆下有铜板一,前女皇维多利亚于一千八百九十七年贺登极六十年大庆时,曾立此处谢上帝赐其国之太平焉。柜内上格之右有一纸质所造之望远车,其式为一大轮,高二十余丈,轮之四周有活车箱三十二具,略如中华戽水车之式,其轮架两旁有门,人从此入即可等车箱中,然后运动以机器大轮自传,车随轮转,上升高至二十余丈,可以望远,后复随轮而下,每车可坐十人,柜之下格乃日本古皇所御之辇,乌牛驾辇随俗尚也。前有御前大臣数员,各执仪仗为前导,柜之中格乃日本古时军垒,此为日本奇迹之一,其顶之鸱尾高八尺,乃赤金所造,每座值洋十八万元。

其屋内壁间有名画极其佳妙。

第九号图第一画即保罗堂,乃伦敦第一之大礼拜堂也,内可容万余人拜主,第二画乃英国最古之礼拜堂,系七百年前所造,历代英皇行加冕礼均在此处。

入博物室东窗之前,左有一架,其玻璃瓶中盛有各种毒物,如毒蛇、鳄鱼等类,俱属真体,又有一大蛇之骨,其处皆标以名,以便查验。

窗右一架有房屋一座,乃日本居室之式,查日本居室多以木为之,盖日本多火山,每有地震之虞,若以砖石造屋,当地震时,甚易倾覆,故多以木为之,其室中大抵无桌椅床凳等器,人皆席地坐卧,入门脱屐置于门外,与中华古礼相近。

第十号图亦为英皇加冕之图,前图乃英皇大臣等将入堂之状,此图乃在堂内加冕之状,其中间乃英皇帝即位在此处行加冕礼,前一座乃英皇始入堂时所坐之位,左旁一座乃皇后之位,两旁侍立者有圣教之监督,宇皆朝廷大臣及尊爵之人,其楼上则皆王公大臣等之夫人眷属也。

第十一号图亦有三画。第一画乃英国之议政院也,在伦敦之塔米西河滨,建于六百年前,其门楼高三十五丈,长九十丈,宽三十丈,其钟楼之时辰钟面直径宽三丈,议院之工甚巨,皆巨石所造。第三画为院门,过堂内面形式两旁所列石人皆英国古时名人,有功于国者,故造其像列于此处。其第二画乃前水师提督内洛森之遗念像,盖百年前英与法战,此人战功甚著,故为之造此像以纪念之,像为精铜所造,立于石柱之巅,柱下石台雕琢精细。

第十二号图亦英议政院图,说已见前,但此图略大耳。

第十三号图乃伦敦塔米希河之大桥,长八十丈,宽六丈,高十三丈,桥以铁为之,桥楼则精石所造,桥计二层,上层为天桥,若有大船经过,则以机器将桥自两旁曳起,船过后复以机器放下,于桥吊起时,两岸行人入桥头之石楼,楼有机器,人入其中,机器自起,人便可升至楼顶,由此渡天桥,入对面楼中,复由机器而下,其傍玻璃盒中即纸造此桥之形式也。玻璃盒上层乃伦敦皇宫之形式也,英皇在伦敦时,即居于此。宫以白石为之,内皆电灯以机燃电,则通楼皆光如白昼。

第十四号图,绿树数章,内隐矮屋数椽,规制质朴,颇有乡村气象,百年前法国有王后,每于夏令避暑于此,以尝村居风味焉。

第十五号图乃法巴黎城之礼拜堂楼梯也,制造精妙,颇有可观。此梯乃盘旋而上,其势如盘香,然此堂之下为法女之墓,女名金衣卫,于一千四百年前,有凶恶苗人驱扰法境,法君无力抵御,幸得此女勇略性成,率兵驱逐苗人以拯国难,及其终也,即埋葬于此,故国人在此造一会堂以纪念之。

第十五号图之右有木架悬木十二段，每段各有三面，一为带皮之面，一为刨光之面，一为上油之面，以便留心植物学者察其材质之坚软，验其木理之精粗，以知其当作何用，其上下之十二图乃此各树之形状也，此其当作何用。其上下之十二图乃此各树之形状也，此十二树为杨、桦、白杨、菩提、胡桃、枫、橡、松，余四种待考。

十六号图为英前女皇维多利亚之像，女皇自西历一千八百三十七年登极，崩于一千九百有一年，计在位六十四年之久，古今各国罕有其畴寿八十二岁，为人才得兼优，慈惠爱民，在位之日，英日以兴，国人无不爱戴，即他国之军民亦多爱之如母焉。

十七号图为英当今国皇之像，皇名爱都亚德，此像乃戎装悬挂宝星多枚，手中执者乃兜鍪也。

十八号图为伊及国尖形高台，此即上古埃及国王陵寝也，其最大者高四十八丈，此塔乃上古所造，至今四千七百年，约在中国皇帝之后少昊颛臾之间，盖埃及为最古之国，世之各国鲜有如埃及建国之早者，其下有隧道，由隧道至殡宫深三十二丈，殡宫高一张长四丈宽三丈，其附近之高树即椰树也，此树多生于热地，以埃及距赤道近，故多此树耳。

第十九图乃罗马之公乐场，皆以巨石建造，式椭圆，四周如楼者皆观剧者之座位也，其座环拱内向后高，前下式，若阶有若干级，可容八万七千人，当中乃演剧处，其戏或以人斗兽，或使二人相斗，斗兽之戏多以罪囚与狮虎之属相斗，人力尽则为狮虎吞噬，观者以为乐。古昔圣教受迫害时，信徒之受此刑者甚众，以人相斗，大抵以奴为之，谓之舞刀奴，演剧时两家主人均在场观，令两家之奴各持利刃相斗，如一人负，则胜者持刀拟负者之身，而目视负者之主母，如其主母以拇指下向，则刃随之下，负者立毙，其惨如此，而罗马人以此事能壮人之胆，其心之残忍可知矣。今救世圣教已被欧洲化其残忍之习，易为仁爱之心，非但无此恶习，并已革除为奴之风矣。

北墙迤西有二玻璃架，内有各种生物形象，有中国有者，有产于他国者,第一架内皆人所制造像生之物,其中除鲸鱼外,其大小约皆十分之一,盖鲸鱼之体甚巨,世之生物未有如其大者,鲸鱼之身约长七八丈至十余丈不等,高阔约有丈余,首长将及二丈,尾阔一丈八尺。多居北海。雄者名曰鲸,雌者为鲵,他鱼皆卵生,独鲸鲵及海鲀胎生,胸有肺有乳,不能常潜海底,必时浮水面呼吸生气,其力甚大,每一掉尾拨拉,则海浪沸腾,舟船皆覆。鲸鱼旁即海鲀也,其小者为鳁鱼,肝可制油,力能补肺,医家每用之。

架上生物位置各从其类,如虎豹猫为一类,松鼠袋鼠等为一类,麋鹿獐麂等为一类。松鼠又一种亦为麋类,西名之猎猢,即鹿豹,项长八尺,自项至踵高约丈七尺,专食树叶,翘首虽高,树亦可攀折,此种多产于亚非利加。又骡马驴为一类,又有一种野驴产于亚非利加之深山,遍体虎纹,奔驰甚速,捕之匪易。其牛类中有一种为犀牛,又曰兕牛,鼻生一角,古人以之制杯,如毛诗所谓之兕觥是也。犀牛角甚贵重,古有以之为带者,今则中华入药品,其价甚昂。鸵鸟虽亦鸟类,然与他鸟迥殊,高七八尺,因其有二趾,如驼,故名鸵鸟。有轻羽而无健翎,故不能飞,而善走,疾如奔马,其羽毛甚美,西女用以饰冠,其价甚昂,性颇顽钝不灵,产于西非利加沙漠野地。土人获之,养使驯熟,可代坐骑,甚为得力,非如乘鸾驾鹤之徒,托空言也。

熊多产于北方严寒之地,力最大,能以二足人立而行,色有白黑棕三色,其大者为黑,白色产于北极,若自足立地,高四尺,身长七八尺,力大无伦,能以前爪抱马而行,他兽为其前爪,一拢即死。性极爱子,而子亦甚爱其母,每至冬令,则入地成蛰,其掌甚美,中国列于八珍之数。与独峰驼之驼峰并重。

野猪力大而皮坚,刀剑皆不能伤,性甚猛。猎者遇之必以火器始能毙之。海狗形似狗,居于海,其外肾有以之入药者,其皮甚佳,用以做裘,价极贵。大龟古以之占卜。鳄鱼虽亦鱼类,然具四足能行于陆地甚速,齿利如刀,大者每能噬人,以为地方之害,唐时潮州有此患,韩文公曾为文以驱之。

第二架生物皆为真物,非人造者。唯其眼则伪。腹中去其脏腑,实以草屑,俨如生时。其大者为羚羊,华医每以其角入药,价亦昂贵。其身长而尾巨者为水獭,每伏水中以鱼为食,记曰獭祭鱼即是物也。人取其皮以为衣,多有以为领袖者,价亦昂贵。又有猫形者,乃野猫也,性凶足捷,每窃食生物,以为人害。松鼠亦有数种,形如鼠而尾巨,常在树间窃食果类,多产于印度,亦有亚美利加者。中国亦有之,特略。小耳飞鼠又名蝙蝠,形如鼠而有肉翅,翅端有钩,可以悬挂,出皆以夜,因其昼不能见也。又有田鼠,色黑,常在田间。善作窟穴。猬遍身有刺,若遇有惊畏或愤怒,则耸刺如箭,以为卫,如力不能敌,则缩其首足如球,任人拨弄,亦不出焉。

兽之种类甚多,有食草者,有食肉者,有翻茎者,有食谷果者。其数不可胜计,此不过择其不常见者粗具大略,未为全备,后日中华博物学兴,未必不由此滥觞耳。

电器之功用甚大,笔难尽述,兹唯就其易见者略言之。人力电机,西名代那模。此等电机以人力发电,其巨者则以机器之力转动之机轮转动,则电气自发,或用此法为电灯或以电气传入水中,则能分水为轻养(氢氧)二气,医家亦可以此法疗治疾病,此电灯及分水器,本院皆有,可以随时试验。

光学仪器　此器以铁为架,上置圆形纸片,共七色。转动机轮则纸片随轮而转。如以黄蓝二色纸片,以轮转之人目所见,非黄非蓝,近于绿色,盖以轮转疾速,一色之形才入目,又继以他色之形,后形虽来而前形尚留于目中未去,故二色相混,人视之近于绿也。若纸片七色具备,轮转至急则成白色。日光色白,因其具七色也。西国本此理以作玩具法,以长纸画数十人形。首一形人并足而立,次形微开,其足三则足开渐大,逐渐开大,至于成步继,则足又渐合,逐渐相近,以至相并。再将此画围置于高铁圈内,铁圈墙之四周均有长空,以机轮令铁圈疾转,人自圈之长孔向内观之,则见其画上人形两足活动如奔走之状,此盖因画上多像随轮疾转,前形尚留目中,后像又至,故人观之似奔走也。其电光活动影戏亦本此理而造。盖亦有长画多像机器运动其轮,则众像逐渐疾过。故人见其生动如真也。此等玩具本院皆备,偶或一观亦可。

声学机器　夫声者由于空气动荡而生波浪,此气浪触人耳内底膜,则成声。声之大小由于气浪之大小,声之高低由于气浪之疾徐,盖气浪疾则声高,徐则声低。然气浪又何以有大小疾徐之分,则在乎激触之不同,如琴瑟之弦,大弦音高小弦音低者,以大弦被挑拨时其动颤较徐,小弦受拨,其动颤疾耳,至于长弦音高,落弦音低者,以长弦必紧,紧则动颤之势疾,落弦必松,松则颤动之势徐,因弦之颤动有疾徐之不同,故空气生浪亦有迟速之。或异此音,所以有高下之分也。如验声机器上之四铜轮,轮各有齿,齿有疏密之分,故发音有高低之判。法应转动轮机,则上之铜轮随之而转,试以硬纸片或铜片逼近铜轮齿际,则齿之密者发音高,齿之疏者发音低,盖铜轮转时,齿之密者其动速,齿之稀者其动速迟。故其触于纸片也有疾徐之判,而空气被鼓荡生浪,亦有疾徐之分,此声之所以有高下也。

留声机器即俗所谓匣子者,亦本此理而造,其法以树胶质制一平圆板,将此板置于机上,机有一管,管端以铜为口,如喇叭式,管之下端有薄膜,膜下有锥,甚锐,机动则胶版随转,人若对喇叭口发声或歌或言,则其声鼓动空气生浪,入于管中,以触管底之膜,既被鼓动,则膜下之锥随之高下,锥尖即划线于圆胶版,其锥尖为版之凹凸,所动而微颤,以动空气则生。此声仍由管达喇叭口以供人听闻焉。

博物室中央之玻璃长架上有铁路形式,又有小电车一辆,若发电机车能自行于铁轨。

其玻璃盒中第一盒为虫类,有卵生者,有湿生者,有化生者,皆自各方搜罗而得。约二百余种,分为二十七类,其最巨者乃产于亚菲利加州。又有鼻端一角若犀牛者,各种名目皆录于旁,均有号数,以便查考。其次为蝗属、蜂属、蜻蜓属,更有六百余种系产于直隶者。

第二三盒均为蝶类,共二百三十四种,五色俱备,光彩陆离,非人力所模仿而作,足征造物主生物之妙。虽一虫之微,尚畀以如此华丽之饰以荣之。其次为蛾类,蝴蝶昼出,蛾夜出。蝶之翅大身小,蛾之身大翅小,其彩色逊于蝶。共二百零四种。

第四盒为蚕类,亦有数种,自蚕子育成蚕,养蚕以桑,以至做茧变蛾,遗子并煮,茧成丝,纺丝成线,织线成帛,均有成式。俾留心蚕桑者以便考究。

第五盒为蜂类,其最巨者为蜂王,能管辖群蜂,颇具法度,其雌者能采百花精液,以酿蜜。其雄者唯坐食,并不工作。蜂王常在房中,不轻出。若蜂王一出,则群蜂拥随,蜂王栖于何处,则群蜂团聚连缀一处,并不分散,其多孔排连者为蜂房,其黄色成块者为蜜为蜡,学者留意考之,亦博物之一道也。

第六七盒内为石类。石有多种,有植物成者,上古洪荒之世,尚未生人,地面草木昌茂,迨后,地内之火鼓荡,地因之大有震动,其为火力冲出高耸者为山、为岛,其塌下者为湖。海地震动时地面草木被压地中,或因水势冲激,携带泥沙掩盖地面,以致草木被压于下。火力熏烁历时既久,则变为石,质如各种煤是也。有生物成者,上古未生人时,地面多水,是以水族充斥,凡蚌螺蚝蛎之属,被压地中,年久其壳亦化石质。

第八又有各种矿料,如金银铜铁之类,皆生于石中,以法炼去其石,始能应用。其余青石、白石、紫石、花岗石等,计有多种,旁均有名。所产之处不同,有产于地内者,有产于水底者,有产于矿中者,有火所成者,有水所成者,种类不一,性质各殊。地学家按其名目考其形质,亦甚为有用之学。

第二十号画计三图。一二图为堪伯利基之书院图。三图为亚格斯佛得书院图。

第二十一号图计三图。乃苏格兰地之景物,中间之图乃苏格兰名士司格提先生之遗像也,先生著述甚富,才学兼优,左乃其住宅之图,右乃最古会堂也。

271

第二十二号图亦为堪伯利基近河一带之景物。

第二十三号图。第一画乃苏格兰都城埃顿百洛。图二画乃铁路之大桥,此桥在佛斯河口,长五里,每空一里,普世之桥无如此之大者。桥距水面高十五丈,造桥之费用共用银洋二千万元。

画下木架有各种草类。有可入食品者,有可饲牲畜者,有能入药料者,有能制颜料者,有绩线织布者,共计一百五十种,每种各有名目。

第二十四号图画。左右二图乃英国韦力斯最高之山,山顶建有房屋,中央图乃山水,自上下流成瀑布,极为可观。

第二十五号画图。乃英国西方克娄韦力之山路,其左图为英西方临海之极高山岩,岩上有以礼拜堂,已历多年,航海者遥望此礼拜堂可以识海路,知所趋避。

第二十六号图画。一为韦力斯堪卫之旧军垒,皆以大石造成,乃六百年前所造者。一为韦力斯海之离宫,名碯尔拿文。乃六百年前英国战胜韦力斯后所造者。英王在此生一子,名韦力斯王,故至今英太子犹有此称。

第二十七号画图。乃英彻斯得城楼房,此房乃多年前所建,至今皆属旧式。

第二十八号图。第一图乃法国之大画院,名韦赛洛。墙壁皆悬名画,上绘法国前代兴他国战事,皆极生动。第二图乃巴黎斯,礼拜堂之式乃二百五十年前所造者,甚为美观。第三图乃巴黎斯之大博物院。

第二十九号图画乃瑞士国山景。左右二图山景之白色者为雪,其高可知。中央之图乃瀑布,自上而下长九十丈,俨如白练,甚为壮观,因山之雪经夏而消,故自上流下而成瀑布也。

第三十号画图乃瑞士国之湖。其左图湖滨有屋,乃瑞士古时监狱,如有叛逆之人获罪,即放置于此。

第三十一画图乃法京巴黎斯之大马路,其街头迎面之高阙乃为纪念法先皇,第一拿破仑而建,甚为壮观。

第三十二号画图。乃法国孺恩城之楼房,其式乃数百年前之旧式,非今时之式也。于此可以考究西方风气智能之改变。

第三十三号画图乃英国韦力斯地之景。第一图乃桥式。第二图亦大桥。三图乃火车路,此处之山石层叠成片,人多取之以为石板,盖房铺顶甚为合用。

第三十四号画图乃英国南方滨海之地,地方辽阔,畅目驰怀。

第三十五号画图乃英国苏格兰山水之景。

第三十六号画图至第三十八号画图皆瑞士国之高山,欧洲山瑞士为多。

第三十九号画图乃火车上山之路。火车上山最为险,故其铁轨及车轮均有凹凸如齿之形,必如此始能上下山路不致损越。

第四十号图乃马车穿山路式。于山下穿一巨孔,马车可由此穿山而过,然工程甚巨,西人凡于益之事,皆不惜巨费而为之。

眼为五官之一。其职司视,其所以能视者,具有妙用。缺一不可。盖眼体如球,谓之眼球,其二十五六号画图下之玻璃柜内,即眼耳咽喉之形式,与生人无异,特较大,为其易于查阅耳。盖眼球最外一层名明角罩,其质似角而明透如水晶,周围低下,中央凸起,若时表之蒙罩,所以透外光,并获眼体者也。明角罩四周相连者名眼白壳,明罩后面空处为前房,前房后即眼帘,色分黑黄蓝不等,眼帘后为后房,前后房皆有水。眼帘中即华所谓瞳,人能自舒缩。光太大则缩而避光;光太小则舒而受光,人于暗处忽遇大光,则目为光激射不安。盖以暗处,眼帘方舒,未及遽缩故也。眼球之体计分三层,首层为眼白,壳质坚韧,所以保卫眼体者也。其次层为血络,黑油衣其体,乃薄衣上有微丝,血管盘绕甚多,周匀于白壳之里。其向里之面上有黑油入墨,此衣功用,所以收聚外光,使之不散者也。其近中央处做一圆折纹,形似车毂,以扶定眼球。其第三层乃脑筋衣,其衣甚薄,柔软光润,散布于黑油衣之上,至隔帘而止,其功用乃所以视外物而知其形者也。此亦一坏,则目不能见物。睛珠者其质稠结如明胶,外软而中微实。体圆而扁，有薄明胎衣一层包之，向外微平，向里圆凸，有如花镜，所以收聚外象，缩小使达于脑筋衣者也。晴珠后即眼球之空处，名大房，内满有水，明净稠黏，虽难割破，亦不流散，因有极薄明衣甚多，其前后房水乃导，由明角罩所透之像入于晴珠，大房水乃导晴珠，所收之像达于脑筋衣，若大房水变绿，则人不能见物矣。眼球之后有白丝一束，如绳者，名目系。乃无数脑筋相结而成，其源来自脑部，前连眼球，散其脑筋，丝布于脑筋衣，人之视物所以能知觉记忆者，其功用皆由于此，实司视之总纲也。

　　耳官仪器　耳司听，其外面耳轮乃接纳声音传于耳内者，耳有三窍。分外中内，外窍亦名耳门，中通一管，长约一寸，阔二分许，其中生有茸爛，所以煖润耳中，并防虫入也。耳管内有一膜，名外膜，亦名耳鼓，耳鼓后即为中窍，中窍内有四小骨，名椎骨、砧骨、小珠骨、镫骨。中窍内又有四孔，一通外耳，一达内窍，一连螺纹骨，外口之耳内膜，一通鼻孔之后。而内窍形如三角者，名三角房，中共有七孔，一如卵形者通中窍，一通螺纹骨。余五孔皆通半环，骨管附螺纹骨有膜曰螺纹膜。附耳墀及半环骨之膜，名墀环膜。二膜形类囊袋，内贮清水，其膜外层有脑筋丝散布于上，人之听也乃声浪鼓荡入耳。外窍触动耳鼓，耳鼓被触即内触椎骨，耳内锥、砧、小珠、镫四小骨均相关联。椎骨受触则三骨亦皆相因而动。至镫骨又触耳内膜，膜中清水因而动荡以感脑筋丝，脑筋丝固司知觉者，由脑筋丝直达于脑，人能闻声判意者，皆由于脑，因脑乃人之智府也。

　　咽喉仪器　咽喉者，所以通人身内外要径也，计前后二路，前路通肺，曰气管；后路通胃，曰食管。凡呼吸声音皆由气管，食则由食管，管之上端名声管，共五韧骨相合而成，中有韧筋二条横于管口，名声筋，二声筋之间为长三角形，名声口，乃声音之所从也。盖气出之时动声筋，使之颤动而成声，其声之所以有清浊高下者，则在乎声筋之松紧，而运动脑筋能随人意使其松紧焉，声管口上又有薄韧一片，形如半舌，名会厌。人于食时会厌掩覆声口之上，使食物不致入于声口。声口之后为食管头，凡食物入口咀嚼糜烂即由食管头进入食管，以至于胃。食管头上有薄肌一片，名腭帘,所以掩鼻后窍,使饮食不致入鼻者也。

地球环日仪器　其中央之燃灯处为日,居中不动,其环日之大球为地,绕地之小球为月,地之转动有二:一是自传,一是环日而转。自转一周为昼夜,环日一周为一年,计三百六十五日有零。其自转是向东左旋,故人见日自东出,向日之面,日光射及则为昼,背日之面则为夜,地球之南北两端为南北极,南北适中之维度为赤道,地球自转非正向日乃侧向日,是以冬至日影直射在赤道南二十三度半,夏至日影直射赤道北二十三度半,故冬日短夜长,夏日长夜短也。日光直射之处则热,斜射之处则寒,其在直斜适中之处则温而昼夜长短亦甚均平,即春秋二分,此四季之所由分也。

月轮乃环地而行,本体无光,借日以为光,故其向日处有光,背日处无光,其环地球约二十七日有奇一周,然地球行,月亦随之而行,至与日交会则二十九日有奇一次,而地球环日则三百六十五日有奇,一周是以每年差十三日有奇,此闰之所以由生也。月之轨道每至月之晦朔则行至地球于日之间,是以地球之人只见月向日之背面,而不见其光至,望日则地球在月与日之间,是以地球之人得见月向日之正面,而见其光圆满。若月之侧面向地球,地球之人则见其半光半暗,是为上下弦。若月行至地球与日之间,适在与地球轨道交点之处,则月影蔽地,凡在月影所蔽之处,不见日光,是为日蚀。若地球在月与日之间,适行至交点处,则地影蔽月,而月无光,是为月蚀,是月蚀所见之黑影即地影。日蚀所见之黑影即月体也,此等仪器不过使人略知寒暑昼夜及晦朔弦望之理。惟其体之大小及相距远近之差等,不能以此为准。盖日体大小于地球一百三十万倍,日距地球约二百八十兆里,月体小于地球五十倍,距地球八十万里,则其大小远近相形甚为悬殊,因仪器限于地位不能准其差等而造耳。

电之功用神奇,出人意表,其发电之器为机,其常用者有一木架,上有玻璃轮二,运机转轮,使其互相磨荡,则电生焉。存电之器曰电瓶,以机生电后,存于瓶中以备用,其传电者为电线,以铜铅等丝为之,若以电线置于电机之上，或电瓶中，则电即传出以应人用。电之为用甚多，如电报、电灯、电钟、电车等项，不可枚举。电报计有二种，一种以甚长纸条置于箱内，以手于此端按机，则彼端纸条自出，观纸条上之墨痕即可知来电之意。一种为电表，若在此处发机，则彼处电表之针即左右摆动，观表针之所指，即可知来电之意，电机两端以电线连之，长可百千万里，所传信息瞬息可达。电灯乃燃电使之发光，其光白而清，远胜煤油煤气等灯，其小者于纸质英皇离宫可以验之，大者多用于炮台战舰之上，以凹镜映之，光可射至数十里。电钟多以为呼唤使役之用，于屋壁中安设电线，彼端达于外面，若欲呼人，则于电线端以指按之，外面之钟铃即响，所呼之人则应声而至矣。

电车乃以电力行车，于中央架上有小电车可备阅视。

最奇者莫若以电光照像，其照像之箱亦类常式，而以电光照人，再以黄色药片映之则凡人身之衣服皮肉皆透光无阻，而人体内之骨骸毕现，是以医者若欲查人身骨骸何处受伤，无须割验，以此镜照之即能毕现，大抵此种电光凡轻质皆不能阻隔，惟硬质始能阻隔耳，此外，电器之功用甚多，不堪枚举。

显微镜以铜为架，悬以铜管，管之上端嵌凸玻璃，下端镶放大镜，再下有一圆∅，其铜管下端对圆∅之间有一铜板，中心有孔，用时置所查验之物于玻璃片，然后置于铜板，另其物适当孔处，是下面∅光正射上孔，铜管有螺丝，可以随意上下以对，目光则见所查之物，大可数百倍，医家以考察人之体质。格致家以考察化学各质，其用甚溥。

万华镜以木为之，内有铺水银，长玻璃二条，成三角式，下有各色缣帛小块无数，上端镶嵌玻璃镜，自镜窥之，则成花样。若将镜体摇动，则花样随时变更，千态万状，莫可名言。类小儿玩具之万花筒，而精细过之。西国织匠木工等人多以此求新花样者，亦甚有用之器也。

分光镜乃为查验光图之用法，用一管中有长而狭之孔，令日光由此透过三棱玻璃，则光线折变，且分各色，又以一管内镶玻璃分微尺，此管一段向三棱玻璃,一端置灯,一盏灯光由分微尺射至三棱玻璃,又用一小远镜窥三棱玻璃,则能分辨光图,并各种原质之用。

极光镜乃合极光片、分光片为一器,是为极光镜。此镜能令返照光成为折光,止于一平面上颤动,是谓极光,亦能察物类中微体排列之式。

第四十一号图共三画。西欧罗巴洲最高之山,名蒙伯浪(译即白山),盖以山高气寒,常有冰雪,崎岖陡险,登此山者咸有蜀道难行之叹。此山在瑞士国境内,第一画乃此山一面之形势。第二画乃满山冰雪,行人登临艰难之状。第三画乃无雪时行人登山之状。山下皆冰名冰海。

第四十二号图亦瑞士国之山,游人欲登山顶,必相系以绳,鱼贯而行,手中持枚始能登临,亦可见行路之难矣。

第四十三号图共二画。乃瑞士京城,名伯耳纳(译即熊也),盖瑞士俗贵熊,故其都即以熊名。其第二画载有熊图,亦可见其好尚矣。

在博物室之铁门后,正中为天文镜,用以窥测天象者,其镜之力能较人所见之星象映大四万倍。

天文镜之侧架中乃考验钢铁之处,自铁在矿中之形质,以及炼成钢又以钢打造针刀各种器物,以备考验。查铁之一物,其用最大,以之制造枪炮军械,则可以卫国保民,以之制造各种机器,则足以资百工,生财货。以之制造各种器具,则足以备器用、利商贾。国之富强多资于是。中国铁矿甚多,若寻硫磺苗赶紧开采,并参求锤炼之方,制造之法,于富强之道大有裨益。

造纸之法不等,有丝麻棉草四种,皆可造纸,所造之纸约百余种,各适其用,其上层有黑色而最坚厚者铺于房顶,可以代瓦,不但雨不能透,且火亦不能焚,真奇品也。

其下层为考验玻璃之处,筒内所盛者为造玻璃之质料,其纸托上皆玻璃所造之物,计六十种。

又有考查煤质之处,其煤有出自英国者,有出于唐山者,其左边皆系于煤同质之类,如琥珀一物,亦与煤同质者也。

又有各类铅料及造铅笔之法。

又有做胰子物料,并有各种颜料以为染丝绵布帛之用,若以化学炮炼,则必染色鲜明。

考究棉花自根叶苞花以至纺花成线,织线成布均有成样以备考验。凡此皆有益于工作商贾之事,亦富国之资者。

架顶有猫鸽全体骨骸各一具,俱属真物,将其毛革筋肉各去一半,使其全体骨骸尽露,以便考验。

其北壁下之架乃海中蛤蚧之属,种类甚繁。兹择其紧要罕见者以资考证。其白色多支似珊瑚者名花石,考此种乃无数虫壳积累而成,太平洋此种甚多,近澳大利亚洲之海中有此种花石,计长三千三百里,若环山岛生者,船若收岛,当以小船拨入,大船不能入也。

太平岛诸岛之船式甚奇,其制法乃以巨木一大段,刳空其中为舱,其身极狭而长,恐易翻覆,故于船旁附以长木,距船数尺以木二条横联,长木于船舷,故虽遇风浪,亦不倾覆。

又有日本火山图,并有从其处运来之灰石,此等灰石即因火山发火时,由火窟窿拥出者也。

其西北角架内各种羽族皆系真体,惟空其脏腑,实以他物耳。有栖于林者,有宿于水者,有巢于人之室房者,有藏山洞者,各种皆有,其上各标以名。

对铁门所悬者乃牛激你亚非利加等处苗人战具,其正中之长方形者为盾,以坚木为之,盾下有一匕首,乃杀人所需,盖此等苗人每杀人而食,若遇孤行之客或争战所虏获者,皆杀以食之。其盾旁列木棒四,形式不一,皆以坚木为之,乃战争所执之械也,其上乃各种箭,其箭镞涂毒药,中人辄死。

对铁门之四十四号图乃英教士叱膜耳之像。于一千八百六十七年赴太平洋之牛基尼岛传道,为野苗所杀者。初叱君传道多年,后偕同土人之信主者往他处传道。因其处土人交战,叱君劝阻,遂并叱君杀而食之,从行之传道士被杀者十余人。然叱君虽被杀而热衷爱主之士仍接踵前往。今则有多处风化已开,蛮风渐改,已立有书院教堂,其肄业学生亦能克继前徽,每有甘心舍命传道者,亦可见圣道之能感格人心,有移风易俗之功矣。

（徐燕卿点校）

第二节　中国北方最早的
综合性自然历史博物馆
——北疆博物院

　　在中国,近代意义的自然科学博物馆起初并非由国人创建,而是西方列强凭藉其在华的特殊条件,自 19 世纪 70 年代起逐步建立起来的。在这众多外国人创办的自然科学博物馆中,比较著名的有 1868 年法国传教士韩伯禄(Pierre Marie Heude)①在上海创建的徐家汇博物馆,1874 年英国皇家亚洲文会中国支会在上海创立上海亚洲文会博物院(也称上海自然历史博物院),1887 年英国传教士怀恩光(Whitewright)在山东青州(今山东益都)建立的郭罗培真隶院设有博物堂(1905 年博物堂迁到济南并更名为济南广智院),1914 年法国传教士黎桑(Emile Licent)②在天津筹建北疆博物院,1914 年美国传教士戴谦和(D. S. Dye)在成都筹办的华西

---

　　①　韩伯禄(1836—1902)法籍耶稣会会士,1868 年创立徐家汇博物院,英文名"Museum of Natural History",是上海最早的博物馆。地址在徐家汇,今漕溪北路 240 号。系法国耶稣会在上海举办的文化事业。1930 年院舍不敷应用,在震旦大学内另建新院舍,并由学院管理。其名称改为法文"Musee Heude",以纪念韩伯禄。中文为"震旦博物院"。

　　②　黎桑(1876—1952)出生于法国北方省(Nord)的容比村(Rombies),法国天主教神甫、耶稣会会士。1913 年 6 月获得法国科学院动物学博士学位。1914 年 3 月来到中国,在华期间考察北方大部分地区的地质、动物、植物区系,创建北疆博物院,1938 年回法国。1952 年在巴黎病逝。

协和大学博物馆,还有 1915 年起日本在台北、旅顺和长春等地建立的一系列自然科学性质的博物馆等。①

北疆博物院建筑全景

北疆博物院最初称为黄河、白河博物馆(Musée Hoangho Paiho),是法国天主教会在天津建立的综合性自然历史博物馆,同上海徐家汇藏书楼、北京北堂图书馆、上海徐家汇天文台、上海震旦博物院一起,被称为天主教在中国的五大文化事业。② 北疆博物院是我国北方地区创建最早的综合性自然历史博物馆,是中国唯一延续至今的有百年历史的博物馆,创办人黎桑(Emile Licent),法国动物学博士、古生物学家、博物学家,来华后他为自己起了一个响亮的中国名字"桑志华"。他是将众多文化遗产保

---

　　① 周国兴:《中国自然科学博物馆与中国自然科学博物馆协会》,《中国博物馆》1992 年第 1 期,第 46 页。
　　② 《天主教在中国的五大文化事业概况》,《公教学生》,1943,3(2—3),河北大学藏。

留在中国并建立博物馆的探险家和科学家。①

北疆博物院北楼入口处的黄河、白河博物院法文馆名

光绪二十七年（1901），西方诸国强迫清政府签订了丧权辱国的《辛丑条约》，其中第十款第四条以及第十六号附件中，有明文规定："遇有各国官民入境务须切实照料保护，尚有不逞之徒，凌虐伤害各国人民，立即驰往弹压，获犯惩办，不得稍涉玩延。"民国后，虽然清朝政府已被推翻，但《辛丑条约》没有明确废除，为来华的探险家提供了便利条件，如斯文赫定、斯坦因、科兹洛夫等一大批西方探险家捷足先登。20世纪初，形成第一次东西方文化交流高潮，许多学者来华进行讲学、考察和长期合作研究，对促进东西方文化交流和科学研究起到了较大的推动作用。桑志华博士、德日进（Pierre Teilhard de Chardin）②博士就是在这时期的交流中来华的。

桑志华早在宣统二年（1910）年就关注天主教献县总教堂探测井工程③和中国北方的地质生态情况，宣统三年（1911）年他曾向人发表："在

①　陆惠元:《浅谈北疆博物院的学术意义》,《天津自然博物馆论丛》,科学出版社2015年版,第63页。

②　德日进(1881—1955)出生于法国中部奥弗涅(Auvergne)地区的萨塞那(Sarce-nat)法国著名的地质古生物学家和哲学家、天主教神甫。毕生从事古生物研究,入选法国科学院院士。为中国的古生物学创建做出了重要贡献。1955年病逝于美国纽约。

③　［法］桑志华:《就地质学讨论天津老西开自流井工程》,《工商学志》,萧舜华译,第八卷,第一期,天津工商学院,1936年,第24页。

Emile Licent
Docteur ès Sciences Naturelles (Nancy)
Conseiller officieux du Ministère de l'Agriculture de
Chine
Directeur et Fondateur du Musée-Laboratoire HHPH.
北疆博物院院長桑志華博士

桑志华博士

Pierre Teilhard de Chardin
Docteur ès Sciences Naturelles
Ancien Professeur de Géologie de l'Institut catholique
de Paris
Président de la Societé géologique de France en 1927
Conseiller honoraire du National Geological Survey
of China
Géologue et Paléontologue au Musée-Laboratoire
HHPH.
北疆博物院副院長德日進博士

德日进博士

河北一带地层,用挖井机,掘下四百公尺,大半可以得着很丰富的水泉"①。受法国耶稣会传教士韩伯禄在中国长江以南进行科学考察,并建立博物馆的影响。1912 年桑志华设想在尚属于研究空白的中国北方地区搜集黄河流域地质、动植物标本并筹建博物馆,他开始学习中文,进一步规划在华的任务。1913 年 6 月获得动物学博士学位后,曾在巴黎自然历史博物馆、伦敦自然历史博物馆了解有关中国北方古生物与现代生物标本收藏情况,在巴黎自然历史博物馆学习采集、考古挖掘技术,接受短期训练。向昆虫学教授、古生物学布勒教授、古人类学布日耶教授请教、

---

① ［法］桑志华:《就地质学讨论天津老西开自流井工程》,《工商学志》,萧舜华译,第八卷,第一期,天津工商学院,1936 年,第 22 页。

讨论,完善他的规划。①

金道宣神甫

他的设想被当时直隶省(今河北省)东南教区(献县)耶稣会会长金道宣(R. Gaudissart)神甫采纳,并得到法国北方耶稣会会长步烈(L. Pollier)神甫和耶稣会总会长魏伦兹(X. Wernz)神甫的赞同。桑志华认为:"当时中国和中国北方,尤其是这一地区深远地区的黄河流域、蒙古腹地、西藏附近,不论从科学上还是从经济学角度上看,它的地质、动植物区系人们一无所知,许多有待发现的宝藏仍留在那里。很多探险家认为,要取得调查(了解)这些地区的成功,需要有勇气,要有探险计划和具有权威性的专业能力;其次是对这个地区的兴趣和注意力,一项完整的工作有待于建立一个立足点。"②这是北疆博物院建立的思想基础。

———————————

① 戴丽娟:《在"边缘"建立"中心"——法国耶稣会士桑志华与天津北疆博物院》,《辅仁历史学报(第二十四期)》,2009 年,第 247 页。
② 黄为龙:《纪念桑志华创立北疆博物院八十周年》,《化石》1995 年第 3 期,第23—24 页。

一、北方疆域的科学考察活动

（一）田野考察、搜集标本

1914 年 3 月初,桑志华从法国出发,经过欧亚大陆,21 日到达中国东北,25 日抵达天津。桑志华隶属于法国天主教耶稣会香槟区教省,来华后被安排在该教省传教士负责的直隶东南教区[1],即献县传教区。教会指定坐落在天津法租界内的圣路易斯路 18 号(今和平区营口道 20 号)的崇德堂(教会财务管理处)为桑志华的活动基地。同年 7 月 13 日,桑志华开始对中国北方的考察和采集活动,从此每年春夏秋三季将大部分时间用于发掘与采集,冬季做整理与研究工作。他携带罗盘、海拔仪、地质锤、猎枪等工具,辗转在荒漠草甸、深山老林中,对山东、河北、山西、河南、陕西、甘肃、内蒙古和西藏东部等地进行踏察。1923 年 5 月 22 日德日进来华,代表法国巴黎自然历史博物馆与北疆博物院联合组成为期两年的"桑志华—德日进法国古生物考察团"。桑志华等人对中国北方腹地进行了近 25 年的野外发掘和科学考察,足迹遍及 14 个省市、约 300 个县和采集地点,行程近 5 万千米。从地理位置看,最东端到达黑龙江尚志县,向西深入到青海的布哈河流域,南下跨过黄河到达陕西省的太白山,北上到达内蒙古的满洲里。较为系统地考察注入渤海湾的各水系如黄河、白河、滦河、辽河及其流域地区,收集地质学、岩矿学、史前学、古生物学、植

---

①　戴丽娟:《在"边缘"建立"中心"——法国耶稣会士桑志华与天津北疆博物院》,《辅仁历史学报(第二十四期)》,2009 年,第 238 页。

物学、动物学、人文学、经济学等方面的资料与标本。①

　　桑志华在《北疆博物院丛刊》第39号中特别强调："我最关心的是随时随地竭尽全力为博物院搜集各类标本,诸如岩石、鸟类、化石、硅藻、大型哺乳动物等;不仅在旅途中采集,而且在停下来短暂驻留期间进行发掘化石或史前考古,采集植物、昆虫、鸟兽等标本。"②

采集兽类标本

　　从1914年到1938年,近25载桑志华只在1925年短期返法一次。他充满激情,背负使命,离开故国,尝试着理解中国这个古老国家的文化,开展对北方疆域艰苦而又漫长的考察。当时北方天主教耶稣会有一套完整的组织系统和传教网络,献县教区与教会所属各地教堂有着密切的联系。桑志华每到一处便依靠当地的耶稣会解决食宿、交通,协助寻找当地向导及雇佣民工,为考察活动提供便利条件。③

　　考察行程主要有:1914年赴河北平原、山西北部、渤海湾海岸;1915

---

① 陆惠元、侯云风:《德日进和北疆博物院》,《中国博物馆》2000年第4期,第89页。

② [法]桑志华:《天津北疆博物院在中国北部、满州、蒙古、青海二十二年探险成果(1914—1935)》,陆惠元译,贾凤翔校,《北疆博物院丛刊》第39号,第6页。

③ 陈锡欣、郑宝芳、李国良:《栉风沐雨八十春》,《天津自然博物馆八十年》,科学技术出版社1994年版,第47页。

采集鸟类标本　　　　　　　　化石发掘现场

采集植物标本

年赴山西南部、渤海沿岸；1916 年赴山西南部、陕西中部、渭河、秦岭、华山、太白山等；1917 年赴河北、山西的边界，北京西山、杨家坪高原、小五台山、内蒙古和张家口西北的戈壁、热河。1918—1919 年赴甘肃、青海，横穿山西中部、陕西北部(榆林)、鄂尔多斯南部、甘肃北部、祁连山,经青海湖、拉卜楞、甘肃南部、甘肃西部(张掖)、甘肃东南部、甘肃东北部、鄂尔多斯、大青山到呼和浩特,在甘肃东北部首次发现上新世三趾马动物群化石;1919 年秋赴内蒙古东部,首次发现新石器时代遗物和鱼类化石。①

1920 年赴山西中部、陕西北部、鄂尔多斯、甘肃东北部,系统发掘上新世动物化石产地;首次发现旧时器时代石器;1921 年探察山东内地及北部海滨(烟台、威海卫);1922 年赴河北平原、山西北部、五台山高原、宁武县森林、陕西省北端、鄂尔多斯、萨拉乌苏河。在萨拉乌苏河寻找到更新世晚期化石,发现化石 30 余种。搜集品中还有新石器、西夏文化遗物。②

1923 年"桑志华—德日进法国古生物考察团"进行首次考察,踏查鄂尔多斯北部,在卓子山发掘动物化石;在水洞沟首次发现大规模的旧石器时代地层。1924 年考察团第二次考察,踏查内蒙古东部、赤峰、林西(新石器时代遗址)、多伦、张家口,采集新石器时代的遗物、化石、植物标本等。1925 年,考察团三次到宣化西南桑干河进行考察,沿着桑干河直达它的源头(山西北部)、大同西部、云冈石窟、宣化东北部。发掘一处早更新世动物区系地层,采到化石 40 余种。发现新石器时代遗物和几处火山遗迹。1926 年桑志华、德日进辗转到山西南部考察,经潼关到太原,第四次考察桑干河化石地层。

1927 年桑志华、德日进由天津向辽宁锦西、内蒙古东部、围场一带考察。探察开滦煤层的盆地、周口店化石发掘现场。1928 年赴满洲、长春、吉林、哈尔滨、沈阳、大连。除勘察长春以西第四纪化石外,考察范围以上述各城市为中心,以森林为重点,远涉 50 至 100 千米。在正定以西的南

① [法]桑志华:《天津北疆博物院在中国北部、满州、蒙古、青海二十二年探险成果(1914—1935)》,陆惠元译,贾凤翔校,《北疆博物院丛刊》第 39 号,第 3 页。
② [法]桑志华:《天津北疆博物院在中国北部、满州、蒙古、青海二十二年探险成果(1914—1935)》,陆惠元译,贾凤翔校,《北疆博物院丛刊》第 39 号,第 3 页。

考察团考察云冈石窟佛像（1934）

冶发现三门系（下更新统）化石层。1929 年桑志华、德日进再次去满洲。为勘察三门系化石,再次去桑干河,在陶村（山西边境）发现一处褐煤的化石地层。为研究森林植物,第二次勘察北京附近的杨家坪。①

　　1930 年第三次去杨家坪。桑志华和植物学家塞尔（H. Serre）神甫在宣化以东的山区采集动植物标本。桑志华和生物学家罗学宾（P. Leroy）神甫一起考察了山东海滨。1931 年赴开滦煤矿、内蒙古西北、张家口、大同以北戈壁考察,搜集到大量新石器时代遗物。与罗学宾神甫再次考察山东沿海,采集到大量的海洋动物标本。1932 年经过晋中和陕北去鄂尔多斯东部和南部进行探险旅行,采集榆林西南方的化石及新石器标本。1933 年赴晋中和晋北的旅行,经雁门关和大同,勘察大同东面的火山遗迹。桑志华和昆虫学家汤道平（M. Trassaert）神甫在高原山区考察森林植被,采集高山植物。1934 年和 1935 年和汤道平神甫赴山西南部,发掘榆

---

　　①　[法]桑志华:《天津北疆博物院在中国北部、满洲、蒙古、青海二十二年探险成果（1914—1935）》,陆惠元译,贾凤翔校,《北疆博物院丛刊》第 39 号,第 5 页。

社盆地化石,留住在太行山、河北南部的丛山之间。① 1936年赴山东泰安、新泰、蒙阴采集动物植物标本,与罗学宾神甫一起赴青岛、威海采集海洋动物标本。1937年到达太原、呼和浩特、包头、河套西北杭锦后旗、陕坝河套外进行发掘。②

20世纪早期的中国,贫穷落后,内外交困,匪盗横行,野外考察随时面临危险且环境恶劣,困难重重。为应对危险的社会环境,外出考察时,桑志华一行打出一面红白蓝三色旗帜,上面绣着"法国进士""中国农林咨议"③"桑",带着汉族或蒙古族的翻译,与社会上形形色色的人打交道。1926年桑志华和德日进结伴到甘肃考察,由于内战被阻止在西安,无奈改变计划去山西南部考察。④ 在动荡的社会环境中,交通不便,一些汽车、马车无法到达的地区,只得骑马或骑骆驼、骡子。桑志华在野外考察的不仅是自然生态,也饶有兴趣地考察了人文景观和社会状态,收集地质、气象、地震等多方面的藏品和资料。其系统的田野考察、发掘,成果丰硕。桑志华认为:"对北方疆域的考察是十分困难的,也是极不彻底的。但在这些地区搜集到的藏品即使不算全面,至少是具有代表性的。"⑤

---

① 〔法〕桑志华:《天津北疆博物院在中国北部、满州、蒙古、青海二十二年探险成果(1914—1935)》,陆惠元译,贾凤翔校《北疆博物院丛刊》第39号,第5页。
② 陈锡欣、郑宝芳、李国良:《栉风沐雨八十春》,《天津自然博物馆八十年》,科学技术出版社1994年版,第52页。
③ 桑志华把法国的博士学位套用为中国"进士","农林咨议"是1917年桑志华访问北洋政府农商部时给予他的一个虚衔。
④ 〔法〕桑志华:《天津北疆博物院在中国北部、满洲、蒙古、青海二十二年探险成果(1914—1935)》,陆惠元译,贾凤翔校,《北疆博物院丛刊》第39号,第4页。
⑤ 〔法〕桑志华:《天津北疆博物院在中国北部、满洲、蒙古、青海二十二年探险成果(1914—1935)》,陆惠元译,贾凤翔校,《北疆博物院丛刊》第39号,第11页。

考察队使用的三色旗

三岔河口采风

1922 年桑志华(左一)在鄂尔多斯与当地人合影

民俗采风

桑志华等人在采集的过程中逐渐把收藏的重点放在古哺乳动物、古人类与旧石器以及现生动物和植物上,其藏品具有浓厚的中国北方区域的特点:"兹将其自民国三年至民国十四年研究所得之成绩,续列如次:三万种之植物,三万五千种之特种木质性物,各种奇异难得之乳哺类,及匍行类动物,二千种之关于人类学及生物学中之最有价值者,七千种标本关于岩与矿质,皆系沿途所得者。一万八千基罗之第三及第四地层之动物骸骨;各种关于人类学、工商业农业之报告。至此华北各省及内蒙古西藏等处之调查已算完毕,一九二〇至一九三〇年所搜集之物,则大半均关于古代生物学,在一九二九年桑博士曾四度出外考查,在蒙古,山西等地,搜集各种生物学标本,如哺乳动物,禽类,鱼类,爬虫等类,及沿途所见之植物,岩石,矿石,并获得极罕见亚洲种羚羊数头。"①

　　桑志华是第一个在我国亲自指导野外发掘并获得可以称之为动物群的哺乳动物化石的科学家。1919 年 6 月 6 日在甘肃庆阳以北的赵家岔和辛家沟发现丰富的三趾马动物群化石,采集到典型的三趾马动物群化石。1920 年在此继续大规模系统发掘,1920 年 5 月 30 日至 8 月 24 日,桑志华亲自指导,雇用了 30 多个当地工人,使用了从爆破到凿、錾等"常规武器",逐层进行了细致的发掘,取土 370 多方,获得化石 7 吨多,发现40 余种动物化石的典型代表。为了搬运这批化石,雇用了 83 头骆驼。②三趾马动物群系完整的新近纪动物群,是桑志华在古生物学领域的重大

甘肃庆阳辛家沟发掘现场

---

　　① 《北疆博物院之概况》,《私立天津工商学院一览》,民国二十四年(1935)五月,第 128 页,河北大学藏。

　　② 邱占祥:《桑志华和他的哺乳动物化石藏品——试谈桑志华藏品中哺乳动物化石的历史及现实意义》,《天津自然博物馆 90 年论文集》,天津科学技术出版社 2004 年版,第 6 页。

发现,从此开启了中国古哺乳动物学研究的新纪元。

桑志华的第二批重要的哺乳动物化石采自内蒙古萨拉乌苏河旁。这个地点是桑志华于 1922 年发现的,时代属更新世晚期。化石非常丰富,共发现 30 余种,且有十分少见的完整披毛犀和野驴的骨骼化石。同时发现的还有一颗人的门齿和大量石器。至今萨拉乌苏的化石仍然是我国最重要的晚更新世哺乳动物群的代表①,这一地层已成为我国北方晚更新世河湖相的标准地层。

桑志华采集的第三批重要的哺乳动物化石采自河北阳原泥河湾。1924 年 9 月至 1929 年 10 月,桑志华 5 次到这里发掘,获得了动物化石大量标本。共发现 42 种,其中鉴定到种的 18 个,包括 10 个新种。泥河湾哺乳动物群的发现是桑志华对中国新生代地层古生物学的最重要的贡献,填补了我国新近纪和第四纪过渡阶段的一个关键的空白。②

桑志华在哺乳动物方面最后一个重要贡献是发现并采集了山西榆社地区丰富的上新世哺乳动物化石。1934 年至 1935 年,桑志华与汤道平在这里所采集到的化石,无论从数量还是从质量上,都超过了他曾经采集化石的任何一个地点。③ 这些化石分布广泛、层位清晰、种类繁多、地质年代延续时间长,犹如一部完整的"地层编年史",成为研究新近纪哺乳动物群的重要实证材料。④

1920 年,桑志华在甘肃庆阳辛家沟发现了 1 件距今 1.8—1.5 万年旧

---

① 邱占祥:《桑志华和他的哺乳动物化石藏品——试谈桑志华藏品中哺乳动物化石的历史及现实意义》,《天津自然博物馆 90 年论文集》,天津科学技术出版社 2004 年版,第 7 页。

② 邱占祥:《桑志华和他的哺乳动物化石藏品——试谈桑志华藏品中哺乳动物化石的历史及现实意义》,《天津自然博物馆 90 年论文集》,天津科学技术出版社 2004 年版,第 8 页。

③ 邱占祥:《桑志华和他的哺乳动物化石藏品——试谈桑志华藏品中哺乳动物化石的历史及现实意义》,《天津自然博物馆 90 年论文集》,天津科学技术出版社 2004 年版,第 8 页。

④ 《北疆博物院馆藏集珍》,《化石》2017 年第 3 期,第 22 页。

山西榆社化石发掘现场

石器时代晚期的石核,以及在辛家沟附近的赵家岔黄土层中发现的 2 件距今 10 万年左右的旧石器中期石片,这 3 件人工石制品被考古界称之为"中国内地第一批发现的有正式记录的旧石器"。这一发现充分证明了中国旧石器时代的存在,揭开了中国旧石器时代和史前考古学研究的新篇章。[①]

(二)征集方法

桑志华运用了欧洲自然史博物馆的做法,建立标本来源组织方式,有效调动传教士社群征集标本。他着手编写采集《指南》,1921 年以法文撰写采集《指南》(18 页),以北疆博物院的名义刊行,广发给华北地区的教会,呼吁传教士在传教之余,为增进中国自然史之认识贡献己力。为了让有兴趣但无专门训练的传教士把标本完整无缺地寄到北疆博物院。桑志华就关于采集与寄送自然标本(物件)之说明,分四部分讲述各类标本如何采集、制作、包装和运送,每个环节应该注意的细节,并且附上示意图等等。第一部分为植物类;第二部分为动物类;第三部分为地质岩石矿物和

① 《北疆博物院馆藏集珍》,《化石》2017 年第 3 期,第 22 页。

古生物化石;第四部分人类学物件。①《指南》为派驻在中国北方各地的传教士提供了帮助,使北疆博物院快速地积累大量的标本。

桑志华在田野采集中利用教堂当落脚处,得到各地熟知地区地形、地貌和语言、风土民情的传教士的帮助,还动员对自然史知识有兴趣的传教士,为博物院收集和寄送标本,提供自然环境方面的资讯如地震、旱灾、水灾等。桑志华建立的标本征集网络不限于天主教教士,也扩及其他教派。根据一份初步统计的资料,曾经寄送标本和资料给博物院的不只是修士,也有修女,有欧洲派来的教士,也有十多名中国教士加入了这个采集标本或通报疑似考古遗址的行列。包括比利时圣母圣心会95人,圣方济会47人,耶稣会39人,遣使会29人,圣母小昆仲会5人等,共有近300人曾经定期或不定期地寄送生物标本或遗址资讯。其中,鄂尔多斯高原萨拉乌苏遗址是两位传教区在内蒙古的比利时圣母圣心会修士,经当地蒙古族人告知后,将遗址情报提供给桑志华的。桑志华在他出版的考察旅行记录中记录了该遗址情报提供者的名字。②

为协助桑志华征集化石标本,北洋政府农商部地质调查所专门颁发悬赏收集龙骨龙齿布告③:

吾国黄土之内或山洞之中,常有古代动物之骸骨牙齿,发现之者,或谓为龙骨,或谓为龙齿,各地药铺常收买之,以为药料。今本所欲搜集此种齿骨,特悬赏告。无论何人,如有发现此项龙骨龙齿者,可将原物妥为封装,邮寄本所,并将发现地点同时函告。本所愿照市价收买,邮费亦归本所发给。如所发现之物,经本所研究,认为有特

---

① 戴丽娟:《在"边缘"建立"中心"——法国耶稣会士桑志华与天津北疆博物院》,《辅仁历史学报(第二十四期)》,2009年,第244页。

② 戴丽娟:《在"边缘"建立"中心"——法国耶稣会士桑志华与天津北疆博物院》,《辅仁历史学报(第二十四期)》,2009年,第244页。

③ 《悬赏收集龙骨龙齿布告》,农商部地质调查所,天津自然博物馆藏。

别价值者,当给以十元至一百元之奖金。特此布告。

桑志华(左三)在杨家坪与当地神甫合影

桑志华(左一)在考察途中与当地教士合影

　　以上布告可以看出北洋政府对桑志华地质调查的支持。桑志华依靠教会组织的支持,借鉴欧洲自然史博物馆标本征集方法,织就标本征集网络,并取得了北洋政府农商部的认可和有偿向社会征集。

二、博物院概况

（一）馆舍建设

1914 年至 1922 年,经 8 年东征西战,标本采集丰硕,存放在崇德堂的标本已将这所楼房三分之二的房间和地下室堆满,崇德堂的房间已不能满足采集标本之用。北疆博物院建院工作提到法国天主教会献县教区以及天津法租界行政当局的议事日程。此时,法国教会拟想在天津建立一所高等学府——工商学院,故建议桑志华将博物院与工商学院建在一起,学院和博物院均是法国教会下属单位,两个单位毗邻,协调更为方便。桑志华同意这个建议。

献县教区耶稣会会长让·德布威（Jean Debeauvais）,在紧靠英租界的马场道南侧划拨一块空地作为博物院的院址。1922 年 4 月,动工兴建博物院的第一座办公楼即北楼。[①] 由比利时义品地产公司(原名义品放款银行)工程部建筑师毕内（M. Binet）设计并监造,同年 9 月工程告竣。该建筑物占地面积 300 平方米,为三层楼房(高 21 米),砖混结构。包括三个实验室,一个办公室,一小间照相暗室,两大间藏品库和一大间作业室。

桑志华参考欧洲博物馆建馆方案,设计防盗门及双槽窗户,把窗户的位置提高,采暖散热片和电灯尽可能安装在最高之处,给墙面留出空间,

---

① 陈锡欣、郑宝芳、李国良:《栉风沐雨八十春》,《天津自然博物馆八十年》,科学技术出版社 1994 年版,第 49 页。

便于安装靠墙的藏品柜。北楼建筑造价连同水、电及采暖设备共耗资 3 万块大洋(当时折合 30 万法郎)。①

北疆博物院北楼建成

桑志华在《本校之北疆博物院》一文中谈到北疆博物院的建设:"为保存搜集之物,博物院之设立,实为急务也。故于一九二二年,建筑北疆博物院,内有实验室三,陈列室二,各项陈列品均将其体积缩至最小之限度,而不变其原有之状态;并各关于中国自然学科之书籍,均搜罗靡遗。各实验室器械之价值皆在数万元以上。"②

1924 年,无论是化石或是动物、植物标本,尤其大型标本的整理和安放需要场地,原来建立的实验室已不能满足需要。来访者人数与日俱增,特别是与教育界的合作,希望北疆博物院向公众开放,迫切需要专门建立一个陈列厅。为满足教学上的需要,桑志华与工商学院进行协商,决定在办公楼西端建筑一个陈列厅并与办公楼(北楼)相接。③

①　[法]桑志华:《天津北疆博物院在中国北部、满州、蒙古、青海二十二年探险成果(1914—1935)》,陆惠元译,贾凤翔校,《北疆博物院丛刊》第 39 号,第 12 页。

②　[法]桑志华:《本校之北疆博物院》,史庭芳译,《工商大学校刊》第一期,1927 年版,第 20 页。

③　陈锡欣、郑宝芳、李国良:《栉风沐雨八十春》,《天津自然博物馆八十年》,科学技术出版社 1994 年版,第 50 页。

1925年动工兴建陈列厅。陈列厅紧贴北楼西侧,与北楼相连通,共分三层,每层面积为165(11米×15米)平方米。"至一九二五年在原址之旁,又另建一公共博物院,内分三室,每室之面积约有一百六十五方迈当。"①陈列厅建筑工程委托法商永和营造公司(Etablissement Brossard – Mopin,S. A.)工程师柯基尔斯基(J. Koziersky)设计。在中国首次采用具有美学外形的中心牛腿柱内框架结构,这种结构由四个圆形牛腿柱支撑着钢筋混凝土楼板,使次梁由楼顶辐射至围墙,墙壁不承受压力。建筑材料选用防火性能强的砖和混凝土,安装铁门防火防盗。陈列厅总造价为2.6万块大洋。②

建设中的北疆博物院陈列厅

由桑志华设计的北疆博物院陈列厅的窗户开在天花板之下,室内自然采光充足,并为固定在墙上的陈列柜留出空间。用水泥砂浆把平板花玻璃镶嵌在钢筋混凝土的窗框上,免受夏季雨水的渗入和春季风沙尘土侵袭,使标本得到保护。在陈列厅中央设计存放大型标本的铁木结构玻

---

① [法]桑志华:《本校之北疆博物院》,史庭芳译,《工商大学校刊》第一期,1927年,第20页。

② [法]桑志华:《天津北疆博物院在中国北部、满州、蒙古、青海二十二年探险成果(1914—1935)》,陆惠元译,贾凤翔校,《北疆博物院丛刊》第39号,第13页。

璃展柜。由法国斯特拉斯堡冶金厂（Forges de Strasbourg）提供的陈列柜，是一种柜面可以拆卸，又可以用螺丝固定的专用陈列柜。装有开滦矿物局所属秦皇岛耀华玻璃厂制造的 6 毫米厚的玻璃，使火灾的危害降低到最底限度。安装陈列柜的费用为 1.2 万块大洋。陈列厅一层和二层用于陈列展示，第三层暂时保留，存放玻璃器皿、旅行用的装备、图书资料等。①

　　随着发掘和采集工作的开展，藏品数量越来越多，桑志华考虑在现办公楼的南面，再建造一座南楼。1929 年北疆博物院进行了第二次扩建。南楼以北楼高度为标准，设计为两层，与北楼平行排列，南北两座建筑在二层以通道相连接，使北疆博物院建筑外形形成了"工"字形格局。②

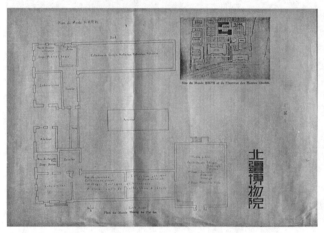

北疆博物院建筑呈"工"字形格局

　　南楼包括三个试验室，一大间图书室，一个办公室和两大间藏品库房。这项工程仍然委托法商永和营造公司，由经理亚伯利（P. Abry），工程师莫勒（P. Muller）设计、施工、监造。1929 年、1930 年分两期进行施

　　①　［法］桑志华：《天津北疆博物院在中国北部、满州、蒙古、青海二十二年探险成果（1914—1935）》，陆惠元译，贾凤翔校，《北疆博物院丛刊》第 39 号，第 13 页。
　　②　陈锡欣、郑宝芳、李国良：《栉风沐雨八十春》，《天津自然博物馆八十年》，科学技术出版社 1994 年版，第 51 页。

工。建筑材料与北楼相同,窗户仍采用在钢筋混凝土窗框上镶嵌平板玻璃的做法。桑志华将院内书橱统一安置在南楼,并亲自设计了可以调整隔板的铁质书架。①

北疆博物院南楼图书室

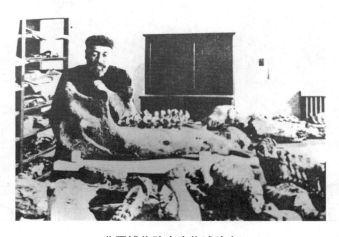

北疆博物院古生物试验室

① [法]桑志华:《天津北疆博物院在中国北部、满州、蒙古、青海二十二年探险成果(1914—1935)》,陆惠元译,贾凤翔校,《北疆博物院丛刊》第 39 号,第 16 页。

"一九二九年新试验馆成立,其容积较博物馆扩大两倍,内设试验室三间,办公室一间,图书馆一间,大厅两间,该大厅专为研究所搜集之地质学(石油学,矿物学,古生物学)等标本而设,两年以来,该项标本,所得极多,充斥满屋,几无隙地,同时旧试验室,亦为标本所占满,抑可见工作紧张之情形。"①

1930 年北疆博物院建筑初具规模,按照已经建成的情况,若排成直线,该院建成的总长度,可达 94.5 米。② "北疆博物馆,位于本科大楼之西南,计分博物院,及试验馆,两大建筑,博物院于民国十二年筑成,计分三层,建筑颇为雄伟,试验馆则于民国十八年建筑,博物院之南,与之成平行式,中间构通一桥,交通甚便,楼高两层,但容积较前者为大。"③ "此院在建筑时约费九万余元,现值尚不止此。"④

北疆博物院建筑初具规模

①　《北疆博物院之概况》,《私立天津工商学院一览》,民国二十四年(1935)五月,第 128 页,河北大学藏。

②　[法]桑志华:《天津北疆博物院在中国北部、满洲、蒙古、青海二十二年探险成果(1914—1935)》,陆惠元译,贾凤翔校,《北疆博物院丛刊》第 39 号,第 16 页。

③　《北疆博物院之概况》,《私立天津工商学院一览》,民国二十四年(1935)五月,第 127 页,河北大学藏。

④　[法]桑志华:《本校之北疆博物院》,史庭芳译,《工商大学校刊》第一期,1927年,第 21 页。

据 1951 年津沽大学填报的"天津市接受外国津贴及外资经营之文化教育救济机关及宗教团体登记总表"记载,北疆博物院坐落于天津六区马场道 141 号,津沽大学校内(现河西区马场道 139 号天津外国语大学内),房产在地政局登记收件字号"侨义字 00259",房屋由耶稣会购置,借予本院。占地面积 1 亩,建筑物为楼房一所,内有房屋 7 大间,1 间作主任办公室,3 间作展览室,1 间作图书室,2 间作储藏室。[1]

在楼后的一块空地上,桑志华用整整 10 年时间建起了北疆植物园,作为在天津的植物引种试验园地。在这块土地上种植了 500 种野生植物,有 300 种成功了,其中木本植物约有 90 种。由于天津的气候干燥,土壤盐碱,后来植物园的面积大为缩减了,桑志华认为"在天津建立大型植物园是不适宜的"[2]。

桑志华在北疆博物院植物园

———————————

① 天津市档案馆 X0199-C-000387,天津市接受外国津贴及外资经营之文化教育救济机关及宗教团体登记总表(1951 年)。

② [法]桑志华:《天津北疆博物院在中国北部、满洲、蒙古、青海二十二年探险成果(1914—1935)》,陆惠元译,贾凤翔校,《北疆博物院丛刊》第 39 号,第 16 页。

（二）经费来源

为博物院的生存和发展，桑志华"以极大的努力争取经济来源已经列入议事日程"①。他对每笔资助都有详细的记录，对批款机构、批款人和经手人都记录在案，并怀有感恩之心。"我在作出上述财务统计的同时，还应对众多的资助者表示感谢。在热心公益人员的名列中还应增加许多主教、传教会会长和传教士们。他们兄弟般的接待，提供有关情况，在很多次协商谈判中都给予我很大的帮助。这使我们的考察旅行和研究工作得以顺利进行。我在《十年报告书》和《十一年报告书》中列出了他们的姓名，这两个报告书中的姓名表就是我致谢的名单"。②

桑志华在《本校之北疆博物院》中说："经济来源则仰给于中国农商部，又法国使馆。"③经查阅资料，农商部仅有地质调查所悬赏收集化石标本之事，未见其他经济资助。据《北疆博物院丛刊》第 39 号中经费来源统计，北疆博物院经费的主要来源是耶稣会、法国政府、法租界公议局、意大利租界当局、在华法国银行、法国教育部、科研机构以及私人捐赠等。1930 年以后博物院领取庚子赔款结余款项④，共计 31928 块（大洋）。以上经费主要用于博物院建筑、修建陈列室，增设实验室、图书室和增添设备、家具，考察旅行，采集品整理及工作人员工资等。

---

　　①　[法]桑志华：《天津北疆博物院在中国北部、满洲、蒙古、青海二十二年探险成果（1914—1935）》，陆惠元译，贾凤翔校，《北疆博物院丛刊》第 39 号，第 34 页。

　　②　[法]桑志华：《天津北疆博物院在中国北部、满洲、蒙古、青海二十二年探险成果（1914—1935）》，陆惠元译，贾凤翔校，《北疆博物院丛刊》第 39 号，第 34 页。

　　③　[法]桑志华：《本校之北疆博物院》，史庭芳译，《工商大学校刊》第一期，1927年，第 21 页。

　　④　[法]桑志华：《天津北疆博物院在中国北部、满洲、蒙古、青海二十二年探险成果（1914—1935）》，陆惠元译，贾凤翔校，《北疆博物院丛刊》第 39 号，第 33 页。

（三）设备情况

北疆博物院配备了在当时较为先进的摄影摄像设备、实验室设备、地质勘探设备、打字机和各类制作工具等。

照相暗室设备包括：配件齐全的 7 架照相机、1 架小型电影摄像机、2 架显微照相机，1 台放大机，用于投影和显微研究。[①]

实验室设备包括：3 台大型显微镜；1 台切片显微镜；1 台双筒显微镜；1 台双筒昆虫学显微镜；1 台大的解剖放大镜，4 台小的解剖放大镜；1 台大型矿物学显微镜，1 台金相学显微镜；4 台显微切片机；2 个恒温箱；1 口清毒锅；1 架精密天平；1 台岩石膜片机等。[②]

地质勘探设备包括：1 台经纬仪；2 块大型精密马表；1 件六分仪；1 部无线电台以及高程计、航空高程计、罗盘、测斜仪、矿山气压表等。[③]

制作工具：处理化石标本用的成套工具、为制作存放标本的纸盒所需的裁纸机、压器机等；精装书籍的装订工具等。

1951 年津沽大学填报的"天津市接受外国津贴及外资经营之文化教育救济机关及宗教团体登记分表（文化出版学术研究）"中，设备有：

印刷机 1 个（印卡片用）、切纸刀 1 个（切卡片用）、压器机 1 个（压纸用）、切线刀 1 个（印刷用）；印刷材料：16 磅英文字 1 盘、水线（印卡片用）。[④]

---

① ［法］桑志华：《天津北疆博物院在中国北部、满洲、蒙古、青海二十二年探险成果（1914—1935）》，陆惠元译，贾凤翔校，《北疆博物院丛刊》第 39 号，第 32 页。

② ［法］桑志华：《天津北疆博物院在中国北部、满洲、蒙古、青海二十二年探险成果（1914—1935）》，陆惠元译，贾凤翔校，《北疆博物院丛刊》第 39 号，第 32 页。

③ ［法］桑志华：《天津北疆博物院在中国北部、满洲、蒙古、青海二十二年探险成果（1914—1935）》，陆惠元译，贾凤翔校，《北疆博物院丛刊》第 39 号，第 32 页。

④ 天津市档案馆 X0199-C-000387，天津市接受外国津贴及外资经营之文化教育救济机关及宗教团体登记分表（文化出版学术研究）（1951 年 3 月 19 日）。

桑志华在北疆博物院使用的英文打字机

登记表显示在 1951 年上述摄影摄像设备、实验室设备、地质勘探设备和标本制作工具、装订工具已荡然无存。

（四）人员配备①

1914 年至 1923 年，除辅助工作人员外，桑志华一直是独自工作，作为院长除了专业探险、采集、管理全院事务之外，还撰写了大量出版物。北疆博物院在编人员中，有 1 位中文秘书和 6 位辅助工，负责藏品的具体管理，如安装标本、贴标签等。

1928 年，献县教区耶稣会前会长金道宣（R. Gaudissart）神甫任植物标本保管员，并编制了植物标本目录。同年由献县教区耶稣会会长鄂恩涛（P. Bornet）神甫派遣修士王永凯（Jean Baptiste Wang）担任博物院设施和藏品的养护工作。1935 年 11 月，韩笃祜（Nicolas Haser）修士被派来接替王永凯的工作，他懂汉语、德语、英语，兼管出版和照相工作。1930 年，

---

① ［法］桑志华：《天津北疆博物院在中国北部、满洲、蒙古、青海二十二年探险成果（1914—1935）》，陆惠元译，贾凤翔校，《北疆博物院丛刊》第 39 号，第 16 页。

罗学宾（Pierre Leroy）神甫应聘来院工作，他是北疆博物院的在编人员。经常赴沿海地区为博物院采集标本，并使博物院和法国《海洋动物志》编纂人员建立了联系。

桑志华向工友讲授昆虫标本制作

桑志华（左七）金道宣（右五）和北疆博物院全体职员

1933 年生物学家、工商学院教授、耶稣会会士汤道平（Maurice. Trassaert）神甫，应聘陪同桑志华考察，1934 年他从工商学院教授职调入博物院,从事昆虫膜翅目的研究,负责节肢动物藏品,对研究古生物也有兴趣。俄籍年轻的大学生斯特莱尔科夫(V. Strelkow)来馆工作两年,他熟悉英语,协助桑志华同俄籍专家进行沟通合作,对昆虫鳞翅目也有兴趣。

汤道平在昆虫实验室

(五)机构沿革

北疆博物院的领导机构为天津天主教耶稣会院(Communitas S. J. Fi-ention),该机构与北疆博物院之实际关系为人事隶属。创办宗旨为:以研究黄河白河流域之植物、动物、古生物及地质学为目的,实地采掘各种标本,存储于本院供大众观览与研究。①

1923年4月4日,北疆博物院向来华外国人开放。桑志华任院长。1928年5月5日正式向公众开放。德日进任副院长的时间没有查到相关资料,仅在天津工商大学1930班毕业纪念册上见到北疆博物院副院长

---

① 天津市档案馆 X0199-C-000387,天津市接受外国津贴及外资经营之文化教育救济机关及宗教团体登记总表(1951年)。

德日进博士照片,该纪念册出版于 1930 年 7 月。①

　　1938 年,中国东北、华北、华东大部分地区都被日军占领,日军侵占天津后,封锁了英、法租界,当时的政治形势,使桑志华无法进行采集和发掘工作。与此同时欧洲也燃起了战火,使桑志华的经济来源受阻,迫于形势,他于 1938 年 5 月 13 日奉教会之命回国,博物院由罗学宾任代理主任。②

　　1939 年天津发生水灾,北疆博物院被淹,大水过后,封锁解禁,日本人不断光顾该馆,为避免骚扰和水灾祸患,法国耶稣会总会决定把北疆博物院一部分标本迁到北平。

部分标本、物资装车运往北平

---

　　①　《天津工商大学一九三〇班毕业纪念册》,天津工商大学,1930 年,河北大学藏。
　　②　王嘉川、王珊:《天津北疆博物院补考》,《中国科技史料》第 25 卷,2004 年第 1 期,第 39 页。

　　1940 年 6 月,罗学宾在北平宣布成立北平地质生物研究所,德日进为名誉所长,罗学宾任所长,成员有汤道平、王兴义。地址在北平东交民巷台基厂三条三号。① 将北疆博物院重要化石、图书资料、仪器等转移到该研究所。罗学宾说:"由桑志华神甫创办并领导的北疆博物院的研究室、藏书室和最重要的标本已经转移到北平,这是由外界形势所迫而改变地点。"②在建所的启事中声明,该所是天津北疆博物院为研究工作而设,北疆博物院停止工作,由教区临时派来的盖斯杰(Albert Ghesquieres)神甫任博物院主任,负责日常管理。此时工商学院校舍不敷应用,南楼借给工商学院改为大学部图书馆,北楼一层、二层借给工商附中,仅留下陈列室和三楼标本库房。1941 年太平洋战争爆发,导致第二次世界大战升级,战火燃及欧洲、亚洲、非洲和大洋洲,造成北疆博物院经费枯竭,使已经发展起来的博物院工作无法继续进行。1945 年抗战胜利,德日进和罗学宾接到法国教会让他们回国的命令。两位科学家在回国之前做出决定:将其中一部分有重要研究价值的标本,存放在北平地质研究所新生代研究室由裴文中代管,并注明其使用期限为交存日至他们返回中国的日期。这批移交标本的清单,总计 11775 件,其中史前、史学藏品 5329 件,脊椎动物化石 5237 件,现生哺乳类骨骼 449 件、地质岩矿 760 件。这批标本成为当时新生代研究室开展工作的物质基础。1946 年 6 月 26 日,裴文中签署《地质生物研究所存放于中国地质调查所新生代研究室标本清单》英文抄件。③ 这是外国探险者,把在中国采集的标本、文物主动归还的行为,这在国际上是没有先例的。此事一直不为人知,20 世纪 80 年代

---

① 天津市档案馆 X0199-C-000387,天津市接受外国津贴及外资经营之文化教育救济机关及宗教团体登记总表(1951)。

② 陈锡欣、郑宝芳、李国良:《栉风沐雨八十春》,《天津自然博物馆八十年》,科学技术出版社 1994 年版,第 47 页。

③ 陆惠元:《关于北疆博物院的史料(1914—1952 年)》,《天津文化史料》第 2 辑,第 12 页。

整理北疆遗留档案时被发现。① 据 1951 年填报的"天津市接受外国津贴及外资经营之文化教育救济机关及宗教团体登记总表"记载："本院之生物地质及古物标本于 1940 年曾一度迁往北京,1947 年又迁回本院。"②

1946 年到 1948 年,北疆博物院告别了它的发展期,进入维持期。从 1948 年财务情况可以看出这段时间的维持状态,国外资金来源为零,仅主任工资是收入款项,支出是最基本的人员工资、水电煤费以及维护标本费用,该年度少量结存不足购买药品和酒精的费用。

1948 年收入情况:

现金收入:国外收入款项无,其他收入总数(折合人民券)约 12951 元。

1948 年收支概况(照所用物价折合人民券)

收入:主任工资 15000 元支出:工资 3000 元,水电煤费 5550 元,药和酒精 2850 元,修理杂费 1550 元,结存 2450 元。③

1949 年 1 月 15 日,天津解放。中国人民解放军天津区军事管制委员会成立,同日,天津市人民政府宣告成立。在接管原工商学院成立津沽大学时,北疆博物院由津沽大学代管。1950 年津沽大学代管期间财务情况:

1950 年收入情况:

现金收入:国外收入款项无,其他收入总数(折合人民币)22700 元。

1950 年收支概况(照所用物价折合人民币)

收入:上年结存:719 元,主任工资 25000 元,总计 25719 元。

支出:工资 14000 元,水电煤费 4700 元,药和酒精 2000 元,修理杂费

① 陆惠元、侯云凤:《德日进和北疆博物院》,《中国博物馆》2000 年第 4 期,第 89—93 页。

② 天津市档案馆 X0199-C-000387,天津市接受外国津贴及外资经营之文化教育救济机关及宗教团体登记总表(1951 年)。

③ 天津市档案馆 X0199-C-000387,天津市接受外国津贴及外资经营之文化教育救济机关及宗教团体登记总表(1951 年)。

2600 元。

　　结存:2019 元。1950 年仅支出水电煤和维护标本,修理杂费等,依然是维持阶段。①

　　1951 年 2 月,明兴礼(J. Monsterleet)任北疆博物院主任,负责日常管理②。接收前,博物院全体工作人员有明兴礼主任,中国籍工友吴金璞、张志国,工友每月薪金 250 斤小米。③ 仅有 3 位员工的博物院,星期六及星期日下午观览部分开放,接待观众参观,并每日清洁院内器物,装换标本瓶中酒精并维护各种标本。制定工作计划,拟将各种标本之外文名翻译中文;陈列部分增添标本以供观览者研究之用;将院内所藏各种图书分类编目,并备卡片以便查阅。④

　　1952 年,天津市高等学院进行院系调整,撤销津沽大学,原为津沽大学代管的北疆博物院由天津市文化局接收。1952 年 5 月 16 日,文化局以津化(52)秘发字第○○五○号文⑤:"我局为了开展科学普及工作,以适应本市人民之需要,经呈准钧府,以津市现有第二博物馆及北疆博物院为基础改组成立天津市人民科学馆,并为使工作顺利展开,报请市政府拟聘请本市热心于人民文化事业的专家,组成人民科学馆筹备委员会,以筹备科学馆之成立事宜"。6 月,天津市人民政府批准组成"天津市人民科学馆筹备委员会"。8 月 16 日天津市人民科学馆正式成立,南开大学生物系主任肖采瑜教授兼任馆长。黑延昌任办公室主任,主持全面工作。

　　接收北疆博物院工作从 1952 年 7 月开始,在有关专家指导下,进行

---

　　①　天津市档案馆 X0199-C-000387,天津市接受外国津贴及外资经营之文化教育救济机关及宗教团体登记总表(1951 年)。

　　②　明兴礼(J. Monsterleet,1912—2001)法国巴黎大学文学博士。1945—1946 年为工商学院教授,1947—1951 年为津沽大学教授。

　　③　天津市档案馆 X0199-C-000387,天津市接受外国津贴及外资经营之文化教育救济机关及宗教团体登记总表(1951 年)。

　　④　天津市档案馆 X0199-C-000387,天津市接受外国津贴及外资经营之文化教育救济机关及宗教团体登记分表(文化出版学术研究)(1951 年 3 月 19 日)。

　　⑤　天津市档案馆 X0053-D-001552,津化(52)秘发字第○○五○号文。

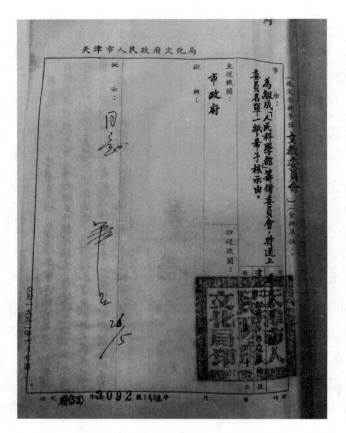

津化(52)秘发字第○○五○号文附件

物品清点和藏品整理工作。1957 年,天津市人民科学馆更名为天津市自然博物馆。在我国自然史博物馆奠基人杨钟健(1897—1979)和裴文中(1903—1982)等人的帮助下,以保持原北疆博物院的定位与特色为原则,向公众开放。1974 年恢复了自然博物馆建制,更名为天津自然博物馆。①

---

① 陈锡欣:《峥嵘岁月气象万千》,《天津自然博物馆八十年》,科学技术出版社 1994 年版,第 1 页。

三、藏品概况

（一）藏品清单（1935 年）

在华北来说，北疆博物院的藏品是独特的，无与伦比的。截至 1935 年底，北疆博物院以采征集标本建立起来的藏品清单，分为地质组、植物组、动物组、相关学科、人文学藏品、照片、旅行笔记等。

地质组：[①]

岩石、矿物和矿石：包括 7000—8000 份标本。

古生物化石：包括古生代动物区系化石，中生代研究古植物学和古动物学的标本和资料，第三纪化石约 14000 斤，三门系化石超过 9000 斤，第四纪化石装满了 150 个抽屉。在萨拉乌苏河第一次发现的 3 具完整的披毛犀骨架和 3 具完整的野驴骨架。

石器：包括旧石器时代和新石器时代藏品。

旧石器时代：包括中国第一次发现的人类化石——1 颗人类的门齿和一些长骨；3000—4000 块经过人类加工的旧石器；

新石器时代：数千件磨光的和打制的石器、陶器，有用人或动物的骨头加工的骨器。

地质学及其边缘学科的藏品：从史前时期至当代的陶器制造；煤矿及其他；冶金工业，铜铁；大理石；硫磺、石棉、黄金等。

---

① ［法］桑志华：《天津北疆博物院在中国北部、满州、蒙古、青海二十二年探险成果（1914—1935）》，陆惠元译，贾凤翔校，《北疆博物院丛刊》第 39 号，第 6 页。

植物组：①

天津腊叶标本约有 18500 件，450 余种木材标本；果实和种子标本，有些是以浸制的方法保存。维管束植物（种子植物和蕨类植物）属于中国北方系列标本 12834 件，加上重份标本共有 15000—20000 件，种类近于齐全；法国北部的腊叶标本 2500 种左右。

隐花植物：藻类，含有硅藻的淤泥和泥浆；渤海湾的藻类（已制成标本）。真菌、地衣类、苔藓植物：这类标本数目极为庞大，这些仍按原包存放着的藏品，总共占有 3 至 4 立方米的体积。

动物组：②

包括渤海湾低等动物、昆虫类、节肢动物、软体动物、脊椎动物、脊索动物、鱼类、两栖类、爬行类、鸟类、哺乳类等相关藏品。

渤海湾低等动物有典型的海产和淡水产的蠕虫 700 种以上；甲壳类、多足类数量较多，包括海产、淡水产和陆生。

昆虫类有 10 万件标本；节肢动物（蛛形纲）650 种以上；软体动物、脊椎动物种类近于齐全；脊索动物种类较少。

鱼类包括 2200 件标本；两栖类包括华北所有已知属，约有 800 件标本；爬行类有 77 个种（亚种），约有 700—800 件标本；鸟类包括 412 个种（亚种），3100 多件；哺乳类动物种类较为齐全。

相关学科：为使北疆藏品成为完整的体系，增加了大量的生物学相关藏品，例如解剖学、经济学等相关的昆虫的演化、植物病理、寄生虫、动物畸胎、鸟巢、粪便、采矿工业等。

---

① ［法］桑志华：《天津北疆博物院在中国北部、满州、蒙古、青海二十二年探险成果（1914—1935）》，陆惠元译，贾凤翔校，《北疆博物院丛刊》第 39 号，第 7—8 页。

② ［法］桑志华：《天津北疆博物院在中国北部、满洲、蒙古、青海二十二年探险成果（1914—1935）》，陆惠元译，贾凤翔校，《北疆博物院丛刊》第 39 号，第 9 页。

人文学藏品:①

反映中国人生活和民俗的藏品 3000—3500 件,分为:食品、靴鞋、帽子、首饰、服装、农业、家庭手工业、手工艺、家用器具,商业(娱乐和行政管理)、武器(捕鱼、狩猎和战争)、民间艺术(乐器、绘画、塑造、石刻、木刻等)、宗教等。大多数取自产地,具有不同民族典型的特征,很多是珍贵的老物件。

照片:9000 张底片,用于北疆博物院出版物的插图。

旅行笔记:63 个笔记本(每本 150—180 页),记载考察里程、居民人口以及旅行相关的事情。

(二)接收藏品统计

接收清册(1952 年)②:

1952 年 7 月,津沽大学与天津市人民政府文化事业管理局指定天津市人民科学馆筹备委员会组织人员对北疆博物院的藏品等进行清点、造册。北疆博物院物品于 1952 年 12 月 1 日交天津市人民科学馆接管。交接清单上津沽大学、文化事业管理局李霁野、天津市人民科学馆筹备委员会肖采瑜、黑延昌钤有印鉴。

藏品大体分为矿石、化石、文物、动物、骨骼、植物、鸟类、昆虫、浸制、照片、地图等 11 类,总数为 250886 按单位计算,共造分册五册。

陈列室③:矿石类 1497 块、化石类 1714 块、文物类 2817 件、动物类 1341 件、骨骼类 23 块、植物类 316 件。共计 7708 件,其中自然标本 4891 件。

---

① ［法］桑志华:《天津北疆博物院在中国北部、满洲、蒙古、青海二十二年探险成果(1914—1935)》,陆惠元译,贾凤翔校,《北疆博物院丛刊》第 39 号,第 10 页。

② 天津市档案馆 X0199-C-000038,北疆博物院接收清册(1952 年)。

③ 天津市档案馆 X0199-C-000038,北疆博物院接收清册(1952 年)。

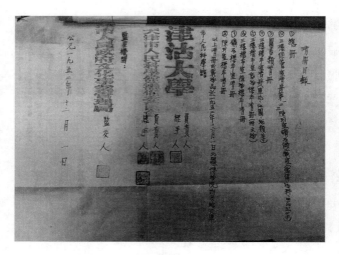

接收清册

储藏室①:矿石类 9355 块、化石类 11265 块(其中骨骼类 754 件);植物类 61342 件,(包括草菌类 48 包);昆虫类 116147 件、水族动物 19069 件;鸟类 3112 件(包括鸟巢鸟卵 130 件);兽类 397 件(包括兽皮 392 件);浸制 4467 瓶;两栖等 38 件;文物类 9970 件。共计 235162 件,其中自然标本 225192 件。

陈列室和储藏室共计自然标本 230083 件、文物类藏品 12787 件。

图书类共计 13150 册;图书资料:包括地质、考古、生物、动物、植物图书,共约 6000 余册。均为桑志华博士购置。

照片类:包括照片、明信片、照片底版等 4305 张。地图类 1795 件(本)(包括模型 1 个);纸类 1953 件(白洋纸、橡皮纸、油光纸、灯心纸等)。

据清册说明②可以看出当时的清点情况,清点人员缺乏辨认标本科学知识。卡片均为法文,且有遗失。标本有被虫蛀或破碎、浸制标本有瓶无标本等现象。清点是按照遗留物品数量进行登记。数量统计单位不统

① 天津市档案馆 X0199-C-000038,北疆博物院接收清册(1952 年)。
② 天津市档案馆 X0199-C-000038,北疆博物院接收清册说明(1952 年)。

一（有件、块、包、盒等），故数量统计不准确。

藏品统计（1956 年）：

据 1956 年天津市人民科学馆填报的"天津市处理外国在华财产估价汇总报告表"，北疆博物院财产主要有：矿石标本 10852 件、化石标本 12225 件、植物标本 61658 件、动物标本 145310 件，包括剥制、浸制标本和兽皮、兽骨等。历史文物 12787 件（绝大部分已移交天津历史博物馆）。图书 13150 册。家具 704 件，其中部分是陈列柜。物料 817 件，包括瓶子、软木塞、玻璃片等。器皿 1932 件，包括采集用品、实验用品等。其他 8053 件，包括照片、地图、纸类等。其中自然标本 230045 件，历史文物 12787 件，图书 13150 册，照片、地图、纸类等 8053 件。其他物品 3453 件。[①]

（三）专家评价

接收北疆博物院工作开始后，市文化局"感到整理北疆所藏标本是一件非常复杂而专门的工作"。故曾数次到北京与中国科学院、中央文化部等方面联系，邀请专家来津，"1952 年 11 月 30 日，聘请植物学家林镕、昆虫学家陈世骧、鸟类学家郑作新、动物学家寿振黄、古生物学家杨钟健等 6 位同志到津，此次工作专家们了解北疆博物院标本情况，并对今后工作提出意见"[②]。

专家们认为：北疆博物院所存标本可分为：古生物、矿石、昆虫、鸟类、兽类、鱼类、高等植物、下等动植物。在科学上有一定价值，同时为华北最丰富的收集。对华北的富源、结合生产，将来一定会起巨大作用。目前在天津市甚至在华北范围内，在原北疆博物院的基础上，成立一个自然博物

① 天津市档案馆 X0199-C-000387，天津市处理外国在华财产估价汇总报告表（1956 年 7 月 17 日）。
② 天津市档案馆 X0053-D-001552，天津市文化局文件（1952 年）。

馆是有条件的。使天津和华北地区真正有一个名副其实的博物馆。①

谈到馆藏情况,当时负责接收工作的黑延昌说:从我们接收的原北疆博物院的藏品看,它的收藏是相当庞杂的,除了自然标本外,还有历史文物和民俗学的收藏,但绝大多数的藏品是自然标本。在接收北疆博物院工作中,把历史文物和民俗学的藏品转交给天津历史博物馆,保留了自然标本约 20 万件,图书 17000 多册。动物标本以昆虫标本为主,共约有 11 万号;植物标本以高等植物为主,7 万余件植物标本的收藏量;化石和石器标本,这是北疆博物院最有名的收藏。北疆博物院的标本有一部分送到国外去研究,化石标本和其他标本都有类似的情况,还有一部分在国内其他单位,没有由我们接收。②

在古人类标本的收藏中,有一套鄂尔多斯河套人的牙齿化石模型。据 2000 年 5 月 31 日胡承志③来天津自然博物馆鉴定:"鄂尔多斯人(即河套人)牙齿模型为步达生(Black Davidson)制作,1 个是齿冠,1 个是齿根,另一个是舌面向上的。这种模型当时做了不多的几个,现在天津自然博物馆保存了完整的 1 套 3 个。此外中国地质博物馆尚保存有 2 个,一为齿冠另一为齿根。这个真标本已不在中国,而仅有的宝贵材料,是河套人牙齿模型保存最完整的一套。"④

珍藏有"北京人"头盖骨(模型),标本是 1929 年 12 月 2 日裴文中发现的。步达生将已暴露出来的大部分的头盖骨,于 1930 年 3 月 17 日做两个模型,其一自行保存,另一个提供给英国伦敦的德门洋行,由该行复

---

① 天津市档案馆 X0053-D-001552,天津市文化局文件(1952 年)。
② 黑延昌:《接收北疆博物院经过》,《天津文史资料选辑》第 69 辑,天津人民出版社 1996 年版,第 137 页。
③ 胡承志(1917—2018),中国地质博物馆研究员,我国著名的古生物学家与古人类学家。工作始于原地质调查所新生代研究室,作为中国地质事业及中国古脊椎动物与古人类学发端、发展的亲历者和见证者,参与了"北京人"头盖骨的第一代研究和复制品的制作,同时也是"北京人"头盖骨的最后目击者。研究命名了著名的"元谋人"和"巨型山东龙"。
④ 胡承志到天津自然博物馆鉴定记录,2000 年 5 月 31 日,天津自然博物馆藏。

制出售。据胡承志先生确认:"此模型系该行复制后回赠给步达生的,步氏又转赠给北疆博物馆。"①

"北京人"头盖骨(模型)

珍藏有"北京人"头盖骨模型 3 个。经胡承志鉴定:"天津自然博物馆现保存的三个北京人头盖骨模型是最初制作的。头骨第一和第三为男性,头骨第二为女性。记得当时魏敦瑞(Frang Weidenreich)布置,让我做一套 1936 年贾兰坡发现的头盖骨模型给天津北疆博物馆,并说这是德日进代北疆要的。这三个模型制作的比较早,约在 1937 年夏天做的。这三个模型很可能是在我国保存的,制作最早的模型。真的北京人化石下落不明了,这三个早期制作的模型极其珍贵。这三个北京人中国猿人北京种头盖骨模型是魏敦瑞应德日进要求,提供给天津北疆博物院,时间当在1937 年春末夏初之间。"②

---

① 胡承志到天津自然博物馆鉴定记录,2000 年 5 月 31 日,天津自然博物馆藏。
② 胡承志到天津自然博物馆鉴定记录,2000 年 5 月 31 日,天津自然博物馆藏。

（四）输送国外和征集国外标本情况

北疆博物院将一些标本输送至国外研究、交换和赠送。在《私立天津工商学院一览》中介绍："博物院所得各种之标本，亦分送各学术团体，已寄送各地大博物院之标本，不下四五千种，送于国内外各大学为二三千种，其有特别价值者，则留存于博物院。"①《北疆博物院丛刊》第 39 号中桑志华谈到："自 1922 年以来，已有 4100 件维管束植物标本赠送给巴黎自然历史博物馆。以后，又不断地给该院寄送相当数量的藻类标本。1924 年，我已向巴黎自然历史博物馆运去 100 多箱蓬蒂期化石，以便在那里研究。为了感谢该馆的协作，我于 1926 年留给他们一大批有价值的化石。法国古生物考察团考察工作结束后，我曾发出一批第四纪的化石，……有一架完整的披毛犀骨架，作为北疆博物院赠送给巴黎自然历史博物馆的一份价值最高的礼物。1927 年以后，赠送给该馆一批在 1926 和 1927 年考察旅行中获得的化石。与此同时，我向英国皇家邱园（Royal Kew Gardens）和伦敦自然历史博物馆赠送了两批植物标本。我陆续将 1922 年到 1935 年采集的植物标本寄给汉岱·玛泽悌（H. Handel – Mazzetti）先生，他对这些标本进行研究和鉴定。因此，他被认为是北疆博物院的主要合作者之一。为进行蝗虫类标本研究，把蝗虫类标本寄往美国伊萨卡学院（Ithaca College）。罗学宾神甫回法国进修时，带走了几箱海洋动物标本。这些资料让专家们花费了许多时间进行研究，还有一些正处于研究过程中。"②

同时北疆博物院还从国外征集、交换标本。其中法国北部地区植物

---

① 《北疆博物院之概况》，《私立天津工商学院一览》，民国二十四年（1935）五月，第129页。

② ［法］桑志华：《天津北疆博物院在中国北部、满洲、蒙古、青海二十二年探险成果（1914—1935）》，陆惠元译，贾凤翔校，《北疆博物院丛刊》第 39 号，第31页。

标本有 2500 余种 7426 件,国外苔藓植物标本 7000 余件,香港植物标本若干。这几类珍贵标本以其保存完好,制作精细,记载完备,具有参考和对比研究价值,为世界植物界有关专家、学者所瞩目。①

2006 年,天津自然博物馆专业人员整理了一批北疆博物院收藏的古人类标本,共 3100 余件,其中 98% 以上是国内外的石器标本。在 145 件外国的石器标本中,法国 69 件,叙利亚 23 件,西班牙 3 件,巴基斯坦 2 件,其他国家 48 件。包括:旧石器时代打制石器、刮削器、石核、手斧,新石器时代的刮削器、石刀、石铲、石斧等,一些考古专家给予了很高的评价。裴文中先生每次到天津自然博物馆都要看看这批标本,并逐一进行鉴定。法国旧石器时代标本中,手斧有 35 件,裴文中先生将其鉴定为阿舍利文化期 14 件,勒瓦娄哇文化期 6 件,马格德林文化期 15 件。② 桑志华搜集这些具有代表性的国外石器标本,意在丰富馆藏和进行对比性研究。③

桑志华重视对国外标本的搜集,他与巴黎自然历史博物馆、伦敦自然历史博物馆、英国皇家邱园等机构进行交流、交换馆藏标本,首开中国自然历史博物馆国际交流之先河。桑志华用在中国采集的标本和国外的同行交换标本,藏品中的法国植物标本、欧洲石器标本为馆际交流所得。一些赠送国外的标本现仍保存在这些博物馆、植物园中,使欧洲人从这些展品中了解到东方的地质和植被。

从 1952 年接收清册和 1956 年的藏品统计报表可以看出,北疆博物院为我们遗留了 23 万件珍贵的自然标本,其采集时间之久、地域之广、门类之多,在我国采集史上尚属罕见。在 20 世纪 50 年代,其藏品数量在全

---

① 王彩玲:《建立有北方特色的植物标本室》,《天津自然博物馆八十年》,天津科学技术出版社 1994 年版,第 81 页。

② 侯云凤、王平:《桑志华与旧石器手斧》,《大自然》2006 年第 3 期,第 64 页。

③ 侯云凤、王平:《桑志华与旧石器手斧》,《大自然》2006 年第 3 期,第 64 页。

国博物馆中名列前茅。① 这批具有科学记载的标本为生物学研究提供了科学依据,是北疆博物院发挥社会作用的物质基础。

四、陈列展览

(一)陈列开放

北疆博物院北楼落成后,1923 年 4 月 3 日,在天津市召开了科学研究会,桑志华和德日进分别做了相关演讲,4 月 4 日博物院正式向来华外国人开放。②

1928 年 5 月 5 日,北疆博物院正式向公众开放,工商大学 1928 级同学应邀参加,《大公报》5 月 6 日报道"北疆博物院昨日开幕"③:"本埠马场道工商大学附设之北疆博物院,昨日下午开幕,先期由该院监督东邀各界参观典礼,故昨日本埠交涉公署、各国领事馆、各国军队司令部、及中西各报馆均有代表前往"。《益世报》报道"北疆博物馆开幕礼"④:"英租界马场道工商大学,为华北一著名之公教大学,各项设备极为完善。就中北疆博物馆一所,陈列各种地质生物标本多类,允称华北首屈一指,而尤以利生(黎桑)司铎在黄河流域及其他各地搜集所得者弥足增贵。"桑志华在开馆仪式上发表了热情洋溢的祝辞:"辱荷诸君驾临参与开馆礼,实深感谢,敝人对于法领事、主教、省当局、工商大学校长及津中诸著名外宾,

① 涂小元、田家馨:《改革开放前的天津博物馆事业》,《天津文博论丛》第 1 集,天津人民出版社 2010 年版,第 57 页。
② 王嘉川、王珊:《天津北疆博物院补考》,《中国科技史料》第 25 卷,2004 年第 1 期,第 42 页。
③ 《北疆博物院昨日开幕》,《大公报》1928 年 5 月 6 日,第 7 版。
④ 《北疆博物馆开幕礼》,《益世报》1928 年 5 月 6 日,第 16 版。

及学者等相处一室,极觉快乐,敝人获与中国之官方代表及学者相晤,尤深欣忭,我之拳拳以快感为念者,以科学之真理与道德之真理,相依为成,初无二致,失其一不足悟其余也。"①

《益世报》报道《北疆博物馆开幕礼》

(二)参观指南

1937 年,为配合展厅开放,博物院编辑出版《北疆博物院参观指南》,印制了展厅平面图,观众可以在参观时拿到展厅平面图,便于观众参观。

《北疆博物院参观指南》中对一些重要展品名称列出了法文、英文、中文对照表。编者希望这本小册子能指导观众参观展厅中的展品,帮助观众理解展品的科学价值。"根据自己的兴趣在展览中发现精彩,并从中获得快乐和知识。涌起学习更多自然知识,特别是深入了解中国的渴望。"②

按照《北疆博物院参观指南》的引导,观众可以根据下面的地图找到博物馆的位置③,如果向赛马场方向走,在路左边,位于马场道 35 号。

① 《北疆博物馆开幕礼》,《益世报》1928 年 5 月 6 日,第 16 版。
② 〔法〕桑志华:《北疆博物院参观指南》,天津直隶出版社印制,1937 年。
③ 〔法〕桑志华:《北疆博物院参观指南》,天津直隶出版社印制,1937 年。

邮政地址:天津,马场道,北疆博物院(黄河、白河博物馆)。

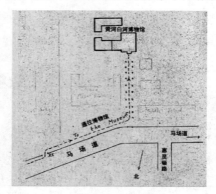

北疆博物院位置图

《北疆博物院参观指南》告知开放时间:每周三、周六和周日对公众开放。按照季节的不同,具体开放时间是,夏天下午二时至六时,冬天下午二时到太阳落山的时候。

票价:门票价格每人 0.30(墨西哥比索)。

团体:学生团体可以凭提前预约,任何时间都可前来参观,要在老师的带领下。每个团体不得超过四十人。①

1939 年,《天津北疆博物院中英文参观须知》告知:北疆博物院公共部分自 1939 年 1 月 1 日起每星期二、四、六、日,由十二时至午后五时。参观费用:私人每人三角,儿童每人二角,学校或团体免费,但须有人领导,每次不得过三十人。②

1951 年,北疆博物院团体规则及章程:本院于星期六及星期日下午二时至四时开放,但持有介绍书或公函之学校,团体可随时参观。③

---

① [法]桑志华:《北疆博物院参观指南》,天津直隶出版社印制,1937 年。

② 《天津北疆博物院中英文参观须知》,1939 年,天津自然博物馆藏。

③ 天津市档案馆 X0199-C-000387,天津市接受外国津贴及外资经营之文化教育救济机关及宗教团体登记分表(文化出版学术研究)(1951 年 3 月 19 日)。

（三）观众反响

1927 年,北疆博物院不断有专家学者和特殊身份的人士前来参观,其中华盛顿史密森学会、中国医疗委员会洛克菲勒基金会、北京地质调查会、法国巴黎科学院、巴黎自然历史博物馆等重要机构的代表来访,表明北疆博物院在建成 4 年尚未对中国公众正式开放时,已声名显赫。

1927 年 5 月出版的《工商大学校刊》第一期桑志华列出了"最近参观北疆博物院之来宾姓名表"①,有瑞典亲王及其夫人;智利国领事、瑞典国领事、奥国领事、英国领事、美国领事、意大利领事;意大利驻北京公使、法国驻北京公使、瑞典国驻北京公使、法国外交部特派视察员;外国考察团包括瑞典国之来华考察团、美国第三次亚洲视察团、丹麦国调查蒙古农业团;中外学者包括北京地质调查会会长(丁文江)、北京地质调查会会员(王竹泉)、地质学家诺里乌(G. Noriu)、古典学家(罗振玉)、古典学者弗格曼(T. Fergman)、巴黎自然历史博物馆矿物学教授雷洛伊德(Laeroid)、华盛顿史密森学会毕晓普(O. Bishop)、中国医疗委员会洛克菲勒基金会什·格里夫(Sh Greeve)、矿师拉斐尔(P. Raphaël);中外大学、学校教授包括澳大利亚悉尼大学地理教授格里菲恩·泰勒(Griffith Taylor)、瑞典国乌普萨拉大学植物学教授史密斯(H. Smith)、北京燕京大学地质学教授巴邦(G. B. Barbond)、舍西大学(Shesi University)矿学家尤伊思特罗姆(E. Uystrom)、北洋大学教授拉铁摩尔(Lattimore)等数位教授、南开大学教授团(5 人)、俄国列宁格勒农校化学教授波普夫(SM. Popoff)、北京协和医学院斯蒂文森(P. H. Stevenson)和霍瓦斯(Dr. A. Horvath)、北京协和医学校布拉克(D. Blach);工程设计人员包括陇海铁路工程师都特兹(S.

① ［法］桑志华:《本校之北疆博物院》,史庭芳译,《工商大学校刊》第一期,1927年,第 22—24 页。

Douetz)、海河水利委员会总工程师平乔内(T. Pincione)、苏伊士运河名誉职总工程师佩里耶(L. Perrier);工商界包括利兴洋行的经理皮埃吕格(Pierrugues)、天津伦敦摩托车旅行团经理卡勒姆(M. Callum)、威尔逊公司经理戴里弗英(A. Deliving)、中俄道胜银行副经理费尔德曼(M. Feldman)、巴黎电力公司经理德布雷(J. Debré)、汇理银行经理德迈(Demay)、中法实业银行经理梅格里特(Megret)、印度支那特兰尼农业试验场场长米维尔(R. Mieville)和新祝圣之二位中华主教、《中国北方每日邮报》记者考恩(J. Cowen)等。

1928年,南开大学的沈士骏教授在参观北疆博物院之后,写下《参观北疆博物院以后》,叙述他的观感:"北疆博物院可算是在天津唯一的值得赞评的博物馆了。她的特色,就是该院法教士桑志华历年在华北搜求的成绩,尤其是有史以前人类的石器搜罗最富,尤其是河套以南榆林以北的老石器,足以傲视首屈一指的北京地质调查所了,凡是要看中国已知最古的石器,不可不到北疆博物院一饱眼福。"沈士骏还写道:"北疆博物院只有一个主任,一个助手;一个修理工人,一个杂役,依比例率比我们南开人少。他的标本是无价值估计的,完全由外边采集,除旅费外,不妄费一钱,我们南开的仪器标本样样拿钱去外国买,买的东西又都是普遍的,他们的东西都是自己做自己用。"[①]

据《工商大学校刊》第二期,《本校大事记(一九二八——一九二九)》北疆博物院消息:[②]北疆博物院自去岁成立以来,深得社会人士之赞许,故来校参观者极形踊跃,闻桑博士十二年来所搜罗之物,陈列于该院者,仅不过十之二三,现积极从事扩充,以期尽量容纳,刻以兴工营造试验室,大加改革。

1930年以后重要来访者:

---

① 沈士骏:《参观北疆博物院以后》,《工商大学校刊》第二期,1928年,第112页。

② 《本校大事记(一九二八——一九二九)》,《工商大学校刊》第二期,1928年,第89页。

1930 年,刚恒毅大主教(Mgr Coslantim)、英国"调查纺织商业的经济代表团";1932 年,《大公报》《晨报》记者;1933 年 3 月 14 日,法国驻华大使威尔登(Wilden)和法国著名历史学家德里耶特(Delliet);1937 年美国哈佛大学和燕京大学观察团团员埃利塞夫(Elisseff)和休谟(Hume)教授参观博物院。①

北疆博物院的迅速发展,不但赢得欧洲的广泛赞誉,也引起了东方日本的关注。1930 年,桑志华院长被请到日本皇宫大学演讲古生物学,受到各界尊重和欢迎。1932 年,日本天皇表示愿意出版关于北疆博物院的所有著作。1934 年 11 月 5 日,日本皇室成员参观博物院。1937 年日本东京大学教授早稻田(Takumana de Waseda)和东京皇宫大学教授增田(Masuda)参观了博物院。1938 年 9 月 13 日,博物院代理主任罗学宾和德日进、汤道平,专程去日本作为期一个月的科学访问。②

(四)陈列展示

北疆博物院陈列 1928 年 5 月 5 日向公众开放,《大公报》《益世报》纷纷介绍该馆陈列内容:"该院建筑并不甚大,而极精美。下层陈列各种化石矿物兽骨等,楼上分部较多,计有鸟类爬虫昆虫等标本,暨丝茶、衣服、农具、家具、乐器、冥器、玩物、古玩、军器等等。盖该院陈列品,以属于地质范围者为主体,而考古风俗等等亦附入也。"③"陈列各种地质生物标本多类,此外,并陈列中国骨董及风俗沿用各种物品,亦颇饶有兴味。"④

走近展厅,入口处的两边是两门青铜铸造的大炮,是著名的基督教神

① 王嘉川、王珊:《天津北疆博物院补考》,《中国科技史料》第 25 卷,2004 年,第 1 期,第 42 页。
② 王嘉川、王珊:《天津北疆博物院补考》,《中国科技史料》第 25 卷,2004 年,第 1 期,第 43 页。
③ 《北疆博物院昨日开幕》,《大公报》1928 年 5 月 6 日,第 7 版。
④ 《北疆博物馆开幕礼》,《益世报》1928 年 5 月 6 日,第 16 版。

甫南怀仁①（Verbiest）捐赠的。

展览共分成三部分：

第一部分：地质学、古生物学和岩石标本（一层）

第二部分：哺乳动物标本（一层）

第三部分：植物学、动物学和人类学标本（二层）

展示中的陈列品大部分是桑志华的个人收藏，少数捐赠的标本加注标本提供者。② 展品的标签为法文，一些重要展品特别加注了英文和中文标题。镶嵌在展厅墙壁上的展柜包括有 10 层格子的 21 个展柜和 11 层格子的 61 个展柜。展架是用玻璃制作的，观众可以从下方观看较高的标本。玻璃展架的层号是从展柜下层向上排列的分为展架 A、B、C、D、E、F、J、H、I、J，10 个展架陈列标本。因展厅空间有限，部分小型标本没有按照自然分类的顺序进行陈列，展厅内可利用空间都填满了展品。

如果把展品放在适合观看的角度，该院的建筑还需要扩大 3—4 倍。某些展品体积较大，不能列入墙壁展柜系列之内，陈放于展厅中央的大型玻璃展柜中，例如：披毛犀化石骨架，象和长颈鹿的骨骼化石，鹿科的各种角化石以及史前期大型陶器等。博物院大部分藏品被放在非公共区域，保存在封闭的柜子或者盒子当中，这主要是为了防尘、防虫和防晒。研究人员和对相关学科感兴趣的爱好者可以通过工作人员允许观看这些标本。

第一部分：地质学、古生物学和岩石标本展览（一层）③

进入展厅，上方是一副剑齿象的门齿化石，正前方是一具大型的披毛犀（*Rhinoceros tichorhinus*）完整化石骨架，曾经生活在旧石器时代。20 世纪 20 年代世界上只发现 3 具披毛犀化石，2 具在这里。

---

① 南怀仁（Ferdinand Verbiest，1623—1688），耶稣会士中的杰出人物，比利时人，1657 年来中国澳门从事传教活动。

② ［法］桑志华：《北疆博物院参观指南》，天津直隶出版社印制，1937 年。

③ ［法］桑志华：《北疆博物院参观指南》，天津直隶出版社印制，1937 年。

镶嵌在展厅墙壁上的展柜

展厅上方的剑齿象门齿化石

　　地质学系列包括矿物学、岩石学、地层学、古生物学、史前史学和工业地质学。墙体展柜是按照数字顺序从 1 到 40 按照时代顺序进行展示。展柜 1—5 为矿物和岩石系列,展柜 6—35 为地质系列,展柜 36—40 为古

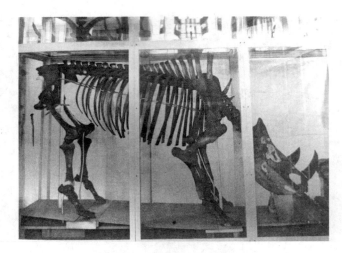

展厅正前方的披毛犀完整化石骨架

生物和工业地质系列。

在展厅中间的展柜41—84展示一些来自于不同的地质时代的大型的、重要的标本。个体很大的马和小个体的马都生活在三门纪时期,同期的还有三趾马,个体较大的犀牛与披毛犀(*Rhinoceros tichorhinus*)。还有4种长着华丽鹿角的鹿。有第三纪、第四纪地层中的披毛犀骨架和披毛犀的头骨、不同种类的鹿角,无角犀(*Aceratherium*)、马、象、牛(水牛,野牛)、鹿和长颈鹿(萨摩麟 *Alcicephalus*、希腊长颈鹿 *Helladotherium*)。

矿物和岩石系列①:展柜最下面陈列大型较重的标本,如大水晶晶体,玉髓等。向上依次陈列各种矿物和岩石,包括水晶、硅质龟甲石、玉髓、碧玉、磨圆玛瑙、长石、玄武岩、云母、玛瑙,天河石。含有大型长石晶体的伟晶岩、基岩的附属矿物等。石棉玉、绿帘石、辉石等。还有花岗岩、伟晶岩、流纹岩、斑岩、粗面岩、响岩、英安岩、闪长岩等。

采集自法国勒皮(Le Puy)地区和山西大同的一些火山弹,还有一些滚石。包括:灰岩、花岗岩、砂岩、石英和各种喷出岩以及硅质碎石。含辉

———————————

① [法]桑志华:《北疆博物院参观指南》,天津直隶出版社印制,1937年。

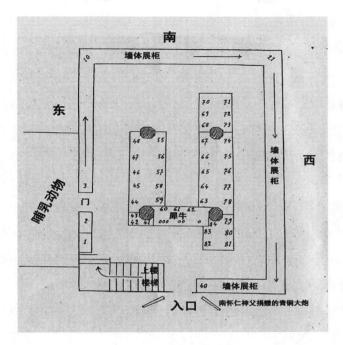

陈列厅一层展示位置图

绿岩和辉长岩的基岩系列、玻璃结构玄武岩等。

含在泥质灰岩中的骨骼化石；正在形成过程中的泥炭；石灰华；风化作用形成的硅质灰岩，以及各种沉积岩和矿物；变质作用形成的岩石；各种精美的矿物，包括黄铁矿和孔雀石、硫化物矿物以及金矿、石墨和石油等。

展示中有来自法国的标本，展柜 2 展示采集自法国勒皮（Le Puy）地区的火山弹，与采自山西大同的火山弹比较展示。展柜 4—5 中矿物系列晶体状石膏，来自巴黎，中国还没有发现。

桑志华、德日进在中国北方采集了大量岩石与矿物的标本，其主要地点也多为动物群所在地，如 1924 年，德日进在鄂尔多斯首次发现的河套岩（或者称鄂尔多斯岩）。这些岩矿标本为研究中国北方地区地质结构、古生物分布、矿产资源及分布积累了大量资料。岩石的岩性及对应的化石组成，对研究当时的古环境有着极其重要的意义，也是研究代表性生物的标示层及相应生物演化环节难得的重要实物资料。

地质系列①:展示太古宙岩石。片麻岩、花岗岩、石英等;震旦纪(前寒武纪)的聚环藻化石、太古宙岩石;寒武纪化石,三叶虫等;奥陶纪直角石、笔石等;树干化石以及煤和石炭纪贝壳化石;二叠纪植物化石、三叠纪远古森林化石;侏罗纪煤、树干化石及其他植物化石等;白垩纪鱼类化石、鱼类,植物和贝壳类的新物种;第三纪的含气孔的玄武岩;中新世晚期的植物化石。桑志华、德日进考察过十余个化石产地,在这些化石产地中,采集了很多鱼化石。其中一个产地,桑志华发现了一种新的虾化石种类,被命名为"桑志华虾(Astacus licenti)",是一种鳌虾类新种。在曼拉库拉(Manlakoula)产地,桑志华和德日进首次发现了巨型俾路支兽的化石,一种巨犀,身高达到 4 米,展示在展柜 20。

古生物方面的展示重点为古哺乳动物化石,除了某些体积过大的披毛犀、象、鹿等骨架陈列在展厅中央的大玻璃柜中外,其他均按系列摆放。展出新发现的动物群标本有甘肃庆阳的三趾马动物群化石、内蒙古萨拉乌苏出土的完整的披毛犀和野驴骨架、王氏水牛等晚更新世哺乳动物群化石;河北阳原泥河湾发现的第三纪、第四纪过渡阶段的哺乳动物群化石;山西榆社盆地发现的上新世哺乳动物群化石。例如展柜 68—73 展示 13 种象的象牙和下颌,这是亚洲唯一的化石动物群组合。这些动物群的新发现和研究成果的展示,提升了北疆博物院的学术研究价值和地位。

古人类化石、石器与陶器是另一大类重要展品。甘肃庆阳 1920 年发现的 3 件人工石制品被考古界称之为中国第一批发现的有正式记录的旧石器,掀开了中国旧石器年代和史前研究的篇章。1922 年内蒙古萨拉乌苏出土的古人类牙齿化石是中国境内最早发现的古人类化石(被命名为鄂尔多斯人,裴文中改译为河套人),揭开了中国古人类研究的序幕。宁夏灵武县水洞沟出土的大量旧石器时代晚期的精品,器型丰富多样,在鄂

---

① [法]桑志华:《北疆博物院参观指南》,天津直隶出版社印制,1937 年。

尔多斯、甘肃和陕西的其他地点中也发现了同样类型的石器。这些古人类化石及石器的发现，为人类的起源与发展提供了重要的物证。

展柜 32 展示的是一套世界著名的石器 ①，包括：刀片的坯子、刀片、刮刀、双面刮削器。是 1923 年桑志华和德日进在甘肃水洞沟发现的。石器层位于黄土以下 10 米处的一层很薄的夹层中。在这个地点挖掘到 3000 件石器，重 450 千克。在鄂尔多斯、甘肃和陕西的其他地点也发现了同样类型的石器。这种古文明所覆盖的区域十分广泛。中国的这些石器文明被发现以后，东叶尼塞（East Yenissei）和北印度（North of India）的两个古文明都需要重新审视。

展柜 33 展示新石器时代的遗物。②在这个展柜中，包括磨盘、犁头等主要展品是桑志华 1924 年采集的，这些褐色土壤是石器时代古人类生活时的土壤层。这些石器是在原地发现的，其地质时代毋庸置疑，这些发现很有意义。

展柜 34—35 展示新石器时代、次新石器时代、陶器时代早期文物。③典型的次新石器时代文明的物品，这些展品是 1927 年在蒙古国（现内蒙古围场县）的皇家猎场附近发掘的。有一件狗的下颌，是在墓穴里和很多珍珠在一起发现的。

展柜 74 展示"北京人"头盖骨（模型）。

展柜 41—43 和 79—84 展示新石器时代的石器和陶器。④ 在楼下，可以看到很多从古墓中发掘出来的文物，有大型瓦片和一些砖。还有一个铸铁钟，一片用来敲钟用的铸铁板。在附近有地质剖面模型，以及一本"老西开自流井"的备忘录。

---

① ［法］桑志华：《北疆博物院参观指南》，天津直隶出版社印制，1937 年。
② ［法］桑志华：《北疆博物院参观指南》，天津直隶出版社印制，1937 年。
③ ［法］桑志华：《北疆博物院参观指南》，天津直隶出版社印制，1937 年。
④ ［法］桑志华：《北疆博物院参观指南》，天津直隶出版社印制，1937 年。

第二部分：哺乳动物标本展览(一层)①

自1930年南楼建成之后，在北楼一楼东侧开辟了一个展室陈列哺乳动物标本展览。哺乳类标本中挑选少数大型的、可视性强的标本，还挑选了50多件啮齿类及其他小型标本做成小景观。以豹为首的16件大型皮张标本被悬挂在三楼楼口处。

这些哺乳动物标本包括：豹子、熊、鹿、驯鹿、麝鹿、斑羚、瞪羚、野山羊、盘羊、野猪、野驴、狼、犬、亚洲骆驼、獾、野猫、山猫；猿、狐狸、旱獭、黄鼠狼、蝙蝠等，袋鼠和其他啮齿类，海豹等各种动物姿态标本。

看完哺乳动物展览，请观众回到地质和古生物展室，从一层的楼梯上二楼，参观植物、动物和人类学展览。在楼梯的左边，展示桑志华绘制的1926年的考察行程地图。

第三部分：植物学、动物学和人类学标本展览(二层)②

二楼展示植物学、动物学和人类学标本展览，现生标本的展示涉及植物学、动物学的各个类群。大体积的展品陈放在室中央的两个大型玻璃柜中，还有一些悬挂在墙上和天花板上。

植物学方面，从藻类到维管束植物、从木材到果实种子、从植物病理到病虫害等；植物系列展品从楼梯顶部东侧的墙体展柜1开始。从低等植物开始，展示精美的藻类、菌类、地衣类和苔藓植物。1柜展示：藻类、真菌、地衣、苔藓；2—4柜展示家庭种植的400种维管植物(高等植物)各科的代表(显花植物、蕨类等)；5—6柜展示木材标本，在中国北方采集的430种树木标本。7—8柜展示栽培植物。9—10柜展示果实和种子，有中国特有植物葫芦科植物。这部分还展示了植物疾病、畸形植物等。11—12柜展示植物病害与植物生理。

动物学方面，从与植物息息相关的昆虫生活史标本到各个不同种类

① ［法］桑志华：《北疆博物院参观指南》，天津直隶出版社印制，1937年。
② ［法］桑志华：《北疆博物院参观指南》，天津直隶出版社印制，1937年。

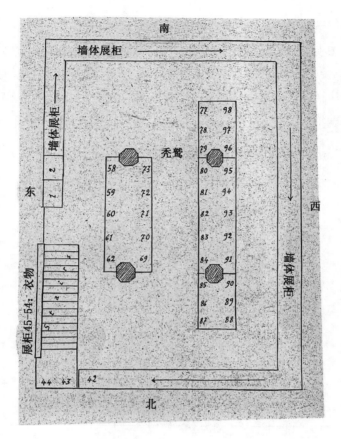

陈列厅二层展示位置图

的昆虫标本,从低等的蠕形动物、棘皮动物、软体动物、甲壳动物到高等的两爬、鱼类、鸟兽等均按系列进行展示。动物系列展品从低等动物到高等动物,海生生物标本;甲壳类动物虾、蟹、贝壳;数量庞大的昆虫,膜翅目、双翅目、直翅目和脉翅目昆虫;典型的甲虫(鞘翅目)、鳞翅目昆虫;蜘蛛、多足虫、蠕虫。鱼类标本、蛙类和爬行动物;精选鹰、天鹅、秃鹫、鹈鹕、大鸨、苍鹭等400件鸟类标本,做成姿态标本,并配展了鸟巢和鸟蛋标本(包括著名的燕窝)。大型鸟类标本放在墙体展柜的顶部,在为其量身制作的异形展柜里展示,充分利用了展厅空间。博物院所藏3500个干制皮毛鸟类标本(假剥制)包括了中国北方的大部分鸟类。

展柜 13—14 展示生物学、昆虫学标本。① 展柜 15 展示海产低等植物。展柜 16 展示蛛形纲和多足纲动物。展柜 17 展示蠕形动物。展柜 18 展示蠕形动物、棘皮动物及其他。展柜 19 展示甲壳纲动物。展柜 20 展示脉翅目、直翅目、半翅目、膜翅目、双翅目昆虫。展柜 21 展示鞘翅目昆虫。展柜 22 展示鳞翅目昆虫。展柜 23 展示软体动物。展柜 24 展示贝壳。展柜 25 展示鱼类。展柜 26 展示两栖类和爬行类动物。展柜 27—28 展示鸟类、鸟卵。

生物学标本展柜

人类学方面，人类学标本②在墙体展柜 29—42 中，按照顺序展示民族类藏品。大型藏品放在大型展柜 58—98 中。在楼梯的墙面上有一个大壁柜用于陈放各种服装。楼上大型展柜内展示着套装服饰。③ 藏品大致分为 10 类：食品、服饰(服装、帽子、靴鞋、首饰)、家用器具、农业用具、手工艺、商业(娱乐和行政管理)、武器(捕鱼、狩猎和战争)、民间艺术(乐

---

① ［法］桑志华：《北疆博物院参观指南》，天津直隶出版社印制，1937 年。
② ［法］桑志华：《北疆博物院参观指南》，天津直隶出版社印制，1937 年。
③ ［法］桑志华：《北疆博物院参观指南》，天津直隶出版社印制，1937 年。

器、绘画、塑造、石刻、木刻等）、宗教和葬礼用品、文献。展示的民俗藏品种类繁多,桑志华重视地方民俗文物的征集,亲自到这些民族藏品的产地征集普通老百姓的物件,亲眼看到了这些藏品的制作过程和使用方法。在展示中也颇有兴致地进行一个个小单元的陈列,充满了对中国老百姓生活的浓厚兴趣和对东方这片土地的喜爱和探索。这种保护濒临消失的民间独特手工制作工艺等文化遗产的意识和做法在 20 世纪 20 年代是超前的。

展柜 29 食物单元①,展示了中国北方的茶（茶砖、压紧呈树干形状的茶）;酒（制作高粱酒用的酵母）;奶制品（干燥的乳酪、蒙古奶酪）、肉（风干的瞪羚肉）;粮食（黄米、豆子,加糖的大米、含油的甜大米、艾属植物种子制作的面粉）;主食（用苏打发酵的馒头、油炸馒头、小麦面条、风干的豆饼、加调料的豆饼、印度玉米饼、烙饼夹肉、羊肉饼、煎炸的粗面饼、炸烙饼、油糕、甜土豆、油炸甜土豆）;副食（食盐晶体、咸鱼、腌制的蔬菜、咸蛋、浸蘸在石灰中的鸭蛋、蔗糖、栗子糖、糖蒜、黑糖蛋糕、粉条、野生大枣）;蔬菜（芹菜、萝卜、韭菜花、柿子椒、小黄瓜、藕）;海产品（海蜇、海藻、鱼翅）等。

展柜 29 烟和鸦片单元②,集中展示了水烟袋的烟叶是怎样制作的;黄色烟叶、绿色烟叶,两种烟叶混合在一起压缩成方形烟块;烟叶混成的大烟,其中含有石膏、颜料、香料等;水烟袋及其附件;古代的水烟袋烟杆;鼻烟壶;木质烟袋;骨质烟袋;古老铜制烟袋;玛瑙烟袋嘴儿;木质烟盒;竹制烟盒;烟袋杆;鼻烟;放烟叶的袋子;烟民必备品等。中国香烟、用四川烟叶做成的雪茄;鸦片盒;鸦片烟杆（大烟烟杆）,大烟烟杆（大理石）,装大烟的饮器（碗）,大烟填充器;切割罂粟的刀子;鸦片针和刮铲;准备吸吮的鸦片;一次吸的鸦片剂量;鸦片灯、抽鸦片的器皿。

---

① ［法］桑志华:《北疆博物院参观指南》,天津直隶出版社印制,1937 年。
② ［法］桑志华:《北疆博物院参观指南》,天津直隶出版社印制,1937 年。

展柜 30—31 服装和服饰单元①，展品包括蓑衣、雨鞋(柯尔克孜靴子)。帽子、靴子和鞋；西藏绑腿；丝绸衣物；T恤衫、羊毛衫T恤等。用翠鸟的翅膀制作的头部装饰、发卡；吸烟带扣、西藏银环、针盒、钩子(西藏女人挂腰带用的)、腰带、腰带扣；西藏女人服饰银帽、耳环、玉制装饰品。古代铜镜(蒙古)；古代的扣子、产自广东的珊瑚珠子(仿制品)、珍珠饰品；满族女人头冠、官服上的扣子、官帽上的孔雀羽毛(顶戴花翎)。

展柜 32 展示宗教和葬礼用品、藏传佛教绘画。②

展柜 58 展示西夏和佛教的墓穴、吉尔吉斯斯坦和布利亚特人(贝加尔湖畔的蒙古人)的马鞍子、蒙古碗。表面镶嵌锡和铜的花瓶(家庭祭祀用)。

展柜 69 展示婚礼用品,新娘服饰等。③

展柜 71—73 展示山西东南部山区使用的旅行用车和赶车的人(缩小1/3)。平原上用的旅行马车马和赶车人(缩小1/3,是由同一个木匠雕塑而成)；占卜用具,占卜用的中国风格的纸牌；一组商业广告和招牌。古代陶器(唐代精美的佛头)、唐代雕像、古代茶壶、鼻烟壶；有雕刻纹饰的铜制箱子。用来制作音乐响螺的贝壳；烤肉设备、钉马掌设备。蒙古炉子、铁台炉子、灯具等。

展柜 78—79 展示山东用的杵,祭祀用的死者牌匾；人物塑像(泥塑)。④

展柜 81—84 陈列品有些杂乱,有服饰类的女士丝绸外套、丝绸、刺绣用的纸样板、含丝绸的毛毡、官员的衣领、帽子、毡鞋、山羊革制品、小饰品、珠子、已婚女人的项圈、护身符等；家具类的桌子、扶手椅、小型梳妆台等；手工艺类的龙头手杖、运输用的手推车(缩小1/3)木雕、根雕、玩具、

---

① [法]桑志华:《北疆博物院参观指南》,天津直隶出版社印制,1937年。
② [法]桑志华:《北疆博物院参观指南》,天津直隶出版社印制,1937年。
③ [法]桑志华:《北疆博物院参观指南》,天津直隶出版社印制,1937年。
④ [法]桑志华:《北疆博物院参观指南》,天津直隶出版社印制,1937年。

热河地区的小工艺品(用玻璃线装饰的相片)。古董类有来自内蒙古古老村镇的(宋代、元代)陶器、花瓶,清朝的盘子,硬币;文献类的有订婚和死亡通知单。

在展柜69—73和80—84两排之间的通道中还有一些展品归纳有以下几类展品[①]:

商业类用品:商业广告和招牌、灯笼;农业渔业用品:播种机和耙子、棉花工业用具、农民制作的织布机、手推车上的拉带、马粪兜、犁头(缩小1/2)、手动磨盘;鱼、渔具、深海渔业用的钓绳;家庭用具:中国式风箱,煮饺子用的平底锅、中国制造的眼镜、射钉枪(天津制造);古董类:古代的射钉枪、绘画陪葬品、化石制作的把玩物件、墓葬出土的镜子(陶器制品)、古代的瓶、宝剑;休闲类:玩具、弹弓球、鸟笼子、面塑(神塑像);文献类:写作手稿(不同字体)。

人类学标本展柜通道中的展品

①　[法]桑志华:《北疆博物院参观指南》,天津直隶出版社印制,1937年。

人类学标本展柜通道中的展品

展柜98是中央大型展柜的最后一个展柜①,展示了滑车(周朝带轮子的椅子)、船;古代钱币、古代塑像、古瓶。木雕(唐朝)。

北疆博物院展出的标本是经过研究和精挑细选的,这些藏品保存完好,具有代表性和丰富的科学内涵,让观者了解中国北方自然、人文藏品和风土人情。

据黑延昌副馆长回忆:1951年,我们接收北疆博物院陈列室时,只保存了两间半,是解放后已经修改过了的。1947年我在工商附中教书,有机会带着学生去参观。当时有三个陈列室,一楼两个,一个陈列着古生物、矿石、石器还有陶器,另一个是民俗学的陈列。二楼只有一个陈列室,陈列着现代的动物和植物标本。从保存的陈列图式和照片等资料看,原北疆博物院的陈列室比我看到的要多一些。当年一楼是两整间陈列室,二楼也是两间陈列室。从北疆博物院的原有陈列看,在自然科学的陈列方面,以布置标本为主,标本是相当丰富的。至今我还能想起当时看到的

① [法]桑志华:《北疆博物院参观指南》,天津直隶出版社印制,1937年。

海底珊瑚的布置,文字说明和图表等科学辅助材料很少。北疆博物院陈列的指导思想是"介绍中国"无论是自然标本还是历史民俗陈列,其服务对象主要是外国人。①

五、科学研究

桑志华在《本校之北疆博物院》文章中说:"中国北部尚乏完善之地质学研究院,若在各大学特设一科,专为研究华北矿农及其他各种之来源,此时似未能办到,然为便利华人及外人关心于华北之经济情形及科学上之各种问题起见,博物院之设立实不可少也。余本此意,故决于一九一四年起首调查山东、直隶、河南、山西、陕西及内蒙等处之地质,暨在天津设一博物院。"②桑志华建院初衷就把研究放在首位,奠定了北疆博物院是集收藏、保存和研究于一体的科学研究机构。

1935 年出版的《私立天津工商学院一览》中《北疆博物院之概况》介绍:"北疆博物院专以研究黄河白河两大流域之农矿地质及动物植物为范围,故院名北疆,盖中国北部如黄河流域内蒙古及西藏等处,其地质及动植物多未能明瞭,苟不畏巨艰,涉足探寻,则能发现有价值之事物,至可断言。本此种精神,北疆博物院院长桑志华博士……极力搜集各种材料,以备研究地质,植物,动物,经济,人类等学之用,俟又刊行各种地质调查情形之著作品,并专家之报告,最后复将所得各种研究地质学之材料,分送各科学研究院,及中央研究院。"③北疆博物院经过多年的实践,逐渐明

---

①　黑延昌:《接收北疆博物院经过》,《天津文史资料选辑》第 69 辑,天津人民出版社 1996 年,第 137 页。

②　[法]桑志华:《本校之北疆博物院》,史庭芳译,《工商大学校刊》,第一期,1927年 5 月,第 19 页。

③　《北疆博物院之概况》,《私立天津工商学院一览》,1935 年,第 127 页。

确定位,定位为以研究中国北方物种为主的自然史博物馆。

桑志华在北疆博物院

(一)专家队伍

20 世纪 20 年代既是中国地质学发展的起步阶段,也是多国科学家来华实地考察和研究,充满国际交流与竞争的活跃时期。这些地质、考古学家在田野踏查时不仅要面对恶劣的自然条件,还要应对国内军阀割据,战争频仍,盗匪猖獗的社会环境。1931 年 11 月 20 日,植物专家、法国天主教遣使会塞尔(H. Serre)神甫在采集标本途中不慎从骡背上跌落,不幸去世。① 桑志华痛失"这位忠诚可靠朋友的合作"。国外学者对求真求知的坚持,中国学者"科学救国"的责任感,让他们苦中作乐,不畏艰辛。1922 年 1 月,中国地质学会成立,作为国际性学术组织,学会每年召开一次年会和若干次常会,成为中国地质学界最高水平的学术交流平台。桑

---

① 《北疆博物院大事记》,《化石》2017 年第 3 期,第 5 页。

志华是 1922 年学会成立当年加入协会的第一批正式会员。[①] 据《工商大学校刊》第二期,《本校大事记(一九二八——一九二九)》北疆博物院消息:"加入北平地质学会之德日进现已返津回院矣。"[②]德日进是在 1929 年前后加入中国地质学会的。

　　随着北疆博物院的建立,其所处的特殊位置,是研究中国古生物、地质、动物、植物和民俗等学科的理想区域,因此吸引了欧洲许多优秀的专家学者加入到北疆的队伍中。自 1920 年到 1945 年,先后有十余名欧洲专家学者来到北疆博物馆院工作,为北疆博物院的发展做出了突出的贡献,也奠定了北疆博物院在近代中国科学界和科技史上具有重要地位。

　　北疆博物院拥有世界第一流的专家,而且与当时中国科学界有着密切的交往和深厚的友谊。在世界著名的地质学家德日进和其他科学家的帮助下,北疆博物院哺乳动物化石藏品有极高的学术价值,至今仍为中外科学家关注。此外还包括动物、植物标本等,其中有不少是定新种时依据的模式标本。1930 年桑志华等人将 1929 年的研究结果,相继在中国地质学会作了 8 次讲演报告。[③]

　　博物院聘请的专家有:

　　古生物专家:

　　1923 年德日进神甫来到中国,与桑志华联合组成"桑志华—德日进法国古生物考察团"进行了为期两年的远征探险考察活动。此后,德日进便把大部分工作时间用于中国地质调查所(新生代研究室)。他在北疆博物院的工作成就,为他享有重要的社会地位创造了条件。后来,他一直与北疆博物院保持合作关系,并经常为该院出版物撰稿。

---

　　①　陈蜜等:《泥河湾地质遗址的发现——以桑志华、巴尔博对泥河湾研究的优先权为中心》,《自然科学史研究》第 35 卷,2016 年第 3 期,第 325 页。

　　②　《本校大事记(一九二八——一九二九)》,《工商大学校刊》第二期,1928 年,第 89 页。

　　③　《北疆博物院来年工作及发展之报告》,《工商学报》,1930 年第 4 期,河北大学藏。

植物专家：

1920 年，法国天主教遣使会塞尔（H. Serre）神甫到博物院，从事高等植物标本的整理工作，系统研究整理、鉴定一批植物标本。1930 年，俄籍博物学家柯兹洛夫（I. Kozlow）到博物院，从事植物学研究标本的鉴定。1936 年，在欧洲作研究工作的植物学家、耶稣会会长罗伊（J. Roi）神甫来博物院工作；法国神甫拉古迪尔（Ch. Lacuture）为苔类学家，从事苔藓植物的采集、整理，参与苔藓植物标本的出版工作。瑞典乌普萨拉大学（Uppsala University）大学植物分类学家史密斯（Harry Simth）承担虎耳草科、龙胆科、列当科的鉴定工作；奥地利著名植物专家韩马迪（Hand Mazzet）承担毛茛科、蔷薇科、报春花科、马鞭草科、唇形科、川续断科、败酱科、菊科等科的鉴定工作；①法国生物学家、工商学院教授汤道平（M. Trassaert）对苔藓、硅藻进行研究、整理、鉴定；英国植物学者迪克逊（H. Dixon）鉴定藓类并有出版物。

北疆博物院对植物标本做了大量的研究工作，高等植物标本大部分经过鉴定，有的还送到国外去鉴定，如曾送标本到大英博物馆、英国皇家邱园等标本室进行鉴定。② 低等植物中菌类（真菌）和苔藓植物的收藏比较丰富，不仅有国内的标本，还有国外的标本，而且大部分已经定了名。北疆博物院拥有一批木材标本，经鉴定，分属 46 科 159 种，使植物标本室成为国内拥有木材标本的少数标本室之一。③

动物专家：

1921 年，天主教圣母圣心会（比籍）司义斯（G. Seys）神甫来院，后在1927、1932 及 1934 年 3 次来馆，对鸟类藏品进行整理、研究。

① 王彩玲：《建立有北方特色的植物标本室》，《天津自然博物馆八十年》，1994 年版，第 82 页。

② 王彩玲：《天津自然博物馆标本的管理与开发——兼述北疆博物院遗留标本的整理与使用》，《中国博物馆》1989 年第 4 期，第 42 页。

③ 王雪明、郑士川：《馆藏木材标本资料》，《天津自然博物馆论文集》2002 年第 19期，第 10 页。

1928 年和 1929 年,法国著名昆虫学家(鞘翅类)专家杜歇诺(J. Duchaine)先生来院,对鞘翅目昆虫进行分类研究。

1930 年,俄籍博物学家巴甫洛夫(P. Pavlov)先生担任鳞翅目以及爬行类和两栖类研究;雅各甫列夫(B. Jakovleff)先生担任鱼类、哺乳类以及蛛形纲的研究。[①]

(二)学术成果

北疆博物院相关出版物分为两类:第一类是北疆博物院系列出版物;第二类是公开出版的专著及刊登在学术刊物上的研究成果。据天津北疆博物院出版的文献目录[②](截至 1935 年)统计,第一类出版物有 A、B、C、D、E 5 篇(其中 E 为第 2 号出版物的附录),均为法文,平装;第 1—38 号共 38 部(篇),共计 42 部(篇),大部分为法文,其中第 7、8、25、34 为英文,第 16、19、22、24、25、26、27 号共 7 部(篇)为精装,其余为平装。除藏品目录以外出版物多附有照片或图版、地图、路线图、素描图、剖面图、彩图等,图文相得益彰,一目了然,突出科学性和史料价值,是北疆博物院出版物的一大特色。

最著名的是桑志华记载 20 年来探险考察的两部著作[③]:

一是《黄河、白河流域十年考察报告(1914—1923)》(第 2 号出版物)(又名《黄河流域十年调查记》)正文四卷,共 1692 页,4 开本,附《黄河白河流域十年调查记汉文翻译纲目》(E)、插图、名词索引、宿营地地名表等;地图集,154 幅地图(比例为 1∶106000),对开本,约 3000 张照片,发行

---

① [法]桑志华:《天津北疆博物院在中国北部、满州、蒙古、青海二十二年探险成果(1914—1935)》,陆惠元译,贾凤翔校,北疆博物院丛刊第 39 号,第 17 页。

② [法]桑志华:《天津北疆博物院在中国北部、满州、蒙古、青海二十二年探险成果(1914—1935)》,陆惠元译,贾凤翔校,北疆博物院丛刊第 39 号,第 18 页。

③ [法]桑志华:《天津北疆博物院在中国北部、满州、蒙古、青海二十二年探险成果(1914—1935)》,陆惠元译,贾凤翔校,北疆博物院丛刊第 39 号,第 19 页。

份数为 400 册。1924 年出版。

二是《黄河、白河流域十一年考察报告（1923—1935）》（第 38 号出版物）正文约为 1100 页，4 开本；地图集，77 幅地图，约 1500 张照片。印数为 600 册。1935 年底至 1936 年末分期发表。

地图集的照片仅标有次序编号，配合正文说明了解照片内容，正文与地图集为一个完整的作品。

桑志华在第 30 号出版物中撰写了《天津北疆博物院著作目录述评（1914—1934）》评述了本院或合作者对北疆博物院藏品研究发表的一系列文献。从本院出版物的出版工作可以看出，桑院长严谨的治学追求。第 2 号出版物《黄河、白河流域十年考察报告（1914—1923）》，由于地图集内原版照片为铜版印刷，照片效果不佳。故改用《注入渤海湾之黄河、白河及其他诸河流域十年考察报告（1914—1923）》名称，重印地图集。地图集的重印本，1933 年在天津印刷，以当时最精密的柯罗版印刷。桑院长评价重印后的地图集"恢复了它应有的资料价值"①。

对该院出版物收到的稿件，桑院长的筛选原则是"本院系地志性的博物馆，不刊登与华北、内蒙及青海及毗邻区域无关的文章"，对未选中的稿件北疆博物院严格地尊重其所有权。他坚守出版原则、坚持学术品质，使北疆博物院的出版物保持较高的水准并拥有 30 余位中外研究者（撰稿人）。

在第一类出版物中包括探险考察 4 部（篇）、地质 5 篇（部）、古生物 2 篇、植物 7 篇（部）、动物 23 部（篇）、参观指南 1 册。其中馆藏研究 23 部，桑志华撰写的有 9 部，与他人合作撰写的 2 部。其他研究者有汤道平（M. Trassaert）、德帕波（G. Depape）、拉古迪尔（Ch. Lacouture）、斯特莱尔柯夫（V. Strelkov）、巴甫洛夫（P. Pavlov）、雅各甫列夫（B. Jakovlev）、富韦

---

① ［法］桑志华：《天津北疆博物院在中国北部、满州、蒙古、青海二十二年探险成果（1914—1935）》，陆惠元译，贾凤翔校，北疆博物院丛刊第 39 号，第 19 页。

尔(Pierre Fauvel)、邵杜荫(R. Schodduyn)、罗学宾(P. Leroy)、司义斯(G. Seys)、柯兹洛夫(I. Kozlov)、斯克沃佐夫(B. W. Skvortzow)、步莱林热(L. Brellinger)等 14 位。

考察类:

桑志华《中国东北树木繁密的山峦》(1916)、《在华北、蒙古、青海考察 12 年》(1926)、《黄河、白河流域十年考察报告(1914—1923)》(1924)、《黄河、白河流域十一年考察报告(1923—1935)》(1935—1936)。

地质类:

《从桑干河阶地到西宁县平原的旅行》(1924)、《北疆博物院的新石器时代藏品》(1932)[①];桑志华、汤道平(M. Trassaert)《山西中部上新世湖相沉积》(1935)。

古生物类:

德帕波(G. Depape)《热河第三纪植物区系》(1932);德日进(P. Teilhard de Chardin)《海拉尔地区的中生代鱼类》(1934)。

动物类:

桑志华《关于高级同翅目消化道生理学和解剖学之比较》(1912)(博士学位考试论文)[②]、《畸形动物》(1935 年尚未出版);

拉古迪尔(Ch. Lacouture)《普通肝蛭》(1910);

斯特莱尔柯夫(V. Strelkov)《凤蛾科(鳞翅目)》(1932)、《北疆博物院藏品的水蜡蛾科》(1933)。

巴甫洛夫(P. Pavlov)《天蛾科(鳞翅目)》(1932)、《北疆博物院——蜥蜴及蛇类名录》(1932)、《华北、东北、内蒙的爬行和两栖动物(第一部龟蛇类)》(1932)、《北疆博物院的两栖类及爬行类》(1933)、《华北、东

---

① 〔法〕桑志华:《天津北疆博物院在中国北部、满州、蒙古、青海二十二年探险成果(1914—1935)》,陆惠元译,贾凤翔校,北疆博物院丛刊第 39 号,第 20 页。

② 〔法〕桑志华:《天津北疆博物院在中国北部、满州、蒙古、青海二十二年探险成果(1914—1935)》,陆惠元译,贾凤翔校,北疆博物院丛刊第 39 号,第 18 页。

北、内蒙动物区系——两栖类：有尾目、无足目、无尾目》（1934）、《北疆博物院的哺乳动物——啮齿目》（1935 年尚未出版）。

雅各甫列夫（B. Jakovlev）《北疆博物院的哺乳动物——猫科》（1932）、《北疆博物院的哺乳动物——马科、西藏野驴》（1932）、《北疆博物院鱼类藏品目录》（1933）、《北疆博物院藏品：犬科动物》（1933）、《北疆博物院哺乳动物藏品：熊科及鼬科》（1934）、《北疆博物院的哺乳动物——有蹄类偶蹄目：牛科、鹿科及猪科》（1935）、《北疆博物院鱼类藏品目录》（1934）。

富韦尔（Pierre Fauvel）《北疆博物院藏品——渤海湾的环行动物多毛纲》（1933）。

邵杜荫（R. Schodduyn）、罗学宾（P. Leroy）《河北北部沿海浮游生物》（1933）；罗学宾《华北、东北变温动物的三种形态》（1933）。

司义斯（G. Seys）《热河鸟类的观察报告》（1932）；司义斯、桑志华《北疆博物院的鸟类》（1932）、《北疆博物院鸟类藏品目录（1928—1933）》（1934）。

植物类：

柯兹洛夫（I. Kozlov）《华北、东北、内蒙的栎树研究》（1933）、《华北植物的研究：禾本科野黍属》（1933）、《华北植物的研究：毛茛科》（1933）、《华北植物的研究：远志科》（1933）。

斯克沃佐夫（B. W. Skvortzow）《桑志华神甫在旅行期间采集的硅藻》（1935）。

1935 年尚未发表的 3 篇包括：柯兹洛夫（I. Kozlov）《华北植物研究：鼠李属》《内蒙的腊叶标本》，桑志华《北疆博物院的植物园》。

其他：

桑志华、步莱林热（L. Brellinger）《北疆博物院参观指南》（1935）。

在第二类出版物中包括北疆博物院或合作者公开发表的专著和相关文献，共 75 篇（部），有调查业绩、地质、植物、动物、古生物、人类学、其他

7 类。其中法文 46 篇(部)、英文 20 篇、日文 4 篇、德文 4 篇、瑞典文 1 篇。作者有北疆博物院的德日进、桑志华、罗学宾,还有步勒(M. Boule)、步日耶(H. Breuil)、贝尔纳(H. Bernard)、奥斯朋(H. F. Osborn)、拉克鲁瓦(A. Lacroix)、安德森(J. G. Anderson)、巴尔博(G. B. Barbour)、葛利普(A. Grabau)、尼当(J. G. Needham)、富韦尔(Pierre Fauvel)、雷蒙(A. Reymond)、狄克逊(H. N. Dixon)、贝克(W. Becker)、汉岱·玛泽悌(H. Handel – Mazzetti)、毕沃托(J. Piveteau)、冯·斯特拉伦(Van Straelen)、德帕波(G. Depape)等 24 位中外合作者,其中我国著名学者郝景盛、秉志、杨钟健、翁文灏发表英文文献 5 篇,有结合馆藏植物、古生物标本 4 篇,古人类调查 1 篇。步勒、步日耶、桑志华、德日进合作研究发表了《中国旧石器时代》专著,这是中国旧石器时代考古学史上的第一部综合性学术专著。这些在各类刊物发表的文献具有重要的科学价值,其中发表次数较多的有在《中国地质学会志》刊发 19 次、《生物地理学会公报》刊发 6 次、《巴黎科学院述评》刊发 6 次、《法国地质学会志》刊发 3 次、《人类学学报》刊发 3 次。在博物馆领域发表在《美国自然历史博物馆》《巴黎自然历史博物馆公报》《香港博物学家增刊》《博物学》等刊物。

专著:

步勒、步日耶、桑志华、德日进《中国的旧石器时代》(1928)。

调查文献:

桑志华《桑志华在华北、内蒙和西藏的业绩(1924—1925)》;贝尔纳(H. Bernard)《在二十世纪初一批探险者之后,桑志华神甫及其在中国北方的旅行(1914—1923)》、《黄河、白河流域的十年探险》。

奥斯朋(H. F. Osborn)《德日进的探险和研究工作(1911—1931)》。

地质类文献:

德日进、桑志华《鄂尔多斯南部和西部边缘的地质观察报告》《鄂尔多斯地质上的补充观察》《鄂尔多斯北部、西部和南部边缘的地质》《中国北部旧石器时代文化的发现》《天津近代海床与地下淡水的蕴藏》《关于晋南、豫北第三纪上部与第四纪层系的观测报告》;桑志华、德日进《中国山西西南部三门系的地层》《中国满洲北部及海拉尔的地质观察报告》等。

德日进《直隶北部、蒙古东部的地质》《达赉诺尔地区的休眠火山群》《达赉诺尔地区的地质学研究》《关于中国和蒙古第三纪哺乳动物的描述》《桑干河动物区系的古生物学笔记注解》《在中国北部连接第三纪与第四纪的过渡地层》《三门系》《中国北部古生代晚期的喷发岩》《关于中国和蒙古黄土地的一些观察》《关于中国生物地理学的一些观察报告》《关于围场附近的地质》。

桑志华《中国史前学》《远东的旧石器时代》《天津北疆博物院的新石器时代的典型地层》。

拉克鲁瓦（A. Lacroix）《一个新的模式标本——火山口中碱性的喷发岩》《关于出自鄂尔多斯两种碱性岩石的描述》《中国东部中生代及第三纪火山熔岩的矿物学及化学成分的初次观测报告》《论喷发岩的矿物学及化学组成,尤其是中国东部中生代及近代的熔岩》。

巴尔博（G. B. Barbour）、桑志华、德日进《桑干河流域沉积的地质学研究》。

动物类文献:

德日进《在中国北方近代动物区系(哺乳类)地理分布的某些新资料》《中国犬. 浣熊科》;葛利普（A. Grabau）、索尔图·金（Sohtsu G. King）《北戴河的贝类》;尼当（J. G. Needham）《中国蜻蜓手册——中国蜻蜓目研究专论》;富韦尔（Pierre Fauvel）《烟台多毛类动物的一些新发现》;雷蒙（A. Reymond）《古北区芫菁属一个新种的描述》;罗学宾《关于大沽防波堤软体动物的笔记》(1931)(送交海河工程局,未发表)。

植物类文献:

狄克逊（H. N. Dixon）《桑志华神甫在华北、蒙古、青海采集的苔藓植物》《香港与中国的苔藓比较》;贝克（W. Becker）《堇菜科的一个新种》;

郝景盛《中国忍冬科文献》;汉岱·玛泽悌(H. Handel - Mazzetti)《中国植物知识文摘》Ⅰ-Ⅳ。

古生物类文献:

德日进《在中国西部蓬蒂期红土中的动物群》《远古大陆动物区系的生活环境》《中国北方晚古生代火山连续喷发现象》《中国古哺乳动物学和北疆博物院的业绩》《关于大陆哺乳动物区系缓慢进化的观察》《中国北部的牛亚科化石》等。

德日进、毕沃托(J. Piveteau)《泥河湾的哺乳动物化石》;桑志华《天津北疆博物院的古生物和考古学业绩》《南冶的三门系化石堆积》;葛利普(A. Grabau)《中国地层学》第一篇:古生代(中国鄂尔多斯系笔石新种);秉志《中国白垩纪昆虫化石》《采自热河的一种曲螺属新化石》;杨钟健《关于中国北方的安氏鸵鸟蛋化石的发现与晋、陕、周口店发现之蛋化石的比较》;冯·斯特拉伦(Van Straelen)《采自蒙古东部的一种淡水螯虾化石:新种桑氏螯虾》;德帕波(G. Depape)《中国围场的第三纪植物化石》。

人类学文献:

桑志华《北疆博物院的人种学藏品》;桑志华、德日进《关于中国新石器时代两种农具的描述》;德日进《中国和蒙古的人类》《何处寻找和怎样寻找中国最古老的人类——北疆博物院的业绩》《中国的早期人类》。

桑志华、德日进、步达生(D. Black)《采自萨拉乌苏河的一颗被认为属于更新世的人类牙齿化石》;翁文灏《中国早期人类的调查》;步日耶《周口店中国猿人地层》等。

其他文献:

维克腾(Vecten)《关于越南种马场利用中国种马配种的报告》,作者在致桑志华的信中,对所提供的有关资料,认为极有价值。

北疆博物院进行了大量的科学研究工作,这些研究工作,有的是在馆内进行,有的是在国外进行的。桑志华在主持博物院期间,写下了大量有关博物院及科学研究的著述。到 1927 年 5 月前"桑博士著作之已出版者有二十余种,中有一帙,为博士十数年来之经验及调查之结果,关于中国地质博物包罗殆尽,都数十万言,地图一百五十三幅、照片三千余幅,现由天津法文图书馆承印发行"①。是研究北疆博物院探险、考察,科学研究的重要历史文献。

德日进对于中国的地质学、地层古生物学的贡献是多方面的,其最主要的贡献是新生代晚期的地层及其所含的哺乳动物化石的研究。德日进基于北疆博物院材料所发表的论文在其全部论文中所占的比重。按照 1958 年奎恩诺特(Cuénot)的统计,德日进一生中写作的各类文章共 360 篇、部。根据 1971 年穆尔曼(Schmitz – Moormann)的搜集和整理,德日进在自然科学方面发表的论文及各种短文共 278 篇、部,其中直接涉及中国的地层和古生物的为 144 篇、部,其中直接描述或基于北疆博物院的材料而撰写的文章共 40 篇、部(占 144 篇、部中的 28%),其中专著(多于 50 页)11 部占全部在中国发表的同类专著 22 部中的近一半。在 40 篇、部中和桑志华合作发表的共 12 篇、部(其中专著 3 部)。根据李传夔的统计,德日进在中国哺乳动物化石材料中建 14 个新属和 84 个新种,其中基于北疆博物院的标本的新属 10 个,新种 56 个。北疆博物院的哺乳动物化石标本为德日进在中国的新生代地层和哺乳动物化石研究中起到了极其重要的作用。②

北疆博物院出版《北疆博物院丛刊》共 51 期③,截至 1935 年出版物

① ［法］桑志华:《本校之北疆博物院》,《工商大学校刊》第一期,1927 年,第 21 页。
② 邱占祥:《德日进与桑志华及北疆博物院》,《天津自然博物馆论丛》,科学出版社 2015 年,第 14 页。
③ 北疆博物院文物统计清单,2005 年 3 月,天津自然博物馆藏。

共计 42 篇(部)①,在国内外重要刊物发表文献 75 篇②,这些著述至今仍
是考察中国北方生物学各分支学科早期科学记录的重要依据。该院鉴定
和发表模式标本 200 多种,在自然科学文献中有记载的有 1100 多件标
本。云集大批外籍专家到中国工作,时间长达二十余年,遍及 300 余个野
外调查点的科学考察、整理研究划时代的野外发现、发表重要参考价值的
论文专著,其研究成果在国际学术界享有极高的声誉。极大地丰富了博
物馆的内涵,并成为东西方文化交流的典范。③

　　1927 年 1 月 11 日,由法国教育部、外交部和法国科学院提名,桑志华
作为天津黄河、白河博物馆馆长被法兰西共和国总统授予法兰西共和国
"荣誉骑士勋章",自授予日期生效。④ 同年获得中华民国政府"五级金
穗"勋章荣誉。⑤

　　1927 年 4 月 9 日《华北明星报》在报道桑志华接受法国十字骑士勋
章时,一位叫唐纳狄的记者说:"探险家分两类:一类是进入一地进行探
险和搜集珍异,囊括而归;另一类是将多年的搜集陈列于当地的博物馆
中。前一类的探险家使该地区资源与文化日渐贫乏,后一类探险家使该
地区资源与文化日益丰富。在多年的新闻工作中,我曾经遇到很多前一
类的探险家,昨天我却遇到了一位属于后一类的探险家。"这里指的就是
桑志华博士。桑志华在接受采访时表示:他希望他所采集的标本,目前存

　　① ［法］桑志华:《天津北疆博物院在中国北部、满州、蒙古、青海二十二年探险成果
(1914—1935)》,陆惠元译,贾凤翔校,北疆博物院丛刊第 39 号,第 18—22 页。
　　② ［法］桑志华:《天津北疆博物院在中国北部、满州、蒙古、青海二十二年探险成果
(1914—1935)》,陆惠元译,贾凤翔校,北疆博物院丛刊第 39 号,第 23—30 页。
　　③ 李庆奎、侯江:《北疆博物院对中国近代自然科学体系的构建与传播》,《天津自
然博物馆论丛》,科学出版社 2015 年版,第 359 页。
　　④ 法兰西共和国授勋状,公证号:135,844,天津自然博物馆藏。
　　⑤ 戴丽娟:《在"边缘"建立"中心"——法国耶稣会士桑志华与天津北疆博物院》,
《辅仁历史学报(第二十四期)》,2009 年,第 240 页。

法兰西共和国"荣誉骑士勋章"证书

放在天津的博物馆里,以后它们也将永远存放在那里。①

刘东生院士认为:"德日进、桑志华在中国贫弱和战乱的时代来到这个衰落中的国度。在同来者忙于掠夺和猎奇的时候,他们历尽艰辛,远足穷乡僻壤,在残垣断壁中寻找远古的遗存和科学的信息,成为中国现代地质学、古生物学和考古学的开拓者。"②他赞扬"德日进神父是中西科学文化交流历史上、20 世纪这一旋回中,连接西方与东方之路的无声的开拓者。他是把自然科学和哲学完美联结在一起的一座看不见的桥梁","桑志华神父的科学素养和文化交流的愿望令人钦佩……他将以一个光辉探险科学家和文化使者的形象永驻在中西科学文化交流的史册上"。③

---

① 邱占祥:《桑志华和他的哺乳动物化石藏品——试谈桑志华藏品中哺乳动物化石的历史及现实意义》,《天津自然博物馆 90 年论文集》,天津科学技术出版社 2004 年版,第 7 页。

② 高星:《刘东生院士与中国古人类学的新近发展》,《中国文物报》2009 年 3 月 20 日,第 7 版。

③ 刘东生:《东西科学文化碰撞的火花——纪念德日进神父(1881—1955)来中国工作 80 周年》,《第四纪研究》第 23 卷,2003 年第 4 期,第 345—346 页。

六、北疆博物院与工商学院

（一）合作共融

　　天津最早的工商大学创立于 1920 年,是献县的法国耶稣会在天津建立的一所专科大学。校址在英租界马场道(今河西区马场道天津外国语学院)1923 年秋正式开学设工商两科工科分桥路、机械二系;商科分普通商业、财政银行二系;并附设中学部,修业期限均为四年。1923 年改称河北省私立天津工商学院。日本投降后,改名为津沽大学。1952 年津沽大学与北洋大学、河北工学院及南开大学工科合并组成天津大学。①

私立天津工商学院主楼

　　在私立天津工商学院沿革中介绍"本学院隶属于罗马教廷耶稣会,西历 1923 年创始于华北商业中心地天津特别市,盖此新科学殿堂草创之

---

　　①　朱基华主编:《天津全书》,天津人民出版社 1991 年版,第 762 页。

当时不过仅为彼等耶稣会士之前任者为利玛窦、汤若望、南怀仁诸司铎惨淡经营而已,至 1925 年改革内部成为土木工程学及商业财政学专科大学,修业年限定为四年。向中华民国政府立案以作实质的发展。至 1928 年遂有第一期学生毕业,迄于 1931 年本大学预科改为六年制,之中学校更于 1933 年。本学院得中华民国政府之公认,未幾后给予学位审查授予权。校内有世界著名之北疆博物院为桑司铎所创立,每年参观者甚"。①

1935 年 5 月,由工商学院编辑出版的《私立天津工商学院一览》中,对两个机构之间的关系,作了明确的表述:"博物院即设于本校内,本科大楼之西南,其设立固不专为本校,但事实上该院固无异为本校之科学图书馆,本校所授地哲学及高中之生物学各项课程,须要任何标本参考,均可立致,而于有研究兴趣之各教授与学术困难时,尤为便利。"②

在《北疆博物院丛刊》第 39 号中,桑志华陈述了博物院与工商学院的关系:由于工商学院也建立在一起,北疆博物院一直与这个机构合作。博物院仍作为一个独立单位与学院分开,由于两家毗邻,在协作方面更为便利。陈列厅的展出资料使学生们能够在研究上得到帮助。同样地,博物院还帮助中等学校的教学陈列室,因为那都属于耶稣会员们早期建立在附近的两个机构(指工商学院及工商中学)③。

博物院每星期三、六、日开放,许以参观,票价一元。工商大学学生不收费,愿参观者可到学监处领取入门券。④

北疆博物院与天津工商大学均系隶属于罗马教廷耶稣会的组织机构,为两个独立机构,北疆博物院在工商大学院内,在院舍与建筑风貌上浑然一体,科学研究、展示教育、人才培养,互融互补、相得益彰。中华人

---

① 天津市档案馆 19410000,私立天津工商学院沿革。

② 《北疆博物院之概况》,《私立天津工商学院一览》,1935 年,第 129 页,河北大学藏。

③ [法]桑志华:《天津北疆博物院在中国北部、满州、蒙古、青海二十二年探险成果(1914—1935)》,陆惠元译,贾凤翔校,北疆博物院丛刊第 39 号,第 12、31、32 页。

④ 阎玉田:《踞栎津之阳——天津工商大学》,人民出版社 2010 年版,第 44 页。

民共和国成立后,在接管原工商学院成立津沽大学时,北疆博物院曾由津沽大学代管,1952 年天津市文化局接收后,一直是有合作关系的两个独立的机构。

天津工商大学与北疆博物院的关系非同一般。前者是一所教会大学,后者属颇具影响的科研机构。行政上由前者对后者进行管理。二者同设一院中,这在当时全国绝无仅有,使得天津工商大学办学具有鲜明特色。"凡关于该院有价值发现之公开演讲或论文,本院师生均着先鞭,耳闻目睹,无形中本校师生研究学术之风气,自然比较浓厚也。"①天津工商大学从创建初期就打上了鲜明的注重科学研究的印记,并且逐渐形成风气与传统,迎合了当时中国民主、科学救国的潮流,符合国人工商富国的愿望与要求。

(二)"班名之原起"

天津工商大学 1930 年 7 月首次出版毕业纪念册,酝酿创立工商大学校友会。1930 年毕业班给自己起了班名,叫"Sinanthropus(中国猿人)",在班旗上显著位置上印有"Sinanthropus",并编辑出版以 *Sinanthropus* 为刊名的毕业纪念册。②

该班毕业生署名"静"发表《班名之原起》文章:"本班一九三零班方于班名选择计议中,适有周口店 Sinanthropus 应时产出,数万年前太古遗迹发见之消息,一经公布,全世为之哄动,各报争先传载,稍具科学思想者,莫不以 Sinanthropus 为谈料,是其引人注目也可知,故本班以 Sinanthropus 名之,实一极适宜极高尚之班名也。且本校博物院桑(P. Licent)博士与德(P. Teilhard)博士,又躬与其役,是 Sinanthropus 之宜为我一九三

---

① 《北疆博物院之概况》,《私立天津工商学院一览》,1935 年,第 129 页,河北大学藏。

② 《天津工商大学一九三〇班毕业纪念册》,天津工商大学,1930 年,河北大学藏。

天津工商大学一九三零班毕业纪念册

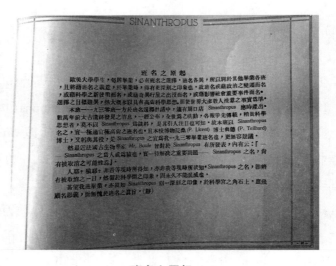

班名之原起

零毕业班名也,更无容疑议。"①

　　该校毕业生对科学发现和科学知识的兴趣,与博物院设在工商大学

---

① 　静(笔名):《班名之原起》,《天津工商大学一九三〇班毕业纪念册》,天津工商大学,1930年,第69页,河北大学藏。

院内不无关系。桑志华等教师为该纪念册写了贺辞并亲笔签名。在这篇贺词中桑志华写道：

　　期刊《中国猿人》这个名字让人想起中国最伟大的发现之一。你们所选择见证的这个发现对科学提出的疑问超越了你们的研究范畴，请保持这份关注，此等兴趣的可取之处在于它使你们成为有开放思维的人。

　　由于大部分时间都被博物院的工作占据，我本人很少有机会和你们有直接的联系。然而我坚信博物院对你们不是无用的。我以前和现在都一直关心着你们，你们给我留下最好的印象，你们自我成长修养，对于一个年轻人来说这一点是极其重要的。一个学生的首要责任就是学习，你们出色的完成了这个任务，你们肯定能够受益匪浅……你们将永远不会结束学习，要对身边的事和新发明保持关注……一个有责任感的人一定是爱国的，一个有责任感的年轻人，把他的未来贡献给创造他的种族的未来……你们将把中国，你们的祖国建设成为你们梦想的最伟大的国家。

他强调毕业生要成为："业务能力强、有技能、有责任感和正直的领导者，这些应该成为你们的座右铭……在该技术和职业教育的期刊中，也要有职业教育的一席之地，是关于工程师和商业家们面对其客户和员工应尽之义务……要冲着更高的、自我发展的目标继续学习，在职业生涯中赢得更多的能力……，由此扩展你们的工作并超越前辈们，你们的社会行为将对祖国极其有益。"

桑志华的谆谆教诲和言传身教为工商大学的学生树立了科学和道德行为榜样。在这本纪念册中有北疆博物院院长桑志华博士，北疆博物院副院长德日进博士的照片。①

1937 年出版的《工商学生》第一卷第四期刊载学生未艾的文章"本校建筑物速写"中提到"在华北极负盛名的北疆博物院就在大学楼的后面,经桑司铎一生的经营,竟是皇皇大观了"②。

在中国著名之北疆博物院即设于本院院址内,内部分为三大建筑,该院为桑志华司铎所首创,基于黄河和白河两大流域之农矿,地质及动物,植物材料之搜集,堪称"搜罗靡遗"。在科学上,有极伟大之价值也。③

七、奉献社会

(一)服务社会

北疆博物院开馆时桑志华在接受记者采访时说:"敝馆所征集者殊过粗率不完全,此实为一缺点;其第二缺点即关于义节之物品,殊多不完全,现敝馆拟建筑新试验室三所,藉资补救;其第三缺点则为人才之缺乏,因博物范围之过宽大,当感各种专门人才之不足……敝馆现亟拟实现者,即将敝馆研究所得观察所得,悉行贡献于社会。"④他念念不忘的是完善博物院的藏品和功能,吸纳专业人才,将研究所得贡献社会。

桑志华在海河流域考察的这一时期,正是中国现代自然科学的形成阶段,因此北疆博物院对成长中的中国现代地质学、动物学、植物学、古人

---

① 《天津工商大学一九三〇班毕业纪念册》,天津工商大学,1930 年,河北大学藏。
② 未艾:《本校建筑物速写》,《工商学生》第一卷第四期,1937 年,第 31 页,河北大学藏。
③ 《天津工商学院院务报告书》,天津工商学院,1935 年 9 月,河北大学藏。
④ 《北疆博物馆开幕礼》,《益世报》1928 年 5 月 6 日,第 16 版。

类学的贡献是显而易见的。桑志华和相关研究人员在出版物、报纸和学术期刊上发表了许多科学论著和文章。博物院对于观众查找有参考价值的资料,提供文献目录和出处;对藏品有兴趣的观众可以找到博物院的引导员索取博物馆的出版目录,博物院出版物可以从引导员那里购买,或者给博物馆留下订单邮寄。①

除出版物以外,博物院的社会服务还涉及博物馆学的相关领域如:鉴定标本、博物馆的装修、设备问题等。国外探险家或考察者来到华北大多会与北疆博物院联系,博物院向来访者提供口头资料和书面资料。一些贸易厂商也从该院获得有关情报,并加以利用。博物院与天津的博物馆也有交流活动,1937 年 4 月,桑志华院长受河北博物院之邀为该馆订正矿岩化石及动物类学名多种②;博物院保存有河北省立天津博物院资料17 份。③

由于经费的原因,博物院也向社会发出援助邀请,在《北疆博物院参观指南》中提示观众"一头水牛和三只马的骨架没有装架,博物院欢迎有人投资完成这些展示工作","博物馆缺少水獭等动物,如果哪位观众有这种动物标本,博物馆愿意出钱购买"。④ 体现了博物院与社会的互动。

北疆博物院曾多次参与相关学科研究如:森林、水文、农业、钻探、矿山等。曾向农业部提供相关报告如:森林、农业、河流、洪水等。向"直隶省水利委员会""海河委员会"提供他们所关心问题的报告。

在查阅北疆档案中有北疆博物院调查 1920 年甘肃大地震情况档案,其中有桑志华从天津崇德堂寄出的一份地震情况调查提纲,各地天主教

---

① ［法］桑志华:《北疆博物院参观指南》,天津直隶出版社印制,1937 年。
② 《本院重要纪事》,《河北博物院画刊》第 137 期第 4 版,1937 年,天津博物馆藏。
③ 王红:《北疆博物院人文物品概况》,《天津自然博物馆论丛》,科学出版社 2015 年版,第 109 页。
④ ［法］桑志华:《北疆博物院参观指南》,天津直隶出版社印制,1937 年。

堂报告震情的回信 70 余份,其中涉及代为搜集标本事宜;①有 1923 年在陕西地区进行人文调查的文稿(打字机打印的文稿),对那个地区的村庄、地理概况、自然资源、风俗习惯甚至人口数量,都记载得非常详细;有"从大同修铁路经过蒙古到西伯利亚的计划"文件,论述了修建这条铁路的政治意义,并提出了必要的调查资料;有"为何在中国为越南培养战马"的相关文件。②

北疆博物院举办过一些公开的科学报告会,由于博物院的工作十分紧张,报告会的次数曾受到限制。在工作人员增多后,将有能力继续举办报告会。该院还准备为大学、科研单位和观众举办报告会,发布相关重要信息。③

（二）凿井"泽民"

值得一提的是北疆博物院用多年的研究和观察所得造福社会百姓,经桑志华指导,成功开凿了老西开自流井。

20 世纪 30 年代,天津老西开地区为法租界,是天主教机构最集中的地区,身着各种修会服装的神甫修士修女随处可见。老西开一带缺少自来水,中外居民用水困难。法租界工部局拟钻井为天津法租界提供优质的水源。

1935 年 9 月开始筹备,在老西开地区寻找承压水。该工程由天津法租界当局决定立项并实施监督,主要负责人包括法国领事莱皮西耶（M. C. Lepissier）先生,秘书长布兰切特（P. Blanchet）先生和市政厅主任工程

---

① 陆惠元:《关于北疆博物院的史料(1914—1952 年)》,《天津文化史料》天津市文化局文化史志编修委员会编,1990 年,第 2 辑,第 12 页。

② 黑延昌:《接收北疆博物院经过》,《天津文史资料选辑》第 69 辑,天津人民出版社 1996 年版,第 142 页

③ ［法］桑志华:《天津北疆博物院在中国北部、满州、蒙古、青海二十二年探险成果(1914—1935)》,陆惠元译,贾凤翔校,北疆博物院丛刊第 39 号,第 30 页。

师梅斯(H. Metz)先生。此项工程获得了租界市政参议会的批准,在地质方面得到了北疆博物院桑志华(E. Licent)先生的指点。[1] 经桑志华博士(E. Licent)研究,于 1935 年聘定英国凿井工程专家欧达雷(P. P. J. Eardley)及华籍专家李宝生等来津视察,经桑志华、欧达雷、李宝生反复研究,最后选择在老西开的空地上凿井。此井坐落在旧法租界老西开教堂附近(今和平区宝鸡西道 2 号),1936 年 3 月正式出水。该井设备采用美国"水力螺旋钻机系列"美国加利福尼亚长滩石油公司提供的 5 号 CO'S 型联合器具旋转机。计耗工程费 12 万元。因开发建设的需要,天津市区第三系地下水的开采量逐年增加,使得水位动态发生变化,老西开井的地热水在 1972 年停止自流。[2]

1935 年天津老西开地区钻探自流井

---

① 单康宁:《老西开井的岩屑标本》,《天津自然博物馆建馆 90 周年文集》,天津科学技术出版社 2004 年版,第 179 页。

② 单康宁:《老西开井的岩屑标本》,《天津自然博物馆建馆 90 周年文集》,天津科学技术出版社 2004 年版,第 180 页。

在钻探前桑志华对该井的地质条件进行过详细的论证。在钻探中，桑志华对井下岩屑样品进行了系统的采集和详细的研究和整理。北疆博物院保存一套完整的老西开井的岩屑标本，共 76 件；这套岩屑标本是 20 世纪 30 年代，中国境内唯一完整的地下实物标本（所经地层为砂和黏土地层，其中含有双壳类、腹足类软体动物化石碎片）。保存有详细的老西开井的钻探资料（法文版），这套资料对于研究区域地质、地下水、地热、环境保护等都有极其重要的意义和实用价值。

桑志华认为：河北平原，具有喷射性能这种观念，酝酿在本人的脑海中，已经有了数十年的历史。[①] 直到 1930 年春，东方铁厂经理忒纳（M. J. Turner），有意对于中国所有深井工程作一公开演讲，向桑志华征求意见。他将历年视察所得，作书面答辞如下[②]：

在河北平原的地下，大概不能找到十足适宜于自流性的地层。这种地层是由粗砂与石卵组成，富有渗透性，夹于两层由黄土组成的，非渗透性的地层中间。雨水渗透的地点，正是平原的最高边沿。这种水源一直达到平原的最低处，所以能有充分的喷射能力。即便不是这样，至少在淤沙层与石岩底之间，有一层由石块与巨石卵组成的地层，和平原东西两面的山坡相连，将水引到平原的低处，如何可有相当的压力，以便施行喷射作用。这石岩底和引水层，要有怎样的深度呢？大概它们的深度也就是 400 至 500 米，至少在几处离山不远的地方是这样。根据的理由是：平原的深沟，是和渤海湾相连接的。海湾的深度，并不很大，普通由 40 米至 50 米；有几处连淤泥算在一起，也不过 100 米。但距探测的指示，深沟的底部，亦距离海湾较近的地带，例如天津，却在 225 米以下。海湾深沟的生成年代像似不能超过第二纪，甚至第三纪。照这种情形来看，我们在

---

① ［法］桑志华：《就地质学讨论天津老西开自流井工程》，萧舜华译，《工商学志》第八卷第一期，天津工商学院，1936 年，第 22 页。

② ［法］桑志华：《就地质学讨论天津老西开自流井工程》，萧舜华译，《工商学志》第八卷第一期，天津工商学院，1936 年，第 22 页。

400 或 500 米以下,一定能造成自流井。但在石砂组成的地层中,如果挖掘得深,所遇到的水源也愈丰足,有助于喷射作用的压力,也愈增加。

这种理论终于能借天津西开的自流井,得以证实。西开自流井的深度是 861 米。在华北一带,这是一处最深的水井。挖钻井深,是利用最新式的挖钻石油井所用的机器,并且是遵照循环钻井法。

西开自流井完成后桑志华博士发表研究结果[1]:"津市自流井开凿成功,连日各界人士,前往西开五十七号路,参观该井者甚多。自流井工程指导者,为本市北疆博物院院长桑志华博士,桑志华旅华数十年,曾于民国三年后之二十余年内,在冀、鲁、豫、晋、陕西、蒙古等地,做长期旅行,熟悉华北地质情形,记者往访,叩询发现自流井经过,及此井之科学价值。挖凿井深之法,系利用新式之挖凿石油井机器,采用循环式,藉电力向下推进。同时为随时研究地下情形起见,留意于地下标本之采取,由专人司理其事,钻凿期中屡得化石,或遇有关于地层组织之石层,搜集颇丰,足资研考也。"

《大公报》登载西开自流井报道

---

①　《西开自流井完成后黎桑博士发表研究结果》,《大公报》1936 年 5 月 18 日,第 6 版。

标本的采取,是在井旁的沉淀池中,有指定的工人照管,工程进行时,常有时遇到化石,或地层组织的石层,为得到完整标本,有一种特别的工具,名叫"空心桶",专为采取完整的标本,例如海蚌化石、软质石等。另外还有一种特别的工具,可以在任何深度,将地中的水取出,以便择取最好的取水地层。但是若在钻井机上,装设这两种工具,要增多 8000 至 1 万元的用费,此次因经济所关,未能加以采用。[①]

钻探工程于 1935 年 9 月开始。挖至 390 英尺时,觅得淡水蚌及池土。挖至 616 英尺,发现软体动物之遗骸,此为淡水地层之标记;再下则含有石灰石块。井深自 1109 至 1119 英尺时,已达水泉层。至 1121 英尺,获得龟甲鱼骨。至 1180 英尺,遇坚硬之石层。以后即为含水极多之石砂层。越过 1505,有泉水做沸腾状态,自井口冒出。且有无味之白色烟缕。1649 至 1746 英尺之间,有较大之蛤蚌壳,据地质之年代为第四纪之地层。至 2580 英尺,过新砂层,含水多,而杂有石灰质石卵。当钻探工程深达 2834 英尺,钢管降落至 2300 英尺时,忽有水柱自管中射出,其高竟达 36 英尺,昼夜不绝。自流井遂告整个完成矣。1936 年 1 月 23 日,井水自流量,是每分钟 25 加仑。水柱喷射高度,达地面以上 40 至 50 英尺。至 24 日,每分钟自流量增至 230 加仑。26 日,自流量益增,每分钟 300 加仑,每天共流出 403000 加仑,每加仑合 3.786 公升,以体积计算,每日流出的水,共有 1700 立方米。井水的热度,是百度表 29 至 30 度。水质硬性低弱,钙和镁的含量极为稀少,氯化钠等杂质也微,在天津一带可以推为最纯净的。[②]

据凿井工程专家欧达雷介绍:世界最深之井在美国,深达 1 万英尺,系采取石油、煤油所用,即油井。奥国之水井,深达 5000 英尺,为世界水

---

① [法]桑志华:《就地质学讨论天津老西开自流井工程》,萧舜华译,《工商学志》第八卷,第一期,天津工商学院,1936 年,第 25 页。

② [法]桑志华:《就地质学讨论天津老西开自流井工程》,萧舜华译,《工商学志》第八卷,第一期,天津工商学院,1936 年,第 29 页。

井之最深者。中国最深之井,在四川,系盐井而非淡水井,深为 3300 英尺。老西开自流井,深度为 2834 英尺,打破全中国淡水井深度之纪录。上海及天津自来水厂深井均未超过 1000 英尺。① 自流井之成功,桑志华博士获得以下结论:

> 一、河北平原具有喷射能力,各水泉层虽未曾有绝对密致的不渗漏地层作保障。二、据化验结果,自流井之水,虽在近海地带,并在海淤的地层中,但极少盐质成分。三、离地面较近的各地层,都是很薄弱的,但离地面愈远,则地层的厚度亦随而增加。石灰质的含量,愈深愈少,所以深井的水比浅井的水为软。四、地层愈低下,所含的砂质愈多。五、喷射能力随井之深度增高,这是由于深度,水的易于流动,覆盖地层的增厚等等关系。六、平原上部是藉风力和淡水力作成,下层得力于海的地方较多。②

据桑志华博士对陕甘地质的研究认为:陕甘地质与河北绝对相同,西北平原荒欠连年,倘若能尽力开发水利,多凿自流井,以从事于灌溉工作,则民食问题,自可解决。当务之急,莫此为甚,望当局注意及之。③ 桑志华推断我国西北干旱地区一样可以开凿地下承压水,这对于我国西北地区寻找地下水源具有重要的指导意义。他把研究成果奉献社会、奉献民众,把"民食问题"当作"当务之急,莫此为甚"。在桑志华使用过的名片上,我们看到桑志华为自己取字"泽民"④,体现了他作为科学家和博物学家的大爱。

---

① 《西开自流井完成后黎桑博士发表研究结果》,《大公报》1936 年 5 月 18 日,第 6 版。
② [法]桑志华:《就地质学讨论天津老西开自流井工程》,萧舜华译,《工商学志》第八卷第一期,天津工商学院,1936 年,第 29 页。
③ [法]桑志华:《就地质学讨论天津老西开自流井工程》,萧舜华译,《工商学志》第八卷第一期,天津工商学院,1936 年,第 29 页。
④ 桑志华使用过的名片,桑志华,字泽民,法国人,科学博士,农林部咨议员,中国北疆博物院院长。

八、历史作用及影响

（一）促进中西文化的双向流动

20世纪50年代，桑志华在中国北方的考察、采集被看作是帝国主义掠夺中国自然资源的行为。以现在的观念来看，这种批判虽然不无依据，但却失之偏颇，没有把北疆博物院的工作与西方殖民主义的侵略区分开来，对于勤恳、奉献自然科学事业的科学家来说有失公正。今天，我们排除民族情绪与历史成见，客观地开展北疆博物院的研究，探索其发展历程与社会效应，具有现实意义。

西方大批传教士来华传教的根本目的，是为了传播天主教、基督教教义，在中国人的心目中确立西方文化的强势地位，配合相关帝国主义国家压迫奴役中国人民，这遭到了包括官绅阶层和知识分子在内的中国人民的强烈抵制。天主教具体承担传教事务的是跨国性传道总会①（也称耶稣会）。天主教传道总会有比较深厚的重视科学技术和文化教育的传统，早期来华的耶稣会士中，有意大利耶稣会传教士利玛窦、比利时耶稣会士南怀仁等，对"西学东渐"和天主教义在中国的传播以及促进中西文化的交流方面起到了不可忽视的作用。② 事实上，一些耶稣会士除了传播"上帝福音"，在客观上引进西方先进理念，开展自然科学和社会学科

———————————

① 由于天主教传道总会对抗西方新兴的宗教改革运动，同时又为天主教内部所忌讳，曾被西方些资本主义国家如法国、西班牙所取缔。1773年，教皇不得不将其解散。1814年，天主教传道总会在法国重新建立，罗马教廷对它尤为重视。1816年，天主教遣使会也在巴黎重建。因为天主教耶稣会、遣使会两个修会均创立于巴黎，所以法国天主教信徒在修会中的会士占据大多数。

② 阎玉田：《踞栎津之阳——天津工商大学》，天津人民出版社2010年版，第34页。

研究,对于促进中国近代科技的发展,培养自然科学人才,起到了积极作用。北疆博物院科学的组织管理,桑志华、德日进等外籍专家对科学事业的执着,不计报酬、兢兢业业的敬业精神,值得学习与借鉴。

桑志华、德日进等长期在中国工作的西方传教士,受到中国文化的熏陶和影响。1923 年来到中国的德日进,与我国地学界具有深厚国学功底的前辈丁文江和翁文灏等人较熟悉,可能是他们中的某一位用了《弟子规》中"能亲人,无限好,德日进,过日少"中的"德日进"作为 de Chardin 或 Teilhard de Chardin 的谐音字,这个译名的音义俱佳①,成为他认可的译名。德日进在中国生活、工作 23 年,为中国古脊椎动物学的发展做出了卓越的贡献,是中、法两国科学文化的先行者。曾任北疆博物院主任的明兴礼,在中国 14 年,他对汉语有极好的掌握,对中国新文学有充分的研究。1947 年在巴黎大学文学院的博士论文《中国当代文学:见证时代的作家们》,该论文后来改写成专著《中国当代文学的顶峰》,1953 年在巴黎出版。并由香港天主教真理出版社于 1953 年出版,名为《新文学简史》。他还对著名作家巴金进行研究,著有《巴金的生活和著作》(1947)。② 北疆博物院处在东方传统文化环境与氛围之中,外籍工作人员在不同程度上吸取中国文化,并将其带回西方。北疆博物院是观察、了解中国文化与中国社会的窗口,促进中西文化的双向流动。

(二)推动自然科学学科建设

北疆博物院是一座以动植物、矿石等自然标本为主,兼有考古学、人类学和民俗学等藏品的综合性博物馆,在国际上有较高的声誉和影响。

---

① 邱占祥:《德日进与桑志华及北疆博物院》,《天津自然博物馆论丛》,科学出版社 2015 年版,第 14 页。

② 刘丽霞:《近现代来华传教士与中国文学研究》,中国社会科学出版社 2017 年版,第 64 页。

有学者认为:北疆博物院是在近代考古学的实践和研究成果的基础上建成的,是近代西学东渐进程中具有里程碑意义的重大事件。① 20 世纪 20 年代初,我国的史前考古学和古生物学尚处于启蒙阶段时,北疆博物院在当时处于领先地位,一度成为该学科的研究中心。北疆博物院建立的意义在于,桑志华等学者用西方科学实证的方法和理论,推动了中国早期古地质学、古生物学和考古学等学科的建立和发展。通过在中国土地上的考察实践,获得丰富的学术成果,并把这些成果以博物馆的形式留在中国。②

中国的第一块旧石器、第一批旧石器时代遗址、第一颗古人类牙齿化石、第一次以科学方法发掘的古哺乳动物群,都是北疆博物院对中国学术界不可磨灭的贡献。20 世纪 30 年代,该院被中国古生物学家杨钟健教授称为世界上"第一流的博物馆"。中华人民共和国成立后,周恩来总理十分关注该馆,称"这是中国最早建馆和最重要的自然博物馆"③。作为自然史博物馆科研的典范,注重科学研究,成果贡献社会,在指导相关学科研究,造福百姓生活,出版刊物、科学普及、举办科学报告会等方面拓展博物馆的社会功能。

(三)示范、借鉴作用

博物馆是人类生存及其文化多样性的收集者和守护者,藏品是博物馆全部活动的物质基础。桑志华运用了欧洲自然史博物馆的做法,编写采集《指南》,建立标本来源组织网络,搜集地质学、岩石学、矿物学、古生

---

① 陈克、岳宏:《传播理性——天津博物馆事业的诞生及其社会功能》,《天津文博论丛》,第 1 集,天津人民出版社 2010 年版,第 5 页。

② 陈克、岳宏:《传播理性——天津博物馆事业的诞生及其社会功能》,《天津文博论丛》,第 1 集,天津人民出版社 2010 年版,第 5 页。

③ 柴寿安:《从北疆博物院到天津自然博物馆》,《天津文史资料选辑》第 69 辑,天津人民出版社 1996 年版,第 126 页。

物学、史前史学、植物学、动物学、人文学、经济学等学科的相关藏品和文献资料。藏品数量和类别丰富，并不断充实、交流、交换各类藏品。北疆博物院重视对国外标本的搜集，与巴黎自然历史博物馆、伦敦自然历史博物馆、英国皇家邱园等机构进行交流、交换馆藏标本，首开中国自然历史博物馆国际交流之先河。

北疆博物院公开对外开放后，桑志华注意到标本的保护及陈列技术。对标本采集的地域、类别有所侧重，特别注意对有重大学术价值和适合展出的标本的采集。从野外采集的编号、记录到研究后如何登入标本总账、填写库房卡、分类卡、标本卡有一套极为严密、严格的管理制度。[①] 标本收藏与国际接轨，博物院昆虫标本盒采用巴黎自然历史博物馆统一规格。[②]

桑志华意识到博物院的各类专业人才之不足，必须吸纳和培养专业人才，开展国际科研合作，工作人员有中外学者，也有中国工友，外籍大学生志愿者。充分发挥各类专业人才特长，并重视对工友和志愿者的培养。

北疆博物院历经百年，其建筑、藏品、展览、文献保存完整，是中国近代早期博物馆的典范，为我国如何办好博物馆带来了有用的经验。对启发公众和博物馆人思考一个成功博物馆的诞生和发展，具有重要的借鉴意义。

2014 年，天津市文化广播影视局启动北疆博物院北楼及陈列室的修缮工程。2016 年 1 月 22 日，北楼及陈列室向公众开放。2018 年 3 月，该局又启动北疆博物院南楼建筑修缮复原工程，同年 10 月 28 日南楼以崭新面貌向公众开放，北疆博物院终以"工"字楼的整体面貌示人，这座中国早期博物馆的"活化石"重新焕发出勃勃生机。

（张宁执笔）

---

① 甄朔南：《与时俱进的天津自然博物馆》，《天津自然博物馆建馆 90 周年文集》，天津科学技术出版社 2004 年版，第 3 页。

② ［法］桑志华：《天津北疆博物院在中国北部、满州、蒙古、青海二十二年探险成果（1914—1935）》，陆惠元译，贾凤翔校，北疆博物院丛刊第 39 号，第 9 页。

第三节　日本在天津建立的博物馆
——天津日本教育博物馆

　　天津日本教育博物馆是天津日本居留民团创办的综合性教育博物馆。第二次鸦片战争后,天津辟为商埠,欧美各国开始在天津设立租界。中日甲午战争后,日本于光绪二十四年(1898)强迫清政府签订《天津日本租界条款》,开辟日租界。天津日租界设立之初的行政权由日本驻天津领事掌控。光绪二十八年(1902),日本驻天津领事馆设立"天津日本租界局"作为天津日租界的权力机构,天津日本租界局的行政机构是天津日本租界局行政委员会。光绪三十三年(1907),天津日租界实行日本政府颁布的《居留民团法》,并根据其施行规则规定居留于天津日租界及界外2里(1938年改为界外3里)的日本侨民组成"天津日本居留民团"。天津日本居留民团作为20世纪上半叶旅居天津的日本侨民的自治团体,是天津日租界的权力机构,接受天津日本总领事馆的领导。天津日本居留民大会是天津日本居留民团中兼有立法权和行政权的机构,对天津日本居留民团的各项行政事务均有议决之权。天津日本居留民团行政委员会由日本驻天津总领事召集的天津日本居留民大会选举产生,是负责天津日本居留民团日常行政事务的机构,类似于天津各租界的董事会。

1936 年,日本外务省下令将天津日租界的行政体制改为居留民团团长制,团长即居留民团领导者。天津日本居留民团事务所设一名理事长和两名理事,另外还设有多名吏员和雇员。根据天津日租界的实际事务,天津日本居留民团最初设有六个部门,分别为庶务、财务、工务、电气、卫生和学务,后有所变动。其中学务部负责天津日租界内的教育和社会文化工作,1942 年成立的天津日本教育博物馆即归学务部管理。

天津日本教育博物馆在满洲资源馆立川氏的帮助下,
紧锣密鼓完成开馆

一、筹建经过

1940 年是日本皇纪 2600 年纪念,日本本土掀起一股兴建博物馆热潮。日本居留民团认为天津作为当时重要的经济城市,与北京相比文化氛围较差,教育体系不完善,缺乏学校之外的教育机构。出于将在天津收集到的自然、人文相关资料展示给广大居留民及外来人员,启发儿童并督促天津在校教师进行研究,还可以让在天津生活的日本儿童更多地了解日本本国历史以及作为学校教育补充的目的,1940 年 3 月日本居留民团大会将建立天津日本教育博物馆一事提上议事日程并通过,经费预算为 5 万日元。同年 9 月 17 日,通过天津日本教育博物馆开设委员会规程,开设委员会负责应对居留民团团长咨询和审查决定建馆重要事项。9 月 25 日任命风卷义雄为天津日本教育博物馆开设委员会主事(委员),小林博为主事补(委员),臼井四郎为司书(委员),新村安男为书记,梅冈京为书记补。[①] 1940 年 10 月 9 日任命丸山英一等人为开设委员会委员,10 月 14 日开设委员会讨论教育博物馆建筑、陈列品搜集部门制定、搜集委员设定、博物馆馆则制定等建馆相关重要内容。[②] 1941 年 4 月划拨建馆费用。

日本教育博物馆牌匾

① 天津图书馆编:《天津日本居留民团资料汇编》(八),广西师范大学出版社 2006 年版,第 257 页。
② 《事务报告书》(昭和十六年),1941 年,第 46 页,天津图书馆藏。

二、基本情况

天津日本教育博物馆坐落于日租界内福岛街（今和平区多伦道）十八号（旧址已无），占地面积 93.68 坪（约 309.61 平方米），使用面积124.26 坪（约 410.69 平方米），为一座两层砖楼，由涩木工务所设计并施工。该馆于 1941 年 6 月 20 日施工，同年 10 月 20 日竣工。[①] 1942 年 2 月11 日（日本纪元节）正式开馆，邀请学者永井潜以"博物馆的使命"为题做了一场演讲，并印成出版物。永井潜在演讲开篇就提出博物馆的使命在于帮助人类追求真善美，而不仅是传授知识的教育场所，接下来回顾欧美及日本等国博物馆的发展史，归纳出博物馆的三个作用，即启发真理、陶冶情操、锻炼意志，最后提出建立天津日本教育博物馆的重要意义在于宣传"大东亚共荣"思想。此次演讲作为天津日本教育博物馆成立的开场白，充斥大量日本军国主义思想，距真正的博物馆精神相去甚远。

开馆时丸山英一馆长带领观众参观

---

① 涂小元：《天津日本教育博物馆寻踪》，《中国博物馆》2002 年第 3 期，第 77 页。

丸山英一馆长将总领事带到二楼参观

（一）规章制度

自开馆之日起,天津日本教育博物馆即开始施行《天津日本教育博物馆馆则》(共五章二十五条)和《天津日本教育博物馆工作规程》(共六条)(以下简称《馆则》和《规程》)。

根据《馆则》规定,该馆开放时间为上午9点到下午6点30分(4月1日至9月30日),上午9点30分至下午6点(10月1日至3月31日),并可根据情况变更。其中岁首(1月1日至3日)、阴历元旦(农历初一)、纪元节(2月11日)、天津神社春祭(4月11日)、天长节(4月29日)、天津神社秋祭(10 月 11 日)、明治节(11 月 3 日)、大晦日(12 月 31 日)、馆内扫除日(每月末)、"中国国庆日"(10 月 10 日)闭馆。① 此外,《馆则》对参观要求、资料外借等其他问题都有相关规定。

(二)人员设置

根据《规程》规定,博物馆设置馆长 1 人,负责管理馆务与监督员工,1941 年 11 月居留民团团长任命丸山英一为首任馆长;总务 1 人,具体处理博物馆事务,馆长不在时可以代行馆长职责,总务起初由臼井四郎担任,1943 年 8 月 1 日由木下权四郎②接任;办事员及后补办事员若干,负责收集整理资料、保管文物以及经营管理;技术员及后补技术员若干,负责制作标本模型、展览设计等工作。此外,该馆还设有学艺委员会和评议员。学艺委员在居留民团教师中选取并由居留民团团长聘请和召集,从事资料收集、整理、展示及研究工作。③ 评议员总数不超过十人,应为学识渊博者并经居留民团团长同意,从事馆务和其他附带相关工作以及应对居留民团团长咨询。④

---

① 《事务报告书》(昭和十六年),1941 年,第 21—22 页,天津图书馆藏。

② 木下权四郎(1869—1947),从 1902 年起九次当选为众议院议员,1927 年来华,任"关东厅"长官。参见《近代来华外国人名辞典》,中国社会科学出版社 1984 年版,第 257 页。

③ 《事务报告书》(昭和十六年),1941 年,第 22 页,天津图书馆藏。

④ 《事务报告书》(昭和十六年),1941 年,第 22 页,天津图书馆藏。

三、藏品

天津日本教育博物馆藏品种类丰富,根据涂小元先生统计,藏品总数约4000件(套)①,涵盖钱币、服饰、书画、文献资料、民间工艺品、标本、工业品、武器、模型等多个门类,主要通过捐赠、购买、采集等方式获得。其中展出的有天津工艺品、天津工业品(纺织、烟草、制纸、化工、火柴、橡胶、电池、玻璃等相关产品)、中国北方相关资料(农畜、矿产、盐等)、标本(植物、动物、矿石等)、辅助展品(模型、墙面装饰等)等几大类,共计1746件(套)。② 同时该馆还收集学校教育、乡土研究等方面的教育相关资料,例如关于天后宫、峰山庙、药王庙的祭祀活动资料,以及天津市立美术馆和天津广智馆藏孔子相关的资料。另外,该馆还特别注重辅助展品尤其是模型的制作,设有专人负责此项工作。

除此之外,该馆还通过巧取豪夺获得大量自然科学仪器和标本,仅从私立南开中学就至少强取普通显微镜十九架、解剖显微镜

天津日本教育博物馆内景

---

① 涂小元:《天津日本教育博物馆寻踪》,《中国博物馆》2002 年第 3 期,第 78 页。
② 《事务报告书》(昭和十八年),1943 年,第 81 页,天津图书馆藏。

五架、切片机两架及标本数百种。[①]

四、展览及观众情况

　　天津日本教育博物馆举办的展览主题丰富、形式多样，有很强的实用性和针对性，可分为基本陈列和临时展览。基本陈列有："天津港模型展""贝类标本展""华北农民工作民间艺术品展""大陆乡土展""毛织物展""棉织物展""烟草工业展"等。较为重要的临时展览有"花与生活——本馆开馆一周年纪念展"（展期4天）、"青少年科学创作作品展"（展期7天）、"战时食物展"（展期3天）。自咸丰十年（1860）《北京条约》签订后，天津成为重要港口，塘大地区作为天津的内河口，具有重要的战略地位。1933年5月31日《塘沽协定》签订，使华北门户大开，日军在塘大地区修建军用仓库和军事设施，开始对塘沽地区的侵略。1937年塘大地区沦为日本殖民地，日军在此地区掠夺大量资源，1939年在大沽口北岸修建"新港"，"天津港模型展"正是为日军这一侵略行径服务的。1944年下半年，"二战"形势对日本日趋不利，食物等战略物资日益紧迫，该馆于10月14至16日举办"战时食物展"，展出可食用野草50种，药草12种，试食用品20种，参观观众达1917人，并于居留民团会议室举办相关座谈会，共20人出席。[②] 该展览具有很强的实际意义，也反映了战时在津日本侨民的窘迫局面。除此之外，还与满洲资源馆合作办展，例如1944年举办的"电气展"。

　　根据1943年和1944年的《事务报告书》，天津日本教育博物馆1943年共开馆351天，接待观众19989人，其中官商80人，教育家118人，会

---

　　① 天津市档案馆档案J110-3-2659津市立第一图书馆长王君石接收日本博物馆、天津图书馆。

　　② 《事务报告书》（昭和十九年），1944年，第165页，天津图书馆藏。

二层自然科学展厅

社员 821 人,学生 17902 人,军人军属 387 人,妇女 151 人,中国人 512 人,其他人员 18 人,平均每天接待观众约 57 人。[①] 1944 年共开馆 335 天,接待观众 10705 人,其中日本学生 10540 人,会社员 68 人,军人 52 人,教员 2 人,妇女 5 人,中国人 38 人(其中学生 29 人),平均每天接待观众约 30

---

① 《事务报告书》(昭和十八年),1943 年,第 80 页,天津图书馆藏。

人。① 由此可以看出,天津日本教育博物馆的观众以日本学生为主,占观众总人数的 92.36% ,中国观众仅占 1.79% 。这与天津日本教育博物馆的创建初衷完全一致。

利用阶梯展示

五、社会教育

社会教育尤其是青少年儿童教育是天津日本教育博物馆的重要工作。该馆不仅举办与青少年儿童相关的展览,还举办多次现场科普教学,仅 1943 年就举办两次"显微镜实习指导"和一次"望远镜使用观察指导",分别持续 15 天、9 天和 5 天,参加总人数达 1356 人② ,其中大多数是

① 《事务报告书》(昭和十九年),1944 年,第 164 页,天津图书馆藏。
② 《事务报告书》(昭和十八年),1943 年,第 80 页,天津图书馆藏。

等待参观的观众

在校学生。此外,还举办过天体气象讲座、采集植物标本、组织学校职工到工厂现场参观等社会教育活动。

六、学术研究

天津日本教育博物馆设有学艺委员会,负责开展展览讨论、举办学术讲座、组织各种社会教育活动以及讨论博物馆其他业务工作的开展。在三年多的时间里,该馆举办了"第四次学术演讲会——教育博物馆开馆一周年纪念演讲""黄土时代"(主讲人富田达,理学博士,北京大学教授)、"有害生物的防除"(主讲人加藤静夫,北京大学副教授)等学术讲座;出版了《学术演讲会记录(第二辑)》《第三次学术演讲会演讲速记录》《天津日本教育博物馆年报》《博物馆的使命》等出版物。

1945 年 8 月,随着日本战败投降,天津日本教育博物馆也宣告结束,藏品全部流失。天津市政府接管部分图书资料及仪器设备并调拨给天津市立第一图书馆和天津市私立南开中学,天津解放后馆舍被拆除。

七、特点和启示

　　由于时间、经费有限,该馆努力实现永井潜在《博物馆的使命》中所设想的那样,"博物馆之使命,归根结底,也在于满足此三者(真、善、美)所在处的灵性之动向"①,具有一定的现实意义。它与天津同时代的博物馆相比有以下几个特点:第一,该馆是天津近代的一座综合性博物馆,也是外国人在天津建立的博物馆中唯一以教育本国侨民为目的创办的,藏品种类包含自然标本和历史文物,但从博物馆的实际业务工作来看,该馆更偏重自然科学,这与当时的社会背景是密不可分的。1941 年 12 月 7 日太平洋战争爆发,12 月 8 日冈村宁次作了训示,训示强调要"保证资源的获取"②,加强对中国的经济掠夺,在日军看来,华北担负着战争兵站基地的任务。③ 资源是战争的基础也是目的,因此对自然资源知识的普及教育显得尤为重要。第二,该馆是日本侵略者在本国领土之外创办,既保留了日本本国的传统,又注重吸收中国的传统文化,是两种文化融合的产物,把中国民间节日定为闭馆日最能体现这一点。第三,该馆创办的初衷是为弥补学校教育的不足。"日本博物馆学奠基人棚桥源太郎将严格意义上的近现代博物馆视为明治维新的产物。甫一出现,日本博物馆就呈现出鲜明的双轨特质,分别反映明治维新的两个主要倾向,即以'文明开化'为号召的文化欧美化和以'殖产兴业'为号召的产业近代化。一方面,基于对博物馆作为学校辅助教育机构和社会通俗教育机构价值的意

---

　　① ［日］丸山英一编:《博物馆的使命》,新民印书馆昭和十七年(1942)版,第 2 页。
　　② 日本防卫厅战史室编,天津市政协编译组译:《华北治安战》下,天津人民出版社 1982 年版,第 1 页。
　　③ 日本防卫厅战史室编,天津市政协编译组译:《华北治安战》下,天津人民出版社 1982 年版,第 3 页。

识,衍生出文部省博物馆,随后转型成为东京博物馆和国立科学博物馆。"①天津日本教育博物馆就是此类具有教育特质的博物馆。该馆旨在首先培养日本青少年儿童的科学文化知识,而后进一步提高他们的意志品质,不论藏品征集还是举办展览乃至社会活动,都具有较强的实用性和针对性,倡导将理论与实践紧密结合,这与天津近代其他"教育型博物馆"相比另有特色。第四,根据前文中的观众人数统计可以看出该馆的服务对象主要是日本侨民,但从展厅布置到业务工作再到规章制度,无不体现对中国的文化渗透,展厅内悬挂各种宣传性质的绘画,肆意宣扬"大东亚共荣"思想,妄图使中国由排日转变为拜日。1943 年日本将天津日租界交给汪伪政府管理,民国伪政权官员也间接参与到天津日本教育博物馆的管理中。

天津日本教育博物馆虽然存在仅有三年多的时间,且规模不大,但创意新颖,规章制度健全完善,人员、部门分工明确,各项工作细致周到、井井有条,参观者众多,注重社会教育,力图使博物馆承担起一定的社会责任。虽然投资很少,但收到了很好的效果,这是当下中国博物馆应该借鉴的。

(尹航执笔)

---

① 徐坚:《作为思想史的早期中国博物馆史》,科学出版社 2016 年版,第 18 页。

附录一　天津日本教育博物馆开设委员会规程

第一条　本民团设立天津日本教育博物馆开设委员会。

第二条　本会以应对居留民团长咨询及审查决定有关天津日本教育博物馆开设时重要事项为目的而成立。

第三条　本会由委员长及委员若干人组成。

第四条　委员长由居留民团长担任。委员由学识渊博的民团官员担任,由居留民团长任命、委派。

第五条　委员任期至本会达到目的时为止。

第六条　委员长是本会会议的召集人与主持人。委员长因故无法出席时,由其指定的委员代理其职务。

第七条　本会设书记若干人,由民团官员兼任。

附　则　本规程自昭和十五年九月十七日施行。

（资料来源:天津图书馆藏《事务报告书》）

附录二 天津日本教育博物馆馆则

第一章 总 则

第一条 本馆全称为"天津日本教育博物馆",由天津居留民团管理。

第二条 本馆主要搜集、展示中国北方地区自然、人文方面有关教育的资料以供公众观览,以研究、教育为目的。

第三条 本馆搜集资料之范围如下:

一、学校教育方面必要的资料;

二、乡土研究资料;

三、其他在教育方面有参考价值的资料。

第四条 本馆为实现其目的发行出版物,刊登举办展览、演讲会、座谈会、电影等消息,以及居留民团长认同的其他事项。

第五条 居留民团长同意可接受捐赠必要的可供公众观览的资料。

第六条 居留民团长认为必要时,可将本馆藏品中特别指定之一部分借出到馆外使用。

第二章 观 览

第七条 本馆之观览时限如下:

自四月一日至九月末日,自午前九时至午后六时半;自十月一日至三月末日,自午前九时半至午后六时。但可适时变更观览时限。

第八条 本馆之定期闭馆日如下:

一、岁首(一月一日至一月三日);

二、阴历元旦；

三、纪元节(二月十一日)；

四、天津神社春祭日(四月十一日)；

五、天长节(四月二十九日)；

六、天津神社秋祭日(十月十一日)；

七、明治节(十一月三日)；

八、大晦日；

九、馆内扫除日(每月末)；

十、"中国国庆日"(十月十日)。

第九条　遵守本馆则及其他本馆布告中有关观览规定,并服从本馆工作人员命令者可以入馆参观,否则可以拒绝入馆,如已入馆可令其离开。

第十条　观众如将本馆建筑物、陈列品以及设备损毁,应照价赔偿。

第三章　资料借出馆外

第十一条　天津居留民团经营的学校及其他由居留民团长指定的学校,出于教育目的可以将本馆藏品中特别指定的资料借出。

第十二条　依据前一条规定,有关记载接收出借资料的申请书中将记录必要的注意事项,并上报馆长批准。

第十三条　资料的借出时间为两天以内,但有其他理由可超过此期限,应预先由馆长批准。

第十四条　借出资料的搬运费、返还费及使用上的费用均由借方负担。

第十五条　借出期间如该资料损毁或丢失(因受天灾及其他不可抗力之原因除外),其借方应负责恢复其原貌并赔偿损失。

第四章　评议员

第十六条　博物评议员定于十人以内。

第十七条　评议员应从学识渊博者中选出,并经居留民团长同意,任期为一年,但可连任。

第十八条　评议员从事馆务及附带工作,并应对居留民团长的咨询。

第十九条　评议员会议需由居留民团长召集。

第二十条　评议员会议所议事项记录应保存起来。

第五章　学艺委员

第二十一条　本馆学艺委员可聘请若人。

第二十二条　学艺委员在居留民团立学校之教师中选取并经居留民团长聘任,任期一年可连任。

第二十三条　学艺委员遵照馆长指示从事资料之搜集、整理、展示及研究等工作。

第二十四条　学艺委员会需由馆长之召集。

第二十五条　有关本馆则施行所需细则由居留民团长来制定。

附　则　本馆则于昭和十七年二月十一日起施行。

（资料来源:天津图书馆藏《事务报告书》）

附录三　天津日本教育博物馆工作规程

第一条　天津居留民团管理天津日本教育博物馆(以下简称博物馆)的有关工作。

第二条　博物馆职员设置如下:

馆长一人

总务一人

书记及后补书记若干人

技术员及后补技术员若干人

雇员与佣人若干人

第三条　馆长在居留民团长的指挥下承担管理馆务与监督所属员工的工作。

第四条　总务在馆长的指挥下承担具体处理馆务的工作,并在馆长不在时代行馆长职责。

第五条　书记及后补书记在总务的指挥下承担资料的搜集、整理、保管及从事有关庶务经营管理方面的工作。

第六条　技术员及后补技术员在总务的指挥下承担制作标本模型、绘制陈列形式图等技术工作。

附　则　本规程自昭和十七年二月十一日起施行。

(资料来源:天津图书馆藏《事务报告书》)

(尹航整理)

第四章

中国近代美术事业的开拓

　　美育是公共教育的必要组成部分。在博物馆体系中，自然、历史、艺术是博物馆不可或缺的元素，美术馆属于艺术类博物馆。"美术馆"一词在中国的使用，可追溯到宣统二年（1910）清政府农商部举办的"南洋第一次劝业会"。这是中国首次以官方名义主办的展览会，借鉴了此前美国圣路易斯万国博览会、比利时博览会、意大利米兰博览会的形式，设立教育、工艺、农业、机械、通运、美术、卫生、武备等专业性展馆，以及直隶、湖北、湖南、陕西、四川、河南、山东、江西等区域性展馆。"南洋第一次劝业会"的会场设在南京城西北公园附近，美术馆的建筑仿罗马式，展出物品9300件。当然，此时的"美术馆"仅属于临时的展览会性质。20世纪前期，一些美术展览会陆续在中国举办。光绪三十四年（1908），高剑父、潘达微、何剑士在广州举办"广东第一次图画展览会"，通过《时事画报》进行宣传介绍。1919年，葛赉思、颜文梁、潘振霄、徐泳清、金天翮、杨左陶发起"苏州画赛会"，主旨是"提倡画术、互相策励、仅资浏览、不加评判"，征集作品1000多件，展出20天，是我国艺术家的第一次全国性集展。1929年中华民国教育部在上海举办了全国美展，展出书画、金石、西洋画、雕塑、建筑、工艺美术、美术摄影等，展期约一个月。这些美术展览会取得了一定的社会影响，体现了20世纪前期中国美术的发展。

美术展览在中国古代是比较私密的行为,由于受到西方艺术沙龙的影响,晚清出现了"画会"。展出内容以书画为主,但兼有交流和销售的目的。同时外国人在中国频频组织美术展览,在国外学习美术的留学生逐渐回国,国内美术院校培养的毕业生也一批批进入社会,他们纷纷组织不同目的和类型的展览。晚清开始,很多有识之士认为美术对工业生产有很大帮助,因为设计是生产的重要环节。民国时期,知识分子格外强调美术教育对改造国民的重要作用,大众教育、培养人才逐渐成为了美术展览的重要目的,于是作为美术展览载体的美术馆应运而生。

天津自近代开埠以来,是北方洋务运动的中心,是维新运动的重镇,是清末"新政"推行的基地,也是中西文化碰撞交流的前沿。作为北方最大的工商业城市和港口,天津近代文化兼容中西之长,诞生了北洋大学、南开学校等享誉全国的文化教育机构,出现了李叔同、曹禺等文化艺术大师,孕育了《大公报》等重要的文化传媒载体。同时,中国的京剧、评剧、曲艺等传统文化艺术在天津竞相绽放,西方的音乐、美术、戏剧等文化形式传入中国,与中国传统的音乐、美术、戏剧相互融合,在天津不断发展。天津市立美术馆的出现,是天津中西方文化碰撞交流的产物。

天津市立美术馆是中国较早建立的公立美术馆,1930年成立于天津市中山公园。作为社会文化机构,天津市立美术馆的成立,根植于特定的社会背景中,通过发挥其功能,推动社会的发展进步。

第一节　中国较早建立的公立美术馆
——天津市立美术馆

一、筹建背景

20 世纪前期,创办美术馆的呼声愈发高涨。1912 年 7 月,直隶美术馆在天津成立,宗旨是"普及美术知识,辅助工艺进步",寇赓瀛、魏兰浦分别任主任、副主任。[①] 1913 年 3 月 20 日,在河北公园举办首次美术展览会,展期一个月。

1928 年,全国教育会议召开,李毅士提交《在各大都市中建立美术馆之基础案》,报送大会审查通过。该提案认为,"中国美术,为世界所推崇,其珍贵可知。吾人为供给艺术教育上重要参考之参考资料起见,理宜设法保存,以防日渐流出国外。其法:莫如于国南各大都市中,建设美术

---

① 天津市地方志编修委员会办公室编:《天津通鉴》,中国青年出版社 2005 年版,第 156 页。

馆,俾便国中精品,集中保存"。实施措施包括馆址、藏品、经费等方面,已具备现代博物馆的特征。李毅士是清末画家李宝璋之子,早年赴英国学习,1912年毕业于英国格拉斯哥美术学院,1916年归国,先后在北京大学、北京美术专科学校、上海美术专科学校任教。早年的英国学习经历使他将西方的美术理念与实践带到中国,结合中国的实际,提出自己的主张。

其他一些地区也提出了建立美术馆的主张。1924年,福建私立集美学校美术委员会召开会议,决定建设美术馆。1927年,河南省政府公布《河南美术馆规程》。1928年,湖南省教育会举办第一次代表大会,决定创设湖南美术馆。《广东市市政公报》发表过《筹设市立美术馆之规划》《教育局筹设市立美术馆》的专门报道。1928年,苏州美术馆开馆,其性质为私立,使中国的美术馆事业迈出了实践性的一大步。苏州美术馆开馆一年后,天津市立美术馆的筹建提上了日程。

光绪二十八年(1902)袁世凯出任北洋大臣期间,在天津试行"新政",修建劝业会场,光绪三十三年(1907)竣工。同年,天津第一所官办的大型图书馆——直隶图书馆在劝业会场开馆。1918年,天津博物院成立,馆址同样在劝业会场。1928年,劝业会场改名为中山公园。天津博物院与直隶图书馆的建立,使中山公园一带成为了传播文化的重要场所。1930年建成开放的天津市立美术馆,选址中山公园并非偶然。

20世纪前期,天津美术事业的发展蒸蒸日上。第一,天津画坛名家辈出,领域各有所长,作品风格各异。在天津当时的画坛名家中,既出现了以花鸟画见长的张兆祥、徐世昌、陆文郁等,也出现了以走兽画见长的刘奎龄、王梦白等,还出现了以山水画见长的刘子久、陈少梅等。在这些画家中,既有以刘子久、陈少梅为代表的"京津画派",继承中国画的优良传统;也有以张兆祥、刘奎龄为代表的"融合派",在尊崇传统创作的基础上,融合西方画法与民间画法。① 第二,众多的美术社团活跃在天津画坛。1919 年至 1929 年,先后有 11 个美术社团在天津成立,包括 1919 年成立的美术协会,1921 年成立的美术学会,1923 年成立的蘧庐画社,1926 年成立的南宗山水画社,1927 年成立的中国女子图画刺绣研究所,1927 年成立的北洋摄影会,1928 年成立的绿蕖美术会,1929 年成立的城西画会、撷芳社、阿伯洛画院、天津虹社等。其中,蘧庐画社、中国女子图画刺绣研究所、撷芳社为女子美术团体,在当时已然开风气之先。这些美术社团,涉及不同的美术门类,通过传承艺术、举办展览会等方式,推动美术事业的发展。第三,天津的美术展览会较为丰富,题材涉及中外,办展者不乏外地名家。如 1921 年 10 月的"时贤图画展会",展出南北画家的作品;1921 年 12 月的"工业观摩会",展出中日名画;1923 年 4 月的"美术展览会",展出中外名家作品;1927 年 10 月,著名西画家钱鼎来津举办展览;1929 年 1 月,岭南画家李子晨来津举办展览。②

二、筹建经过

严智开字季聪,是著名教育家严修的第五子,1894 年出生于天津,1912 年起先后在日本东京美术学校西洋画科、美国哥伦比亚大学美术系、法国巴黎美术学校学习美术,出国留学的经历开阔了严智开的眼界。严智开回国后,投身于美术教育,在北京国立艺术专门学校任教。1929 年,严智开向时任天津市市长崔廷献建议,在天津设立美术馆。他指出:"昔法国拿破仑战争时代,尚设美术馆二十余处,今吾国建设方新,津埠

---

① 付晓霞、刘斌主编:《二十世纪天津美术史料整理与研究》,天津人民美术出版社 2011 年版,第 5—13 页。
② 付晓霞、刘斌主编:《二十世纪天津美术史料整理与研究》,天津人民美术出版社 2011 年版,第 224—225 页、227 页、231 页、239—240 页。

严智开

中外具瞻盍先举行。"①崔廷献十分赞同严智开的提议。同时，天津市教育局局长邓澄波、市政府参事陈筱庄，认为严智开专门学习美术，可以在此方面委以任用。于是，天津着手进行了市立美术馆的筹备工作。1929年11月22日，《益世报》记载："市教育局以津市为华北重镇、文化荟萃之区，尚缺少美术馆，藉以舒畅人民胸襟，调解社会干燥，现由该局拟具计划，呈请市府核示设立美术馆一所，目前拟先设立筹备处，所有经费，由教育专款项下动支，地点拟在公园附近，并请委市、政府艺术顾问严智开为筹备主任云。"②美术馆的筹备处借用河北第一博物院③的空房来办公。1930年2月至3月，严智开赴日本考察日本的美术馆相关情况，回访日本东京美术学校。1930年5月21日，《益世报》刊载《津市府已批准市美术馆建筑计划》："由大兴建筑工厂，绘图核实，估工计需洋一万二千元正……拟即先由十八年度，教育专款项下，动支九千元，俾便兴工。"美术馆选址中山公园。

---

① 崔廷献：《天津市立美术馆记》，《美术丛刊》创刊号，1934年第1期。
② 《津市美术社》，《益世报》1929年11月22日，第16版。
③ 1928年，天津博物院改为河北第一博物院。

1930年崔廷献题天津市立美术馆基石拓片

1930年9月,天津市立美术馆完成了筹建工作,馆舍落成。《大公报》记载:"市立美术馆,新建馆舍,现已工竣。计全楼均用刷石,铜门铁窗,极形坚固,闻绘图设计,均由馆长严季聪君所规画,式样新奇,装潢伟丽,不愧美术化的建筑,在河北一带已足首屈一指。"①1930年10月1日,天津市立美术馆成立,隶属于天津市教育局,严智开就职馆长。10月24日举行开幕典礼,由严智开主持。每月经费1000元,由教育专款项下按月支给。

---

① 《市立美术馆廿四日行落成典礼》,《大公报》1930年10月23日,第7版。

天津市立美术馆落成典礼纪念摄影

天津市立美术馆外景

三、基本情况

（一）馆舍安排

天津市立美术馆正楼建筑的上层，设为长期陈列部，仓库及事务室设在地下室；地下室北面起初为演讲室，国画研究班成立后，遂改为国画研究班教室；教室旁边为暗室，主要为摄影研究会所用；馆长室位于事务室左侧，中间为会议室；后面 7 间平房为临时展厅；西南角的大房间是西画研究所的习画室；南面平房 4 间，主要用于会客室、储藏室、值班室、传达室。到 1933 年，该馆共有楼房 10 间和瓦房 15 间。1937 年卢沟桥事变后，天津市立美术馆归天津地方治安维持会管辖，12 月更名为天津特别市市立美术馆。抗日战争时期，天津市立美术馆起初从中山公园迁至宙纬路，后来于 1939 年迁至西北角文昌宫，拥有 3 排平房，共 42 间。将第一排的南房设为西画室、接待室，8 间北房设为长期陈列室；将第二排的 8 间北房设为展览室，第二排南房设为值班室、储藏室；第三排北房设有美术品仓库、国画研究室、图书部等，第三排南房供篆刻研究班使用。[①]1946 年 6 月，抗日战争胜利将近一年之际，天津市立美术馆迁入河南路 60 号的妙法寺，馆中仅有一间大展览室。

（二）规章制度

作为艺术类博物馆，美术馆属于社会文化机构，需具备完善的组织体

---

① 天津特别市立美术馆：《天津特别市立美术馆概况》，1940 年，第 13—14 页。

系和规章制度才能有效运转。严智开东渡日本进行考察,将国外美术馆
的经验与当时中国的实际结合,把天津市立美术馆建成了职能健全、制度
完备、集收藏展览研究功能于一身、具有较强社会影响力的有机体系。严
智开参照东京美术学校"黑田纪念馆的美术研究所"的模式,对天津市立
美术馆的机构和功能进行设定。

　　根据《天津美术馆计划大纲》,天津市立美术馆制定了《天津美术馆
组织规程》。规定该馆设馆长 1 人,综理本馆一切事务;秘书 1 人,负责办
理中西文件、接洽来宾、征集藏品、出版刊物等。1930 年 10 月 1 日,严智
开正式出任天津市立美术馆第一任馆长,并任命留日归来的汪洋洋为秘
书。该馆成立时,基本职员共 12 人:除馆长和秘书,还有主任 1 人(潘元
牧),股员 5 人(杨宗敏、杨淇、王秉承、沈新三、俞世吾),技术员 2 人(汪
子美、全赓靖),练习生 2 人(左连、李淑芳)。1934 年刘子久出任秘书,
1940 年仅有 11 名工作人员,后又陆续裁员。1942 年严智开去世后刘子
久接任馆长。股相当于现在的部门。天津市立美术馆创立之初设有五个
股,职能分别为调查、征集、保管、图书、事务①,之后合并成三个股,每股
设主任 1 人,第二三股主任分别由秘书和馆长兼任,各股职能后来又有所
变动。(见下表)天津市立美术馆成立初期就已经形成了比较完备的建
制体系。

天津市立美术馆各股职能设置一览表②

	调整前的职能	调整后的职能
第一股	文书、会计、庶务、保管、交际,以及不属于其他两股的事项	文书、庶务、会计、保管、交际
第二股	征集、陈列、调查、购置、鉴定	鉴定、征集、调查
第三股	研究、讲演、编辑、展览、图书	编辑、讲演、研究、陈列、展览、图书

---

　　①　《市立美术馆全部竣工》,《益世报》1930 年 10 月 23 日,第 6 版。
　　②　天津特别市立美术馆:《天津特别市立美术馆概况》,1940 年,第 11—12 页。

1930 年天津市立美术馆基本职员

将"陈列"由第二股调至第三股,与"研究""展览"并列,便于展览工作的开展及与学术工作紧密结合。至此,天津市立美术馆第一股以行政事务为主,第二股以藏品业务为主,第三股以陈列展览、研究等业务为主。天津市立美术馆还设置了设计委员会、鉴定委员会、顾问,聘请专家为名誉委员。同时该馆还建立详细完善的馆务制度与业务制度。馆务制度包括《天津美术馆组织规程》《天津美术馆办事细则》《天津美术馆馆务讨论会规则》。业务方面的制度包括《天津市立美术馆征集物品简章》《天津市立美术馆陈列室参观规则》《天津美术馆美术研究组简则》等。

四、藏品

严智开将天津市立美术馆的使命概括为"保存美术物品""供民众研究参考""造就艺术人才""促进工艺美术化"[1]四个方面。其中"保存美

---

① 天津特别市立美术馆:《天津特别市立美术馆概况》,1940 年,第3—4 页。

术物品"即该馆的收藏功能,在该馆的四项使命中被列为首位,天津市立美术馆对收藏工作颇为重视。1930 年 9 月 5 日,时任天津市市长崔廷献指出:"凡当代中外名家杰作及古建筑绘画雕刻原物,与夫世所能购置之副本,如原照片及精美印刷品等,当尽量搜藏,除公家筹款外,更当别募巨赀,以增益之。三五年后,定有足观。"①崔廷献认为,天津市立美术馆应尽力收藏古今中外的美术作品,3 至 5 年后藏品可达到一定规模,"是则吸集异域之新知,固是重要,而寻吾族之旧迹,尤属当然。此后自应搜集散佚,摭拾遗物,注意典藏"②。收藏国外的作品很重要,收藏国内作品更是义不容辞的使命。

为履行"保存美术物品"之使命,该馆多措并举,为收藏工作有效开展提供了有力的保障。首先,相应的部门围绕藏品进行征集、鉴定、保管等工作。为便于征集藏品,天津市立美术馆于 1931 年 8 月成立了驻北平办事处,地址位于北平东城灯市口 84 号。③ 其次积极申请收藏经费。天津市立美术馆每年要向政府申请专门的收藏经费,1930 年、1931 年、1932年分别购入美术作品 74 件、8 件、228 件,这些作品包括中国古代造像、中国画、油画、西方雕刻、古玩等。

但由于该馆"经费有限,仅持购置,为力疏薄"④,因此在购置藏品的同时,还通过其他征集手段丰富藏品,并制定了《天津市立美术馆征集物品简章》。征集手段主要是三种:捐赠,请求中外艺术家惠赠,并以本馆美术作品及美术刊物作为交换,通过这一方式征集到了大量珍贵藏品,例如齐白石的《松树乌鸦图》、李苦禅的《墨荷》等,捐赠者既有个人,也有单位团体。寄陈,寄陈期至少为一年,美术馆对"寄陈"之品负"妥为收藏""完全保管"之责,寄陈者保管寄陈收据,以便取回寄陈品时"缴销"。摹

---

① 崔廷献:《天津市立美术馆记》,《美术丛刊》(创刊号),1931 年第 1 期。
② 天津特别市立美术馆:《天津特别市立美术馆概况》,1940 年,第 3 页。
③ 天津特别市立美术馆:《天津特别市立美术馆概况》,1940 年,第 10 页。
④ 天津特别市立美术馆:《天津特别市立美术馆概况》,1940 年,第 28 页。

写,摹写适用于"不能寄存或捐赠者"之"珍贵美术",由美术馆"派员前往摹写拓照或抄写用资陈列"。①

经过不懈努力,天津市立美术馆拥有了数量可观的藏品。《天津特别市立美术馆概况》对 3562 件②美术品进行了分类统计,1930 年至 1940 年间,平均每年入藏 356 件藏品,其藏品年均增量在今天看来,也是比较可观的。天津市立美术馆形成了门类丰富、中外并蓄、纵贯古今的藏品体系。其中刘子久绘画等美术作品,几经流转,现藏于天津博物馆。

该馆共有 3562 件藏品,涵盖的门类包括国画、西画、书法、建筑、雕塑、金石、工艺、摄影 8 种,数量依次为 716 件、234 件、214 件、435 件、883 件、346 件、659 件、75 件。其中建筑、雕塑、金石、工艺 4 个门类均可通过立体形式呈现,增加了藏品的可观赏性。例如:建筑类藏品有天坛祈年殿模型、琉璃瓦勾头、硬木旧庙宇建筑模型;雕塑类藏品有孔子像、石膏武士像;金石类藏品有铜万寿鼎、玉虎坠、唐故符君木制刻石;工艺美术类藏品有雕漆花瓶、椰壳雕花盒、小泥人等。尤为值得注意的是,该馆雕塑类藏品数量居各门类藏品数量之首,通常人们提及美术,直观感觉仅仅是绘画。从天津市立美术馆陈列品目录中,可发现该馆藏品分类主要是根据藏品题材而非质地,在建筑、雕塑、金石、工艺等门类中,收藏了以这些门类艺术品为题材的照片,而且照片占据了这些门类藏品的很大比重。这种分类方式可以充分发挥藏品价值,有利于科学研究和教育,但不同质地的藏品混入一类不利于藏品的长期保管。现代博物馆多采用基于质地的分类方法,不同质地的文物对应不同的保存环境,既有利于文物安全,又便于利用。

该馆藏品具有以下几个特点:第一,名家作品丰富。王羲之书兰亭带

---

① 天津特别市立美术馆:《天津特别市立美术馆概况》,1940 年,第 28—32 页。
② 《天津特别市立美术馆概况》记述,"本馆十年来收藏之美术品共三千六百七十四件",同时,《天津特别市立美术馆概况》中《本馆所藏美术品及美术图书统计表》统计的美术品数目为 3562。数量出现差异。本书以 3562 件计算每年入藏的平均数。

图拓片、韩愈书鸢飞鱼跃拓片、吴道子画观音大士像拓片、唐寅的镜心、董其昌的行书大中堂等;近代名家作品有齐白石的《松树乌鸦图》、李叔同的静物油画、刘奎龄的花鸟条幅、华世奎书张氏烈女碑拓片等;外国名作包括德国名作《虹》《雪》,日本名作《入浴》《幼童》等。第二,藏品题材中外并蓄。中国传统题材藏品有泥塑木兰从军、岳母刺字,汉朱雀殿瓦拓片等;外国题材藏品有埃及造像"人物"拓片、"走兽"拓片、泥塑耶稣像、石膏维纳斯像等。第三,注重藏品作者、地域的广泛性。该馆藏品的作者既不局限于天津本地,也不局限于名家。有研究者发现,天津市立美术馆"收藏有'琉璃厂内十大湖'的作品,还征集到北京和上海等地许多画家的作品。同时也注重收藏本地画家的作品,往往不以名气大小为原则,除了陈靖、张兆祥、陆文郁、马家桐、刘奎龄、陈少梅等大家之外,还包括李霞山等津地小名家作品"①。第四,注重拓宽藏品题材。该馆的收藏范围不局限于传统的美术类作品,如石油公司汽油广告、朝鲜铁道局履行广告、荷印航空广告、资生堂广告图案等新形式美术作品也被纳入其中,且广告作品的数量达到百件左右。此外,该馆还将邮票纳入美术馆收藏范围,此举可谓卓识。邮票虽小但都是经过精心设计,其中包含绘画、雕刻、印刷三种美术,具有很高的艺术欣赏价值,同时邮票上包含历史文化等多种信息,具有重要的研究价值。

　　天津市立美术馆在藏品征集方面的思路、方法与新尝试,在今天看来仍具有强烈的现实意义。

五、陈列展览

　　《天津特别市立美术馆概况》在论及"保存美术物品"时,指出应"注

---

　　① 葛斐尔:《中国早期美术馆之当代性研究——以天津市市立美术馆个案为例》,《中国美术馆》2011 年第 2 期。

意典藏,以供吾人之参考","参考"是"典藏"的目的。同时"国内收藏家"不将"世袭珍藏""轻易示人",而"普通民众个人财力有限",不能大量购买美术艺术品,因此美术馆应"广汇博采",征集古今中外的作品,"集美术品于一堂"进行展示,以介绍"古今美术之变迁""中外文艺之趋向"。美术作品既可供"一般民众之浏览",也可用于"学者之参考研究"。① "美术馆之设,原将中外名家美术作品荟萃一堂,纵人观览"②,"所藏美术品,必须公开陈列,功始有效"③。可见展览是美术馆主要任务。近代以来,博物馆作为公共文化机构,面向社会公众开放。"一般民众"和"学者"都属于社会公众,展览是面向广大社会公众的工作,天津市立美术馆已将展览作为服务民众的主要方式,同时设有专门的部门负责展览。

博物馆的展览一般分为基本陈列和临时展览。天津市立美术馆在成立当月,即举办临时展览(即当时所称的"展览会")。由于筹备时间很短,自《津市府已批准市美术馆建筑计划》起至该馆成立还不到一年,在短时间内尚未征集到充足的藏品,因此该馆的藏品征集工作主要在开馆之后进行。其基本陈列面向社会开放,已是 1933 年 10 月,距第一次临时展览的举办已经 3 年。在 1930 年至 1940 年的 11 年间,该馆共举办临时展览 75 次,参观人数 415431 人④,平均每年举办展览约 7 次,年均参观人数 37766 人。临时展览既是基本陈列的重要补充,也是吸引观众的重要手段。临时展览部分免费对外开放,部分收取少额门票,用于捐助赈济慈善事业。

① 天津特别市立美术馆:《天津特别市立美术馆概况》,1940 年,第 3—4 页。
② 天津特别市立美术馆:《天津特别市立美术馆概况》,1940 年,第 28 页。
③ 天津特别市立美术馆:《天津特别市立美术馆概况》,1940 年,第 14 页。
④ 天津特别市立美术馆:《天津特别市立美术馆概况》,1940 年,第 9 页。

天津市立美术馆第一次展览会

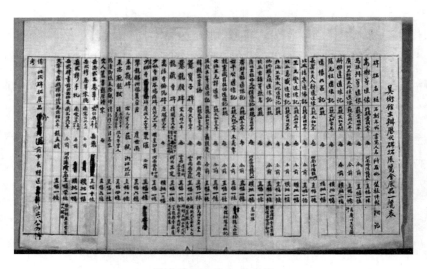

天津特别市市立美术馆

举办历代碑拓展览会展品一览表

天津市立美术馆的临时展览具有以下特点：

第一，中西荟萃。该馆藏品中西并蓄，其展览与藏品一脉相承。一方面，有的展览将中西展品荟萃一堂，1930 年 10 月举办"第一次美术展览"，主题为"中画西画石雕建筑模型美术照片印刷品"；1931 年 6 月举办"第九次美术展览"，主题为"中外广告画"；1931 年 10 月举办的"第十一次美术展览"，主题为"中国古石刻照片泥塑品西洋石膏雕品及欧美古石雕照片"。另一方面，针对中西不同题材，举办专题性展览，1931 年 3 月举办的"第六次美术展览"，展出"近代国画"116 幅；1933 年 1 月举办的"宋元明书画展览"，展出宋元明书画 40 幅；1938 年 9 月 7 日至 9 日，举办湖社画会展览，展出作品 615 件；1940 年 5 月举办的"中国近代书画展览会"，展出明清两代书画家作品 125 幅；1931 年 2 月举办的"第五次美术展览"，展出"西画"172 幅；1935 年 11 月举办的"俄国画家托克洛夫油画展览"，展出人物历史风景画 195 幅；1936 年 12 月举办的"德国绘画展览"，展出自 1410 年至现代之德国名画家作品 150 幅。

第二，具有社会责任感。天津市立美术馆在社会遭受灾害之际，举办展览，捐出门票收入，为社会贡献力量。1933 年 9 月 2 日至 10 日举办的"救济华北灾民扇面展览"，展出名人书画扇面 445 幅，参观人数 3562 人；1934 年 7 月 1 日至 15 日举办的"河北省救济黄河水灾书画物品展"，展出古今折扇、团扇、扇股、镜心等 692 件，参观人数 3887 人；1939 年 12 月 1 日至 3 日，举办"赈灾画展"，展出天津著名画家刘光成、刘维良、黄世俊、李文渊、俞嘉和等人的作品 66 幅，3 天的参观人数已达 5403 人。

第三，注重青少年教育。天津市立美术馆通过与天津中小学合作，以青少年学生作品为题材举办临时展览，为青少年学生提供展示自己的舞台。1932 年 3 月 5 日至 7 日，举办"小学图画展览"，展出小学图画作品 1395 幅，参观人数 2829 人；1934 年 12 月 22 日至 26 日，举办"津市中小学工艺展览"，展出中小学生自制工艺品 2371 件，参观人数 6223 人；1936

年2月22日至3月1日,举办"第二届津市中小学生工艺展览会",展出中小学学生自制工艺品2608件,参观人数5845人,参观团体27个;1937年2月19日至21日,举办"津市小学自由画展览会",展出小学生自由画作品512幅,参观人数2567人,参观团体19个;1938年5月7日至15日,举办"儿童自由画展",展出小学生作品2146幅,参观人数10134人。通过馆校间的合作,调动了在校学生的积极性,增强了学生的动手能力,达到了很好的美育效果。

值得一提的是,天津市立美术馆曾多次邀请著名画家黄二南现场表演舌画,"画前饮酒少许,藉避墨臭,首作荷花图,含墨纵横绢上,顷刻立就,风格颇具奇趣。继画梅花一幅,用泼墨法,小碟羹匙一变而为画笔,崎曲有度。匙柄勾萼,花片疏散中规。更作'瓶菊'一幅,共费时不过三十余分,遂由同生拍照二帧"①。现天津博物馆馆藏即有黄二南的舌画作品。

天津市立美术馆的基本陈列于1933年10月开始对外开放,展品包括绘画(附书法)、建筑、雕刻、工艺品、摄影等5类,共计3600余件。② 随着基本陈列对外开放,天津市立美术馆出台了《天津市立美术馆陈列室参观规则》。规定基本陈列免费开放,"为谋普及起见","凡入览者一律不收券资"。③ 基本陈列免费开放,与当今博物馆的公共服务理念是趋于一致的。在参观时间方面,原定每周三、六下午及周日全天开放,后改为每日开放,周一闭馆,用于内部调整。根据季节作息特点,开放时间略有不同。每年4月至9月,开放时间为上午十点半至十二点半,下午三点至五点;每年10月至次年3月,开放时间为上午十一点至十二点半,下午三点至五点。④ 4月至9月日照时间较长,天气相对温暖,人们出行率较高,

---

① 《舌画表演》,《益世报》1931年2月9日,第7版。
② 天津特别市立美术馆:《天津特别市立美术馆概况》,1940年,第14页。
③ 天津特别市立美术馆:《天津特别市立美术馆概况》,1940年,第15页。
④ 天津特别市立美术馆:《天津特别市立美术馆概况》,1940年,第15页。

美术馆客流较多；10 月至次年 3 月日照时间较短，天气相对寒冷，人们出行率较低，美术馆客流较少。这与当今许多博物馆区分淡旺季的开放时间类似。此外，该规则还对参观秩序有详细规定：包括不得抚摸展品；未经许可不得对展品进行摄影摹写；应按展线进行参观，不得高声谈笑，衣冠不整者、架鸟牵犬者、癫醉不洁者不得入馆参观；不得吸烟、不得唾吐、不得吃零食。① 这些禁止事项是展品安全、秩序良好、环境清洁的保证。"参观者携带伞杖照相器及笨重物品均应先交收管处换取号牌，出门时凭牌领回原件。"②7 岁以下未成年人如需入馆参观，必须有人带领。③ 天津市立美术馆还特别注重与观众的互动，欢迎提问与反馈。《参观规则》第八条指出，"参观者如对本馆或陈列品产生疑问时，可向本馆招待员接洽，如蒙指政附以批评尤所欢迎"④。上述参观秩序，在理念上与现在博物馆的参观规则基本一致，只是具体细则有所区别。

　　天津市立美术馆的基本陈列和临时展览均以专题性展览为主，缺乏综合性展览。该馆展出的展品十分丰富，基本陈列共约 3600 余件展品，临时陈列展品少则几十件，多则数千件。例如 1933 年"最近征集品展览"展出古物拓片、照片、印刷品、出版物、国画、西画、书法等共 4092 件，1937 年"世界邮票展览会"展出世界各国新旧邮票 7532 枚，展品数量在 500 件以上的临时展览有 16 次之多。⑤ 此外，该馆除了纯粹的美术展览外，还举办实用美术展览，面向一般民众，作为普及美术知识的尝试，将美术与人们生产生活挂钩，不同文化层次的人观展后都能有所收获。以上这些正是该馆"供民众研究与参考"宗旨的体现，这也是当今美术馆需要借鉴的。

① 天津特别市立美术馆：《天津特别市立美术馆概况》，1940 年，第 15 页。
② 天津特别市立美术馆：《天津特别市立美术馆概况》，1940 年，第 15 页。
③ 天津特别市立美术馆：《天津特别市立美术馆概况》，1940 年，第 15 页。
④ 天津特别市立美术馆：《天津特别市立美术馆概况》，1940 年，第 15 页。
⑤ 天津特别市立美术馆：《天津特别市立美术馆概况》，1940 年，第 16—23 页。

六、学术研究

天津市立美术馆的研究工作包括:成立各种研究班会以造就艺事人才;聘请专家组织鉴定委员会;设调查部赴各处实地考察及发掘工作;成立图书部购置美术图书以供参考等。

(一)调查工作

天津市立美术馆第二股有调查职能。调查工作的内容可分为 6 个类别[①],将其归纳列表如下:

天津市立美术馆调查工作一览表

调查类别	具体内容	目的
美术之历史	按照中外两类,调查美术之起源,以及现代之趋势	编纂成书
发掘	随时派员分赴各地参加发掘工作	供学者研究
中外美术家之传记、著作及作品	根据图书及报章所载,将美术家之姓名略历及其著作录入卡片,归入调查柜中。这类卡片仿照图书编目排列。对于国内及日本美术家,以姓名笔画的数量及年代进行排列;对于西洋美术家,以字母顺序及年代进行排列。	随时稽查

---

① 天津特别市立美术馆:《天津特别市立美术馆概况》,1940 年,第 32—33 页。

续表

调查类别	具体内容	目的
美术刊物	随时通函国内外各书局及美术机构,索取图书出版目录,将新出版之图书摘录于卡片	(1)向研究者介绍 (2)以备将来购置 (3)以备查考
古物古迹	通过实地调查、通函,调查古物古迹	供研究者参考
收藏家之收藏品	通过实地调查、通函,调查收藏家之收藏品	供研究者参考

　　该馆主要通过派员实地调查、通函等方式进行调查工作,调查的总体目的是供研究者参考。[①] 调查工作有助于收藏、展览等工作的开展,收藏、展览等工作有助于促进调查的深化。该馆特别重视对古物古迹的调查,随时派员分赴各地参加发掘工作,与北平古物保管委员会天津支会的影响力有关。1930 年 12 月,北平古物保管委员会天津支会成立,聘请天津的考古专家,将天津市立美术馆作为临时办公处所。当月,海关接到大同云冈石刻被盗之报告,截留大批私运出国石刻 70 余件,当即扣留充公,拨归天津市立美术馆保存。这些石刻经专家鉴定,为汉代六朝及唐朝的物品,颇具价值。[②] 在一些史料中,可以看到天津市立美术馆调查工作取得的成果。天津市立美术馆调查部将收集到的资料在空白册子中进行粘贴、集结,制作成《艺术家传记》《美术用品目录(附售价)》《艺术院校章程》等资料集。如《艺术家传记》中的资料包括《曹恕伯先生小传》《周怀民画展访问记》《北平美术家吴南愚先生来津》等。《美术用品目录(附售价)》中的资料包括《国立北平研究院博物馆艺术陈列所出品目录》《三益石膏模型社各种模型价目表》《艺苑真赏社新出品目录》《故宫博物院出版物简目》《北平古物陈列所新订各种印品价目一览表》《中国营造学社

---

①　天津特别市立美术馆:《天津特别市立美术馆概况》,1940 年,第 32—33 页。
②　天津特别市立美术馆:《天津特别市立美术馆概况》,1940 年,第 9 页。

415

出版图籍目录》《全国学校欢迎的大批图画教本》等。《艺术院校章程》中的资料包括《中国女子国画刺绣研究所简章》《湖社画会天津分社简章》《东方艺术研究会章程》《天津私立艺术学校招生简章》《国立北平艺术专科学校招生简章》《中国商业美术作家协会附设商业美术函授学校章程》等。

（二）征集图书

尽管天津市立美术馆由于经费有限等原因,购置的艺术图书还不甚充足,但该馆在购置图书方面进行了大量工作。第三股有"图书"相关职能,征集图书,并将藏书进行编目、分类。在中山路的馆舍"不敷分配"时,图书室借用了馆长事务室。

《天津市立美术馆征集物品简章》详述了美术图书的征集范围。与美术藏品的征集相同,美术图书的征集也包括中国美术类与外国美术类。中国美术类图书包括:美术史、画史、美术家传记、画谱、画册、画论、画评、建筑、雕塑、书法、金石摄影、考古及其他有关美术之各种刊物。外国美术类图书包括:美术史、画集、画家传集、画史、画评、美术杂志、各国美术馆出版物、美术陈列品、画店之美术刊物目录。该馆将馆藏的 2274 册图书进行了统计,国画类 345 册,西画类 214 册,书法类 98 册,建筑类 179 册,雕塑类 119 册,金石类 174 册,工艺类 109 册,摄影类 121 册。[①] 与藏品统计类别对应,说明天津市立美术馆的图书题材丰富,涵盖了藏品的基本类别。

天津市立美术馆将图书进行登记时,分两个步骤,先编号,再分类。在登记中,其分类方法为"按王云五所编之中外图书统一分类法而于艺

---

① 天津特别市立美术馆:《天津特别市立美术馆概况》,1940 年,第 40 页。

术一类稍加扩充"①。

（三）出版刊物

"印刷品为宣传学术之工具，抑且为研究一切之门径。"②因此出版刊物也是天津市立美术馆的研究工作之一。鉴于经费有限，该馆的出版物不多，于1931年10月、1932年10月、1934年1月先后出版了3期《美术丛刊》，为年刊性质。1937年7月出版了季刊《美术》。后来，"因社教机关合出《民教》月刊一种，将每月之印刷费，改为《民教》补助费，故遂停刊"③，但该馆继续负责编撰《民教》中"艺术"一栏的内容。天津市立美术馆的出版物刊登过如齐白石、林风眠、傅振伦、王襄等诸多名家的文章，学术质量很高。其刊物有以下几个特点：

第一，重视插图。3期《美术丛刊》均在目录之后设置了"插图"栏目，插图幅面宽阔，每页仅1幅插图，有助于突出插图的艺术性，并且便于读者欣赏。该馆的藏品与展览均以艺术品为主题，其出版物也成为了展示艺术品的窗口，插图内容以中外艺术品为主。如"清代周芸皋的'山水'画""吴道子画先师孔子像（刻石拓片）""大理石'阿波罗'像""意大利石刻名品'拔刺童子'"等。《美术》将插图设置在文字版面中，起到形象点缀的作用。《美术》的插图同样涵盖中外艺术品，如"引路菩萨图""杏林春燕"画作、"维纳斯像""英国议会堂"等。同时，天津市立美术馆还通过插图宣传本馆情况，如《美术丛刊》第1期的"天津美术馆馆舍图""天津美术馆全体成员合影"，《美术》中的"天津美术馆馆舍全景"等。

第二，重视艺术研究，兼及考古。《美术丛刊》的第2期和第3期都设置了"论文"栏目，依次刊登论文《美术馆之功用》《中国"图像美术"概

---

① 天津特别市立美术馆：《天津特别市立美术馆概况》，1940年，第34页。
② 天津特别市立美术馆：《天津特别市立美术馆概况》，1940年，第28页。
③ 天津特别市立美术馆：《天津特别市立美术馆概况》，1940年，第10页。

论》。两篇论文均以美术为主题,属于艺术研究的范畴。第3期《美术丛刊》均开设了"艺术"栏目,刊登关于艺术的文章,如《用笔九法》《美术化从何说起》《说说中国图案字》《法国艺术教育组织概要》《画家鲁本兹之研究》《文人画之价值》《古印章法》等。《美术》刊登了《历代雕刻论》《罗丹》《篆刻概要》等。这些文章充分说明了天津市立美术馆对于艺术研究的重视。同时该馆的出版物也刊登与考古有关的文章。艺术与古代文化有较深的渊源,上文提及的《古印章法》《历代雕刻论》等文,已经具有较强的古代文化色彩。《美术丛刊》的第1期和2期设有"考古"栏目,刊登《古玉文字》《敦煌石室记略》《中国历代石刻概略》《章草与中国字体之改革》等文章。这些文章有助于读者从古代文化方面加深对艺术的理解。第3期《美术丛刊》均设置了"消息"栏目,刊登"艺术消息"与"古物消息",分别侧重于当时艺术界和中外各类文物的时事,将各类信息汇集起来,在信息还不十分便捷的时代,对研究更是十分有益,大量国外美术界的资讯开拓了民众视野。

第三,重视宣传。首先是工作情况的宣传。《美术丛刊》第1期和2期均刊登了年度大事记,可以说是对天津市立美术馆初创时期事务的时间性梳理,具有很强的史料作用。该馆在《美术丛刊》中,还刊登研究班招生简章,刊登西画研究所学员的作品,刊登该馆第三届影展一等奖的作品,也是对该馆工作动态的宣传。《美术丛刊》第1期还刊登了其组织规程、职员一览表、研究组简则等,将其呈现给世人。其次是藏品的宣传。该馆将一些藏品拍摄成照片,作为《美术丛刊》的插图。第3期《美术丛刊》均刊登了《惠赠天津美术馆品提名录》,并标有捐赠者姓名,《美术丛刊》第3期还刊登了《美术馆购入美术品目录》。通过宣传藏品情况,既可吸引人们参观实物,又可为后续的捐赠者指明捐赠方向,还可使人们看到社会对该馆的支持。

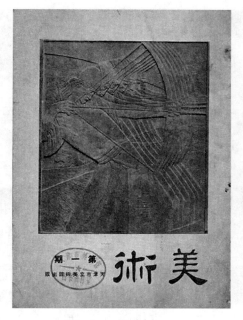

《美术》季刊

七、社会教育

开设研究班是天津市立美术馆的重要研究工作,与其使命密切关联,也是该馆社会教育的重要手段。"本馆有各种美术研究班之设立,即本斯(造就人才)旨"①。同时"美术馆为补助美术教育之机关,故对促进工艺美术化,亦为美术馆应负之使命也"②。开设研究班对于"造就艺术人才"与"促进工业美术化"这两项使命,具有重要意义。

为将研究班办好,天津市立美术馆制定了《天津美术馆研究组简则》,明确了"提倡美术""奖励实地研究""造就美术人才"的宗旨,确立

①　天津特别市立美术馆:《天津特别市立美术馆概况》,1940年,第4页。
②　天津特别市立美术馆:《天津特别市立美术馆概况》,1940年,第5页。

天津市美术馆各研究班成立五周年纪念全体合影

了研究组组长由馆长兼任、"聘专家为顾问或充名誉导师""会计庶务注册等事宜由本馆股员兼办"等组织规则,规定研究组下设绘画班、雕塑班、建筑班、摄影班、工艺美术班等研究室,并明确了各研究室的研究内容,遗憾的是未能全部实现。同时在出版物刊登简章,进行宣传。如在《美术丛刊》第 3 期刊登了《天津美术馆附设国画研究班章程》《天津美术馆附设国画星期班简章》《天津美术馆暑期国画研究班简章》《天津美术馆附设西画研究班简章》《天津美术馆篆刻研究会简章》《天津美术馆邮票研究会简章》《天津美术馆附设摄影研究会简章》,这些简章公布了拟招收学员的数量、条件、研究时间、研究期限、研究科目与方法、研究费、入会与退会须知等内容。该馆还积极为研究班创造良好的条件。天津市立美术馆在中山路的馆舍中,为西画研究班选择了西南角的一间大屋子,这间屋子的构造曾请意大利设计师设计,"屋顶成不等边三角形,南面较长,北面则为天窗,与照相馆之天窗相似,故光线极为充足。室内屋顶作白色,四周则为灰黄色,既美观又便光线之反射。研究员之作品,遍悬画室四周,为清一色之木炭素描"①。该馆迁至西北角文昌宫后,将第三排

---

① 《美术馆西画研究班落成》,《大公报》1933 年 1 月 1 日,第 11 版。

南房设为篆刻研究室,第三排北房设为国画研究室。①

　　1931 年春季,天津市立美术馆举办西画研究班,当年秋季开始招收学员,分为日、夜两班,日班学制 3 年,夜班学制 2 年。后因班次增多,改称"美术馆附设西画研究所"。1933 年,夜班第一期学员毕业,因夜间光线不适合绘画,乃将夜班停办。1934 年 7 月,成立暑期国画研究班,暑期后改为星期班。1935 年春,成立西画星期研究班。1932 年 4 月,成立篆刻研究会。1932 年 5 月,成立邮票研究会,聘请美国饶斌森先生为会长。1932 年 12 月,成立摄影研究会,王明甫、张云阶先后为会长,其中王明甫是 1931 年柯达公司举行的世界万国摄影艺术比赛静物自然建筑室内类首奖的获得者。1937 年 3 月,奉命添设研究室,藉供市属学校美术教员进修之用。② 研究班大多不收学费,只收少量会费和必要杂费,具有一定程度上的义务性质。通过多方面努力,研究班的学员人数"十年来由十余人增至百余人"③。国画班、西画班、教员进修班、篆刻班的学员共 132人。④ 该馆通过举办展览展示研究班的成果,如 1936 年 10 月,举办"本馆研究班学员作品展",展出国画、西画、篆刻作品 316 件;1937 年 6 月,举办"本馆研究班师生作品展览会",展出国画、西画、图案画、版画作品 218件;1940 年 8 月,举办"本馆各研究班师生作品展览",展出导师及学员作品 204 件。在现存的《天津美术馆篆刻研究会印存》中,保存了篆刻印存约 50 幅。

　　特别值得注意的是,该馆对摄影的重视。当时摄影在中国尚未真正普及,而天津市立美术馆不仅认识到"不论是在学术上、工艺上、军政上、教育上,都有相当的利益;复次,教育、军政、工艺、学术方面利用摄影学得

　　①　天津特别市立美术馆:《天津特别市立美术馆概况》,1940 年,第 14 页。
　　②　天津特别市立美术馆:《天津特别市立美术馆概况》,1940 年,第 10 页。
　　③　天津特别市立美术馆:《天津特别市立美术馆概况》,1940 年,第 24 页。
　　④　天津特别市立美术馆:《天津特别市立美术馆概况》,1940 年,第 40 页。

以发展进步的地方实在不少"①,更进一步把摄影从工具提到了艺术的高度。

该馆自成立以来,即筹办美术演讲,但因馆址狭隘未能实现。1939年曾借助天津市广播电视台举行数次公开演讲,但很快终止。未能正式举办公开演讲是严智开办美术馆以来的一大遗憾。

八、意义及影响

20 世纪前期的中国,亟需在诸多方面谋求发展。"美术者,一国文化之度量衡也"②。美术事业的发展,是推动国家文化发展的重要力量。当时的有识之士,既看到了中国数千年来的艺术成就领先世界的地位,也认识到时下中国艺术发展的衰落。潘元牧③认为:"吾国开化最早,数千年前,美术文艺即已发达极矣,惟所处时代不知崇尚艺术,反以小道目之,以致日就衰落,良可慨也。海通以来,欧风东渐,舶来品物图案新奇,吾国陶瓷丝织以及各项工业品因乏美感,不能迎合潮流与外货争持,以文明先进之邦至是反形落后,若不急起直追,艺术复兴殆无望矣。"④

美术事业对于陶冶民众情操、提升国民素质、提高美术技艺、推动社会进步具有重要作用。美术馆"不仅能表现时代之精神,而亦为陶冶人性之工具"。时任天津市市长崔廷献也认为:"美术之功用大矣。以文化言,陶冶性情,提高思想,可以满足人类精神之欲望;以生活言,一切应用物品,不但使人快感,并能增高价值,放论者谓为商业神灵、工业恩母,非虚语也。吾国前人富于创造性,故人为之技术多合天然,足以贡献世界,

---

① 《天津美术馆美术摄影展览会说明书》,《美术丛刊》(创刊号),1934 年第 1 期。
② 天津特别市立美术馆:《天津特别市立美术馆概况》,1940 年,第 2 页。
③ 潘元牧,广东南海人,曾任天津市立美术馆第三股主任。
④ 潘元牧:《缘起》,《美术丛刊》创刊号,1934 年第 1 期。

后人岂可不发扬广大之。"①

　　开启民智,既包括陶冶情操,也包括提高美术技艺。美术技艺的提高,是推动工商业发展进步的重要因素。"美术者,表现美情之技术也。故虽一物之微,一技之末,而欲以增人之美感,与夫寓目之美观者,则美术尚焉。盖美术之为用,小之足以养成个人审美之情感,大之足以敦促社会文艺之繁荣,而民族进化之程度悉于是觇之。试观中外古往今来,殆末有美术不兴而国能富强者,然则美术之关系,顾不重哉。"②严智开认识到美术的重要作用,认为优秀的美术作品既是国家辉煌文化的体现,又彰显了时代精神与民族精神。"凡留心一国文化者,莫不注意于美术天才之产生,伟大作品之创造,此于一国文化史上有无上光荣。吾人应如何保藏而发扬之,以使夸耀于世界。盖所绘为时代精神、民族精神的表现,都可在伟大之美术作品中寻出痕迹"③。而近代美术馆功在致用,"其鹄的在灌输民众美术之知识,而趋工商业于美化"④。

　　创办美术馆,是弘扬和传承民族文化的重要举措。天津市立美术馆通过收藏各种门类的艺术品,举办题材多样的展览,使我国传统文化得到弘扬;海纳百川、兼收并蓄,汲取各国艺术之精华,传播世界其他国家的艺术文化,使人们领略各具特色的艺术魅力;通过举办不同门类的研究班,培养后继艺术人才,充分发挥社会文化机构弘扬和传承文明的作用。

　　在天津市立美术馆出现之前,收藏家一般不将藏品轻易向公众展示。近代以来的展会,虽然展出内容包括美术类展品,但这类展会并不是向公众长期开放的常设性社会文化机构。公众接触艺术受到限制,更谈不上通过艺术来提升素质、提高美术技艺。天津市立美术馆的创办,为公众打开了艺术的大门,其基本陈列长期免费向公众开放,并举办丰富多彩的临

---

　　①　崔廷献:《天津市美术馆记》,《美术丛刊》创刊号,1934 年第 1 期。
　　②　严智开:《天津美术馆美术丛刊创刊号序》,《美术丛刊》创刊号,1934 年第 1 期。
　　③　天津特别市立美术馆:《天津特别市立美术馆概况》,1940 年,第 1 页。
　　④　天津特别市立美术馆:《天津特别市立美术馆概况》,1940 年,第 2 页。

时展览,在公众与艺术之间架起坚实的桥梁。同时,天津市立美术馆还面向社会开设不同门类的美术研究班,男女兼收,免收学费,加强向公众传播美术技艺的力度,并通过出版物向公众传播艺术文化知识,从而开启民智,推动社会进步。

1946 年 8 月 17 日该馆举办"古书画真迹展览","将津市各大收藏家多年秘藏书画真迹,搜罗殆尽。并请鉴赏名家,鉴定真实。自宋迄清,名品百余件……仅收阅览券价五百元……闻此项名贵真品甚多,如郭熙《松溪泛棹图》,宋人《寒江钓雪图》,元人《倪云林山水》,朱德润《文会图》,明文沈仇唐、清四王吴恽等作品,皆为不可多观之真迹"①。成立 16 年来,天津市立美术馆在工作人员有限、馆址几经辗转、馆长不断更换的情况下,依然几经风雨,矗立于世。参观人数众多,既有一般民众,也有美术界名人,如徐悲鸿、潘玉良夫妇等。天津市立美术馆的建章立制,为中国艺术类博物馆树立了典范。基于所处的时代,天津市立美术馆具有强烈的社会责任意识。严智开曾计划由美术馆代办天津市各种美术设计,"盖津市为工商繁盛之区,今欲促进工商之美化,拟代办商店装饰之设计,并代绘广告图画,工艺品图案,建筑图案,及设计家庭装饰等,以使渐次趋向于近代化"②。遗憾的是,严智开对美术馆未来的设想,如增加建筑场馆、增设研修班、设立美术供应部、代为鉴定美术品等,都未能实现。

1947 年 3 月,教育部督学来天津视察时,认为美术馆有扩充业务范围的必要,向市教育当局提示了这一点,天津市政会议上通过了"市立美术馆改组艺术馆"的提案,天津市教育局开始着手改组艺术馆,并拟定组织规程。提案经市政府会议通过后,新预算亦重新合办。艺术馆改组计划是:除美术及总务两部外,再增设戏剧及音乐两部,分别负责各部门的调查、宣传、表演及教育等工作,但音乐部最终未能实现。1949 年 1 月 15

---

① 《津美术馆展览书画真迹》,《益世报》1946 年 8 月 16 日,第 5 版。
② 天津特别市立美术馆:《天津特别市立美术馆概况》,1940 年,第 37 页。

刘子久

日天津解放后,艺术馆由天津市军事管制委员会艺术处接管,后归天津市教育局管理,1950 年 11 月改属天津市文化事业管理局,1952 年底并入天津市历史博物馆。

（尹航执笔）

附录　天津市立美术馆规章制度

天津美术馆计划大纲

第一条　天津特别市教育局为阐扬文化保存艺术起见创设市立美术馆一处。

第二条　本馆定名为天津特别市市立美术馆。

第三条　本馆直辖于天津特别市教育局。

第四条　本馆设馆长一人,由教育局呈请市政府委任制之。

第五条　本馆视事务繁简设事务员若干人,由馆长委任之,呈请教育局备案,遇必要时得雇佣书记。

第六条　馆长秉承教育局长综理本馆一切事务。

第七条　事务员辅助馆长分掌一切事务。

第八条　本馆开办费暂定为一万元,其支配方法另定之。

第九条　本馆开办费每月定为七百元,支配方法另定之。

第十条　本馆开办经常各费由教育专款项下支给之。

第十一条　本馆美术品征集费视教育专款状况酌定之。

第十二条　本馆组织规程及各项规则另定之。

第十三条　本馆未成立以前得成立筹备处秉承教育局负责筹备之。

第十四条　本馆馆址由筹备处秉承教育局筹划之。

第十五条　本大纲如有未尽事宜得由教育局提出修正之。

第十六条　本大纲自公布之日施行。

天津美术馆组织规程

第一条　本规程依据天津市市立美术馆计划大纲第十二条规定之。

第二条　本馆设馆长一人,秉承教育局长综理本馆一切事务。

第三条　本馆设秘书一人,秉承馆长办理中西文件及接洽来宾,征求国内外作品以及出版物之著作等事项。

第四条　本馆设左列各股。第一股,掌理文书会记庶务及不属于他股事项;第二股,掌理征集、购置、调查、陈列、保管事项;第三股,掌理研究、鉴定、讲演事项。

第五条　每股各设主任一人,商承馆长综理本股一切事务。

第六条　第三股主任得由馆长兼任之。

第七条　本馆视事务之繁简设股员三人至九人分掌各股事务。

第八条　第二股除酌设专员外得延聘各专门家为名誉专员。

第九条　本馆得延聘顾问及驻外调查员概为名誉职,但遇必要时得酌送车马费。

第十条　本馆得酌用技术员、书记及练习生。

第十一条　本馆每星期召集馆务会议一次,股员以上均须列席。

第十二条　本馆每月召集馆务讨论会一次,顾问、名誉专员均得列席。

第十三条　本馆办事细则及各项规则另定之。

第十四条　本规程如有未尽事宜得提出市政会议修正之。

第十五条　本规程自公布之日施行。

天津美术馆美术研究组简则

第一条　本简则依据市立美术馆组织规程第四条之规定订之。

第二条　本组以提倡美术奖励实地研究造就艺事人才为宗旨。

第三条　本组附属于市立美术馆。

第四条　本组设下列各研究班。1.绘画班,中画西画图案画均属之;2.雕塑班,塑造石刻、木雕、金属雕刻、金石、印章均属之;3.建筑班,建筑之绘图设计以及模型之制造均属之;4.摄影班,美术之摄影、洗晒、制版之研究均属之;5.印刷班,一切美术印刷均属之。

第五条　本组各班得视美术馆经济状况次第设立之。

第六条　本组设组长一人由本馆馆长兼任之。

第七条　本组各班酌聘专家为顾问或研究指导专员,商承组长负指导上一切责任。

第八条　本组会记庶务注册等事宜即由本馆股员兼办之。

第九条　本组各班招收研究员简章及各种规则另定之。

第十条　本简则如有未尽事宜得由本馆馆务会议议决呈请修正之。

第十一条　本简则自呈准之日施行。

天津美术馆附设国画研究班章程①

一、宗旨。本班以研究本国画为宗旨。

二、学额。额定三十名。

三、性别。男女兼收。

四、年龄。在十五岁与二十五岁之间。

五、应考资格。初中毕业或具有同等学力并对于国画有特别兴趣者为合格。

六、报名。凡报名者须交报名费一元,最近半身相片一张,取录与否概不退还。

七、卷试。国文(语体文言随意)毛笔画一张,由本馆临时发给试卷。

八、学费。本班为提倡国画起见学费免收。

九、研究期限。每日上午八时至十二时,每星期按指定课表,男女分班教授。

十一、课程。画学理论,山水,花卉,人物,翎毛,走兽,昆虫,工笔,写意。

---

① 原文中缺少第十、十三、十四条内容。

十二、毕业。三年期满成绩优良者给予毕业证书。

十五、退学规则。凡学员有违犯本班规则二次以上或者破坏本班名誉者,本馆得随时令其退学,所交各费概不退还,自请退学者同。

十六、入班须知。1.凡考取入班者须于一星期内填写志愿书与保证书,并须取具在本市有职业者一人为证人,附交保证金十元(期满如数退还,中途退学者以保证金充作研究班公共设备之用);2.所有笔墨纸张颜料等之消耗品及随手应用之器俱均归自备;3.每学期应缴杂费六元;4.本馆备有公用考参书籍画谱标本等,自习时间由教员允许后可以借用但不得任意携出,倘有损坏情形照原价赔偿。

天津市立美术馆陈列室参观规则

1. 本馆陈列阅览时间规定,每逢四月至九月,每日上午十时半至十二时半,下午三时至五时;十月至三月,每日上午十一时至十二时半,下午三时至五时,每星期一休息。

2. 本馆为谋普及起见,凡入览者一律不收券资,惟衣冠不整、架鸟牵犬、巅醉不洁及孩童在七岁以下无人率领者均不得入内参观。

3. 参观者携带伞杖照相器及笨重物品均应先交收管处换取号牌,出门时凭牌领回原件。

4. 馆内物品非经本馆特别许可不得摄影摹写。

5. 参观者不得抚摸。

6. 参观者应按路线循序阅览以维秩序。

7. 参观者不得高声谈笑吸烟唾吐及零食以求整洁。

8. 参观者如对本馆或陈列品发生疑问时,可向本馆招待员接洽,如蒙指正赋以批评尤所欢迎。

9. 本馆因馆舍狭隘,凡遇举行临时展览会时得暂停陈列以备充展览会场。

天津市立美术馆征集物品简章

一、征集品类约举如下：

甲、中国美术

（一）书画：历代名人作品，现代名人作品，各名作印刷品。

（二）雕塑：石雕、木雕、牙雕、竹雕、刻骨、塑造、雕塑物印刷品。

（三）建筑：建筑模型、建筑制图、建筑及庭园装饰图案、古今建筑物印刷品及图说、各种建筑材料、各种建筑材料之印刷品。

（四）工艺美术：金属品、铸金、雕金、点翠、镶嵌、铁画、古泉等；雕刻品、木雕、牙雕、角雕、骨雕、贝介、玉石雕等；窑业品、陶、瓷、玻璃、景泰蓝等；油漆品、油彩、漆绘、雕漆、螺钿等；木竹品、异样小品、家具、建筑装饰等；染织品、机织、色染、刺绣、编物、缂丝等；印刷品、各种制版、各种图案作品。

（五）摄影：美术摄影作品。

（六）美术图书：美术史、画史、美术家传记、画谱、画册、画论、画评、建筑、雕塑、书法、金石摄影、考古及其他有关美术之各种刊物。

乙、外国美术

（一）绘画：油画、水彩画、木炭画、铅笔画、粉画、色粉画、钢笔画、针笔画、版画。

（二）雕塑：铸铜、石雕、石膏塑造、牙雕、漆雕、木雕、黏土塑造。

（三）建筑：建筑模型、建筑绘图、室内装饰图案、庭园设计图案、古建筑残品、古今建筑照片。

（四）美术工艺品：金属品、雕刻品、窑业品、油漆品、木竹品、染织品、刺绣、印刷品、各种工艺图案。

（五）美术图书：美术史、画集、画家传集、画史、画评、美术杂志、各国美术馆出版物、美术陈列品、书店之美术刊物目录。

二、凡各项物品承惠赐者请每件附一简单说明如下：

（一）品名,（二）年代,（三）出品地,（四）制作者,（五）美之观念,（六）寄赠人姓名（如附详细说明书更佳）。

三、本馆征得惠赠物品后当于陈列说明单上标明惠赠人姓名以志厚谊,其多赠或赠贵重物品者当以本馆刊物或书画交换之。

四、惠赠之品如因远道或遇于粗重运送艰难者,得函由本馆自行委员运取。

五、惠赠之品如因价值过重须酌偿代价者,得与本馆商定其价格酌予补偿。

六、寄赠物品之寄费运费寄赠人不愿担负者,由本馆补偿之。

七、如巨大物品不能全赠或不便陈列而可割裂其一部者亦所欢迎。

八、如尊件未可割爱赠与而愿作长时期或短时期之寄陈者得附函声明或随时面定之,但寄陈时期须在一年以上。

九、本馆征得之品自当妥为收藏尽量陈列,其贵重之寄陈物品尤当负完全保管之责。

十、惠件如经本馆审查认为缺乏美术上价值,不便代为陈列者,立即郑重退还。

十一、惠件一经收到立即掣给正式收据,其寄陈物品之收据尤应保存俾便取回寄件时缴销。

十二、惠件请寄中华民国天津西北城角文昌宫本馆收。

（资料来源:《天津特别市立美术馆概况》,1940年）

（尹航整理）

大事记略

清光绪二十九年（1903）

4月　直隶总督袁世凯委派周学熙赴日本进行长达两个多月的考察，周学熙对日本的工业、教育和博览会有了深入认识和思考。

7月　周学熙上书袁世凯，提议设立直隶工艺总局，并要求附设学堂及考工厂。

9月10日　天津考工厂正式对外开放，厂址设在北马路。

清光绪三十年（1904）

是年　赫立德创办附设于新学书院的华北博物院（亦称天津华英博物馆、中西博物院），该学院的建立是为了纪念他的兄长沃尔福德·赫立德（Walford Hart），建筑模式仿照剑桥的圣约翰学院。

清光绪三十一年（1905）

3月15日　经直隶工艺总局筹办，天津教育品陈列馆在玉皇阁内开馆。

清光绪三十二年(1906)

是年　天津考工厂迁入河北公园(今中山公园)内新建的劝业会场。新址为洋式楼房,规模庞大,各种用房达130余间,其数量之多,为场内各单位之冠。

11月　天津考工厂在河北公园举办工商劝业展览会。

12月　天津考工厂改称为天津劝工陈列所。

清光绪三十三年(1907)

是年　天津教育品陈列馆迁居河北劝业会场,设置教育品参观室,并改名为天津教育品制造所。

1912年

是年　壬子兵变,天津劝工陈列所损失惨重,几陷于瘫痪。

1913年

1月　天津劝工陈列所改名为直隶商品陈列所,严智怡主持工作。

1914年

3月25日　桑志华抵达天津,以献县传教区财务管理处所在地法租界圣路易斯路18号崇德堂(今和平区营口道20号)为活动基地。

7月13日　桑志华开始对中国北方的考察和采集活动,收集地质学、岩矿学、史前学、古生物学、植物学、动物学、人文学、经济学等方面的资料与标本。

1915年

8月1日　《社会教育星期报》创刊,该报为天津社会教育办事处的机关报纸,社长为林墨青。

　　冬　严智怡从美国巴拿马太平洋博览会回国,携有印第安人物品,谋设博物院,会同直隶巡按使公署教育科李金藻、各学校及天津劝学所协力进行。

1916 年

4 月　天津博物院筹备处设于直隶商品陈列所(河北公园内)。

1917 年

10 月　天津博物院拟开幕,因天津大水延期。

1918 年

6 月 1 日　天津博物院成立展览会,会期两个月。展览分自然、历史两部,还设有武术馆、游艺馆等。

8 月　天津博物院开始院址搬迁,至年底迁至天津总站东旧劝业道署房屋。

1921 年

6 月　林墨青受严修等天津绅耆委托,赴济南广智院参观藉资取法。回津后与严修等人商议,拟在天津西北角文昌宫天津社会教育办事处内设立广智馆。

1922 年

4 月　北疆博物院兴建北楼,由比利时义品地产公司建筑师毕内(M. Binet)设计并监造。

9 月　北疆博物院北楼工程告竣。

9 月 24 日　天津博物院组织董事会,召开第一次董事大会,通过天津博物院章程及董事会简章,并呈省长公署备案。推选严智怡为院长,华学涑为副院长。

1923 年

2 月 25 日　天津博物院正式开幕。

4 月 4 日　北疆博物院向来华外国人开放,桑志华任院长。

5 月 22 日　德日进来华,代表法国巴黎自然历史博物馆与北疆博物院联合组成为期两年的"桑志华—德日进法国古生物考察团"。

1924 年

是年　因战事,天津博物院院址被军队征用,暂停开放。

1925 年

1 月　天津社会教育广智馆董事会成立,严修被推选为董事长,董事会任命林墨青为社会教育广智馆馆长,李金藻为副馆长。

1 月 5 日　天津社会教育广智馆正式开馆。

是年　北疆博物院兴建陈列厅,由法商永和营造公司工程师柯基尔斯基(J. koziersky)设计。

1928 年

5 月 5 日　北疆博物院举行开幕典礼,正式向公众开放。

11 月　天津博物院更名为河北第一博物院。

是年　天津社会教育广智馆从社会教育办事处独立为天津广智馆。

是年　赫立德退休回英国,因继任者保管不善,大部分动植物标本霉烂,该博物院停办。

1929 年

是年　《社会教育星期报》改由天津广智馆继续出版,因此更名为

《广智馆星期报》,后又更名为《广智星期报》。

　　是年　北疆博物院再次扩建南楼,由法商永和营造公司经理亚伯利(P. Abry),工程师莫勒(P. Muller)设计、施工、监造。南楼与北楼平行排列,以连廊相接。

1930 年

9 月　天津市立美术馆馆舍落成。

10 月 1 日　天津市立美术馆正式成立,严智开出任第一任馆长。

10 月 24 日　天津市立美术馆开幕典礼。

是年　北疆博物院南楼竣工,整体建筑外形呈"工"字布局。

1931 年

9 月 1 日　河北第一博物院开放全部展览,陈列品分为自然、历史两部。

9 月 25 日　《河北第一博物院半月刊》创刊号发行。

1932 年

11 月 25 日　《河北第一博物院半月刊》更名为《河北第一博物院半月刊画报》。

1933 年

4 月 17 日　天津广智馆馆长林墨青逝世,董事长严智怡召开董事会,推举李金藻为馆长。

7 月　天津市立美术馆基本陈列对外开放。

9 月 25 日　《河北第一博物院半月刊画报》更名为《河北第一博物院画报》。

1935 年

1 月 1 日　启用"河北博物院"印章。

1 月 10 日　《河北第一博物院画报》更名为《河北博物院画刊》。

3 月 20 日　河北博物院院长严智怡逝世,院长职务依章程由副院长姚彤章代理。是月,河北博物院开设专门陈列室,以严智怡别号命名为"持约堂"。

6 月　河北博物院加入中国博物馆协会,成为机关会员。

是年　李金藻出任河北省教育厅厅长,天津广智馆馆长由时任河北博物院代理院长的姚彤章兼任。

1936 年

7 月 20 日　中国博物馆协会在青岛举行第一次年会,河北博物院委托天津市立美术馆馆长严智开出席。

是年　天津广智馆召开第四次全体董事会,推举姚彤章任馆长,张鸿来任副馆长。

1937 年

8 月　日军占领河北博物院,进行大规模破坏,把有价值藏品洗劫一空。后为收拾残局,河北博物院院长姚彤章等人与日军交涉,把博物院劫后余存运到天津市立美术馆。

12 月　天津市立美术馆更名为天津特别市市立美术馆。

1938 年

5 月　河北省公署拨河北区宙纬路 36 号南北运河河务局,定为河北博物院新址。

5 月 13 日　桑志华奉教会之命回法国,北疆博物院由罗学宾任代理主任。

1939 年

1 月 1 日　北疆博物院公共部分更改参观时间和门票价格。

10 月　日军强占天津广智馆前院。

1940 年

5 月 27 日　天津特别市公署开始接收河北博物院,至 6 月 4 日接收完毕。

6 月　北疆博物院重要化石、图书资料、仪器等转移到北平地质生物研究所,德日进任名誉所长,罗学宾任所长。北疆博物院由教区派来的盖斯杰(Albert Ghesquieres)神甫任博物院主任,负责日常管理。

7 月　天津特别市公署解散河北博物院董事会,河北博物院成为天津特别市教育局直属单位。

1941 年

1 月　天津特别市市立博物院正式成立。

1942 年

2 月 11 日　天津日本教育博物馆正式开馆。

8 月 16 日　李金藻复任天津广智馆馆长。

是年　天津市立美术馆馆长严智开逝世,刘子久接任馆长。

1945 年

8 月　天津日本教育博物馆关停。

是年　抗战胜利后,天津特别市市立博物院由河北省教育厅接收,改名为河北省立天津博物馆,直至天津解放。

1946 年

是年　北疆博物院进入维持期。

1947 年

3 月　天津市立美术馆开始着手改组为天津市立艺术馆。

是年　北疆博物院生物地质及古物标本 1940 年曾一度迁往北京,又迁回本院。

1948 年

9 月　天津广智馆馆长李金藻逝世,由陆文郁等主持馆务。

1949 年

1 月　天津解放后,河北省立天津博物馆由天津市人民政府教育局接管,更名为天津市市立博物馆。

1 月　天津解放后,天津市立艺术馆由天津市军事管制委员会艺术处接管,后由天津市教育局管理。

5 月 1 日　天津广智馆恢复陈列并开放。

1950 年

5 月　天津广智馆顺利移交给天津市教育局,并更名为天津市市立第二博物馆。

是年　北疆博物院由津沽大学代管。仅支出水电煤和维护标本,修理杂费等,依然是维持阶段。

1951 年

2 月　法籍明兴礼(J. Monsterleet)教授任北疆博物院主任,负责日常管理,另有 3 位中国工友,接待观众并对标本进行维护。博物院星期六及星期日下午观览部分对外开放。

1952 年

7 月　北疆博物院由天津市文化局接收,在有关专家指导下,进行物品清点和藏品整理工作。

8 月 16 日　天津市人民科学馆成立,该馆以天津市市立第二博物馆及北疆博物院为基础改组成立天津市人民科学馆,南开大学生物系主任肖采瑜兼任馆长。

1957 年

是年　天津市人民科学馆更名为天津市自然博物馆。以保持原北疆博物院的定位与特色为原则,向公众开放。

后 记

　　本书是来自博物馆基层工作的四位同事集体研究的成果。六年来，我们用心灵与风云人物相识，与文化先贤对话，品味细节和精神，滋养我们的情怀。2021年立冬大雪后的第一个工作日，我们将最后一批稿件交付出版社。

　　1995年我进入博物馆工作，有幸参与了天津自然博物馆新馆建设；2002年参加"抢救性整理北疆博物院文物"项目，主持实物类资料遗存的整理工作。在北疆博物院北楼，伴随刺鼻的樟脑味、阴森的寒气，我和办公室的同志们寻找和清点着散落在各处的照片、地图、采集用品、自制标本盒（雪茄烟盒、香皂盒）、木版画、水彩画、拓片、幻灯片等物品。拂去尘埃，揣摩每件物品的故事，体会不同文化碰撞出的精彩，被桑志华等人的科学精神深深感动。前辈陆惠元先生、黄为龙先生、博物馆学家甄朔南先生、古生物与古人类学家胡承志先生、古脊椎动物学家邱占祥先生，他们对北疆博物院的研究和见解使我深受启发。我已故的父亲、母亲是1957年、1958年相继来天津自然博物馆工作的，当时的馆址就在北疆博物院。在查阅馆史资料时，偶然间翻拣出他们的工作记录和笔迹时，泪水模糊了我的双眼……

　　2014年我到天津文博院工作后，在历任院长的主持下，负责《天津市志·文物博物馆志》的编辑工作,工作中使我有更多的视角去观察和思考博物馆并关联起诸多早期的博物馆历史。

源于魂牵梦萦的博物馆情结,萌生了对近代天津地区博物馆史研究的想法。2015年,天津市文化广播影视局开展首届"天津市文物博物馆科研课题"申报工作。2016年1月,"近代天津地区博物馆史研究"课题经专家评审批准立项。课题立项以来,大家克服了工作繁忙、家庭负担重等诸多问题,通力合作,攻坚克难,为填补我市该项研究的空白做出自己的努力,向先辈开创博物馆事业的原点致敬。

历史研究离不开文献资料,第一手文献资料尤具史料价值。本书对近代天津地区的天津考工厂、华北博物院、天津教育品陈列馆、天津博物院、天津广智馆、北疆博物院、天津日本教育博物馆、天津市立美术馆相关历史资料进行整理、深入挖掘和研究,梳理了不少第一手文献资料。课题组赴河北大学档案馆、河北博物院档案室、天津市档案馆、天津图书馆、天津问津书院、天津博物馆资料室查阅文书档案、资料汇编、报刊等文献资料。当我们在众多资料中发现早期博物馆的卷宗时,那段历史仿佛向我们敞开,翻开这些陈旧发黄的纸张,笔迹和钤印却依然清晰,令人激动不已。埋头于旧卷宗的灰尘中,挖掘资料、细读整合、还原历史是漫长和极其艰辛的过程。这些积聚着饱满历史感的资料为本书增添了新的研究素材,从天津考工厂到天津市立美术馆各篇都有新发现的文献资料呈现给读者。

2018年11月,"近代天津地区博物馆史研究"课题通过结项验收,得到与会专家肯定。后因经费问题未能及时出版。待出版期间我们仍留意相关研究动态,多次通读全文,订正错漏之处,进一步润色文句、核实引文,并根据新见的资料和研究成果对文稿做了增补。

2021年4月,天津市地方志编修委员会办公室面向社会发布《2021年度〈天津地方史研究丛书〉选题指南》,本书有幸入选。

本书作为天津市文化广播影视局"天津市文物博物馆科研课题"项

目结项成果,通过了专家组成果鉴定。借此,感谢在课题初审、中期、结项验收中专家的审评和指导。感谢"天津地方史研究丛书"选题评审专家的指导。感谢北京大学宋向光先生、天津博物馆林开明先生、天津问津书院王振良先生等专家对课题的悉心指导和帮助。特别感谢书中直接和间接引文的原作者。在此一并深致谢意。

河北大学档案馆、河北博物院档案室、天津市档案馆、天津图书馆、天津问津书院、天津博物馆资料室专家和同仁热情周到地协助查找期刊和原始资料。天津文博院、天津博物馆领导和同志们给予大力支持和帮助。在此向他们表示真诚致谢。

北京自然博物馆李建军研究员、楼锡祜研究员认真严谨地翻译了北疆博物院、华北博物院英文资料,为本课题增加了翔实的内容。天津博物馆、天津自然博物馆、天津图书馆为本书提供了珍贵图片。对此,一并表示衷心感谢。

承蒙厚爱,天津市社会科学院研究员罗澍伟先生欣然应允为本书作序,溢美之言流露在序文的字里行间,我们当解读为一种关爱与激励。

本书的出版要感谢天津市文化广播影视局专项科研课题的经费资助。感谢天津市档案馆(天津市地方志编修委员会办公室)的出版资助。感谢天津社会科学院出版社相关工作人员的辛勤付出,特别感谢责任编辑韩鹏先生对本书提出的修改意见,提高了书稿的质量。在此一并深致谢忱。

最后,我们要感谢家人的理解和支持。

由于知识及资料检索所限,纰漏和不妥之处在所难免,恳请读者予以指正。

张　宁

2021 年 11 月